KB053699

위선의 태양

러시아 극동의 한인

지은이

존 K. 장 Jon K. Chang

맨체스터대학에서 러시아/소비에트와 아시아지역학 연구로 박사학위를 받았다. 그는 현장
에서의 구술사 방법론을 활용하여 은폐된 과거의 재현은 물론 새로운 관점을 제시하기 위한
연구를 지속하고 있다. 그는 또한 이 책에서 소개하는 소비에트 한인들의 경우와 같이 기억
속에 묻혀있던 서발턴 역사의 재현에도 노력하고 있다. 현재 그는 러시아 극동의 중국인들의
역사에 관한 책을 집필 중이다.

옮긴이

박원용 朴垣勇, Park Won-yong

서울대학교에서 학사와 석사학위, 미국 인디애나대학에서 소비에트 체제의 고등교육개혁을
주제로 박사학위를 취득했다. 저서 『소비에트 러시아의 신체문화와 스포츠』, 『에드워드 카』,
역서 『E. H. 카 평전』, 『에릭 홉스봄 평전』, 『10월혁명−볼셰비키 혁명의 기억과 형성』 등과
다수의 연구논문이 있다. 현재 러시아−아메리카 컴퍼니를 중심으로 한 러시아 전제정의 해외
식민지 경영, 극동공화국의 역사적 위상 등에 관한 연구를 진행하고 있다.

위선의 태양 러시아 극동의 한인

초판인쇄 2024년 4월 15일 **초판발행** 2024년 4월 30일
지은이 존 K. 장 **옮긴이** 박원용
펴낸이 박성모 **펴낸곳** 소명출판 **출판등록** 제1998-000017호
주소 06641 서울시 서초구 사임당로14길 15 서광빌딩 2층
전화 02-585-7840 **팩스** 02-585-7848 **전자우편** somyungbooks@daum.net **홈페이지** www.somyong.co.kr

값 32,000원 ⓒ 소명출판, 2024
ISBN 979-11-5905-828-8 93910

이 책은 2017년 대한민국 교육부와 한국연구재단의 지원을 받아 수행된 연구임(NRF-2017S1A6A3A01079869).

부경대학교 인문사회과학연구소
해역인문학 번역총서 ╱ 10 ╱

위선의 태양

러시아 극동의 한인

존 K. 장 지음 | 박원용 옮김

Burnt   by   the   Sun
: The Koreans of the Russian Far East

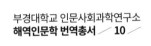

일러두기

· 본문의 대괄호([ ]), 소괄호(( ))의 사용은 원서의 표기에 따른 것이다.

소괄호의 사용 : 본문 내용의 부연 설명

예) 사회정치적 운동(그리고 선전)에 열정적으로 참여했다.

대괄호의 사용 : 인용문 내 단어의 부연 설명

예) "한국인들 가운데 당신처럼 러시아어를 [모국어처럼] 말할 수 있는 사람이 얼마나 있습니까?"

· 본문 내의 이름 표기는 소비에트화한 한인들의 경우 그 이름을 우리말로 표현할 경우 성-이름의 순으로 표시했다. 우리말 표기 다음 영문으로 표기할 때는 영어식 표기에 따라 이름-성으로 표기했다. 영문 이름의 경우 당사자에 따라 띄어 쓰기도 하고 대시로 연결하는 경우도 있는데 이 경우에 원서의 표시 방식을 그대로 따랐다.

부경대학교 인문사회과학연구소와 해양인문학연구소는 해양수산 인재 양성과 연구 중심인 대학의 오랜 전통을 기반으로 연구 역량을 키워왔습니다. 대학이 위치한 부산이 가진 해양도시 인프라를 바탕으로 바다에 삶의 근거를 둔 해역민들의 삶과 그들이 엮어내는 사회의 역동성에 대한 연구를 꾸준히 해 왔습니다.

오랫동안 인간은 육지를 근거지로 살아온 탓에 바다의 중요성에 대해 간과한 부분이 없지 않습니다. 육지를 중심으로 연근해에서의 어업활동과 교역이 이루어지다가 원양을 가로질러 항해하게 되면서 바다는 비로소 연구의 대상이 되었습니다. 그래서 현재까지 바다에 대한 연구는 주로 조선, 해운, 항만과 같은 과학기술이나 해양산업 분야의 몫이었습니다. 하지만 수 세기 전부터 인간이 육지만큼이나 빈번히 바다를 건너 이동하게 되면서 바다는 육상의 실크로드처럼 지구적 규모의 '바닷길 네트워크'를 형성하게 되었습니다. 이 바닷길 네트워크인 해상실크로드를 따라 사람, 물자뿐만 아니라 사상, 종교, 정보, 동식물, 심지어 바이러스까지 교환되게 되었습니다.

바다와 인간의 관계를 인문학적으로 접근하여 성과를 내는 학문은 아직 완성 단계는 아니지만, 근대 이후 바다의 강력한 적이 바로 우리 인간인 지금, '바다 인문학'을 수립해야 할 시점이라고 생각합니다. 바다 인문학은 '해양문화'를 탐구하는 차원을 포함하면서도 현실적인 인문학적 문제에서 출발해야 합니다.

한반도 주변의 바다를 둘러싼 동북아 국제관계에서부터 국가, 사회,

개인 일상의 각 층위에서 심화되고 있는 갈등과 모순들이 우후죽순처럼 생겨나고 있습니다. 근대 이후 본격화된 바닷길 네트워크는 이질적 성격의 인간 집단과 문화의 접촉, 갈등, 교섭의 길이 되었고, 동양과 서양, 내셔널과 트랜스내셔널, 중앙과 지방의 대립 등이 해역海域 세계를 중심으로 발생하는 장이 되었기 때문입니다. 해역 내에서 각 집단이 자국의 이익을 위해 교류하면서 생성하는 사회문화의 양상과 변용을 해역의 역사라 할 수 있으며, 그 과정의 축적이 현재의 모습으로 축적되어 가고 있습니다.

따라서 해역의 관점에서 동북아를 고찰한다는 것은 동북아 현상의 역사적 과정을 규명하고, 접촉과 교섭의 경험을 발굴, 분석하여 갈등의 해결 방식을 모색하여, 향후 우리가 나아가야 할 방향을 제시해주는 방법이 우선 될 것입니다. 물론 이것은 해양 문화의 특징을 '개방성, 외향성, 교류성, 공존성 등'으로 보고 이를 인문학적 자산으로 확장하고자 하는 근본적인 과제를 수행하는 일이기도 합니다.

부경대 인문한국플러스사업단은 바다로 둘러싸인 육역陸域들의 느슨한 이음을 해역으로 상정하고, 황해와 동해, 동중국해가 모여 태평양과 이어지는 지점을 중심으로 동북아해역의 역사적 형성 과정과 그 의의를 모색하는 "동북아해역과 인문네트워크의 역동성 연구"를 수행하고 있습니다. 이를 통해 우리는 첫째, 육역의 개별 국가 단위로 논의되어 온 세계를 해역이라는 관점에서 다르게 사유하고 구상할 수 있는 학문적 방법과 둘째, 동북아 현상의 역사적 맥락과 그 과정에서 축적된 경험을 발판으로 현재의 문제를 해결하고 향후의 방향성을 제시하는 실천적 논의를 도출하고자 합니다. 이를 바탕으로 본 사업단은 해역과 육역의 결절

지점이며 동시에 동북아지역 자치 갈등의 현장이기도 한 바다를 연구의 대상으로 삼아 현재의 갈등과 대립을 해소하는 방안을 강구하고, 한 걸음 더 나아가 바다와 인간의 관계를 새롭게 규정하는 '해역인문학'을 정립하기 위해 노력하고 있습니다.

부경대학교 인문한국플러스사업단이 추구하는 '해역인문학'은 새로운 학문을 창안하는 일이기 때문에 보이지 않는 길을 더듬어 가며 새로운 길을 만들어 가고 있습니다. 2018년부터 간행된 '해역인문학' 총서 시리즈는 이와 관련된 연구 성과를 집약해서 보여주고 있으며, 또 이 총서의 권수가 늘어가면서 '해역인문학'의 모습을 조금씩 드러내고 있습니다. 향후 지속적으로 출판할 '해역인문학총서'가 인문학의 발전에 기여할 수 있는 노둣돌이 되기를 희망하면서 독자들의 많은 격려와 질정을 기대합니다.

부경대 인문한국플러스사업단 단장 김창경

우리말로 옮기기 위해 책을 집어 들었을 때 제목Burnt by the Sun과 부제 The Koreans of the Russian Far East가 쉽게 연결되지 않았다. 그렇지만 본문의 내용을 하나씩 파악해 나가는 과정에서 저자의 의도를 이해할 수 있었다. 저자는 소비에트 체제로의 편입을 위해 노력한 한인들의 비극적 운명을 은유적으로 표현하고 싶었던 것이다. 아버지의 충고를 무시하고 높이 날 다가 태양의 강렬한 빛에 의해 날개를 잃어버려 바다에 떨어져 죽고 만 이카로스의 신화가 러시아 극동 한인들의 운명을 비유적으로 잘 드러내 는 소재로 설정되었다. 소비에트 체제 내에서는 민족의 평등한 권리가 보장된다는 공언을 믿었던 극동의 한인들은 '소비에트화된 한인'으로 스 스로를 변모시키면서 밝은 미래를 꿈꾸었다. 그렇지만 그들은 1937년, 스탈린 체제의 강압적 명령에 의해 자신들이 일궈 놓은 정착지를 떠나 목 숨을 건 강제 이송의 열차에 올라야 했다. 밝은 미래를 약속하는 듯 보이 는 '스탈린의 태양'이 결국은 그들을 죽음으로 몰고 갔다. 소비에트 체제 에 기여하면서도 한인으로서의 정체성이 유지 가능하다고 공언했던 '스 탈린의 태양'이 '위선의 태양'이었음을 확인하는 순간이었다.

고려인이라고 불리는 러시아 극동 한인들의 이주와 관련하여 러시아 는 물론 국내에서도 광범위한 연구 성과가 축적되어 있다. 지금까지 축 적된 강제 이주의 원인과 관련한 대략적 시각을 정리한다면 그것은 스 탈린 독재 공산 정권에 의한 변질적인 탄압 정책이었다는 주장, 소수 민 족에 대한 탄압 정책이 스탈린 체제의 기조였고 그 최초의 대상이 한인 이었다는 주장, 중앙아시아의 황무지를 개간하여 농업의 생산력을 높이고 노동자원의 부족을 해결하기 위한 정책이었다는 주장, 일본과 당시의 소련 정권이 두만강 국경의 안전을 보장받기 위해 상호 비밀리에 합의한 정략적 음모였다는 시각 등으로 요약될 수 있다. 저자는 이러한 연구 성과를 일정 부분 수용하면서 한인들이 소련 내의 여타 소수 민족과는 달리 '전면적'으로 추방된 핵심 이유는 차르 전제정시대부터 존재했던 '인종주의적' 시각이 사회주의 체제 볼셰비키 정부까지 계승되었기 때문이라고 주장한다. 사회주의 체제에서 모든 민족은 명목상 종교, 언어, 출생지 등의 차이와 상관없이 체제의 인민으로서 누릴 수 있는 자치권, 교육의 권리 등을 동등하게 누릴 수 있었지만 차르 전제정시대부터 사회 지도층 곳곳에 퍼져있던 인종주의적 시각까지 사회주의 체제의 수립이 일소하지는 못했다. 저자는 강제추방의 시련 이후에 생존한 한인들의 증언 또한 광범위하게 활용하여 차르 전제정의 잔재가 극동의 한인들에게 입힌 피해를 더욱 구체적으로 부각시키고 있다. 기존의 연구에서 찾아보기 힘들었던 구술사 방법론의 활용을 통해 저자는 한인 강제 이주에 관한 역사인식의 심화에 기여하였다.

책을 구성하고 있는 각 장의 내용을 간략하게 요약하여 독자들이 이 책에 더욱 빠르게 다가가는 데 도움을 주려고 한다. 한인 강제추방의 원인을 차르 전제정시대의 유산인 인종주의적 관점으로부터 찾을 수 있다는 서문에 뒤를 이어 제2장은 1860년대와 1880년대까지 극동에서 한인 공동체의 형성과 성장 그리고 혁명 직후 한인 공동체에 대한 러시아 정부의 정책들을 다루고 있다. 국경 주변 비슬라브 인종의 존재가 러시아제국의 방어를 취약하게 만들 수 있다는 우려는 혁명 직전까지 러시아제국 내에서 사라지지 않았다. 비슬라브 인종에 대한 러시아제국의 우려를 한인 공동체는 인지하고 있었다. 그렇지만 사회주의 체제의 수립과 더불어 그들은 그 구성원으로서 평등한 권리를 누리게 될 것이라는 희망 또한 가지게 되었다. 제3장에서 다루는 시기는 제1차 세계대전의 연합국 진영에 의한 극동의 간섭 기간이다. 간섭 전쟁 기간에 볼셰비키 정부에 대한 지지를 강화시켜 나간 집단은 다름 아닌 한인들이었다. 이와는 대조적으로 극동지역에 대한 간섭전쟁의 핵심 세력은 10만 명이상의 일본군이었는데 이들은 극동지역의 한인들에게 특히 잔인했다. 일본군에 의한 극동 한인들의 탄압과 한인들이 간섭기에 볼셰비키 정부를 강력히 지지했다는 것을 강조함으로써 저자는 이후에 볼셰비키 정부에서 등장한 한인들에 대한 탄압의 근거, 즉 그들이 일본의 스파이로 활동할 수 있다는 우려는 근거가 없었다고 암시하고 있다.

제4장에서는 간섭 전쟁의 종결 후 1920년대에 진행된 극동 한인들의 체제로의 통합 과정과 그 이면에 남아 있던 한인들의 과제를 다룬다. 대다수 한인들은 1920년대 말에 이르러 소비에트 시민권을 획득했다. 그렇지만 러시아 극동 농촌지역에 거주하는 한인들 가운데 상당수는 여전히 토지를 소유하지 못한 상태로 소작인의 지위를 벗어나지 못하고 있었다. 제5 · 6장은 1920년대 중반부터 1937년, 한인들에 대한 강제 이주가 시행되기 직전까지 소수 민족으로서 한인들의 권리를 보장하면서 이들을 소비에트 시민으로서 전환시키기 위한 정책, 즉 토착화 정책kore -nizatsia을 다룬다. 토착화 정책은 소수 민족을 소비에트의 충실한 시민으로의 전환을 유도하기 위해 그들의 정체성은 물론 민족 자치권과 문화전통 또한 인정하는 정책이었다. 정책을 실현하기 위해서는 그러나 적지 않은 어려움을 극복해야 했다. 1920년대 후반에 갈수록 당 지도부

는 지정학적으로 일본의 위협이 지속되고 있는 극동지역의 한인들에 대한 우려를 거둘 수 없었다. 그럼에도 불구하고 1930년대 중반까지 소비에트 시민으로 재탄생하였다고 생각하는 극동지역 한인들의 수는 늘어갔다. 일본 제국주의의 꼭두각시라고 할 수 있는 만주국의 성립은 소비에트 인민으로서 한인들의 재탄생 과정이 지속되는 와중에서 이들에 의한 소비에트 국경지역의 안보위협을 또 다시 되살렸다. '외국인 스파이'라는 스탈린 체제의 수사에서 드러나듯이 극동의 한인들은 소비에트 시민으로서 인정되기보다 나라를 위기에 빠뜨리는 적대국의 간첩과도 같은 집단이었다. 안보와 관련한 지도부의 이러한 인식이 팽배할수록 극동 한인들이 자신들의 정착지에서 소비에트 시민으로서 대우를 받고 살아가기는 어려웠다. 제7장 이후는 한인들의 강제추방과 관련하여 우리에게 이미 익숙한 내용, 즉 강제추방의 열차에 오르게 된 한인들의 운명, 카자흐스탄, 키르키즈스탄 등에 도착한 한인들의 열악한 생활조건 그리고 강제 이주의 과정에서 살아남은 생존자와 그들의 후손들이 전하는 부모세대의 기억들을 기술하고 있다.

저자는 한인들뿐만 아니라 소비에트 체제의 소수 민족들이 겪었던 강제 이주에 대해서도 서술하고 있다. 저자에 의하면 다른 민족들의 강제 이주에서 발견되지 않는 특이점이 한인들의 강제 이주에 존재한다. 즉 그들에게는 중앙아시아로 강제로 추방되는 대신 만주국 혹은 일본의 식민지로 전락한 한국 중 한 곳을 선택하여 이주할 수 있는 선택권이 주어졌다는 것이다. 독일인, 폴란드인과 같은 소련 내의 여타 민족에게는 이러한 선택권이 주어지지 않았다. 이러한 선택권은 결국 한인들이 국가에 의해 소비에트 시민이라는 지위가 부여되었다 하더라도 그들은 여전히 체제

내에 존재하는 '이방인, 혹은 외국인'으로 인식되고 있었다는 지표였다.

한인들이 내전기와 1920년대와 1930년대를 거쳐 소비에트 체제에 충실한 '호모 소비에트쿠스'형 인간형으로 자신들을 전환시켜나갔음에도 불구하고 이렇게 체제에 이질적인 집단으로 인식되었던 이유는 무엇인가? 저자의 이러한 문제 제기는 충분히 타당하다. 왜냐하면 극동의 한인 공동체는 1930년대 중반에 이르기까지 '사회주의적 심성'을 갖춘 소비에트 제국 내의 소수 민족 창출 프로그램을 적극적으로 이행하고 있었기 때문이다. 1935년 무렵 대략 20만의 극동의 한인들은 소수 민족으로서 아홉 개의 한국어 신문과 여섯 개의 잡지를 통해 소비에트 체제의 교화 프로그램을 흡수하고 있었다. 초중등학교에 재학 중인 한인들의 비율은 대략 13퍼센트 정도였고 후세대 교육을 책임지는 사범학교도 2개나 있었다. 여기까지 봤을 때 한인들은 '소비에트식 근대화' 프로그램을 통해 혜택을 입었던 소수 민족이었다.

저자는 소비에트 사회주의가 차르 전제정시대부터 제기되었던 '원초주의적 민족'개념을 완전하게 변화시키지 못한 데서 한인들의 강제 이주의 원인을 찾고 있다. 전제정시대의 지리학자이자 탐험가, 식물학자이기도 한 블라디미르 아르세네프는 19세기 말, 20세기 초반에 러시아 극동에서 중국인 노동자의 비율을 제한하지 않으면 이 지역에 대한 러시아 중앙정부의 통제력은 상실될 것이라는 '황화론'을 제기한 바 있었다. 아르세네프의 이러한 주장은 혁명 직후 민족의 평등한 권리를 강조하던 소비에트 권력 초기에는 주목을 받지 못했다. 1928년 말, 일본의 팽창 의도가 가시화되면서 극동지역에 거주하는 중국인과 한인들에 대한 경계의 목소리가 소비에트 극동 사무국 내에서 커져갔다. 극동 사무국은 아르세네프에게 소수 민족에 대한 「백서」 제작을 의뢰했는데 이를 통해 그는 앞서 제기했던 황화론을 광범위하게 전파할 수 있었다. 특히 한반도가 일본의 식민지로 전락한 시점에서 한인들은 일본의 제국주의의 이익에 봉사하기 위한 간첩 활동도 극동지역에서 마다하지 않을 것이라는 우려도 커져갔다. 더구나 한인들의 원초주의적 민족 감정은 토착화 정책을 통해서도 변화할 수 없는 것이었다. 즉 러시아 극동에서 태어나서 소비에트화된 한인들과 조선인들 사이에는 분명한 차이가 존재하는 데 소비에트 권력은 러시아 극동의 한인들을 '원초주의적 민족 감정'을 버리지 못한 외국인, 타자로 보았다는 것이다. 이러한 인식은 외국 적대세력에 의한 소련의 침입이라는 공포감을 스탈린에게 더욱 크게 만드는 요인이었다. 결과는 극동지역의 안보를 위협할 수 있는 위협요인, 즉 한인들의 전면적 추방이었다.

저자는 이렇듯 한인들의 강제 이주를 전제정시대부터 제기되었던 인종주의적 시각을 부각시켜 설명한다. 그러한 시각의 연속성을 가능케 한 것은 아르세네프의 이론적 기반을 전제정 시기에는 극동지역의 일부 총독, 소비에트 체제에서는 극동 사무국 지도부가 수용했기 때문이었다.

역자의 입장에서 연속성을 강조하는 저자의 시각을 완전히 수용하는 데는 다소 어려움이 있었다. 소비에트 체제에서 소수 민족에 대한 인종주의적 시각이 얼마나 강력했는지는 의문이기 때문이다. 아르세네프 등이 소수 민족, 특히 한인들에 대한 경계의 필요성을 강조하였더라도 혁명의 이상은 소비에트 체제 초기에 쉽게 무시될 수 없었다. 소수 민족에 대한 억압 필요성이 설사 지도부 내에서 제기되었다 하더라도 민족의 평등한 권리를 강조하는 체제의 이상은 쉽게 거부될 수 없었기 때문에 그러한 억압의 필요성은 비공식적 차원에서, 은밀하게 제기되는 것이었다. 또한 사회주의 체제의 이상을 신세대에게 전파하기 위한 공산주의 청년동맹과 같은 조직에게 소수 민족의 탄압을 정당화하는 논리는 이율배반적으로 보였다. 체제 내의 모든 민족의 평등을 강조하는 이상을 흡수해야 하는 신세대에게 구체제에 존재했던 차별의 논리가 어떻게 수용될 수 있었단 말인가?

다양한 인종을 편입시켜 가며 제국으로서의 모습을 갖춰나간 제정 러시아의 역사를 돌이켜볼 때 러시아제국의 신민российский과 대 러시아인русский 사이의 차별적 인식은 모든 인민의 평등을 약속한 볼셰비키 정부가 풀어야 할 숙제였다. 러시아제국의 신민 모두가 러시아인과 같은 동등한 권리와 자격을 보유하지는 않는다는 인식이었다. 이러한 과제를 인식하고 있던 사회주의 체제의 정부가 전제정시대부터 인종주의적 시각을 역설하였던 아르세네프, 극동지역의 총독들의 시각에 대한 내부로부터의 다양한 이견들을 조화시켜 나가는 과정들이 필요했을 것이다. 저자가 지적하듯이 한인들의 다양한 정체성을 무시하고 원초주의적 인종의 개념, 그와 결부된 일본 식민제국의 피식민지 민중으로 한인들은 일본에 협력할 수 있는 안보의 위협 요소였다는 설명만으로는 문제를 너무 단순화시켰다는 생각을 지울 수 없다.

역자의 이런 아쉬움이 그렇다고 이 책의 가치를 떨어뜨리지는 않는다. 저자는 한인 추방과 관련하여 지금까지 활용되지 못한 러시아 중앙의 문서고는 물론 극동지역의 문서고를 활용하여 그 실상을 풍부하게 재현하고 있다. 특히 소비에트 체제에 협조하며 극동에서 고위 관직으로 올라간 한인들 중에서 강제추방에 관여한 인물들의 내적 갈등을 후손들의 증언을 통해 재현하고 있다. 이러한 부분은 극동지역의 한인 공동체의 대표 인물로서 한인들을 보호해야 한다는 의무감과 자신들의 가족을 국가 폭력의 위협으로부터 지켜야 한다는 그들의 심리적 갈등을 포착했다는 점에서 적지 않은 시사점을 제공해 준다. 소비에트 체제의 간부로 국가 권력의 명령을 이행하지 못할 경우 가족들의 안위를 보장할 수 없다는 점을 그들은 잘 알고 있었다. 한인공동체의 이익을 대변하는 모습만이 드러난다면 가족들이 누리고 있는 안락한 생활은 더 이상 유지할 수 없는 것이었다. 기록으로 남겨진 내면적 갈등은 탄압의 빌미로 활용될 수 있었다. 가족들 간의 은밀한 대화가 그러한 갈등이 표출될 수 있는 유일한 출구였는데 저자는 이러한 부분을 구술사의 방법론을 통해 재현하고 있는 것이다. 기록으로만 재현될 수 없는 역사의 기억을 구술사를 통해 복원했다는 점에서 이 책의 연구사적 기여는 적지 않다고 생각한다.

번역 과정에서 많은 분의 도움이 있었다. 동북아 해역 공간을 다양한 시각에서 해부하고 있는 부경대학교 인문한국플러스 사업단의 격려와 지원은 이 책의 발간에 큰 힘이 되었다. 아울러 학자로서의 본분을 잊지 않고 연구에 매진하는 사학과 동료 교수들의 격려 또한 지칠 때마다 나를 다시 일어서게 하는 원동력이었다. 일상생활의 많은 부분에서 모자람이 넘치는 역자를 늘 이해하고 격려해 주는 아내에게도 감사를 전하고 싶다. 역사학 연구는 혼자 하는 것이라지만 지금과 같은 척박한 시대에 함께 할 수 있는 주변 사람들의 존재는 여전히 소중하다.

2023년의 끝자락
대연동 연구실에서

차례 ───────────────────────────────

발간사   3
역자 서문   6

제1장   서문   17
김 A. 아파나시^{Afanasii A. Kim} 진퇴양난의 상황에 처하다   19
한인 사례의 독특성   23

제2장   **변경의 용광로 러시아 극동, 1863~1917**   29
배출구의 개방   30
한인들의 러시아 극동 도착   33
범슬라브주의, 경제적 경쟁 그리고 '황화'   41
정치적 정체성과 러시아의
제1차 세계대전 참전으로 인한 추방   56

제3장   **간섭, 1918~1922**   69
간섭과 일본제국의 건설   70
전제정의 시각에 대한 투쟁과 도시 생활   76
한인의 충성심과 (영토적) 자치   87
'국제주의자'로 등장한 한인 세 사람   90
미완의 '총력 제국'과 스파이에 관한 소문   94
외국인 혐오의 최초 씨앗들   97

제4장 한인들의 토착화와 이를 통한 사회주의 건설   101

중개기구와 대표성   102

경제 생활   105

소비에트 시민권   119

토지 조성   121

교육 소비에트화의 입구   130

실제적 평등 대 법적 평등   137

제5장 한인들이 소비에트 인민이 되어가다, 1923~1930   145

실현되지 못한 영토 자치의 약속   150

한명세 / 한 A. 안드레이 4번째 한인 국제주의자   163

사회주의자로서 한인들의 형성 대 지정학   168

게이츠만과 아르세네프 동지 내부로부터의 토착화에 대한 공격   176

제6장 토착화보다 우선하는 안보적 고려, 1931~1937   195

토착화와 교육   197

구술사 1930년대 한인들의 삶   208

긴장의 확대 간첩행위와 극동의 지정학   218

아르세네프의 부활과 『프라브다』의 '황화론'   229

제7장   한인들의 추방과 중앙아시아에서의 삶,
　　　　1937~1940년대 초   257

　　　대숙청   259
　　　한인들의 추방   261
　　　숙청 이면의 지정학   272
　　　중앙아시아에서의 삶   282
　　　추방을 피한 NKVD 통역관 지하일^{Ti Khair Ir}의 사례   288
　　　소비에트 민족 정책에 내재한 '전제정으로부터의 연속성'   293

제8장   현장의 목소리   303

　　　기록되지 않는 이야기 하나   309

제9장   결론   313

　　　새로운 시각
　　　간섭전쟁과 가장 충성스러운 민족으로서 러시아인에 대한 신화   317
　　　김건남의 사례   323

　　　주석   328
　　　부록   379
　　　참고문헌   382
　　　찾아보기   404

제1장
서문

이러한 점 이외에도 중국인과 조선인은 한결같이 근면한 일꾼들인데 이곳 러시아인들이 똑같이 그렇다고 말할 수는 없다. 그리고 황인종들이 현명한 숙련기술자들이라는 사실이 이미 암묵적으로 퍼져 있다. (…중략…) 중국인 사업가는 러시아나 유럽 어디에서나 무시 못 할 경쟁자라는 사실은 잘 알려져 있다. 러시아 작가 볼호비티노프가 지적했듯이 이러한 자질이 중국 육군이나 해군보다도 더 위험하다.

프리디쇼프 난센, 『탐험가』, 1941.10.[1]

1926년, 소비에트 연방 내에는 190개 이상의 민족 혹은 역사·사회적인 인종집단이 존재했다.[2] 소련에는 독일인, 그리스인과 같이 '서유럽인'으로 여겨지는 다수 집단뿐만 아니라 무슬림, 기독교인잉구시인, 조지아인 그리고 페르시아어를 쓰는 산악유대인 / 타타르인이 거주하는 코카서스의 아시아 유대인으로부터 수천 마일 떨어진 소련의 태평양 연안에 위치한 러시아 극동의 아시아인까지 온갖 다양한 '아시아인들' 또한 존재했다.[3] 원칙상 소련은 적어도 영토 내의 모든 민족들에게 문화와 지역의 자율권, 민족어에 의한 교육을 제공했다. 이와 더불어 종교, 민족, 출생장소, 언어, 그 외 정체성의 지표들과 상관없이 소비에트의 법 아래에서의 평등을 보장하는 개별적 권리와 자결권 또한 허용했다.[4] 앞에서 언급한 모든 권리들은 코레니자치야korenizatsia라 불린 토착화 계획의 일환이었다. 토착화 계획은 1923년에 착수되어 1937년 극동에서 한인의 추방으로 종결되었다.

불행하게도 러시아 혹은 소련에서 태어났지만 독일인, 폴란드인, 그리스인, 한인, 중국인과 이란인 같은 디아스포라 민족집단은 조국과 자신들의 민족 명칭을 품고 있는 나라들, 즉 조상의 조국에 정치적으로 충성한다고 간주되었다.[5] 이 책의 중심 주제는 다음의 두 질문과 그와 연관된 주장이다. 그 첫 번째는 '러시아 극동의 한인들이여기서 한인의 의미는 국가 시민으로서의 의미가 아니라 민족의 한 부류로서 Koreans를 의미한다 - 역주 제정 러시아와 소비에트 시기에 문제가 있는, 혹은 유해한 민족으로 간주된 이유는 무엇인가?'[6] 두 번째 질문은 다민족 주민에 토대를 두고 있는 사회주의의 구현을 다루는데 두 부분으로 구성된다. 즉 '소비에트 사회주의의 실행 과정에서 (토지, 자원, 원주민들을 정복하는 식민 이데올로기를 기반으로 하는) 전제정의 과거는 볼셰비키 정부에 어두운 그림자를 드리웠는가?' 그리고 만약 그렇다면 '전제정의 연속성은 한인에 대한 소비에트 정책의 실행에 어떻게 영향을 미쳤는가?' 어쨌든 레닌, 스탈린, 트로츠키 그리고 그 밖의 '고참 볼셰비키'는 차르 치하에서 러시아제국의 시민으로 성장했다.

이 두 번째 질문은 소련의 중국인, 독일인, 유대인, 폴란드인 공동체에 대한 소비에트 민족 정책의 효과를 또한 검토하는 것이다.

불법 혁명가 집단을 이끄는 것과 300개 이상의 다른 언어를 사용하는 192개 이상의 별개 민족들에 대해 '실제적, 법적 평등'에 기반한 사회주의 체제의 달성은 전혀 별개의 것이다. 이 책을 통해 드러나듯이 소비에트의 한인들은 토착화 기간에 모든 중요한 사회정치적 운동(그리고 선전)에 열정적으로 참여했다. 그렇지만 극동 한인 중의 상당수는 제1차 세계대전 이후 징집병과 장교로서 러시아와 소비에트의 모든 전쟁에서 싸웠다는 사실에도 불구하고 제국의 시민이라기보다는 노동자에 적합하며, 일본제국의 상습적인 정보원 / 앞잡이라는 '이방인'으로서의 굴레는 결코 사라지지 않았다. 결국 토착화와 소비에트 민족 정책의 최종 결과가 (1991년 이후) 16개의 상이한 민족국가로의 소련의 분할일지도 모르겠다. 이들 새로운 민족국가들에게는 소련의 구성원이었을 때보다 더 많은 자치와 자유가 부여되었다. 극동의 소비에트 한인의 역사라는 주제는 소비에트 / 러시아사 분야의 역사가들이 종족, 민족성 그리고 소비에트 민족 정책을 어떤 틀에 맞출 것인지에 관한 논의 및 문제 설정과 밀접하게 연관되어 있다.

김 A. 아파나시Afanasii A. Kim   진퇴양난의 상황에 처하다

김 A. 아파나시의 일생과 러시아 극동 공산당의 일인자로서의 부상은 1923년부터 한인 추방 이전까지의 토착화 기간에 여타 한인의 고귀한

꿈과 지위 상승을 반영했다. 김은 농민으로 살다가 소련의 최고위직 한인 간부가 되었다. 그는 1921년 블라디미르 레닌을 만나기까지 했고 1934년 1월의 소련공산당 17차 대회의 연사로 선정되어 감동적인 연설을 했다. 그 연설에서 김은 소비에트 권력에 대한 포시예트Poset지구 한인들의 충성을 맹세했다. 다음은 그 연설의 발췌문이다. "우리는 집단농장 한인 농민과 한인 노동자의 과제가 우리의 마지막 피 한 방울이 다할 때까지 소비에트 극동의 붉은 국경을 수호하는 것임을 알고 있습니다."[7]

그렇지만 김 아파나시Afanasii Arsenevich Kim의 삶은 소비에트의 위대한 지도자의 전형적 궤적과는 달랐다. 왜냐하면 그가 속한 공동체는 그 특성과 국가에 대한 충성도가 소비에트 사회주의와 민족주의 정책과 관련한 내재적 약점 (그리고 불순함) 때문에 지속적으로 고난의 시험대에 올랐던 디아스포라 집단이었기 때문이다. 동일한 내재적 특성 때문에 1930년대 소련의 민족주의 정책들은 소비에트의 한인을 격려하기도 했지만 억압하기도 했다. 즉 승진을 하는 일부 간부들도 있었지만 유사한 자질과 특성을 가지고 있다는 이유로 억압을 받는 한인들도 있었다. 소련의 문서고와 '붉은 기치'는 김 아파나시가 스탈린의 테러 기간에 폴리토트델Politotdel : 소비에트의 농촌, 특히 집단농장의 트랙터 공장(MTS)을 주무대로 정치선전 작업을 전담했던 당 기구-역주 같은 기구들과 다양한 운동을 선도하며 많은 수의 소비에트 한인들을 억압했음을 증명한다. 이러한 사실은 아파나시의 삶과 업적 그리고 남다른 지도력을 통상적으로 존경스럽다고 지적한 평가와 배치된다.[8]

1921년 11월, 김 아파나시는 블라디미르 레닌을 만난 한국 대표단의 통역관이었다. 모임이 거의 끝나갈 무렵 레닌은 아파나시에게 "한국인들 가운데 당신처럼 러시아어를 [모국어처럼] 말할 수 있는 사람이 얼마나 있습니까?"라고 물었다. 아파나시는 "천 명 이상입니다"라고 대답했다. 이어서 10월 혁명이 아파나시와 같은 동지와 그 이외의 아시아의 다른 동지들에게 어떤 영향을 주었는지를 아무도 쓰지 않은 이유에 대해 짧은 대화가 이어졌다. "당신이 다음에 [모스크바]로 오게 되면 그런 책을 가져오길 바랍니다"라며 레닌은 만만치 않은 과제를 마지막으로 김에게 부탁했다. 아파나시는 그러한 책이 나올 것이라고 장담했다.[9]

소비에트의 간부로서 김 아파나시의 의무는 공산당과 한인 공동체 모두를 이롭게 해야 했다. 그렇지만 그는 우선적으로 자신을 사회주의자이자 '국제주의자'로 규정했다. 그의 지도하에 한인 공동체 내에서 지나치게 공격적이거나 이기적인 그런 요인들이 제거되거나 억압되었다. 이 책에서 아파나시의 주도 아래 일어난 그러한 사건의 구체적 사례들을 검토할 것이다. 1928년 11월 19일에 일어난 사건도 그러한 예이다. 이때 한인 공산당 젊은 활동가들이 조성한 저항의 분위기를 제거하자는 극동지구위원회의 결의문에 찬성한 두 명의 한인 가운데 한 명이 그였다. 이들 활동가들은 토지를 갖고 있지 못하고 소비에트 시민도 아닌 채 블라디보스토크지역으로 최근 이주한 한인들의 재정착과 이동을 격렬하게 반대했다.[10] 1929년 집단화 기간에 한인 농부들의 15%가 쿨락이며 그들을 억압해야 한다는 주장도 있었다. 한인 농민들의 절대 다수가 가난하고 무토지 농민이었다는 사실을 고려할 때 한인 쿨락의 비율을 1%에서 3%로 보는 것이 더 합당했었다. 그렇지만 15%는 극동지역위원회 혹은 모스크바의 그의 상관이었던 간부들이 책정한 할당량(계획)

같았기 때문에 한인 공동체의 지도자로서 그는 이러한 주장에 반대하지 않았다.[11] 마침내 김 아파나시는 포시예트지구 집단농장에 주둔 중인 OGPU(정치경찰)의 분과인 폴리토트델의 수장이 되었다. 포시예트 주민의 95%는 한인들이었다.[12] 폴리토트델이 천명한 과제는 집단농장의 트랙터 공장(MTS, Machine Tractor Station)의 수호였다. 그러나 테러 기간에 폴리토트델은 소비에트의 한인 농민집단을 완전히 궤멸시켰다.

소비에트의 토착화는 간혹 생명을 위협할 수도 있었다. 일부 한인들에 대한 탄압과 대조적으로 유사한 경력과 능력을 소유한 다른 집단들의 승진 사례는 이 시기 동안 만연했다. 김 아파나시가 명령을 따르지 않았다면 그는 즉각 해임되었을 것이다. 그는 자신이 러시아 극동의 한인들을 지도할 수 있는 최상의 후보라고 생각했던 것 같다. 따라서 그는 볼셰비즘에 내재하는 모순을 질문하기보다 명령을 이행하고 지위를 유지함으로써 한인들에게 더 많은 이득을 줄 수 있다고 생각했다. 그는 사회적이고 공적인 하부조직 기구와 보안 기구 같은 다수의 기관과 함께 탄압을 이끌었다. 대숙청 기간에 그가 작동하도록 도왔던 기구보다 그가 더 오래 살아 남았을까? 다음의 장들은 이 질문을 검토하면서 그에 대한 대답을 모색할 것이다. 김 아파나시 일생의 이러한 검토는 한인 볼셰비키의 하나의 독특한 사례이자 소비에트 문화와 정치에 대한 그들의 동화 그리고 그 이후 추방에 대한 사례이기도 하다.

한인 사례의 독특성

한인들의 사례와 그들의 강제추방 사례에는 스탈린시대 여타 민족들의 분명하지 않거나 특징적이지 않은 추방 사례와는 다른 측면이 존재한다. 한인들은 동아시아의 이주 민족이자 디아스포라 민족이었지만 칼미크인, 카자크인, 체첸인 그리고 노가이인과 같은 소련의 아시아 계통 시민들 다수와는 매우 달랐다. 유목민 혹은 반유목민적 과거는 한인들에게 먼 지난 얘기였다. 중국인처럼 그들에게는 민주주의와 국가통치의 경험, 문학, 다양한 국가 형태, 국제관계 그리고 국제무역의 유구한 전통이 있었다. 소련의 슬라브, 유럽 민족들(아르메니아인, 유대인, 그리스인, 폴란드인, 불가리아인)과 거의 다를 바 없이 그들은 다양한 방식으로 소비에트의 문화에 적응했고 그것을 흡수했다. 그렇지만 소비에트의 문화에서 아시아의 동지들을 위한 처우와 조건들은 여전히 동등하지 않았다. 따라서 볼셰비즘 아래에서 법에 따른 '실질적 평등' 약속에도 불구하고 그들은 소비에트의 '타자'로 남아 있었다.[13]

대숙청 기간에 한인들은 의심스럽고, 믿을 수 없는 잠재적인 반소비에트 구성원들이라고 거론되었다. 그렇지만 내무 인민위원부NKVD 한인 간부들 가운데 다수가 1937년 한인공동체의 탄압과 추방을 도왔다. (중국인을 제외하고) '추방당한 민족들' 가운데 다수의 구성원들이 NKVD의 간부로 고용된 경우는 없었다. 이러한 사실을 소비에트 국가에 대한 한인들의 적지 않은 충성의 증거로 간주해야 하는가? NKVD의 대부분 한인들은 확고한 결의를 지닌 채 자신들의 의무를 수행했고, 그들의 삶에서 후회의 징후는 볼 수 없었다. 지하일Ti Khai Ir, Vasilii이 예외적인 경우이며 그의 증언은 딸과의 대담을 통해 확보되었다. (한인) NKVD 간부인 니콜라이 니가이Nikolai Nigai는 1937년 한인들의 추방에 관여했다. 그와 그의 여동생 라이자Raisa는 추방이 종결될 때까지 블라디보스토크에서 소비에트의 간부로서 비교적 풍족하게 살았지만 그들 또한 추방되었다. 중국인과 한인들의 '민족' 추방은 (각각의) 민족에 속했던 NKVD 구성원들이 수행했다는 지적은 오래전부터 있었다. 이것은 이제 사실로 확인되었다.[14]

지정학적 요인과 일본과의 전쟁 위협이 한인 추방에 또한 영향을 미쳤다. 그렇지만 소비에트 폴란드인, 조지아인, 아르메니아인 그리고 여타 민족의 경우와 다르게 소비에트-한인의 제5열, 혹은 반소비에트적 위험인물들과 관련하여 **확인된** 사실은 전혀 없었다.강조-저자 또한 지정학과 전쟁만으로 이미 1922년 12월에 한인들을 추방하기 위해 시행된 조처들이나 게이츠만Geitsman과 아르세네프Arsenev가 1928년 별개의 보고서에서 지적했듯이 "소비에트 사회주의의 이방인"과 같은 한인들에 대한 매우 급진적 묘사를 설명하기는 어렵다. (1932년 만주국의 수립 이후) 일본과의 전쟁 위협이 가시화되었던 훨씬 전에 이러한 사실은 발생했다. 마지막으로 한국은 일본에 의해 식민지가 되었고 20세기 전반부 대부분 동안 독립국이 아니었다는 사실을 우리는 잊지 말아야 한다. 그리하여 소련 내의 대다수 한인들은 일본제국과 그 외 소위 자본주의적-제국주의 국가들 모두에 대해 적개심을 보이고 있었지만 소련에 대해서는 충성심을 고양시켜 나갔다. 성공적으로 동화되어 러시아어를 모국어, 혹은 그에 가깝게 말하는 한인들의 경우, 그들 대부분은 소련을 자신들의 모국 그리고 한국을 조상들의 모국으로 간주했다.[15]

다음 장들에서 이 책은 1937~1938년 한인들의 추방이 소비에트의 시민으로서 의심스러운 그들의 '재탄생', 한인공동체 내부의 5열 / 간첩 행위 위협, 혹은 자본주의적-제국주의적 국가들에 대한 소비에트의 이데올로기적 혐오(일본의 인질로서 한국인) 때문은 아니었다는 것을 보여줄 것이다. 앞에서 지적한 지정학적, 부차적 설명들은 덜 중요한 이차적 이유에 불과했다. 나는 그 대신 한인 추방의 핵심 이유가 소비에트 민족 정책으로까지 계승된 전제정의 유산 — 특히 소비에트 사회주의가 제거하지 못한 러시아 원초주의자, 민족주의자, 파퓰리스트의 견해 때문이었다고 주장할 것이다. 제2장의 내용은 전제정 치하와 10월혁명 직후까지 러시아 극동에서의 한인과 중국인의 삶이다. 러시아 전제정은 (예를 들자면 식민화의 대상으로서) 동아시아인들 그리고 러시아의 자원에 대해 확실한 견해와 정책을 전개하였고 상이한 소수 민족들 사이에서 경쟁이 문화적 우월함을 위한 것이었음을(그 예가 교육에서 유대인의 과도한 비중) 제2장은 보여준다. 이미 언급한 '전제정의 연속성'이 이 책의 핵심 주장 가운데 하나이다. 그리고 제3장에서는 간섭기 일본이 주도하는 연합군 세력과 극동공화국FER, Far Eastern Republic 간의 극동에 대한 5년의 공동 통치기를 다룬다. 이 시기 동안 소비에트 한인들 가운데 몇 사람이 뛰어난 지도력과 소비에트 권력에 대한 충성심을 과시했다. 제4장은 한인 토착화의 다섯 기초, 즉 대표성, 경제적 생활, 시민권, 토지 조성, 교육을 다룬다. 제5장은 토착화의 이면, 즉 현지인 우대 정책과 국제주의가 억압적이며 국수주의 / 반국제주의적 정책과 동시에 시행될 수 있었다는 것을 보여준다. 1927년에 시작되어 1931년까지 지속된 소비에트 한인들의 부분적 추방이 이때 일어났다. 1928년, 소비에트의 국제주의에 반대하고 한인들이 소비에트 사회주의의 이방인이라고 주장하는 아르세네프와 게이츠만의 보고서도 등장했다. 이것은 토착화와 대비되는 견해이다.

　제6장은 한인들의 사회주의 건설이 최고조에 도달했을 때 소비에트의 지역 지도부가 한인들과 중국인들의 철저한 추방에 착수했다는 것을 보여준다. 즉 1937년 여름, 『프라브다』는 전제정시대부터 내려온 수사법을 차용하여 소비에트식 '황화론'을 제시했다. 제7장은 한인 추방의 정치적, 사회적, 법적, 논리적 측면 그리고 NKVD 통역관으로 수백 건의 NKVD 사건에 관여했던 지하일의 사례 그리고 북사할린의 조차를 다룬다. 제8장에서는 중앙아시아에서 내가 어떻게 현지 조사와 대담을 진행했고 '순수함'이 통했던 이유를 기술했다. 엘리자베타 리^{Elizaveta Li}의 사례는 구술사의 복잡성을 구체화하였고 구술사의 다양한 의미가 그녀와의 여러 차례 대담을 통해 드러났다. 제9장은 소비에트 영토 내에서 발생했었던 슬라브인들에 의한 반소비에트적 행위가 가장 극심했던 시기가 열강들의 간섭기였다고 주장한다. 마지막으로 소비에트 한인 김검남^{Gum Nam Kim}의 사례와 그의 지도를 받기 위해 우즈베키스탄으로 파견된 북한 기술자와 전문가들을 기술했다.

　이 책의 (러시아어의 영어) 철자 표기는 미국 의회도서관의 지침을 최대한으로 따랐다. 잘 알려져 있지만 철자를 다르게 표기해야 하는 러시아/소비에트의 일부 단어와 한국어 및 이름들은 '일반적으로 사용되는' 철자 변환을 따랐다. 문서고의 자료, 당대의 문헌과 정기 간행물, 추방된 한인들과의 대담을 책의 1차 사료로 활용했다. 블라디보스토크, 하바롭스크 그리고 모스크바의 문서고(차례대로 RGIA-DV, GAKhK, RGASPI와

〈지도 1〉 러시아 극동의 프리모레지역. 1938년 이전에 한인들과 중국인들이 주로 거주했다.
출처 : 소비에트 지도책 *Atlas Mira*,
Moscow : Glavnoe upravlenie geodezii i kartografii, 1987, 41쪽.
* 저자가 출처로 명시한 소비에트의 지도책은 우리의 시각과 다르게 '동해'를 '일본해'로 명시하고 있다.

GARF)의 자료들, 미국의 문서고(NARA와 맥아더문서고)와 일본 문서고들의 자료들을 이용했다. 『적기』와 『프라브다』와 같은 당대의 신문기사들 또한 광범위하게 활용했다. 60여 명의 한인 고령자와 그들 후손과의 대담도 진행했다. 대담에 응한 추방 한인들 가운데 대다수가 1937년 당시 7살에서 24살이었다.

구술사의 도움으로 이 연구는 한국인, 러시아인, 중국인들 사이의 상호관계를 파악하였고 이 부분을 대부분의 문서기록은 분명히 놓치고 있었다. 나는 추방에서 살아남은 사람들을 통해 1920~1930년대 극동에서의 한인들의 삶이라는 주제에 질문할 수 있는 기회를 누렸다. 스탈린 시대 민족들의 추방에 대한 특정 측면과 관련하여 추방 당사자들보다 더 나은 증거 혹은 역사 '기록'은 없다. 이 책은 전제정시대로부터 소비에트 시기까지의(1863~1940년대) 역사유산과 관행을 검토하고 소비에트 중국인, 유대인, 폴란드인, 독일인들 사이의 소비에트 사회주의와 토착화의 실행을 한인들의 그것과 비교함으로써 아날학파의 장기지속 개념을 차용했다. 결론적으로 이 책의 목표는 개별적이면서 집단적 행위자로서의 의식, 공동체 내부로부터의 다면적 관점 그리고 '추방당한 민족'의 개별 성원으로서 삶의 불균등에 대한 이해이다.

제2장

변경의 용광로 러시아 극동, 1863~1917

이 지역은 중국 제국에 인접해 있거나 관계를 맺고 있는 외국기업에 대한 의
존으로 힘든 싸움을 벌이고 있으며 이러한 의존으로 그들[중국인]은 강해지
고 있다.

V. D. 페소츠키, 『프리아무르지역의 한인문제, 1913』.[1]

러시아 극동 한인의 기원을 말하자면 기근, 생활의 어려움, 사회 유동
성의 기회 부족 그리고 경작지에 대한 욕망으로 러시아로 넘어온 함경
도 출신 농민들이 대부분이었다.[2] 초기 몇 년은 고난의 시기였다. 그렇
지만 한인들은 지역에 경제적으로 즉시 기여했고 전제정시대의 용어로
말하자면 생산적인 '식민화의 요소'로 간주되었다. 그렇지만 러시아 이
주민들의 부족과 풍부한 휴경지에도 불구하고 그들을 받아들여 그들에

게 토지와 시민권을 선뜻 부여하려고 하지는 않았다. 제1차 세계대전 기간에 한인들에 대한 비우호적 조짐이 발생했다. 한 세대 이상 러시아인으로 '인정되었던' 러시아제국의 독일인, 유대인, 폴란드인 가운데 다수가 이제 그들의 명목상의 조국과 연결되어 재산과 사업체를 몰수당하고 추방되었다. 다수의 중국인 노동자들 또한 제국에서 추방되었다. 한인들은 대규모의 억압적 조처를 당하지는 않았지만 그들이 중국 혹은 일본과 연관되어 있다는 생각과 러시아 자원에 대한 민족주의적 감정 때문에 전제정시기 동안 그들 역시 어려움을 겪었다.

배출구의 개방

19세기 중반과 후반 동안 우리는 수천 명의 중국인들과 한인들이 여러 대륙의 해안에 도착하여 적지 않은 수가 서구 혹은 유럽 사회에 최초로 편입되었다는 것을 알고 있다. 이러한 이주는 가슴 설레는 일자리 기회와 토지 소유의 가능성에 관한 얘기를 듣고 실제로 배를 타고 다른 나라의 해안으로 떠나는 기회를 잡았던 동아시아의 개별 행위자에 관한 이야기이기도 하다.

19세기 중반, 유럽 여러 나라들과 미국은 서구 국가들과의 무역 및 (아시아에 거주하는 외국인들로 인한) 외교적, 문화적 영향력을 단절하려는 중국과 일본의 시도를 무력을 동원해 좌절시켰다. 이러한 사건들은 극동으로의 한인들의 이주에 중요하긴 했지만 부차적으로 영향을 미쳤다. 두 차례 아편전쟁(1839~1842 · 1856~1860년)의 결과, 중국은 16곳의 주요

도시를 외국 무역을 위해 영국, 미국, 프랑스, 러시아에 개방했다. 홍콩 또한 영국에게 양도되었고(1842년) 베이징에는 러시아, 미국, 프랑스, 영국의 대사관이 들어섰다.[3] 아편전쟁의 핵심 결과는 다음의 두 가지였다. 속국 조선에 대한 중국의 장악력이 크게 약화되었으며 서방으로 향하는 중국인 이주의 배출구가 개방되었다는 것이다.[4] 1876년, 일본은 조선에 진입하여 강화도조약으로 조선의 종주국 중국을 대체했다. 조선은 이제 일본과 중국 모두에게 무역을 개방했지만 서구 유럽과의 무역과 그에 따른 영향에는 여전히 닫혀 있었다. 1882년에 중국은 조선에 대한 종주국의 지위를 회복했다. 그 이후 중국은 무역을 위해 조선의 항구를 개방하고 무역협정을 체결하라고 조선을 압박했다. 이러한 상황으로 외부세계와의 조선의 접촉뿐만 아니라 러시아, 만주, 중국의 디아스포라 한인들로부터 정보 유입이 크게 증가했다. 많은 수의 한인이 또한 만주와 러시아 극동으로 이주하기 시작했다(〈표 1〉). 조선은 1882년 미국과 최초의 통상조약을 체결했고 영국과 독일(1883년), 이탈리아와 러시아(1884년) 그리고 프랑스가(1886년) 그 뒤를 따랐다. 그렇지만 중국인들과는 달리 한인들 가운데 1903년까지 아시아 경계 너머로까지 이주하는 사람들은 거의 없었다.[5]

〈표 1〉 러시아 극동과 만주의 한인 수

연도	한인 주민 수(만주)	등록 한인 수(러시아 극동)
1869	자료 없음	3,321
1881	10,000	10,137(1882년)
1894	65,000	16,564(1892년)
1904	78,000	32,410(1902년)
1912	238,403	59,715*

연도	한인 주민 수(만주)	등록 한인 수(러시아 극동)
1917	337,461	81,825*

- Grave V. V., *Kitaitsy, koreitsy i iapontsy v Priamure.*, pp.129~130과
Chae-Jin Lee, *China's Korean Minority*, Boulder,
CO : Westview Press, 1986, 〈도표 2.1〉을 근거로 작성하였음.
- *는 Wada, "Koreans in the Soviet Far East, 1917~1937", p.30의 수치.

조선 국내의 사회경제적, 정치적 문제, 특히 함경도의 문제가 러시아 극동과 만주로의 한인 이주의 주요 '압박' 요인이었다. 조선에는 다섯 가지의 기본 사회 계층, 즉 양반(학문을 습득한 귀족이자 외교관 집단), 전문 가 집단, 상민, 천민, 노예가 있었다. 일반적으로 농민의 삶은 조선에서 매우 어려웠지만 이보다 더 중요한 것은 농촌 노동자는 '노예와 거의 다 를 바 없는' 사실상의 세습 계급이었다는 점이다. 작업장 이외에서도 허 용되는 자유는 그들에게 거의 없었다. 예를 들어 일을 하고 있지 않을 때 전라도지역의 고용노동자들은 벽으로 막힌 수용시설 안에 갇혀 있었 다.[6] 토지 또한 공급이 부족했다. 농민의 토지 소유 평균면적은 1.25에 서 2.5에이커였다. 경작 / 농업에 관여하는 계급의 30%는 토지를 소유 하지 않았다. 조선 왕조 기간에 농민들이 보유하는 토지의 평균 구획면 적은 점차 줄어들었다.[7] 블라고슬로벤노에Blagoslovennoe 한인들과의 대 담과 조사를 바탕으로(1872년) 바긴V. Vagin은 이들 한인들이 조선에서 살기 어려웠기 때문에 극동으로 이주했다고 지적했다. 조선은 또한 1860년대에 여러 차례의 홍수와 기근을 경험했다. 종자조차도 없이 러 시아로 이주한 다수의 농민들이 있었다. 조선 사회에서 주변인에 불과 한 농민들이 일반적으로 불만을 드러내는 두 수단이 있었는데 반란이나 새로운 환경으로 이주하여 자립하는 것이었다. 이 책은 후자의 방법을 선택한 사람들을 중점적으로 살펴본다.

한인들의 러시아 극동 도착

러시아 문서고의 자료에 의하면 한인들은 교역을 위해 1850년대 전반기에 우수리 / 프리모리에(당시 북만주)로 넘어왔다.[8] 포시예트만으로 한인 이주의 역사는 '러시아의 신민이 되고자 하는 한인들에 관한 메모'라는 포시예트지구 중대장 겔메르센P. A. Gelmersen이 쓴 짧은 기록에서부터 시작되었다. 기록에 의하면 몇몇 한인 보부상들이 이미 1856년에 포시예트만 노브고로드항 근처까지 도달했고 그들은 만주 홍건적hunghuzi의 반복적 공격에 시달려 왔다. 한인들은 이러한 상황을 근처 기지로 파견된 노브고로드의 감시초소 책임자 체르카브스키E. F. Cherkavskii에게 알렸다. 체르카브스키는 "만주인들과 중국인들보다 한인들을 더 선호하여" 그들에 대한 보호와 기지 근처의 토지에 정착할 기회를 제공했다. 이후, 1860년 겨울 동안 몇몇 한인들은 조선의 소를 포시예트만의 노브고로드에 가져와 지역 러시아인들과 코사크인들에게 매우 비싸게 팔았다. 소수의 한인들은 남기로 결정하고 자신들의 가족 또한 데려오게 해달라고 부탁했다.[9]

1861년, 알렉산드르 2세는 「동시베리아 아무르와 프리모르예주에 대한 러시아의 관리와 외국인 거주지에 관하여」라는 법령을 승인했는데 이에 따르면 이곳의 식민개척자들에게 다음과 같은 다섯 가지 혜택을 부여했다. ① 공유지 일부에 대한 한시적 혹은 영구적 소유권, ② 가구당 100제샤디나야 110헥타르 - 역주 토지 분배, ③ 인두세 면제, ④ 10년간 병역 의무 면제, ⑤ 20년간 토지세 납부 면제[10] 이러한 혜택에도 불구하고 러시아인, 코사크인, 러시아 서부의 그 외 거주민들은 1882년 이후까지도 극동 이주민의 다수를 차지하지 못했다. 1860년부터 1882년까지 극동 지역으로의 러시아 이주자들은 도합 5,186명 이었는데 이는 매년 대략 235명이 이주한 셈이었다![11] 1883년부터 정부는 '러시아인(슬라브인과 유럽의 혈통을 가진 사람들이라는 의미)' 정착자들에게 100제샤티나의 토지 제공 이외에 그들의 이주 경비와 식비를 지불하였고 장래의 정착자들에 게 가축과 농기구도 제공했다. 이주는 늘어났지만 극동은 너무 무방비 였고 고립되었기 때문에 대다수 식민 이주자들이 진지하게 고려할 정도 의 매력적인 장소는 아니었다.

1863년, 한인 열 세 가구가 두만강 너머 우수리지역으로 들어가 지신 허Tizinhe라는 마을을 건설했다. 그들은 생활방식이나 농업기술을 거의 바꾸지 않거나 그대로 유지한 채 자신들의 '새로운' 삶을 시작했다. 1864년에 이르러 한인들은 포시예트만이나 그 주변에 7개의 마을, 즉 지신허, 얀치혜, 시지미, 아지미, 차피고이, 크라베, 푸두바이라는 마을 을 건설했다. 그들은 곧 쌀, 보리, 기장 등의 곡식을 팔기 시작했다.[12] 1866년 늦은 겨울에 함경도의 자연조건과 작황은 특히 나빴다. 러시아 -조선 국경에 면해 있는 페간Pegan과 삼돈사Samdonsa 같은 마을 전체 주 민들은 짐을 꾸려 러시아에서 새 삶을 시작했다. 또 다른 한인 500명이 1867년에 국경을 건넜다.[13] 이기백은 상민, 소작농, 경작민들에게 강요 된 과도한 세금과 관료의 탐욕을 1860년대부터 시작된 만주와 러시아 극동으로 대규모 탈출을 초래한 원인으로 비난했다.[14] 게다가 농민들이 조선을 떠나는 것은 조선법의 위반이었다. 조선을 떠나는 사람들은 반 역자로 간주되었고 러시아에서 더 나은 삶을 위한 그들의 욕망은 사형 으로 처벌받을 수도 있었다. 러시아-조선의 국경인 두만강을 건너는 이주자들을 포착한 조선의 국경 수비대는 그들에게 자주 총격을 가했다. 중국의 관리들도 조선 정부를 대신하여 러시아 관리들과 함께 때때로 개입했다.[15] 위험을 고려하여 한인 이주자들은 러시아에서의 새로운 삶을 위해 가축과 농기구 없이 한밤중에 조선을 떠나는 것을 선호했다.[16]

다수의 한인들은 도적들과 국경의 (중국인과 한인) 여러 수비대에 강탈을 당한 뒤 옷만을 걸친 채 러시아에 도착했다. 러시아 관리들은 겨울에 도착한 사람들에게 여름까지 생존하는 데 필요한 저질의 호밀만을 지급했다. 여름에 러시아 관리들은 밀, 텃밭의 채소 그리고 다양한 종류의 수박을 재배하는 데 필요한 종자를 한인들에게 다시 제공했다. 그렇지만 한인들에게 제공된 종자는 중국산이었다.[17] 상대 진영 사람들의 수입이 극동에서의 영향력 확대를 위해 사용될 수도 있었기 때문에 중국, 조선 그리고 / 혹은 일본으로부터 상품, 설비, 노동의 구매는 문제의 소지가 있었다.[18] 이 문제가 러시아에서 종종 거론된 '황화론'이었다. 황화론은 국가의 지원을 받은 (대개 프리아무르의 총독) 관변 민족지학의 연구에서 여러 차례 등장했고 19세기 말과 20세기 초에 걸쳐 그라베와 블라디미르 아르세네프 같은 저명한 민족지학자들이 이에 대한 연구를 수행했다. 이 용어와 '타인'에 대한 러시아제국의 태도는 전제정 식민주의의 특징으로 간주되었다. 볼셰비즘은 전제정시대의 식민주의적 태도와는 확실히 결별했다고 선언했다. 중국인과 한인들은 러시아 소수 민족들과의 상업, 교육, 그 밖의 분야에서의 경쟁이 인종적, 문화적 우월성의 경쟁으로서 자주 간주된다는 것을 곧 알게 되었다.[19] 다르게 표현하자면 경쟁, 경쟁에서의 이점 그리고 중국과 조선 상인들에 의한 시장 지배가 러시아를 희생시켜 중국 혹은 조선을 이롭게 하는 침략의 한 형태로 자주 간주되었다. 이러한 상황은 불가피하게 황인종 노동자 혹은 상인들의 수를 제한하든지 아니면 노골적으로 압박하는 방식으로 국가 혹은 관리들에 의한 개입과 제약을 초래했다.

프리모리예지역의 총독 카자케비치P.V. Kazakevich의 다음 기록(1865년)은 도착한 지 2년 이내의 한인들이 식민화에 경제적으로 유용한 요소였음을 부각한다.

> 나는 인접한 포시예트만 국경 안쪽에 위치한 한인들의 바람직한 정착에 관해 동시베리아 총독에게 보고했다. 작년에 대략 한인 30가구가 가축을 끌고 우리 영토에 들어왔고 지역 관리 책임자의 보고에 의하면 그들은 황무지 개척과 거주지 건설을 위해 남다른 근면함을 보였다. 그해 말에 이르러 그들은 주거지를 만들었을 뿐만 아니라 봄에 종자를 수확할 정도로 자리를 잡아 적지 않은 메밀을 팔겠다는 제안도 했다. 그러한 짧은 기간에 그들이 거둔 성과는 그들이 남다른 정착자임을 알려주며 정부는 거의 아무런 비용을 들이지 않고 짧은 기간에 훌륭한 농부들을 얻었다고 기억하고 있다. 그들은 단기간에 우리 군대에 곡물을 공급하고 남쪽의 항구에 그것들을 분배할 수 있었다.[20]

위의 기록과 군 지휘관 E. F. 체르카브스키Cherkavskii에게 보낸 최초 보고서를 근거로 우리는 한인들에 대한 초기의 성격 규정과 사회에 대한 그들의 관계와 연관하여 몇몇 단서를 대체로 얻을 수 있다. 첫째, 한인들이 만주인과 중국인보다 선호되는 정착민들이었다. 한인들은 더 나은 일자리와 기회를 찾아 여기저기 이동하는 독신 이주노동자가 압도적 다수를 구성했던 중국인들과 달리 가족 단위로 이주했다. 둘째, 극동의 러시아 관리들은 많은 수의 조선 피난민의 수용이 중국 및 일본과 러시아의 관계에 간접적 영향을 미칠 수 있다고 인식했다. 카자케비치의 동일한 보고서(1865년)는 다음과 같이 지적한다. "조선 정부와 맺은 조약은 존재하지 않으며 러시아 신민이 되는 것이 [러시아 이외에는] 어떤 정부와도 무관하다는 것을 상기한다면 이주 한인들에게 요구되었던 커다란 장벽을 고려했을 때 [가능한 한 시민권 문제를 보류하면서] 조선 혹은 중국 정부를 비난하지 않고 그들을 우리의 국유지 농민 [명단]에 포함시키는 것이 우리에게 이득일 것이다."[21] 차르에게 보낸 1872년의 또 다른 보고서는 동시베리아의 총독이 "일본과 조선 사이의 [관계에서] 갈등이 일어날 경우 엄격한 중립을 유지할 것"임을 밝히고 있다.[22] 따라서 한인의 이주는 중국 혹은 일본에서 있을 수 있는 개입 때문에 잠재적 위험으로 간주되었다. 셋째, 동시베리아의 총독은 국경의 행정당국에게 이들 정착민들을 국경 너머로 이동시킬 수 있는 권한을 부여했다. 이점으로 미루어 보건데 러시아는 중국이 실지 회복에 나서거나 일본이 침략할 수도 있다고 생각했다. 국경을 초월한 연관과 지정학적 위협에 대한 이러한 언급은 한인들이 도착한 최초 10년 시기부터 그들을 디아스포라 민족의 범주에 포함시켰다.[23]

막시모프Maksimov에 의하면 1870년 한인 수는 대략 9,000명이었고 부세F. F. Bucce는 8,000명으로 추정했다.[24] 다양한 혜택과 100제샤티나의 토지 할양에도 불구하고 처음 10년간(1860~1870년) 우수리 동쪽으로 3,107명만이 이주했기 때문에 러시아 정착민들을 유인하는 데 총독은 어려움을 겪었다. 1860년(45명의 정착민)과 1865년(95명의 정착민) 같은 해는 특히 성과가 없었다.[25] 그들을 어떻게 정착시켜 공동체 건설에 나서게 할 것인가는 아무도 몰랐다. 중앙정부는 극동에서 '삶을 유지하게' 만드는 거주지 조성 및 이주 자금을 위한 자금을 제공할 생각이 없었다.[26] 그렇지만 다양한 이주 집단들이 있었고 극동 주민의 일반적 풍조에 거의 아무것도 더하지 못한 폐쇄적 공동체를 형성했지만 '러시아' 정착자들은 코자크인, 에스토니아인, 핀란드인, 구교도 그리고 몰로칸Molo-kan, 동슬라브인 정착지역의 동방정교에서 분리한 영적 기독교분파 - 역주들로 구성되었다. 대규모의 토지 하사(100제샤티나, 대략 270에이커)와 병역의무의 면제로 동족 집단들은 고립된 채 번성할 수 있었다.[27] 코자크 정착민들이 중국의 실지 회복운동, (중국인과 러시아인) 산적 그리고 도망 범죄자들로부터 새로운 영토를 지키는 군부대 복무와 농사일 모두를 할 수 있었기 때문에 행정적 측면에서 선호되었다. 그렇지만 코자크 정착민들이 광대한 토지를 소유하고 있었지만 생산적 농업을 위해 특별하게 필요하지는 않았다는 점이 머지않아 드러났다. 그들은 집약농업을 대체로 꺼려했다. 그들은 첫 이주 물결을 시작했고 프리모리예 남부의 가장 비옥한 지역에 토지를 분배받았다. 처음부터 그들은 자신들의 토지를 중국인과 한인에게 임대하기 시작했다. 정부의 첫 조사에서 중국인과 한인이 러시아인과 코사크보다 당황스럽게도 더 생산적인 농부이자 정착민이라는 것이 드러났다. "1885년, 우수리지역에서 코사크와 정착민 일인당 경작토지 면적은 0.6제샤티나이지만 중국인의 그것은 1.1제샤티나였다." 극동지역의 한 관리는 1906년, "한인들은 근면하며 러시아인보다 언제나 더 많이 수확한다"고 기록했다.[28]

1884년, 러시아와 조선은 한성조약을 통해 공식 외교관계를 시작했다. 이 문서는 러시아 극동으로의 조선 이주민의 조건과 그들이 차르의 신민이 되기 위한 조건을 최초로 명시했다. 그렇지만 더 꼼꼼하게 검토해보면 한성조약은 할당과 같은 수단으로 한인의 이주를 실질적으로 제한하는 데 기여했다. 그것은 기술 혹은 자본을 근거로 조선 이주민을 모집하지 않았다. 즉 한성조약에서는 기준 날짜를 정하고 그에 따라 한인의 세 범주를 확정했는데 첫 번째 범주의 한인만이 차르의 신민이 될 수 있었다. 러시아 혹은 슬라브 정착자들에 대한 선호는 유지되었다. 첫째 범주의 한인들은 1884년 6월 25일 이전 도착하여 정착한 사람들이었다. 러시아 당국이 식민지의 생산적 구성원들을 잃고 싶지 않았기 때문에 그들은 지체 없이 러시아 신민이 될 수 있었다. 두 번째와 세 번째 범주의 한인은 외국인으로, 시민권을 갖지 못했다. 셋째 범주의 한인들은 국유지 정착이 금지되었고 체류를 위해서는 1년 혹은 2년마다 비자 획득이 필요했다.[29] 첫째 범주의 한인들은 지체 없이 15제샤티나의 토지를 받을 수 있었다.[30] 총독 두호프스코이 S. M. Dukhovskoi(1893~1898)는 1890년대에 이 정책을 유지했고 둘째와 셋째 범주의 한인들이 극동에 5년간 거주한 이후 그들에게 시민권을 부여하는 아량을 베풀었다. 농지가 당시 감소추세에 있는 우수리 같은 특별한 지역에는 한인들이 토지를 할당받지 않고 러시아 신민이 될 수 있는 조항도 제정되었다. 1906년 운테르베르게르 P. F. Unterberger(1906~1910)의 취임 전까지 여러 총독들은 이러한 진보적 정책을 유지했다.[31]

부연하자면 한인들은 1918년 이전까지 1822년 외국인헌장의 수정 조항에서 제외된 상태였다. 한인들이 포함되었더라면 그들은 앞에서 언급하였던 극동에 정착한 다른 민족들과 같이 동등한 지위를 (외국인이라는 지위였긴 하지만) 부여받았을 것이다.[32] 그랬더라면 한인들은 차르의 신민으로서 공식적으로 인정되어 토지에 대한 권리, 국가에 의해 정해진 공정하고 합리적인 세금을 부여받았을 것이고 인두세와 같은 다양한 약탈행위, 극동에 만연했던 지역 관리들의 부패로 인한 또 다른 형태의 수탈로부터 보호받았을 것이다.[33] 그렇지만 세금문제는 1916년까지 해결되지 않았다. 그때가 돼서야 하바롭스크지역의 중국과 조선의 노동자들은 '반半 시민'으로 분류되어 차르 신민 세금의 절반이 부과되었다.[34]

그렇지만 이러한 상황으로 러시아의 신민이 아닌 한인들은 토지, 세금, 국가에 대한 관계의 측면에서 불법적 혹은 무국적의 무단거주자로 남게 되었다. 재빨리 상황을 파악한 지역의 관리들과 경찰은 세금징수관으로서 국고로 들어가지 않는 세금을 손쉽게 징수했다. 지역 관리들은 한인들이 불교도라는 이유로, 정교회에 의한 한인 자녀들의 세례를 이유로, 거처를 만들기 위해 지역 삼림의 목재를 사용했다는 이유로, 한인 결혼의 법적 인정을 이유로 그들에게 '세금' 납부를 요구했고 일상생활 속에서 여러 다양한 일이 있을 때마다 자기들 마음대로 세금을 요구했다.[35]

그와 동시에 극동으로 이주한 유럽인들은 (유대인을 제외하고) 인두세의 영구면제, 10년간 징병 면제, 토지세 면제와 1902년까지 20년간 토지임대료의 면제 혜택을 받았다.[36] 이러한 일련의 조처는 유럽인과 슬라브인들에 비해 동아시아 식민 이주자들의 자원 이용에 있어서 불평등한 혜택의 선례였다. 1822년 외국인헌장 수정 조항에 중국인과 한인들이 편입되었더라면 헌장의 동등한 법적 지위 때문에 지역의 관리들이 '황색 노동'법, 황색 노동의 할당과 제한을 강요할 수는 없었을 것이다.[37] 총독 운테르베르게르는 한인 노동자의 군역 혹은 세금 면제를 이유로 그들의 이주에 반대했다.[38] 그렇지만 그는 유대인을 제외하고 민족에 상관없이 식민 이주자 누구에 대해서도 군역을 면제하자고 진심으로 주장했다.[39] 첫째, 러시아와 유럽 이주민들은 100제샤티나 정도의 넓은 토지를 할양받지만 그들은 아쉽게도 땅에서 일하려는 결의가 없다. 그대신 그들은 중국인과 한인들의 노동에 의존한다. 둘째, 극동으로 이주한 유럽의 다양한 농민집단 대부분에게는 세금을 면제받는 예정 기간이 있었다.

1900년경, 러시아제국의 아시아인 대부분은 식민화되었다. 시베리아에서 극동으로 이주한 아시아인들은 유목민 혹은 반유목민이었고 차르 정부의 신민이 되기 위해 (모피에 대한 세금과 같이 전형적인 공물세인 야삭 iasak이라는 명칭의) 세금을 납부했다. 그들은 차르 치하에서 분명 2등급 시민이었다.[40] 한인과 중국인들은 다른 경우였다. 디아스포라 민족이라는 것에 더해 그들 모두는 자발적으로 극동으로 이주했다. 이러한 주체의식, 그들의 경제적 성취, '이방인'에 대한 전제정의 기준에 그들이 정확히 부합하지 않는다는 사실은 두 집단 모두를 문제가 있으며 경우에 따라 위협적으로 바라보게 했다.

범슬라브주의, 경제적 경쟁 그리고 '황화'

러시아의 다양한 민족주의 집단은 19세기 중반에 등장했다. 이러한 집단들, 특히 슬라브주의자, 범슬라브주의자 그리고 모스크바의 상업 엘리트들은 러시아 산업의 공고화와 러시아인들을 위한 자원 확보라는 자신들의 목표 성취를 위해 강력한 유대를 형성했다. 이러한 경향의 민족주의는 모스크바의 상업 집단에 의해 주도되었고 '외국인들'이 관여하는 경제부문을 축출하는 데 집중되었다.[41] 심지어 전제정의 귀족과 지도자들도 러시아민족주의 집단과 운동에 참여했다. 차르 니콜라이 2세는 검은 백인대Black Hundreds를 지원했고 그의 재무장관 세르게이 비테 또한 러시아 귀족들이 주요 구성원이었던 신성 형제단에 가입했다.[42] 이러한 성향의 민족주의는 러시아 극동의 황색 노동에 대한 다양한 억압적 조치, '황화'라는 표현의 등장, 제1차 세계대전 기간에 이방인 적들의 추방에 크게 영향을 미쳤다.

슬라브주의자, 범슬라브주의자, 러시아의 그 외 민족주의 집단들은 러시아의 소수 중간집단과 1870년부터 시작된 그들의 경제적 장악력에 대한 차별적 법령들을 제정하기 시작했다. 1881년, 폴란드인, 유대인, 발트 독일인과 그 외 다른 소수 민족들이 주식회사 설립의 권한을 박탈당했다. 그 밖의 다양한 제한들이 1888년과 1893년에 유대인 상인들에게 가해졌다.[43] 유대인의 성공과 러시아제국 내 최고 중등교육기관에서 그들의 과도한 비중은 러시아인들을 위한 '러시아 자원'의 수호라는 범슬라브주의와 러시아민족주의 정서 표출을 낳게 한 구체적 이유 중의 하나이다. 유대인들이 중등 및 고등 교육기관에서 (그들의 인구비중을 훨씬 능가하는 입학생 비중으로) '체제를 무력화'시켰을 때 규칙이 바뀌었고 할당 인원이 정해졌다.[44] 다수의 민족주의 운동단체는 교육 분야에 유대인들의 과도한 진출이 국가 자원의 유출이라고 믿었다. 극동에서 황인종(중국인과 한인)과 러시아인 사이의 경제전쟁과 관련하여 이러한 견해를 포퓰리스트와 정부 또한(아르세네프와 우호톰스키를 보라) 가지고 있었다.

이러한 상황을 이 책 전체에서는 '제로섬'의 사회적 관점이라고 부를 것이다. 즉 이방인 혹은 비슬라브인들에 의해 소비되는 러시아의 자원은 러시아민족주의 집단의 입장에서 러시아의 손실을 의미했다. 후자는 경쟁을—그것이 상업, 전제정의 국가기구 혹은 교육분야에서 대표성을 놓고 벌이는 경쟁이든지 간에 러시아에서 문화적 그리고 민족적(즉 인종적) 우월함을 위한 전쟁으로 간주했다.[45]

러시아민족주의의 물결의 영향으로 러시아 극동에서는 1880년대 초부터 등장한 '황색노동'의 경제적 활력을 제한하려는 탄압법이 제정되었다. 운테르베르게르가 후원한 민족지학자 블라디미르 V. 그라베는 '러시아와 러시아인들을 위한 러시아의 산업'의 열렬한 지지자였다. 중국이 그곳에 유산을 남겨놓았고 그리하여 원주민들은 여전히 중국을 지역의 '지배자'로 간주한다고 그는 생각했다. 중국과 조선 노동자들의 경제 장악력을 빼앗는 것은 정치적 권위의 문제로 간주되었다. 동아시아인들의 경제적 생산성이 극동에서 러시아인들의 정치적 권위를 약화시키는 요인이라는 견해는 소비에트기에 재등장하게 되었다. 그라베의 말이다.

나는 경제적, 정치적 관점 및 궁극적으로는 도덕적 관점에서 피해를 명확하게 제시하기 위해 원주민들과 중국과의 교역이라는 [문제를] 다소 오랜 동안 숙고해 왔다. 원주민들에 대한 그들의 착취와 원주민의 예속은 그들의 소멸로 귀결된다. (…중략…) 궁극적으로 원주민들의 경제적 종속을 통해 중국인들은 정치적 영향력을 강화시킨다. 실제로 그러한 상황은 러시아의 권위를 약화시키는 반면 중국을 지배자로 만든다. 그리하여 [러시아의 권위는] 완전히 허울에 불과하게 된다. 극동에서 중국의 교역과 산업에 대항하여 싸우는 것이 필요한데 이 점은 러시아의 지역 당국도 매우 오래 인식하고 있었다.[46]

지도자들, 민족지학자들 그리고 지식인들은 억압적 법률의 제정, 할당 인원 그리고 그와 유사한 조치들로써 아시아와 아시아인들을 향한 감정을 솔직히 표출했다. 극동이 러시아의 영토로 편입된 이후 그곳은 자본주의, 시장, 노동의 측면에서 무제한의 자유를 종종 누리던 곳이었다. 그렇지만 극동 행정당국의 관리 아래 있던 범슬라브주의자들과 민족주의자들은 아시아인들의 장점이 무엇이든지 간에 러시아인들이 상업과 상업거래의 중심을 차지하는 '고정된 결과'를 원했다.[47]

19세기 말에 이르러 러시아화와 러시아인으로의 '인정'은 정교회로 단순히 개종하는 것 이상으로 훨씬 더 복잡해졌다.[48] 개종에도 불구하고 동아시아인들은 러시아인, 코사크인, 유럽 정착민들보다 더 적은 토지를 받았고 법정세금을 초과하는 금액을 납부하였으며 그들의 경제력은 통상 지정학적 위협으로 간주되었다. V. D. 페소츠키Pesotskii의 『한인문제』(1913년경)는 한인 2세대와 3세대가 러시아의 문화와 가치에 동화될 것이라는 믿으며 점진적 동화를 지지했다.[49] V. 바긴은 한인을 동화 가능한 신민으로 간주하며 페소츠키의 의견에 동조했다. 그는 다음과 같이 말했다. "러시아의 새로운 정착지와 관련하여 한인 한 명당 열 명의 러시아인이 그 땅에 정착하여야 하지 그 반대여서는 안 된다. 프르제발스키의 견해 또한 그러했다. 반대의 경우가 아니라 그렇게 되어야만 하는 이유는 무엇일까?"[50] 한인들은 제국의 인종으로 편입되기가 어려운 집단이었다. 지식, 생산, 주도적 의지의 측면에서 그들은 유럽의 다른 많은 집단과 동등해 보였다. 그렇지만 그들의 외모는 두말할 필요없이 아시아인이었다. 검은 머리, 좁은 눈, 황색 피부, 높은 광대뼈. 그들의 특징(인종)은 인종 간 결혼을 배제한 러시아화를 통해서는 결코 사라질 수 없었다.

극동지역으로 동아시아인의 노동과 정착민들의 수용은 전제정의 극동경제에 '초민족적인' 사업 관행, 요소 그리고 정서를 유도했다. 극동에서 러시아 서부의 특정 산업에 귀족층이 지니고 있던 세습적 독점은 존재하지 않았다. 이러한 세습적 권리로 귀족층은 재산만 까먹는 매우 비효율적인 사업을 벌여왔다.[51] 초민족적 감정과 동아시아인들이 러시아와 러시아인들과 일하면서 보여준 생활방식은 러시아에서 아마도 가장 진실된 형태의 '유라시아주의'였다.[52] 중국인과 한인은 이 지역에 자신들의 농업과 상업방식을 도입했다. 이러한 방식들은 비방이나 음모이론(약탈자 등)에도 불구하고 유럽의 최상 사업관행과 다를 바 없다고 인식되었다. 중국은 통상 극동 현지의 상품과 원료 가격보다 최소 2배, 최대 10배나 싼 가격으로 그것들을 극동에 수출했다.[53] 러시아 정착민들은 그 어떤 생산품과 가정용품 없이 극동에 도착했다. 러시아 정착민들은 자신들의 취향을 기꺼이 변화시키고 사용 가능한 자원에 스스로를 적응시켜 나간다면 노동뿐만 아니라 음식물, 술, 다양한 상품, 옷, 도구, 가구와 같은 아시아의 수출품으로 안락하게 생활할 수 있었다. 동시에 극동의 한인과 중국인들은 고국에 돈을 보내 그곳의 가족들이 힘든 시기를 버틸 수 있게 하였고 중소 규모의 가게를 여는 데도 두움을 주었다. 만주 또한 이러한 거대한 실험에 참여했다.

그렇지만 산업과 경제를 전쟁의 영역으로 간주하는 러시아의 다양한 민족주의 집단은 이러한 혼성적 실험을 좌절시켰다. 그들의 교의 가운데 하나는 러시아가 제국의 상업, 산업, 기업들을 더 많이 통제함으로써, 즉 러시아인들을 위한 러시아와 러시아의 산업을 통해 러시아는 더 강력해 진다는 것이었다. 범슬라브주의에 의하면 소수 민족 중개인들이 있는 어느 곳에서나 전 세계적인 음모가 존재했다. 러시아 서부의 유대인들은 시온의정서(1905년판) 안에서 경제적 희생양으로 그려졌다.[54] 동시에 극동의 러시아인들은 다수의 동화된 라트비아인, 에스토니아인, 유대인, 아르메니아인, 구교도 그리고 발트 독일인들로 구성되었다. 사실상 전제정의 관리와 지도자들은 발트 독일인들을 충분히 대변했다. 한인들은 그 내부로 섞여 들어가 러시아인으로 '인정'될 수 있는 바와 같은 혜택을 갖지 못했다.[55] 그럼에도 불구하고 한인들에게 도시의 생활은 교육, 학교, 고용의 기회를 제공했다. 그리하여 그들은 타민족과 섞이면서 재산을 축적함으로써 극동의 다민족 모자이크를 다채롭게 했다.

1893년, 다음과 같은 제한이 블라디보스토크 내의 중국인 상업 활동에 내려졌다. 중국인 상인과 그들의 상품에 대한 5~10%의 세금, 중국인들의 상업거래를 제한하기 위한 특별 위원회, 시의 조례 위반에 대한 벌금, 2회 이상 법률 위반자의 추방 그리고 블라디보스토크를 벗어난 중국인 상거래 금지. 한인들에 대한 제한은 더 불분명하고 비공식적이었다. 전반적으로 공장, 상점, 소규모 공장 등에서 황인 노동의 규모는 공식적으로뿐만 아니라 비공식적으로 제한되었다. 20세기에 접어들 무렵 하바롭스크, 블라고베센스크, 니콜라예프스크, 니콜스크-우수리스크 모두는 지역 내의 중국인과 한인 두 집단의 거주지역을 이미 그들이 거주하는 지역만으로 제한하는 법을 통과시켰다.[56]

황색 노동은 더 위협적 용어인 '황화'로 이내 대체될 운명이었다. 1894~1895년, 기습공격으로 중국을 패배시킨 일본은 서구 열강의 존경을 받는 동아시아 국가의 위신을 획득함으로써 '황화'라는 단어를 유행시켰다.[57] 이러한 수사적 표현이 통용되었다는 것에 놀라서는 안 된다. 중국인, 한인 그리고 이들보다 적은 정도로 일본인들은 극동의 러시아인들과 타민족들에 대해 자신들의 상업적 능력, 열의 그리고 근면함을 증명했다.[58] 그들은 자신들이 강인한 육체와 정신을 가졌음을 증명해왔다. 러시아 총참모부의 푸탸타Putiata 대령은 이러한 단기전으로 일본의 목표는 더 높아졌다고, 즉 러시아와 극동에서 더 높아졌다고 확신했다. 그는 (1895년에) 지적하기를 "우리의 태평양 연안에서 드러났듯이 [일본이] 머지않아 또 다른 근접한 무대에서 더 만만한 적과의 전쟁에서 다시 한번 승리를 획득하려는 의지를 드러낼 것이라고 기대해도 전혀 이상하지 않다".[59] 그렇지만 푸탸타는 치욕적 패배로 교훈을 얻은 중국이 (독일의 미미한 후견 덕택에) 자원을 이전보다 잘 동원할 것이라고 예측했다. 그리고 백만 명의 병사를 가진 중국은 일본을 능가하는 위험한 세력이 될 수도 있었다. 다름 아닌 지역의 '황화'였다.[60] 따라서 '황화'라는 용어는 러일전쟁 이전까지 중국(빼앗긴 영토의 회복)과 일본(팽창주의) 모두에게 똑같이 적용되었다.

중국과 조선의 노동력은 풍부하고 저렴했지만 '러시아인들과 비교하여 그들 노동의 질은 어땠는가?' 비르트 게라레Wirt Gerrare가 (대략 1904년에 건설된) 블라디보스토크의 도로들을 통해 하나의 예를 제공했다. 그는 도로를 처음 완성한 이들은 러시아인들이라고 지적했다. 그렇지만 1년 밖에 안 지났는데 모든 도로는 재포장되어야 했다. 도로 재포장에는 중국인들이 고용되었다. 부두 또한 러시아인들에 의해 건설되었는데 일년 후 동일한 문제가 발생했다. 러시아인들이 건설한 부두를 대체하기 위해 또 다시 중국인들이 고용되었고 그들이 건설한 부두는 여전히 아무 문제가 없다.[61] 하얼빈의 제1 교회당 건립과정에서 러시아인들보다 중국인 목수가 더 뛰어나다는 것이 판명되었다. 그들은 시베리아식의 나무를 깎아 만드는 조각물에서도 솜씨가 더 뛰어나다고 판명되었다.[62] 극동의 가장 뛰어난 민족지학자 V. K. 아르세네프는 중국인들의 자질이 러시아인들을 능가하는 이유를 설명했다. 러시아인과 중국인 사이의 작업 경쟁에 관한 그의 서술은 매우 강력한 인종적 정형화, 그릇된 논리 그리고 최종적으로 황색 노동을 제한하자는 요청으로 이루어져 있었다. 아르세네프는 다음과 같이 시작한다. "작업경쟁을 시켜보면 하루 혹은 이틀 후에 러시아 노동자들이 중국인을 앞지를 것이다. 우선 [러시아인이] 더 열심히 일하며 더 정력적이다. 그렇지만 아쉽게도 러시아 노동자는 잠깐 일을 하고 멈춘다. 그는 곧 게을러지기 쉽고 일에서 멀어진다." 아르세네프는 결론을 내리고 다음과 같이 덧붙였다. "그래서 우리는 러시아 농민에 대한 원조를 시작할 필요가 있다. 지역의 모든 상업과 산업에서 우리는 러시아 노동자의 평균 비율을 정해야 하고 중국인 노동자의 비율은 더 낮추어야 한다고 생각한다. 이러한 비율을 통해 정부는 중국인 노동자를 감소시킬 수 있을 것이다."[63] 지적된 바와 같이 러시아 노동자들이 중국인 노동자보다 더 근면하지 않을 수도 있었다. 아르세네프의 단정은 편향된 것처럼 보인다. 그것은 러시아인들이 '따분하고 사소한, 혹은 반복적인 작업'에서 뛰어난 점이 없다는 사실에 근거하여 중국인의 근면함을 합리화하고 단순히 처리했다. 러시아인들이 승자로 선언뜰 수 있도록 사전에 정해진 듯 보였다. 이러한 경쟁이 회사와 개인 간의 경쟁에 반하여 상업과 자원을 둘러싼 민족 간의 전투로서 간주되었던 또 하나의 예시였다.

아르세네프뿐만 아니라 니콜라이 2세의 고문이었던 예스페르 우흐톰스키 또한 동아시아인들의 성공은 그들의 음모적 본성과 작업 관행 때문이라고 생각했다.[64] 아르세네프는 중국인 노동자가 어떻게 중국산 의류와 직물만으로 머리부터 발끝까지 차려입게 되는지의 예를 제시했다. 그는 다음과 같이 지적했다. "중국인들이 어디서 물건을 사는지 주목하라. 중국인 가게에서 모든 물건을 구입했다. 이러한 놀랄 만한 유대와 상호 원조는 중국인의 모든 삶의 영역에 내재해 있다." 그는 계속해서 중국의 각각의 소상점은 연결되어 있고 도시의 중국인 거래인들과도 연결되어 있다고 지적했다. 극동의 이러한 상인들은 궁극적으로 중국의 대규모 교역회사에 연결되어 있었다.[65] 우흐톰스키는 중국인들 사이에서 동일한 종류의 상호연대와 음모가 존재한다고 믿었다. 그는 다음과 같이 말했다. "러시아인들에 대한 중국인 상인들의 강점과 이점은 그들이 매우 낮은 수입에 만족할 수 있다는 점뿐만 아니라 그들의 전면적인 협력에서도 찾을 수 있다. (…중략…) 회사 소유자들과 그들의 고용인들은 같이 살며 생활비를 줄이기 위해 같은 그릇으로 끼니를 해결한다." 중국인의 사업방식은 불공정하고 러시아인들에게 해롭다고 다시 지적하며 그는 끝을 맺는다.[66] 그는 극동에서 사업하려면 중국어를 필수적으로 알아야 한다고 지적했다. 그는 또 나쁜 예를 세공한다. "중국인들은 매우 낮은 임금에도 만족한다. 러시아인들은 한 달에 50~75루블이 필요할 것이지만 중국인은 5~6루블로도 문제없다. (…중략…) 모든 중국인은 다른 중국인으로부터 돈을 차용하고 또한 그들에게 돈을 빌려줌으로써 동일한 자본이 여러 번 사용될 수 있도록 하며 그리하여 더 많은 이익을 거둘 수 있도록 한다."[67]

아르세네프와 우흐톰스키 두 사람은 러시아 노동자 혹은 러시아의 상업이 지속적으로 압도당하는 이유에 대한 정형화된 설명을 제시하려고 노력했지만 그들의 시도는 주로 국수주의적 성향의 진술이었다. 따라서 그러한 유일한 적과 싸우기 위해 국가가 소위 황색노동의 비율과 제한을 설정하는 것은 너무 당연했다. 우흐톰스키와 아르세네프는 중국인을 러시아 자원의 제1의 약탈자, 한인을 제2의 약탈자로 간주했다. 그렇지만 운테르베르게르의 체제는 중국인을 약탈자로 보는 데 있어서 아르세네프와 우흐톰스키와 다르지 않았지만 한인들은 가족을 데리고 와서 거주하기 때문에 그들을 주된 위협으로 간주했다.

음모적인 '황인종의 반러시아 경제블록'의 가능성은 거의 없었는데 왜냐하면 분배 체계에서 노동의 다른 역할 간에 이익이 일단 고갈되면 다양한 위치(노동자, 중개인 그리고 관리자) 간의 협력이 또한 끝나기 때문이다. '황인 음모'를 믿었던 사람들은 '유대인의정서'를 또한 다음과 같이 믿고 싶었을 것 같았다. 즉 아시아인과 유대인 두 민족의 어느 한쪽은 자신들에게 협력하는 민족 / 종족과 더불어 생산, 소매, 혹은 분배망 분야에서 일하면서 러시아에 해를 끼치려는 대리인이기 때문에 그것을 극동에서의 아시아인과 유대인의 음모로 보고 싶었을 것이다. 당연하게도 1900년 무렵 러시아의 일부 민족주의적 작가들은 지역의 부유한 중국인과 한인을 "황색 유대인"으로 부르기 시작했고 중국인을 유대인의 최고 의결기관인 산헤드린Sanhedrin, 팔레스타인 유대인들의 최고 종교, 입법, 교육기관—

역주이 러시아에 파견한 무리로 간주했다.[68]

1906년, P. F. 운테르베르게르가 프리아무르의 총독이 되었고(1906 ~1910년) 중국인 광부의 수가 늘어나는 와중에서 한인 광부만을 대상으로 하는 추가 법령을 제정했다. 1910년경, 아무르지역의 3,336명(16.6%)의 러시아 광부와 일하는 한인 광부 / 사무원의 수는 고작 150명(0.7%)이었다. 이러한 비율 제정 이전에 한인들은 전체 노동력의 약 24%(1906년)인 4,006명이 광부와 광산의 사무원으로 일했다. 동시에 중국인 광부 수는 엄청난 범위로 늘어났다. 아무르 광산에서 중국인 광부 / 사무원의 수는 16,622명(82.7%)이었다. 운테르베르게르와 그의 후임자 N. I. 곤다티(1911~1917년)는 곤다티의 임기가 끝날 때까지 한인 노동자들에 대한 강경 정책들을 계속 제정했다. 프티 부르주아, 소상점주, 소매업자들은 노동, 식량, 상품에 대한 비용 상승 때문에 아시아 노동자들에 대한 이러한 제한에 저항했다.[69] 두호프스코이(1893~1898년)와 그로제코프 (1898~1902년)와 같은 이전 총독들은 제일 부류와 제이 부류의 한인을 차르의 신민으로 허용했다. 대조적으로 운테르베르게르는 한인들이 중국인보다 실제적으로 더 위험요소라는 견해를 지지했다. 운테르베르게르는 한인들을 극동에 거주하며 수를 늘려가고 있는 '믿기 힘든 분자들'로 간주했다. 그에 따르면 체류하긴 하지만 극동에 정착하려고 하지 않는 중국 노동자들보다 한인들이 더 위험했다.[70] 그는 또한 대공포의 지정학(인용문의 마지막 문장)을 암시하는 언급을 했다.

[나의 믿음을] 증명할 만한 구체적 사례와 같은 근거가 없긴 하지만 우리는 차르의 신민이 되어 정교로 개종한 한인들이 러시아 주민과 동화할 것으로 기

대한다. 그들은 40년 이상 남부 우수리지역에 거주하였지만 한인들은 극소수만 제외하고 자신들의 민족성[민족의 특징]을 완전히 간직하고 있으며 **모든 면에서 우리와 다른 이방인으로 남아 있다**.강조-저자 일본 혹은 중국과 전쟁을 하게 될 때 우리는 이들의 충성에 절대적으로 의지할 수 없다. [71]

위의 인용문은 한인의 변하지 않는 본성에 대한 강한 믿음을 표현했다.[72] 블라디미르 아르세네프가 극동에서 중국인의 동화를 얘기했을 때 그는 운테르베르게르의 생각을 그대로 반복했다. "정교회로 개종한 일부 중국인 기독교도가 있다고 전해진다. (…중략…) 얼마나 많은 시도를 하든지 간에 중국인은 영원히 중국인이다."[73]

나는 이제 20세기 초반 러시아에서 한인의 도시에서의 삶을 살펴볼 것이다. 극동에서 도시의 삶은 한인에게 러시아문화를 접하게 했고 그것에 동화시켰다. 러시아화는 블라고슬로베노에Blagoslovennoe의 경우에서와 같은 특별 자금지원 혹은 국가 정책의 필요 없이 자연스럽게 일어났다. 1910년경, 한인들은 극동의 16개 도시지역에 단체를 가지고 있었다. 한인들은 도시 지향적이었고 다수가 교육을 받았으며 러시아어와 모국어 모두를 할 수 있었고 차르에게 충성했다. 그들은 지역의 행정 당국에게 한인들을 러시아 군대에 징집해 달라는 청원을 제출하기도 했다. 징집의 답례로 그들은 한인 공동체에 살고 있는 많은 사람들을 러시아의 신민으로 받아들여 달라고 부탁했다. 극동의 도시에서 사업을 하는 러시아화된 한인들이 자신들의 가족들에게 보다 높은 수준의 안전을 제공하기 위해 차르의 신민이 되기를 원하는 것은 매우 자연스러웠다. 신문『극동』의 다음과 같은 발췌문의 작성자 보우르나코프Bournakoff는 도시에 거주하는 한인들의 매우 신속하고 완전한 러시아화를 보고 놀라움을 금치 못했다. 상징적으로 보우르나코프는 페소츠키가 한인들에 가졌던 전망, 즉 2세대와 3세대는 러시아화될 것이고 1910년에 이르면 차르에게 충성할 것이라는 전망을 공유했다.

청원

프리모리예지역의 블라디보스토크, 니콜스크-우수리스키, 하바롭스크, 보고로드스코에, 니콜라예브스크, 수찬, 노보키예브스코예, 이만, 뱌젬스코에, 그와 다른 곳에서부터 온 한인 대표자 16인이 1910년 8월 19일, 블라디보스토크에서 만났다. 우리는 러시아 정부가 조선의 신민들을 러시아 신민으로 허용해 달라고 단호히 요청한다. (…중략…) 우리 한인들은 러시아 영토에 오랜 동안 거주해 왔고 우리의 이전 고국과 어떠한 관계도 맺고 있지 않다는 점을 러시아 당국은 고려해야만 한다. 우리의 고국은 이제 러시아이다. 우리는 그들[다른 민족들]과 다를 바 없이 동등한 권리를 지닌 러시아에 거주하는 여타의 민족들과 더불어 러시아의 충성스러운 신민이 되고자 한다. 우리는 러시아 정부에게 이러한 권리의 책임을 위임하며 우리가 차르의 신민으로 받아들여지게 되면 러시아의 차르를 충심으로 섬길 것을 서약한다. 우리는 군인으로서 기꺼이 복무하려고 하기 때문에 극동에서 러시아 군의 지위를 강화시킬 수 있다. (…중략…) 우리는 여성과 아이들을 제외하고 프리모리예지역에 거주하는 약 9,780명의 남성들의 협의체를 대신하여 여기에 서명한다.

블라디보스토크시에서

1910년 8월 19일[74]

보우르나코프의 『극동』에 실린 다음 문장은 수천 명의 젊은 한인들이 러시아의 학교 체제에 막 진입하였고 중등교육을 마쳤거나 전반적으로 (러시아화한) 주민들 사이에서 일자리를 막 얻었다고 지적하고 있다.

조국의 정치적 상황과 그들 자신의 특성에 의해 한인들은 러시아의 충성스러운 신민이 되고자 하며 러시아를 자신들의 새로운 조국으로서 사랑하려고 한다. 그들 중 하층 계급의 사람들은 자신들의 종교, 언어, 관습들을 버리지 못하지만…… 러시아의 학교, 수도원 등을 거친 한인 수 백 명은 러시아 시민으로 완전하게 전환 중이다. 그들은 러시아의 기업에서 일하기도 하고 공립학교의 교사로서 일하기도 한다. 그들은 또한 사무원, 하급 직원으로서 정부의 다양한 기관에서 일하기도 한다. 러시아 식민지로 가족들과 함께 이주한 한인들이 러시아 학교를 대단히 선호한다는 점은 지적할 만하다. (…중략…) 한인들은 그들의 형편이 허락하는 한 러시아식으로 살려고 하며 유럽인들을 닮으려고 전반적으로 노력한다는 점에서 돋보인다. 아무르지역에서 이국적으로 보이는 민족들 중 그 어느 민족도 한인들과 같이 러시아에게 그렇게 우호적인 민족은 존재하지 않는다. 그리고 러시아 남부와 볼가지역 독일 계통의 식민주의자들보다도 그들은 모든 면에서 목적과 열의를 지닌 러시아인이 될 만한 훨씬 더 많은 역량을 가지고 있다.[75]

첫 번째 발췌문에서 도시에 거주하는 러시아화된 한인들은 다른 민족들과 같은 차르의 신민이 되기 위한 동등한 권리를 요청했다. 그들은 러시아와 차르에 대한 충성을 증명하기 위해 러시아 군대에 기꺼이 복무하려고 했다. 그들의 주요 전략은 근면과 노력을 통해 정형화를 부정하는 것이었다. 두 번째 발췌문에서 보우르나코프는 극동의 일상생활에서 러시아화한 한인의 다양한 예를 제시했다. 한인들은 모든 이주민 집단들 가운데 차르의 신민이 될 수 있는 최선의 후보라고 작가는 확신했다.

그렇지만 보우르나코프는 한인들을 그렇게 열렬한 차르의 신민이 되도록 만들었던 매우 중요한 요인 하나, 즉 1910년 조선에 대한 일본의 식민화를 고려하지 않았다. 조선의 식민화 이후 일본어는 조선의 유일한 공용어가 되었다. 일본화와 탈조선화가 식민 정책의 내용이었다. 한인은 일본식 이름을 가져야 했고 일황에 대한 완전한 충성을 맹세해야 했다. 일본의 식민 통치는 서구의 토지에서와 같은 생산성을 보이지 못한다는 이유로 조선의 농민들로부터 토지를 또한 강탈했다. 이러한 토지들은 그리하여 일본과 조선의 회사 그리고 일본의 식민주의자들에게 양도되었다. 저항에 대해서는 극단적 잔인함으로 대응했다. 조선의 다수 게릴라, 민족주의자, 독립 집단들은 잔인하게 억압되었다.[76]

보우르나코프의 찬사에도 불구하고 (한인의 경우) 동화와 정체성은 공생적 관계 속에서 작동했다. 러시아 신민으로서 동화 혹은 정체성의 정도는 러시아의 가치에 동화되는 각자의 능력에 달려 있었고 상호적으로 그러한 사람을 수용하는 사회의 개방성에도 달려 있었다. 그렇지만 한인들도 알고 있었듯이 간혹 어떠한 협상의 의지도 없었고 오히려 배제와 노동의 제한만이 존재했다.[77] 그렇지만 그들은 (그들 나름대로) 개종(정교회) 및 러시아어와 러시아의 풍습을 습득함으로써 동화를 지속해 나갔다. 리일전쟁 이후 '황화'라는 비유는 러시아 내의 중국인과 한인 노동자를 팽창주의자 일본을 위한 그럴듯한 선봉대로서, 혹은 그들과 인종적 유대를 맺는 집단이라는 의미로서 종종 거론되었다.

정치적 정체성과 러시아의 제1차 세계대전 참전으로 인한 추방

1904년 러일전쟁이 발발했다. "우리는 혁명의 물결[1905년 이후의]을 저지하기 위해 소소한 승전이 필요하다"라는 이유로 내무대신 플레베는 심지어 전쟁을 밀어 붙였다. 플레베는 일본에 대한 패배는 거의 불가능하다고 주장했다. 그렇지만 러시아는 거의 모든 전장에서 완패하여 고작 18개월 만에 항복했다. 전쟁 이전과 그 와중에서 놀랍게도 일본의 첩보요원들은 조지아인, 라트비아인, 폴란드인, 핀란드인, 러시아인 그리고 프랑스의 망명 정치인들 사이에서조차 저변에서 관계를 발전시켜 왔다. 일본은 첩보 수집에 대략 1,200만 루블을 사용했지만 러시아는 고작 10만 루블을 사용했다.[78] 이 짧은 전투 기간 동안 러시아와 일본은 중국인과 한인들 사이에서 첩자 충원을 시도했다. 양측은 많은 수의 첩자를 확보했다. 일본은 중국 농민의 재산과 가축을 몰수한 다음 '그들이 거부할 수 없는 제안'을 함으로써 첩자를 모집하는 남다른 수완을 보였다.[79] 다양한 민족 출신의 관리들과 외교관과 더불어 러시아와 한반도 출신의 한인들이 러시아 엘리트 첩보부대, 즉 상하이 첩보국을 구성했다. 이들 한인들은 러시아 군사학교를 다니거나 졸업하여 대체로 러시아어를 구사했다.[80] 차르의 신민이자 중국 상인인 지펑타이Ji Fengtai는 정보를 수집하고 일본에 대항하기 위해 500명의 군인으로 구성된 중국 유격대를 조직했다. 중국인과 한인은 전쟁이 지속되는 동안 러시아 군대를 위한 최상의 번역문 일부를 제공했다.[81] 1904년, 카잔 신학교를 졸업한 5명의 러시아 한인이 블라디보스토크 극동연구소의 졸업생과 더불어 첩보 문서 번역을 위해 만주로 파견되었다. 5명 중에 안드레이 아브라모비치 한Andrei Abramovich Khan(Han)(또 다른 이름 한명세)이 유일하게 전쟁 중에 군에서 복무했다.[82]

러일전쟁으로 극동에서 러시아에 대한 '아시아 인종들에 의한 포위'라는 감정은 강해졌다. 전쟁 이후(1905년), '황화'라는 단어는 적어도 지정학적으로 중국보다 일본에게 훨씬 더 많이 적용되었다. '황화'는 극동과 만주에서 일본의 팽창이라는 의미였기 때문에 지정학적 용어로서 훨씬 더 심각하게 거론되기 시작했다.[83] 러시아의 군사적 패배와 결부된 이러한 새로운 의미는 '황화'와 관련된 지역의 관리, 민족지학자, 전문가들이 자신들의 업무와 계획을 위한 더 많은 관심, 자원, 자금을 모으도록 도왔다. 아무르 북부 철도노선이 그것의 한 예시이다. 러일전쟁 이후 러시아 군대의 수장 A. N. 쿠로파트킨Kuropatkin은 러시아 군대 내의 발트지역 출신 독일인 / 비러시아인들을 정치적으로 신뢰할 수 없다는 성명을 발표했다. 그에 따르면 이들은 예기치 않게 소수의 러시아인들에게 나쁜 영향을 줄 수도 있었다. 그는 다음과 같이 지적했다.

> 1907년, 러시아 군대의 장교단 구성은 다음과 같았다.
> A. 러시아 정교회 비신자 : 대장 22%, 중장 15%, 소장 14.5%, 대위 15%
> B. 러시아의 성을 가지고 있지 않다 : 대장 41%, 중장 36%, 소장 37%, 대위 31%. 총참모부에서 러시아의 성을 가지고 있지 않은 상당수가 독일 출신이다.

쿠로파트킨은 계속해서 지속하기를 장교단의 이러한 구성(독일인과 비러시아인의 비율)은 사관학교의 구성과 관련해서도 좋지도 않고 건전하지

도 않으며 현명하고 독자적인 결정을 내려야 하는 군의 지휘 참모부에
게도 이롭지 않다.[84] 인종을 표시하기 위한 이러한 성의 활용이 제1차
세계대전 와중에서 다시 도입되었다. 1905년, 일본은 조선을 일본제국
의 보호국으로 만들었다. 그 결과 일본은 조선의 외교관계를 통제했고
조선에 일본인 총독(국가 최고 권력자)을 임명했다.

19세기 후반부터 소비에트 집권 초기까지도 동아시아인들과 러시아
의 농민 / 코자크의 관계는 간혹 격렬했고 굴욕적이었다.[85] 극동의 일부
농민, 사냥꾼, 소작인들은 중국과 조선의 노동자들의 재산 강탈을 위해
그들을 포획하고 살해했다. 그렇지만 그들은 중국인들을 단지 '뇌조' 그
리고 한인을 '백조'로 지칭하는 동물학 용어를 차용함으로써 먼저 이들
을 비인간화했다. 이러한 비하로 사냥꾼들은 자신들의 살육 행위를 식
탁에 음식을 올리기 위한 상징적인 동물사냥으로 합리화할 수 있었다.
조선과 중국은 근대화되지 않았고 아시아의 대다수 민족들은 군사적 혹
은 경제적으로 서구의 경쟁상대가 될 수 없었기 때문에 이러한 사냥은
러시아와 당시 '후진적 아시아' 간의 관계에도 또한 부분적으로 연결될
수 있었다. 중국은 (러시아를 포함한) 외국의 열강들에게 영토를 연이어
양도했다. 그럼에도 불구하고 다수의 중국인과 한인은 극동으로 와서
농민과 상인으로서 성공했다고 말할 수 있을 정도였다. 일부 아시아인
들은 심지어 매우 부유해졌다. '사냥'이라는 현상과 '뇌조'와 '백조'라는
은유 안에는 시기, 증오, 불신의 요소와 '러시아인을 위한 러시아 자원'
이라는 제로섬의 관점이 존재했다.

극동에 거주하는 다수가 한인에 대한 '백조'라는 비유를 알고 있거나
들어본 적이 있었다. 아노소프S. Anosov는 1927년 극동에서 발간된 러시

아어 신문인 『적기』의 기사에서 이에 대해 지적했다. "러시아인과 코자크들이 동물보다 못하거나 아래에 있다고 간주하여 시간이 날 때 사냥의 선호 대상인 이들 잊혀진 조선의 '백조들'에게 소비에트의 권력을 즉시 이해하라고 요구할 수는 없다"고 그는 말했다.[86] 1906년 6월 6일 자 일기에 아르세네프는 백조와 뇌조를 쫓는 러시아 사냥꾼을 만났다고 적었다. 두 집단은 광산에서 일했고 타이가 지대의 길을 따라 집으로 돌아가는 중이었다. 러시아의 사냥꾼들은 매복해 있다가 광부들을 공격하여 그들을 살해하고 그들의 돈을 강탈했다. 누군가가 다음과 같이 지적했듯이 일부 사냥꾼들은 이들을 살해하고도 어떠한 조의 혹은 후회를 표시하지 않았다. "이들이 정말 사람입니까? 그들은 파충류이고 개미와 같이 곳곳에 널려 있습니다! 그들이 철도와 배를 이용하기 시작했고 가장 가난한 자들만이 숲을 돌아다니고 있기 때문에 이제 그러한 사냥의 기회는 매우 드뭅니다. 그런데 지역 당국은 백조한인-역주를 살해했다는 이유로 코자크와 농민들을 6개월 동안 감옥에 가두었습니다. 시릴 포멘코는 총독의 요구로 1년이나 갇혀 있었습니다."[87]

민족지학 교수인 러시아인 세르게이 시로코고로프Sergei Shirokogoroff는 이러한 관행이 만주에도 또한 존재한다고 확신했다. "그들은[중국인] 그렇지만 이주의 과정에서 안전하지 않다. 왜냐하면 그들 자체가 러시아 정착자들과 매우 드물게도 퉁구스 원주민들에게 매우 매력적인 사냥감이 되는 경우가 매우 빈번하게 일어나기 때문이다. (…중략…) 금을 대체로 가지고 다니는 중국인에 대한 사냥과 살해는 얼마 동안 지역에서 돈을 버는 매우 중요한 방식이었다."[88] 시로코고로프는 '뇌조'와 '백조'와 같은 별칭을 언급하지는 않았지만 그렇지만 그 별칭들은 그러한 행위가 '사냥'이라고 불리는 이유에 대한 부분적 설명이었다. 그것은 극단적 형태의 인종주의였다. 동아시아 두 집단에 대한 동물의 은유는 그들의 근면한 '노동'을 인정하는 반면에 그들의 인간성과 차르의 신민, 병사, 납세자 그리고 농민으로서의 자질을 부정하였다. 즉 그들 모두는 부유한 러시아 건설을 위해 노동하는 존재였다. 그들은 '식민화에 필요한' 범주, 즉 생산적 노동자였지만 차르의 의심스러운 신민이었다. 백조, 개미 혹은 뇌조의 역할을 하는 중국인과 한인들은 차르의 신민이 되기에 '부적합'하다고 여겨졌다.

1907년부터 1912년까지 일본과 러시아는 두 나라 간의 평화로운 경쟁을 유지하기 위한 일련의 세 가지 조약 혹은 '"협약'을 체결했다. 다양한 조약으로 일본은 제1차 세계대전 동안 (러시아의 동맹국으로서) 연합국에 가입했다. 놀랍게도 1914년 8월부터 일본은 무기와 탄환의 주요 공급자로서 러시아의 재무장을 돕기 시작했다.[89] 그렇지만 일본의 확장은 여전히 '황화'로 해석되었다. 러시아의 전쟁상(1898~1904년) 알렉세이 쿠로파트킨은 이러한 입장을 옹호하며 다음과 같이 말했다. "그렇지만 유럽인들에 대한 특별한 위협은 아시아인들의 유럽으로의 이주이다. 황제 빌헬름 3세는 그것을 '황화'라고 표현하며 이러한 위협의 심각성을 예언적으로 지적했다. 우리는 [아시아의] 거의 8억 명의 인구와 백만 조금 넘는 군인이 참여할 수 있는 유럽에 대한 이러한 이주의 위협을 인식하지 않을 수 없다."[90]

1909년 10월, 극동의 조선유격대와 관계가 있는 블라디보스토크의 한인 안중근은 하얼빈에서 이토 히로부미(식민지조선 주재 전 총독) 백작을 암살했다. 안중근은 조선의 주권을 신봉하는 지식인이자 열정적 민족주의자였다. 러시아 경찰은 그를 체포하여 일본 당국에 인도했다. 사형 언도를 받기 이전 그는 유명한 '동양평화론'을 한문으로 썼다. 이 글을 통해 안중근은 본인이 범아시아주의자 한인임을 드러냈다. 범아시아주의의 언명에 따르면 일본, 조선, 중국을 대표하는 아시아는 일치단결된 행동을 통해 서구 제국주의의 공격으로부터 살아남을 수 있었다. 이 사상은 '백화white peril'와 '상상의' 통일 동아시아를 창조함으로써 '황화'라는 은유에 대한 아시아의 대응으로서 기능했다.[91] 다음은 안중근의 「평화론」 발췌문이다.

> 대조적으로 그들[유럽의 국가들]은 투쟁을 찬양하고 다른 국가들과 전쟁과 대립을 시작했다. 유럽 국가들 가운데 러시아가 최악이었다. 서유럽과 동아시아 국가로의 러시아의 침입은 광범위했고 전 세계가 러시아에 대해 분개했다. (…중략…) 러시아가 전쟁에서 일본에 패했을 때 아시아의 민중은 매우 행복했고 일본이 유럽의 침입자들에 맞선 싸움에 아시아의 황인종을 이끌어 줄 것이라고 기대했다. (…중략…) 조선과 중국에 대한 일본의 침략은 아시아 여타 국가들의 꿈을 파괴했다. 일본이 작금의 행동 노선을 유지한다면 조선과 중국은 일본의 침략에 대항하기 위해 서구 국가들과 연대할 수밖에 없을 것이다. 따라서 나는 아시아 국가들이 서로 싸우지 않고 단결해야 한다고 제안한다. 그리하여 아시아의 모든 국가가 "단결하면 살고 분열하면 죽는다"라는 보편적 원칙을 이해하고 추종하기를 희망한다.[92]

안중근의 범아시아주의는 아시아의 세 국가 즉 중국, 일본, 조선을 별개의 자율적이고 동등한 국가로 간주했다는 것을 중요하게 지적할 만하다. 이러한 민족의 정치적 운동은 서구의 침략으로부터 상호적인 자주권을 주로 연상시키는 것이었다.

1914년, 대략 극동에 거주하는 세 명의 한인 중 한 명은 러시아의 신민이었다. 프리아무르의 총독 A. M. 카지노프 같은 관리는 극동에 거주하는 한인의 실제 수는 공식적 인구 통계보다 30% 많다고 추정했다. 공식 통계는 차르의 한인 신민과 비신민 모두를 포함하였다(〈표 2〉).[93]

〈표 2〉 극동의 한인(차르의 신민)

연도	차르의 신민(%)	차르의 비신민
1906	16,965(49%)	17,434
1909	14,799(28%)	36,755
1910	17,080(31%)	36,966
1911	17,476(31%)	39,813
1912	16,263(27%)	43,452
1913	19,277(33%)	38,163
1914	20,109(31%)	44,200

출처 : Anosov, *Koreitsy v Ussuriiskom krae*, p.27.

제1차 세계대전은 러시아의 몇몇 소수 민족 공동체에 대한 최초의 추방을 야기했고 위기의 기간에 국적 / 민족 정체성이 정치적 충성과 등치될 수 있는지를 획기적으로 변화시킨 지점이었다. 이러한 견해와 내부 분열, 위기 그리고 잠재적 제5열에 대항하기 위한 예방 차원의 추방조치는 궁극적으로 극동 한인의 삶에 영향을 미치게 되었다. 국적은 제1차 세계대전 동안 정체성과 관련하여 가장 뚜렷하고 유일한 표지가 되었다. 이러한 상황은 한인들에게도, 이국의 문화를 수용하고 동화되겠다는 그들의 희망에도 좋지 않은 징조였다. 하룻밤 사이에 독일인, 유대인 그리고 폴란드인들이 러시아 '내부의 적'이 되었다. 놀랍게도 오래전에 동화되어 정교로 개종하였고 러시아인과 결혼해 아마도 수세대 동안 러시아인으로 '간주된' 수천의 독일인, 유대인, 폴란드인들이 있었을 터이지만 독일인, 유대인, 혹은 폴란드인들이라는 몇몇 인종적 표지가 부각되어 추방에 뒤이은 그들의 사업과 재산의 몰수가 있었다. 제1차 세계대전 동안 러시아 극동의 백만 명 이상의 소수 민족 성원들이 '외부의 적' 혹은 '내부의 적'으로 분류되었기 때문에 추방을 피하지 못했다. 여러 세대에 걸쳐 러시아 신민으로 살아왔던 독일계 러시아인이 자신의 독일식 성 때문에 해고를 당한 경우도 있었다. 그렇지만 이 사람은 독일과는 아무런 관련이 없었다. 그는 1711년 러시아로 이주했던 독일인의 후손이었다.[94]

유사한 사례가 1915년에 있었다. 리히아르트 틸만스Richard Tilmans는 러시아 군대를 위해 목재 나사와 그 외 물건들을 생산하는 회사의 독일계 러시아 공장주였다. 그의 가족은 상당히 러시아화된 듯 했다. 이러한 사실에도 불구하고 두마의 여러 의원들은 그의 회사와 재산을 재판에 넘겨 '독일적 특성'과 러시아 안보에 대한 잠재적 위험을 이유로 전 사업을 몰수한다고 위협했다. 그 대안으로 틸만스는 중앙 러시아로의 공장 이전을 제안했다. 그의 제안은 거부되었고 그와 그의 회사 어느 쪽도 어떤 형태의 불법 행위를 저지르지 않았다는 것이 드러났지만 그의 재산은 만장일치로 몰수되었다.[95] 이러한 두 사례는 언어, 시민권, 공적 기록과 사적 기록 그리고 소위 외부의 적과의 혈연적 연계와 같은 정체성의 다른 표지를 완전히 배제한 채 민족과 정치적 충성을 동일시한 러시아인들의 분명한 예시이다.

발트지역의 독일인들이 독일과 정치적으로 연결되었다는 주장은 이해 가능할 수도 있지만 유대인들이 속한 (적국) 민족국가는 무엇인가?

이러한 각각의 공동체, 특히 유대인과 같이 역사적으로 경제력을 갖고 있던 집단은 제국의 '내부 적'으로 선정되기가 더 쉬웠다.[96] 제1차 세계대전기 유대인의 경험은 소수 민족들과 러시아인들 사이의 경제적 경쟁이 민족문화들 간의 제로섬 '투쟁'의 맥락에서 반복적으로 묘사되었다는 이 책의 주장을 더 보강한다. 제1차 세계대전 동안 러시아 당국은 중국인들을 전쟁에서 중립적인 그들의 입장에도 불구하고 독일편에 선 잠재적 첩보원 / 스파이로 취급했다. 범슬라브주의자, 슬라브주의자와 같은 민족주의 집단과 포퓰리스트 집단은 반러시아적 기도, 음모 그리고 첩보활동이 러시아의 소수 민족 내에 존재한다는 소문을 유포했다. 러시아 관리들은 '스파이 혐의가 있는' 중국인들을 체포하고 추방할 권한을 부여받았다. 그렇지만 러시아인들은 제1차 세계대전 동안 수천 명의 중국인들을 추방하기 위해 이 용어를 광범위하게 활용했다. 대다수는 단지 노동자들이었고 스파이가 아니었지만 다른 이유를 들어 추방되었는데 그러한 이유 중의 일부는 본질상 경제적이었다. 중국인들은 또한 1914년 10월에 러시아제국의 입국이 금지되었다. 이러한 금지조처는 1916년까지 지속되었다.[97]

제1차 세계대전은 러시아의 소수 민족이 극단적 위기, 경제적 격변 그리고 내부 분열의 시기에 어떻게 취급될 수 있고 어떻게 간주될 수 있는지에 관한 청사진을 제공했다. 더 중요하게 전쟁의 와중에서 러시아의 행동은 (폴란드인, 독일인, 유대인의) 추방의 기억보다 더 커다란 반향을 불러일으킨 소위 차르의 신민들에 대한 범주, 태도, 은유적 용어들을 생산했다. 첫째, 제1차 세계대전에서 제국의 패배는 차르, 군 장성의 무능, 전략 실패 그리고 사회 내부의 분열이라기보다 간첩행위 때문이라는 비난이 가해졌다. 러시아의 지도자들은 주로 소수 민족 출신의 반역자들, 그리하여 앞으로는 '내부의 적들'이라는 칭호로 다시 불리는 반역자들이 러시아를 침입하여 포위하고 있다는 민족주의적 노선을 대중에게 전파했다. 풀러의 『내부의 적』은 러시아인들이 소수인 곳에서 표출된 스파이와 관련한 히스테리를 다음과 같이 적절하게 묘사하고 있다. "러시아가 내부의 적들을 박멸하거나 중립화하고 나서야 승리를 성취할 수 있다는 것에 반대하는 사람은 없었다. 제1차 세계대전 동안 모든 성향의 러시아 애국자들은 내부 적의 정체를 폭로하고 파괴하는 데 전념하게 되었다. (…중략…) 반역은 모든 것을 설명하는 최고의 종합적인 구실이었다."[98] 이것이 왜 필요했을까? 진부하지만 실체가 명확한 희생양의 제공은 차르 니콜라이 2세 체제 그리고 일시적 좌절에도 불구하고 러시아가 '제3의 로마'라는 범슬라브주의 이념에 활력을 불어넣었다. 러시아제국의 '내부의 적'이라는 범주와 추방을 통한 그들의 제거는 스탈린 체제 및 체제의 탄압방식과 강한 유사점을 보여준다. 더 중요한 것은 '내부의 적'이라는 범주와 '파괴자, 스파이, 반정부활동가, 우리 사이에서 적들과 내통하는 자본주의자-제국주의자의 대리인들'에 대한 공포와 그러한 존재에 대한 믿음을 장려하는 국가 정책은 1930년대에 재등장할 것이라는 점이었다.

1917년, 극동의 한인들은 한인 대표자 1차 총회라는 협의회를 1917년 6월 2일에 개최하여 2월혁명(전제정의 몰락)에 즉각 반응했다. 그들은 '러시아 민주주의에 의해 제시된 민족 자치의 원칙이 아시아의 피억압 민족에게도 또한 적용되어야 한다'는 희망을 표현한 전보를 페트로그라드 소비에트에 보냈다.[99] 이 1차 총회를 주도한 이들은 귀화하고 동화된

(즉 러시아화된) 한인들이었다. 그들의 주된 관심 사항은 자치지역과 그 지역을 만들기 위한 필요자금이었다. 일부 한인들은 10월혁명 기간과 그 이후에도 볼셰비키에 대해 '유보적' 입장이었다.[100] 그렇지만 그들 사이에서도 이미 알렉산드라 페트로브나 김(Aleksandra Petrovna Kim)과 박진선과 같은 헌신적 볼셰비키도 있었다. 제1차 세계대전 이후 러시아 군대에 복무했던 4천 명의 한인들은 집으로 돌아가 자신들 공동체의 다수의 사람들을 열렬한 볼셰비키로 변화시키는 데 도움을 주었다(〈표 3〉 참조).[101]

〈표 3〉 블라디보스토크의 한인 인구, 1916년 1월

	남성	여성	각 범주의 총 인구
전문인, 교육 이수자	673	136	812 (27.2% 전문인)
숙련노동자, 직인, 장인	610	150	760 (25.5% 숙련노동자)
육체노동자	1,203	154	1,357 (45.5% 육체노동자)
가사노동 : 하인, 기사 등	44	8	52 (1.7% 가사노동)
합계	2,530	451	블라디보스토크 전체 한인 : 2,981 1916년 1월 인구조사

표는 RGIA-DV f.702, op. 1, d. 1275, I.25의 자료를 기반으로 작성.
Habecker, "Ruling the East : Russian Urban Administration and the Chinese, Koreans, and Japanese in Vladivostok, 1884~1922",
pp.271~272에서 인용.

한인들은 다른 민족에게 닥쳤던 추방을 피했다.[102] 그들이 계속해서 그렇게 운이 좋았을까? 다음 장에서 이에 대한 해답을 제시할 것이다. 차르 체제 아래에서 인종은 무엇이며 러시아인이 누구인가라는 이념은 지속적으로 진화하는 개념이었다. 19세기 이전에 정교로의 개종은 동화 및 러시아인으로 인정받는 핵심적 방법이었다.[103] 1860년 이후 개종은 동화와 러시아인으로 혜택을 획득하는 여러 방법 가운데 하나에 불과했

다. 게라시에 의하면 1850년 이후의 시기는 "아마도 인종이 러시아인의 규정에 있어서 새로운 중요성을 확보해 가는 시기였다".[104] 러시아의 민족주의와 범슬라브주의 그리고 파퓰리스트들의 민족주의는 경직된 인종 개념의 증가, 비슬라브 소수 민족이 제국 러시아 방어의 약한 고리라는 생각, 러시아의 자원은 러시아인들에게 속한 것이고 그들을 위해 우선적으로 사용되어야 한다는 사회정치적 견해의 성장 그리고 동아시아의 노동자들의 생산성과 소상점주들이 극동에서 러시아의 권위를 약화시킨다는 지정학적 견해에 기여했다. 이러한 이념들은 제1차 세계대전기 러시아 내 디아스포라 소수 민족을 향한 가시적인 외국인 혐오증의 일부였다. 한인 공동체는 제1차 세계대전기의 추방을 자신들 운명의 전조로 생각하지 않았다. 그 대신 그들은 온 힘을 동화, 교육 그리고 직업의 유동성에 쏟아부었다. 볼셰비즘의 밝은 빛이 '소비에트의 신 인간'을 위해 풍요의 붉은 들판을 비추었다.[105] 주저하지 않고 소비에트의 한인들은 순진함과 이카루스의 대담함을 지닌 채 토착화라는 청명한 하늘로 높이 날아올랐다.[106]

제3장

간섭, 1918~1922

성직자, 선교 단체 그리고 그 외 비슷한 집단들의 반동적이며 중세적 영향
에 맞서는 투쟁이 진행되어야만 한다. 유럽과 미국의 제국주의자들에 대항하
는 해방운동의 대의를 터키와 일본의 제국주의의 영향력을 강화하려는 시도,
혹은 대지주, 성직자 등의 권한과의 결합을 지향하는 범이슬람주의와 범아시
아주의 운동 그리고 유사한 경향들과의 투쟁도 또한 필요하다.

레닌, 「민족과 식민지 문제에 관한 테제」, 코민테른 2차대회(1920.7~8).

극동의 조선인들은 제1차 세계대전 기간과 혁명 직후 열강들의 간섭
기에 국가에 대한 자신들의 충성을 충분하게 보였지만 그들에 대한 좋지
않은 소리는 여전했고 심지어 극동공화국에서 1922년 출간된 『러시아
극동에서의 일본의 간섭』이라는 책은 그들을 일본의 팽창 세력들과 연결

시켰다. 그렇지만 이 책에서 언급된 가해자들은 일본군대의 지원을 위해 일했던 조선인들로 그들은 조선, 중국, 일본에서 이주했다. 따라서 소비에트 민족 정책의 약점을 얘기하자면 먼저 그것은 중국, 일본, 조선 그리고 소련에서 이주한 조선인들 사이의 차이를 무시했고 다음으로 그것은 다양한 '조선인들'이 유사한 정치적 정체성을 가지고 있다고 가정했다. 볼셰비키가 '외형에서 민족주의, 내용에서 사회주의'를 지속적으로 전파했지만 이러한 가정은 원초주의이다.[1] 민족과 문화는 분리될 수 없으며 정치적 충성과도 융합될 수 없다는 관념은 러시아 극동 한인과 소비에트 국가 간의 핵심적 긴장을 조성했다. 소비에트의 한인들이 소비에트의 기구들, 즉 내무 인민위원부NKVD, 적군, 극동 특별적기군 OKDVA, 소비에트 국경 수비대 그리고 콤소몰(청년 공산주의자 동맹) 같은 기구들에서 상당수가 일하고 있었지만 이러한 긴장은 1930년대까지도 여전히 지속되었다.

간섭과 일본제국의 건설

열강들의 간섭(1917년 3월) 불과 1년 전, 러시아에는 280만 명의 난민(폴란드인, 발트지역의 사람들, 루마니아인, 페르시아인, 중국인, 한인)과 230만의 전쟁 포로(오스트리아인, 헝가리인, 독일인, 체코인, 폴란드인, 세르비아인, 불가리아인, 터키인), 소위 '볼셰비즘의 배양균'이 있었다.[2] 볼셰비키는 자신들의 정책을 거부하는 사람들에 대한 체포와 처형 및 곡물의 강제징발로 인해 '적색 테러'의 평판을 이미 얻은 상태였다. 대략 만에서 만 오천 명 사이의 사람들이 10월혁명 이후 일 년 안에 (재판 없이) 체카에 의해 처형되었다.[3] 연합국들, 특히 미국은 일본의 팽창 열망을 제지하고 시베리아의 천연자원과 같은 엄청난 부를 극대화하여 자신들에게 호의적인 교역조건과 양보를 제공하는 민주주의 러시아를 원했다. 일본은 연합국 진영 국가의 군인(폴란드 12,000명, 미국 9,000명)보다 5배 내지 7배 많은 군인(73,000명)을 파병함으로써 다른 열강들에게 팽창의 열망을 은연중에 드러냈다. '시베리아의 신세계'에 도달하자마자 일본은 '아시아인들을 위한 아시아', 범아시아주의 그리고 반제국주의라는 자신의 구호를 망각한 듯 보였다.[4] 이전 러일전쟁에서 일본은 러시아 영토를 침공하지는 않았다. 이번에 이즈베스티야는 일본의 간섭을 침공으로 해석하여 1918년 4월 7일 자 판에 "이제 일본의 침공은 부정할 수 없는 현실이다"라고 규정했다.[5]

일본은 연합국 진영의 다른 국가들과 마찬가지로 갖다 붙일 수 있는 모든 이유를 들어 간섭했다. 체코 군단의 구출, 극동의 자국 시민 보호, 볼셰비키에 반대하는 다양한 운동과 이념(백군, 사회혁명당원, 농민, 녹색군, 젬스트보)에 대한 볼셰비키 보복의 방지 그리고 시베리아에서 일본 기업의 이해와 영향력 확대 등.[6] 그렇지만 일본은 자신들의 영향력 확대를 포함하여 훨씬 더 많은 것을 계획했다. 간섭을 위한 최대 규모의 군대 파병에 그치지 않고 극동지역을 일본제국에 편입시킨다는 최종 목표 때문에 일본은 극동공화국 정부와 이 지역에 대한 공동 통치를 적극 추진했다. 일본은 또한 극동의 한인독립단체와 파르티잔 네트워크가 선도하는 반일본 활동을 근절하기 위해 노력했다. 도착하자마자 일본군대는 연합군과 러시아의 다양한 세력 모두에게 이 영토에 대한 일본의 점령은 돌이킬 수 없는 결말이며 외부 세력들이 일본의 일에 간섭하고 있다는 듯한 입장을 취했다.[7] 일본군대는 1918년 4월에 블라디보스토크에 제일 먼저 도착한 군대 중 하나였다. 일본군은 영국, 미국, 이탈리아 군대보다 빨랐다. 최초로 73,000명의 일본군이 들어오자 뒤이어 12,000명의 폴란드군, 9,000명의 미군, 5,000명의 중국군, 4,000명의 세르비아군, 4,000명의 루마니아군, 4,000명의 캐나다군, 2,000명의 이탈리아군, 1,600명의 영국군 그리고 700명의 프랑스군이 들어왔다.[8] 일본군은 또한 연합군 진영의 다른 나라 군대보다 2년 이상을 머물며(미군이 1920년 4월 1일에 떠난 마지막에서 두 번째 군대였다) 마지막으로 철군했다.

일본은 철도의 통제가 시베리아와 극동의 통제를 가능하게 할 것이라고 믿었는데[9] 두 지역은 원료와 천연자원(석유, 천연가스, 농산물, 수산물, 광물, 목재 등)의 풍부함 때문에 '제국 건설'에 필수적이었다. 일본은 또한 점령군으로서 (아마도 그 이상으로) 장악력을 확고히 하고 싶었다. 따라서 일본은 철도와 철도자원의 관리에 많은 돈을 투자했다. 일본은 만주 묵덴선양에 러시아 철도 학교 / 연구소를 운영했는데 이곳에서 러시아 철도의 운영규약을 가르쳤다.[10] 5량의 열차에 실린 이들 묵덴 졸업생들은 1918년 말에 러시아 치타로 파견되었다. 일본 또한 통제지역에서 자체의 시베리아 화폐를 발행했다. 이러한 지폐는 러시아어와 일본어로 인쇄되었지만 분명하게 시베리아가 '일본제국의 영역'임을 드러냈다.[11] 미국이 떠난 다음 일본은 바이칼 너머로부터 블라디보스토크까지의 모든 철도를 통제했다(우수리, 아무르, 트랜스바이칼 노선). 그에 만족하지 않고 일본은 철도 양편의 30킬로미터 이내의 토지에 대한 사법권을 부여하는 추가조약을 극동공화국 정부가 승인하도록 강제했다.[12]

철도에 더하여 일본은 또한 강력하고 자금이 풍부한 첩보망을 정교하게 건설했다. 러시아민족 이외의 집단으로부터 스파이 충원은 러일전쟁 직후 시작되었다.[13] 유럽에서 일본 첩보국은 폴란드, 핀란드, 러시아, 조지아, 아르메니아, 라트비아 그리고 에스토니아 디아스포라 공동체 사이에서 적지 않은 영향력을 발휘하며 잘 위장된 다수의 첩보원들을 가지고 있었다. 이들 첩보원들은 점차 러시아제국 전역은 물론 만주, 극동으로 침투해 들어갔다. 최초의 첩보원들이 만주와 극동에 1882년 무렵 파견되었다. 첩보국은 언어능력의 완성을 위해 극동지역에 일본군 간부들을 파견하기도 했다. 파견 이후 이들은 일상적 업무를 수행하면서 정보를 수집해 나갔다. (흑룡회와 유사한) 일본의 민족주의 조직인 겐요샤 Genyosha와 코쿠류카이Kokuryukai는 지역에서 아시아의 '보통 사람들'로 ― 이발사, 재단사, 세탁소 운영자, 무술 강사 그리고 승려 ― 보이면서 한국어와 중국어를 말하는 첩보원 발굴에 집중했다. 일본은 또한 군대 첩보장교를 중국과 한인 노동자와 같이 위장했고[14] 남만주의 러시아어 학교와 소비에트에 반대하는 러시아인 분파를 지원했다.[15] (육군, 해군, 국방부의) 일본 문서고의 사료에 따르면 1919년, 일본은 다음의 도시에서 첩보원 모집을 시도했다. 블라디보스토크, 하바롭스크, 블라고베센스크, 니콜라예프스크, 칠린, 하얼빈, 치타, 이르쿠츠크, 옴스크. 일본은 만주인, 한인, 몽골인들을 충원했지만 그들 중 절대 다수가 소비에트의 이중첩자로 밝혀졌다.[16]

극동의 한인들이 일본의 첩자라는 소문이 사라지지 않았지만 사실 그러한 과업을 고려했던 소비에트의 한인들은 거의 없었다. 5천 명의 한인이 형편없는 수준 이하의 식량, 군수품, 무기를 가지고 임시 단위의 유격대로서 일본과 싸웠다는 사실이 그 증거이다. 48명의 한인 유격부대가 적군 혹은 적군 유격대와 더불어 싸웠다는 문서도 남아 있다.[17] 김평화 Kim Pen Khva는 680명의 한인 유격대원으로 구성된 콤레이드Comrades라 는 유격부대를 지휘했다. 한창걸Khan Chan Gol은 1919년 4월, 고작 36명 으로 자신의 유격부대를 구성했다. 적극적이고 모험적이며 카리스마를 갖춘 지휘관이라는 한창걸의 자질 때문에 부대 대원은 1921년 약 300명 으로 늘어났다.[18] 위에서 말한 한인 지도자 두 사람은 다음 장에서 보게 되듯이 극동의 한인들 사이에서 계속 중요한 역할을 했다. 유사하게 비 정규 군대인 유격대에서 싸웠던 또 다른 2천 내지 3천 명의 한인들이 있 었다. 이들 유격대원의 다수는 한반도와 만주에서 일본군과 싸웠고 극동 에서 은신처를 모색했다. 1919년 말, 내전에서 백군은 궤멸 상태였다. 콜착(백군의 장군)은 오합지졸 상태인 자신의 군대와 더불어 1919년 11 월, 옴스크에서 퇴각했다. 연합국 진영의 국가들도 러시아의 다양한 지 역으로부터 퇴각을 준비하기 시작했다. 1920년 4월 1일, 미국 원정군 (AEF, American Expeditionary Forces) 전원이 떠났다. 체코 군단은 1920년 1월부터 9월까지 계속해서 블라디보스토크에서 유럽으로 물러났다.[19]

1920년, 소비에트는 폴란드 그리고 크림반도에서 랭글 장군이 지휘 하는 백군과 교전 중이었다. 소비에트 정부는 러시아 서부에서의 전역轉 役을 위한 군사력 보전을 위해 극동의 소비에트 체제 편입을 연기하기로 결정했다. 그리하여 소비에트 정부는 (바이칼 동쪽지역을 포함하여) 러시아 극동을 독립지역으로 칭하면서 완충전략을 추구했다. 이 지역은 극동공 화국이라는 새로운 이름을 갖게 되었고 온건 사회주의자, 독립주의자 그 리고 젬스트보의 전 지도자들에 의해 통치되었다.[20] 극동공화국의 성립 이후 일본은 이제 바이칼호로부터 블라디보스토크까지 백군과의 합동작전에 대한 자금지원, 무장 그리고 이를 수행할 유일한 연합군 진영 국가였다. 일본은 시베리아와 극동을 직접 혹은 대리인을 통해 통치한다는 꿈을 포기할 의사가 없었다. 그리하여 일본군은 연합국 진영의 다른 국가들이 물러난 이후 73,000명에서 100,000명 이상으로 늘어났다.[21]

미국이 블라디보스토크를 떠난 직후(1920년 4월 1일), 일본은 4월 4~5일에 한인 민족주의자들에 대한 탄압에 착수했다. 일본은 신한촌(블라디보스토크의 한인마을)을 습격하여 300명의 한인들을 살해하고 거의 같은 수의 한인들에게 상해를 입혔다. 일본은 또한 한인 학교를 불태웠다.[22] 그렇지만 일본군은 자신들의 통치지역 내의 모든 주민들과 이민족들에 대해 그러한 잔혹함을 통상 드러내고 있었다. 러시아인의 마을 보즈네센스크의 촌장에게 일본군 통솔자가 보낸 다음과 같은 포고문을 보자. "촌장 당신에게 니콜라예프스크의 일본군 참모 사령부의 사무실로 익일 1919년 12월 24일 오전 5시 30분까지 출석할 것을 명령함. 만약 촌장 당신이 정해진 시간에 당신의 조력자와 나타나지 않는다면 나는 군대를 이끌고 가서 당신의 마을을 쓸어버리고 당신의 조력자와 더불어 주민 남녀노소 모두를 처형할 것이다."[23]

극동의 일부지역에서 일본군은 실질적 통치자로 여겨졌다. 이 점을 알 수 있는 하나의 예를 1920년 7월, 자바이칼스키마을에서 찾을 수 있는데 그곳에서 중국 병사(파르티잔)들이 총구를 들이대며 마을 주민들에게 보급투쟁을 벌이는 중이었다. 러시아인 주민들은 백군, 젬스토보, 혹은 볼셰비키에게 도움을 청하는 대신 일본군에게 곧바로 달려가 중국인들을 몰아내 달라고 요청했다.[24]

일본은 러일전쟁 이후 세계 열강 중의 하나로 부상했다. 르로이-보리우Leroy-Beaulieu는 중국을 '병든 베이징'이라고 부른 반면 일본을 '세계의 다른 어떤 나라에도 뒤지지 않는 나라'로 칭송했다. "일본인은 이러한 목적에 도달하기 위한 필요조건을 알고 있는 유일한 동양인이다." 그렇지만 '제국'은 사회적 관계, 외교, 신뢰를 통해 유지될 수 있는 것이었다. 일본군은 본질적으로 타협 불가능한 계엄령 국가를 확립했고 그 국가는 극동 전역의 마을에 거주하는 중국인과 한인뿐만 아니라 러시아인, 코자크, 우크라이나인들을 잔인하게 다루었다.[25] 일본의 범아시아주의는 사상누각에 불과하다는 것이 드러났다. 간섭 때문에 일본은 타인의 삶을 존중하지 않는 '적성 국가'의 위치에서 벗어나기 힘들었다. 이제 소비에트 한인들에 대한 간섭의 영향, 소비에트 한인들의 정체성을 찾기 위한 투쟁 그리고 러시아 극동의 도시 근교에서 한인들의 성장에 관해 살펴보기로 하자.

전제정의 시각에 대한 투쟁과 도시 생활

조선의 통치를 위해 일본인 주재 총독을 지명한 1905년 을사조약으로 일본은 조선을 점령했다. 조선의 (공식적) 합병선언문 1조에서 일본은 러시아 영토에 거주하는 모든 한인들에게 부여한 시민권을 러시아가 부인할 것을 요구했다. 러시아는 거부했다. 한인들은 망명자로서 하와이, 멕시코 그리고 남아메리카로도 떠났지만 대부분은 중국(만주), 러시아, 일본으로 떠났다. 러일전쟁 동안에 만주의 일본 행정부는 중국인 소유의 토지를 강탈하였고 스파이로 만들기 위해 몇몇 중국인들을 고용했다.[26] 조선을 병합하고(1910년) 일본은 토지 조사에 착수했다. 일본총독부는 수백 년 동안 경작을 하거나 거주했던 토지를 보유하기 위해서는 서구식의 토지문서를 요구했기 때문에 토지조사로 수만까지는 아니더라도 수천의 조선인들이 망명을 떠났다. 수 세대에 걸쳐 지주 그리고 임차인을 위해 특정 구역의 토지를 경작했던 농민들은 서구식의 소유문서를 제공하지 못한다면 그러한 토지에 대한 권리를 상실했다. 이렇게 소유자가 없는 토지로 판명된 토지는 일본 식민주의자, 재벌 그리고 소규모 토지회사에 즉각 되팔렸다.[27] 러시아의 내전에도 불구하고 조선인들의 러시아 이주는 지속되었다.

1918년 6월, 트랜스바이칼(치타와 이르쿠츠크)부터 블라디보스토크까지의 러시아 한인들은 러시아의 다양한 분파에 대한 정치적 지지상황의 평가를 위해 제2차 전 한인대회를 개최했다. 대다수의 한인들은 이미 사회민주당 혹은 볼셰비키를 지지했는데 왜냐하면 두 분파 모두 자치와 러시아 소수 민족에 대한 대표성과 같은 진보적 이념을 공약했으며 특히 볼셰비키의 경우 제국주의에 강력히 반대하는 입장을 취했기 때문이다. 제1차 세계대전 기간에 4천의 러시아 귀화 한인들이 적군에서 복무했다. 이들은 극동의 자신들의 공동체에서 '사회주의의 묘목'이 되었다.[28] 볼셰비키의 이데올로기는 본질적으로 또한 소비에트의 한인들에게 매력적이었다. 일본은 조선을 점령했고 레닌은 제국주의와 식민주의에 반대한다는 입장이었다. 게다가 볼셰비키는 '계급투쟁'을 강조했는데 이섬 억시 한인들에게는 매력적이었다. 또한 소비에트의 소수 민족에게는 영토적 자치가 보장되었다. 1918년 6월, 니콜스크-우수리스크에서 열린 제2차 전 한인대회에는 128명의 대표자가 참석했는데 그들 대다수는 극동에서 온 대표자들이었다. 이 대회에서 러시아 귀화 한인들은 볼셰비키 정책 방향을 예리하게 인식하였다. 소비에트의 감독 아래서의 자치를 즉각적으로 요청함으로써 그들은 단지 볼셰비키의 약속을 그대로 수용했을 따름이었다. 게다가 바쉬키르인들이 1917년 소비에트에 동조하는 '바쉬키르인들의 나라'를 성립하고 자치를 요구함으로써 한인들을 1년 앞서 나가고 있었다.[29] 제2차 전 한인대회는 다음과 같은 선언문을 채택했다. "제2차 전 러시아 한인대표자대회는 러시아혁명의 업적이 자유, 평등, 우애를 기초로 한 우리 민족의 독립 성취를 위한 유대의 구호로서 옹호 되어야 한다고 선언한다. 우리의 자유 만세! 러시아혁명 만세! 사회주의 만세!"[30]

한인들은 적군과 백군 양쪽 모두를 지지했을 뿐만 아니라 일본군을 위한 통역, 운송 업무에도 관여하면서 열강 간섭 시기에 여러 방면에서 투쟁했다. 만주, 조선, 일본에서 온 사람들 중에 일본군에 복무했던 사람들은 압도적으로 한인들이 많았기 때문에 극동의 한인들은 일본군을 지원했다는 비난을 받았다.[31] 1920년 극동공화국 정부가 발행한『러시아 극동에서 일본의 간섭』에 따르면 한인 운전사 여러 명과 한인 통역사 한 명이 일본군에서 복무하였다.[32] 한인들이 일본군의 간첩으로 반드시 간주되지는 않았다고 하더라도 일본 팽창의 한 요소이자 거기에 동조하는 집단으로 간주되었다. 위에서 언급한 출판물이 이에 대한 하나의 예시이다.

그렇지만 극동공화국에서 나온 위의 책은 전문이 인용되어 있는 일본의 문서 하나를 얼버무리며 넘어갔다. 그 문서는 다음과 같다. "그렇지만 블라디보스토크와 그 주변지역에는 조선을 위협하고[조선의 일본 지배를 거부하는 조선의 독립운동 / 파르티잔을 의미] 일본에 대한 적대적 입장을 취하려는 경향이 있기도 하지만 다수의 일본인 신민들이 또한 이 지역에 거주하고 있다."[33] 1920년 7월 3일 자 일본의 이 문서는 근본적으로 극동의 한인들을 일본과 일본 통치를 거부하는 적으로 간주했다. 다음 쪽에 실려 있는 신한촌과 한명세한 안드레이에 대한 일본의 보고서는 이러한 시각을 반영한다. 극동공화국 정부의 문서는 논평 없이 일본정부의 문서를 그대로 인용했고 소비에트 한인들을 포함한 극동의 소수 민족들에 의해서조차 모든 방면에서 포위되어 있다는 일본의 주장을 반복했다. 이러한 묘사는 제국의 소수 민족들을 제국 내의 약한 고리로 제시하는 전제정의 전통을 지속하는 것이었다.

반면에 일부 집단은 니콜라예프스크 포위 기간(1920년 2~3월) 동안 소비에트 한인들과 중국인들의 볼셰비즘에 대한 충성을 기억하였다. "이 지역의 전쟁에 협력한 사람들은 누구인가?"를 특별하게 묻기도 했다. 야코프 트랴피친Yakov Triapitsyn은 2천 명으로 구성된 대규모 적군 파르티잔을 지휘했는데 200명의 한인과 300명의 중국인이 그 부대 구성원이었다. 그들은 니콜라예프스크를 장악하고 있던 백군과 일본군에 대항하여 일진일퇴를 거듭했다. 그러다가 마침내 1920년 3월 15일, 그들은 백군 / 일본군을 격퇴하고 그곳에 단명했던 소비에트 행정부를 설치했다. 니콜라예프스크는 '포위' 종식 이후에 발생했던 일본인과 러시아인들에 대한 학살로 더 많이 기억된다. 이곳은 상당한 양의 생선과 그 밖의 산물을 일본에 수출했던 서내 어항이있다. 그곳의 다수의 러시이 상인과 관리자들은 일본의 협력자로 간주되었다. 승리를 거둔 이후 트랴피친의 부대는 니콜라예프스크 거주민의 다수, 특히 러시아인과 일본인을 학살했다.[34] 존 알버트 화이트John Albert White는 적군의 대의에 대한 중국인과 한인 파르티잔의 충심을 다음과 같이 지적했다.

> 파르티잔의 투쟁에서 흥미로운 특징 중의 하나는 비러시아인들의 참여였다. 이전까지 지역 러시아인들의 삶에서 역할이 미미했던 동시베리아의 중국인뿐만 아니라 원주민의 다수는 이번에 [적군 / 볼셰비키]에 가입하거나 음식, 의복, 쉼터로써 그들을 도왔다. 한인들은 특히 이 운동의 강력한 지지자들이었다.[35]

니콜라예프스크 포위 기간(1920년 3~4월) 동안 중국인과 한인 적군 파르티잔의 충심을 보여주는 당시 일본측의 기록이 바넥과 피셔의 『콜착의 증언』에 다음과 같이 실려 있다. "볼셰비키는 불만을 품고 있는 중국인과 한인을 [니콜라예프스크의] 백군 수비대의 제거에 활용했다." 일반적으로 한인들과 특히 (극동에서 온 한인들을 포함한) 한인 파르티잔이 일본의 팽창에 저항하고 투쟁했기 때문에 일본의 기록은 한인들을 '불만분자'로[36] 계속해서 지적했다.

(일본제국에서 온 한인들이었긴 하지만) 한인들은 심지어 백군을 위해 싸웠다. 세묘노프의 (반볼셰비키 성향의) 만주 특별분견대OMO에서 140명의 한인들이 190명의 세르비아 기병대와 중국인 여러 명과 더불어 선봉부대로 싸웠다. 중국인과 몽골인이 병사 집단의 다수를 구성한 반면 코사크들과 러시아인들이 총 5,000명의 장교단을 구성했다.[37] 한인들은 시베리아와 극동의 외진 마을 곳곳에서 '적군여단'을 구성했다. 적군여단은 파르티잔의 분견대로 또한 기능했다. 적군 소속의 한인들은 볼셰비키의 반제국주의적 입장과 조선 독립에 대한 지지를 결합함으로써 동료들을

충원했다. 지역 분견대를 조직하자마자 그들은 무기를 소지할 수 있었다. 이동휘는 한인 파르티잔 다수를 볼셰비키쪽으로 인도했고 1918년 하바롭스크에서 최초의 한인공산당을 조직했다. 그러나 이동휘와 그의 지지자들에게 투쟁의 대의는 사회주의라기보다 조선의 독립이었다. 볼셰비키만이 그들에게 기꺼이 자금과 무기를 공급했다. 이동휘는 조선 독립을 빠르게 이루기 위한 자신의 구상을 다음과 같이 설명했다.

> 나는 시베리아에서 오랜 동안 생활했고 다수의 러시아인들을 알고 있다. 나는 그들로부터 협력을 얻을 수 있기를 바란다. (…중략…) 이 문제[독립운동]를 국제연맹에 가져가는 것도 하나의 방법이지만 우리가 실패한다 하더라도 우리는 노력을 지속해야만 한다. (…중략…) 우리가 [손문]의 중국 남부집단과 어느 정도 관계를 맺고 있긴 하지만 커다란 도움을 기대할 수는 없다. 프랑스와 영국에 대해서도 마찬가지이다. 미국은 연맹에 가입하지도 않았다. 러시아 볼셰비키와 함께하는 것이 따라서 유일한 지름길이다.[38]

1918년 여름부터 일본군은 블라디보스토크의 한인 공동체에 침투하기 시작하여 한인조직, 학교, 기구들에 대한 공격과 수색을 실시했다. 일본은 극동의 한인들과 러시아로 도망간 한인 파르티잔을 일본제국 내 한인들의 불만을 북돋을 수 있는 혁명적 분자로 생각했다. 1918년 이른 가을에 일본 총영사 기쿠치 지로Kikuchi Giro는 신한촌의 한인학교를 순시했다. 그는 학교에 200루블을 기증했지만 교사는 지폐를 찢어 지로 면전에서 그것을 태웠다. 일본의 또 다른 관리 시노다 지사쿠Shinoda Jisaku는 한인민족협의회(이전의 전 러시아 한인민족협회)의 의장 한 안드레이(한명세)를 1919년 3월에 만났다. 한 안드레이는 동아시아의 평화 유지에 실패한 일본을 비판하였고(범아시아주의자로서의 이상) 간섭 전쟁 기간에 극동의 한인들은 비폭력적 방식으로 일본에 대한 저항을 지속할 것이라고 말했다. 지사쿠는 만남의 인상을 다음과 같이 기록했다. "신한촌은 현재 러시아 당국의 통제에서 벗어나 한 안드레이와 그의 추종자들이 완전히 지배하고 있는 듯이 보인다. 사회주의자이자 극단적 반일주의자인 그는 자신의 이념을 광범위하게 선전하고 있다. 그들을 [일본] 제국의 관리 아래로 두는 것이 (…중략…) 긴급히 필요하다고 나는 확신한다."[39]

토착화 이전에도 블라디보스토크, 니콜스크-우수리스크, 하바롭스크, 보고로드스코예, 니콜라예프스크, 수찬, 노보키예프스코예, 이만, 뱌젬스코예, 블라고베센스크 같은 극동의 도시지역에서 러시아화된 적지 않은 수의 한인 집단이 있었다.[40] 그들과의 구두 면담을 통해서도 이 점을 또한 확인할 수 있었다. 도시 중간계급의 배경을 가지고 있는 한인들은 자신들의 아이들을 최고의 중등 교육기관으로 보냈다. 그들은 아이들을 위해 최고의 교사들을 고용했다. 일반적으로 부모들은 딸들보다 아들을 더 강하게 밀어붙였고 그들을 더 많이 칭찬했고 더 많은 관심을 보였다.[41] 코민테른 2차대회에서 발언한 박진선은 블라디미로-알렉산드로프스크에 위치한 극동의 최상 중등 교육기관 중의 한 곳에서 공부했다. 그의 부모는 또한 한국문학과 중국어 / 한글 체계를 가르치기 위한 교사들을 고용했다.[42] 도시의 한인들이 러시아어와 한국어 모두를 말하거나 한국어와 러시아어가 혼합된 방언을 사용했기 때문에 블라디보스토크에서 태어난 한인 아이들은 학교에 입학하기 전부터 러시아어를 배웠다. 아이들은 쿠르카kurka와 라프타lapta를 거리나 들판에서 하며 놀았다(두 놀이 모두 야구와 유사한 경기를 변형한 것이다). 그들은 학교에서 배구나 축구를 배웠다.[43] 최 블라디미르는 블라디보스토크에서 1925년에 태어났다. 그의 가족은 아버지도 참여했던 3·1운동 직후(1919년)에 조선을 떠났다. 그는 자신이 다녔던 러시아학교를 다음과 같이 회상했다. "동급생 절반은 한인들이었다. 중국인과 러시아인도 약간 있었지만 토착민들은 아니었다."[44] 도시에 거주하는 러시아화된 대다수의 한인들은 주로 러시아 옷을 착용했다. 김찬민은 "우리가 어디에서 조선의 옷들을 구할 수 있겠어요? 나는 그 어떤 조선의 옷도 보지 못했어요"라고 말했다.[45] 푸트남 위어일Putnam Weale이 블라디보스토크에 있었을 때 그는 거리에서 신문을 팔기 위해 (러시아어로) 그날의 머리기사를 외치는 가판대의 소년을 목격했다. 그렇지만 토착화가 다양한 민족별 대회와 전연방 민족대회 기간에 전통의복을 착용한 한인들과 그 외 민족들의 정치적 '불일치'를 소환할 가능성도 있었다.[46] 신한촌의 한인들은 만능 목수, 소목장이, 재단사, 한의사, 채소와 잡화를 파는 소상점주, 하인, 블라디보스토크 선창의 부두노동자 그리고 일반 노동자들이었다. 코리아타운에는 또한 아편과 도박의 소굴이 있었다.[47] 아편과 도박 소굴은 불결함을 상징이자 비난의 대상이었지만 이러한 장소들은 19세기와 20세기 초 중국인과 한국인 노동자들의 노동환경에서 매우 많은 부분을 차지하고 있었다.[48] 다음에 나오는 부분은 1913년경 블라디보스토크 중국인 거주지역의 아편소굴에 대한 묘사이다. 1930년대 말까지(중국인의 추방) 어느 정도 사실이었기 때문에 이 문장을 인용했다.[49] 1913년 이전에 신한촌(한인지역)은 차이나타운지역의 두 거리를 포함하였다. 거리에 대한 묘사는 다음과 같다.

이 거리들을 여기저기 다녀보고 도시의 위생 감독관 포르바토프의 안내를 받아 가며 앞마당과 가게, 목욕탕, 심지어 다락방과 지하실까지 들어갔을 때 나는 눈 앞에 펼쳐진 광경에 놀랐다. 불결함, 끔찍할 정도의 악취, 사람들로 인한 혼잡함은 나에게 ……을 떠올리게 했다……. 나는 도박 소굴 여러 곳을 우연히 발견했는데 그중 하나는 바로 중국인들의 최상급 목욕장에 있었고 여기에는 [또 다른] 도박 소굴과 중국인 여성이 절대 다수인 비밀 매춘굴도 있었다. (…중략…) 그 건물들의 앞마당은 널빤지를 대충 엮어 작은 좌판을 갖춘 중국인의 상점, 이발소, 다양한 작은 그릇, 음식과 골동품을 파는 노점상, 끔찍한 콩기름 등의 냄새를 풍기는 이동식 식당 등으로 활용되었다. 소리 지르며 무언가를 먹고 바로 그 장소에서 용변을 보기까지 하는 중국인 무리들이 이 건물들의 계단과 복도에 넘쳐났다.[50]

위의 글은 중국인과 한인들의 도시에서의 삶에 관한 V. V. 그라베의 묘사이다. 차이나타운과 코리아타운이 어떤 이들에게는 불쾌하게 보였을지도 모르지만 아시아의 노동자들은 이 지역의 도시와 사람들로 북적거리는 식당 안에서 적당한 가격의 음식, 매춘 그리고 오락거리를 제공받았다. 러시아인들과 그 외 다른 인종들도 이러한 소굴들을 또한 자주 찾았다.[51] 중국인, 한인, 러시아인들 모두를 통합하는 삶의 방식은 극동 전역의 도시지역에 존재했다.

한인 공동체는 극동에서 자신들의 삶을 기념하는 노래 또한 만들었다. 이런 노래들 중 여러 곡이 녹음되었고 한국어에서 번역되었다. 아래에 소개한 첫 번째 노래가 가장 유명한 노래에 속한다. 원래 이 노래에는 33개와 45개 마디 사이에 운이 맞는 2행의 가사가 있었다. 예를 들자면 니콜스크-우수리스크의 한인들은 블라디보스토크의 한인들과는 다른 '사랑노래 모음집'을 만들어 나갔다. 이런 노래들의 일부가 내가 구술증언을 받았던 대부분의 사람들이 어린 아이였던 1920년대와 1930년대 동안 유행했다. 어떤 이들은 이 노래들을 알고는 있었지만 단지 가사 중 몇 단어만을 기억할 수 있었다. 그렇지만 1931년에 출생한 우즈베키스탄 타슈켄트의 레프 추가이Lev Chugai는 노래 대부분을 알고 있었다. 그는 1950년대와 1960년대 동안 집단농장 책임자의 조수로 일하면서 한인 구세대들의 기념식과 축제 조직에 도움을 주었다. 그가 바로 아래의 가사들을 제공했다.

첫 번째 노래는 제1차 세계대전 이후 언젠가(1920년쯤) 퍼져나갔던 '사랑노래 모음집'이다. 노래는 적군에 복무했던 젊은 한인에 대해 얘기한다. 레프 추가이에 의하면 "적군에 복무하는 것은 한인들에게 대단한 영예였다". 그들은 자신들의 조국(러시아 극동)에 기여하고 싶었고 동시에 러시아에 받아들여져 자신들의 가치를 러시아에 보이고 싶었다. 가사의 '마리아'는 러시아화된 한인 여성 모두를 의미한다.

부모와 아내와 함께 기차역에 있는 소비에트의 한인 병사.

병사 포시예트지구 나의 고향에 있는 내 사랑, 건강하시오. (해선) 나는 군대에 복무하기 위해 블라디보스토크로 떠나오. 어머니는 내 손을 잡고 행운을 빌어주네.

어머니 아들아, 떠나는구나, 네가 언제 올 지 우리는 알지 못하네.

병사 내 사랑, 마리아, 부모님을 부디 잘 돌봐주시고 편안히 지내시오. 내가 돌아왔을 때 우리 모두가 행복하게 함께 살기를 바라오.

열차에 올라타면서 가족 생각으로 나는 마음이 편치 않았네. 열차는 나의 고통을 알지 못하네. 열차는 태평양의 파도를 지나가네. 블라디보스토크에 도착하니 높다란 벽돌집과 거리의 등이 보이네. [레프 추가이는 이 세 소절만을 기억했다.]

두 번째 노래는 한인들의 '극동의 권주가'로 이 노래는 한인들이 카샤(쌀죽), 소량의 살코기 그리고 야채와 같은 전채와 더불어 보드카, 막걸리, 혹은 소주를 마실 때 불렀다.[52] 이런 노래들은 한국어 '마리아', 적군의 한인병사, 19세기 후반 극동 도시지역에서 아마도 처음 등장했던 보드카와 소주(한국의 술)를 함께 사용하는 러시아의 음주문화에서 드러나듯이 러시아와 한국의 문화 융합을 입증한다.

당신이 화나거나 행복하건 상관 없어요
혹은 술을 지나치게 많이 마시는 남자라도 상관없어요,
시간이 흘러가면서 흰머리는 늘어나요, 그것이 인생이죠
똑같은 일이 우리 모두에게 일어나죠.
취하면 예외 없이 세상은 돌고 돌죠.
보리밥을 먹는 사람과 비싼 살코기를 먹는 사람들,
모두가 똑같이 결국은 머리가 희게 변하죠.
사람은 누구나가 똑같죠.
취하면 머리가 빙빙 돌고 돌죠.

학교에 다녔거나 그렇지 않았거나 목욕을 위해 벌거벗고 서 있을 때

모두가 똑같다는 것을 알게 되죠.

예외 없이 우리 모두는 머리가 희게 되고

취하면 세상은 돌고 돕니다.[53]

이미 살펴보았듯이 극동의 도시거주 한인들은 매우 잘 러시아화되었다. 그들의 노래와 대중문화에서 분명히 드러났듯이 그들은 한국과는 뚜렷이 구별되는 융합문화를 발전시켰다. 그들은 이제 (해방도시에서) 자신들의 정체성과 충성과 관련한 또 다른 시험에 직면하게 되었다.

한인의 충성심과 (영토적) 자치

1921년 여름, '해방도시(현재의 아무르주 스보보드니Svobodny)' 전쟁에서 소비에트의 한인들은 한인 파르티잔의 피를 통해 볼세비즘에 대한 충성심을 입증했다. 1921년, 6월 26~27일에 두 그룹으로 나뉜 한인들이 소비에트 한인 공동체에 대해 사회적 선택의 기로를 의미하는 군사적 결전에 돌입했다. 상하이-치타 그룹은 명시적 공산주의자들이었던 한인 민족주의자들이었다. 그들은 무장하였고 간섭 시기에 백군과 일본군과 전투를 벌인 대가로 소비에트 군으로부터 식량을 공급받았다. 6월 26일, 적군 정규군을 따라 볼세비키를 지지했던 러시아화된 한인들익 이르쿠츠크 그룹은 상하이-치타 그룹에게 무장을 해제하고 무기를 소비에트 정부에 반납하라는 최후통첩을 보냈다. 실제로 소비에트 정부와 코민테

른은 파르티잔에 대한 지원은 종결될 것이라고 결정하고 이르쿠츠크 그룹에게 이 과제의 수행을 맡겼다.[54] 선택은 매우 전략적인 것이었고 그것은 소비에트 대 조선의 싸움이 아니라 조선 내부 문제의 맥락에서 그 싸움을 묘사했다. 이런 방식으로 '민족 모두의 국가'이자 '국제주의자'로서의 소련 이미지 관리는 오염되지 않은 채 유지되었다. 이 싸움이 알렉세예프스크 / 해방도시 사건이었고 이를 통해 이르쿠츠크 그룹과 적군은 '조선 먼저'라고 외친 한인 파르티잔 구세대를 퇴출시켰다. 통틀어 사상자는 약 600명에 달했고 상하이-치타 그룹의 900명의 파르티잔이 체포되었다. 소비에트 정부에 자신들의 충성도를 보여준 이르쿠츠크 그룹의 러시아 한인들은 단지 말로만 그치지 않았는데 그들은 적군의 두 부대와 함께 싸우면서 (소비에트 영토에 거주하는) 동료 한인들을 패퇴시키고 살해했기 때문이다. 이러한 싸움은 (상하이-치타 그룹과 같이) 당 내에서 수상한 이데올로기를 가진 사람들을 제거하고 이루쿠츠크 그룹이 자신들 조상의 조국 혹은 민족을 초월하여 당에 대한 충성을 과시하는 데 기여했다.[55] 그 결과 소비에트의 한인 공동체에는 1921년 무렵 사회주의와 당에 대해 반대의 목소리를 내는 사람들이 거의 없었다. 이 말은 한인들에게 분파가 없었다는 의미가 아니다. 실제로는 다른 분파들도 많이 있었다. 그렇지만 싸움은 대체로 권력투쟁 때문이었고 개별 분파가 중앙 권력 차원에서 나온 정책을 어떻게 이행할 것인가의 문제였다.

애석하게도 한인들의 자치지역 문제가 제기되었을 때 한인들은 모스크바에 자신들의 대표와 정치적 후원자를 충분히 확보하지 못했다. 1922년 12월, 자치지역에 대한 그들의 요구에 부정적으로 작용한 것은 다름 아닌 떼려야 뗄 수 없는 그들의 디아스포라 이력과 고위직 당 간부와의 관계 부족이었다. 한명세는 일본 영향력에 대항할 수 있는 소비에 트로서 봉사하는 자치지역의 필요성을 역설했다.[56] 코민테른 집행위원 회의 쿠시넨O. V. Kuusinen은 한인들의 자치 영토 요구를 지지하여 추가 논의를 위해 중앙위원회로 그 요구를 보냈다. 그렇지만 두 가지 문제가 발생했다. 중앙위원회는 한민족의 자치 요구 수용이 시민자격 문제와(한 인들의 적지 않은 비율이 아직 소비에트 시민이 아니었다) 한인들의 귀화문제 때 문에 어렵다고 보았다.[57] 따라서 자치문제는 '기약 없이 연기되었다'. 한 인들을(1922년 이후) 러시아 극동의 재탈환과 귀환의 수단으로 이용하는 일본에 대한 두려움이 걸려있는 또 다른 문제 중의 하나처럼 보였다. 그 렇지만 협상 국가들이 1918년 러시아와 극동에 들어올 수 있었던 것은 소비에트 체제의 혼란 때문이었지 디아스포라 민족들 사이에서 '반소비 에트적 행위' 때문은 아니었다.

　1920~1922년 무렵, 코민테른의 한인 분과는 젊고 러시아화된 '소비 에트의 신인간'이라는 적지 않은 수의 핵심층을 이미 형성시켜 놓았다. 여기에는 이르쿠츠크 그룹의 일원이었던 김 아파나시, 김 마트베이김인수, 오하묵O Ha Muk, A. A. 민, 박진선(러시아 이름 일리아), 박애Pak Ae(Ai)(주 혁 명위원회의 한인분과 대표), 한명세, 김인(코민테른 5차대회의 한인대표) 그 외 다수가 포함되어 있었다.[58] 한인들은 계급 및 반제국주의 / 식민주의 문 제 때문에 사회주의를 중심으로 지지했었다. 다음 절에서 나는 소비에 트의 다수 한인 지도자들의 정체성과 삶을 더 깊이 살펴볼 것이다. 레닌, 트로츠기, 지노비예프 그리고 그 외의 볼셰비키와 마찬가지로 한인 사 회주의자들은 스스로를 볼셰비키이자 한인 혈통의 '국제주의자'로 간주 했다. 이들의 제일 충성 대상은 공산당과 소비에트였다.

'국제주의자'로 등장한 한인 세 사람

다수의 소비에트 한인들이 간섭기(1918~1922년)에 두각을 나타냈다. 여기서 나는 간섭기에 볼셰비키로 명성을 떨친 한인 김 알렉산드라 페트로브나Aaleksandra Petrovna Kim, 한창걸 그리고 김 아파나시 아르세네비치Afanasii Arsenevich Kim 세 사람의 삶을 논의하려고 한다. 제5장에서는 한 안드레이(한명세)를 살펴볼 것인데 그는 간섭기에 명성을 떨친 네 번째 '국제주의자'였고 코민테른의 한인국에서 소비에트 한인들을 잠시 주도적으로 대변했다. 『한국 민족주의의 정치The Politics of Korean Nationalism』의 다음 인용문은 다수의 소비에트 한인들이 볼셰비키 그리고 / 혹은 '국제주의자'로서 자신들의 핵심 정치적 정체성을 어떻게 인식하게 되었는지를 설명한다. "시베리아의 일부 한인들은 다른 사람들보다 더 러시아화되었다. 일부는 2세대 혹은 3세대 이주민들이었다. (…중략…) 어떤 사람들은 스스로를 특정 국가의 일개 국민이라기보다는 러시아인 혹은 국제 공산주의운동의 일원으로 간주했다."[59] '국제주의자'의 정의가 바로 이것이다 — 즉 자신들의 정치적 신념에 의해 스스로를 정의하고 국경, 나라, 혹은 민족보다 사회주의를 기꺼이 수용하려는 사회주의자들이다. 다른 많은 이들을 볼셰비키가 되도록 격려했던 어느 한인 여성의 짧은 전기로 먼저 시작해보자.

김 알렉산드라는 시넬니코프 우수리마을에서 1885년 2월 22일 출생했다. 매우 어렸을 때 그녀의 어머니가 사망했다. 아버지가 그녀를 키웠고 그녀가 10살 때 그들은 만주로 이주했는데 왜냐하면 그녀의 아버지가 동청철도와 시베리아 횡단철도를 위해 통역업무를 맡았기 때문이다. 그녀의 아버지는 1902년에 사망했고 알렉산드라는 얼마 후 마르크 I. 스탄케비치Mark I. Stankevich와 결혼했다. 학교 졸업 후 그녀는 교사로서 일을 시작했다. 그 이후 1914년에 그녀는 남편을 떠나 러시아인, 중국인, 한인 노동자들의 사회민주당 입당을 돕기 위해 우랄지역으로 갔다. 1917년, 이들 정치집단은 볼셰비키 당의 한 분파가 되었다.[60] 10월혁명 이후 알렉산드라는 전쟁포로들에게 신념을 버리고 볼셰비키에 가담할 것을 종용하는 볼셰비키의 팸플릿을 썼다. 그녀는 25명의 일본인 전쟁포로를 당에 가입시키는 의외의 성과를 거두었다.[61] 그녀는 국외 업무 담당 당 인민위원이 되기 위해 우랄지역으로부터 하바롭스크로 파견되었다.

1918년 8~9월, 볼셰비키는 하바롭스크를 백군에게 빼앗겼다. 알렉산드라와 당의 그 외 17명 지도부는 증기선 바론 코르프로 탈출을 시도했다. 칼미코프(시베리아의 백군 지도자)에 의해 그들은 체포되어 재판에 넘겨졌다. 재판을 맡았던 칼미코프의 하급 부관은 적군 소속의 어린 한인 여성을 체포했다는 사실에 놀랐다. 검사는 그녀가 볼셰비키임을 부정한다면 석방될 것이라고 회유했다. 그에 대해 알렉산드라는 다음과 같이 말했다. "나는 무엇보다도 볼셰비키입니다. 나는 소비에트 권력을 위해 투쟁했고 투쟁하고 있습니다. 소비에트의 통치는 프롤레타리아트와 피억압자들의 통치입니다. 나는 한인들이 러시아 민중과 더불어 사회주의자로서 승리를 획득한다면 자신들의 조국 상황과 무관하게 해방될 수 있다고 강하게 확신합니다."[62]

한창걸(결혼 전 이름은 그리고리 엘리세예비치 한)은 1892년 러시아 우수리지역에서 출생했다.[63] 그는 1915년부터 1916년까지 서부전선의 러시아 군에서 복무했다. 그는 전쟁 동안 지도자로서의 자질을 확실하게 드러냈다. 1916년 11월, 그는 전선으로부터 키예프군사학교로 파견되었고 1917년 5월 졸업하여 장교로 임관했다. 브레스트-리토프스크 조약 이후 그는 투르케스탄의 시베리아 소총 공급부대에서 잠시 복무했다. 1918년 4월, 그는 니콜라예프스크에서 최초의 한인 소비에트 마을을 조직하여 그곳의 책임자로 선출되었다. 한창걸과 N. K. 일루호프N. K. Ilukhov는 공식적으로는 "파르티잔부대 임시 혁명-군사 참보부"로 불린 올긴스크지역 파르티잔 사령부에서 일하게 되었다. 1919년 3월 10일, 이 사령부는 올긴스크지역에서 토지 임대의 관행을 금지하는 결정을 내렸다. 또한 지역의 중국인과 한인에게 무상으로 토지가 배분될 것이라는 결의문이 채택되었다.[64] 1919년에 한인 36명의 부대원으로 한창걸은 일본군과 백군에 투쟁하는 최초 한인 파르티잔부대를 지휘했다. 한인들은 또한 내전기의 전투에서 러시아 파르티잔과 함께 싸웠다.

그렇지만 한창걸의 인생에서 가장 놀랄 만한 사건은 라돌라 가이다 Radola Gajda(Gaida)와 함께한 저항이었다. 가이다는 체코군을 지휘하는 백군의 사령관이었지만 전투에서의 패배로 해임되었다. 1919년 11월 16일, 가이다는 블라디보스토크의 해방을 위해 백군에 저항하는 반란을 일으켰다. 그는 1,500명을 모았는데 대다수는 전쟁 포로, 체코 군인, 중국인 항만노동자, 백군 탈영병들이었고 거기에 한창걸도 있었다. 한창걸은 가이다의 개인 열차 기관총 부대의 장이었다. 반란은 진압되었고 1919년 11월 17일, 그들은 항복했다. 한창걸과 가이다는 투옥되었다. (아마도) 미국에 의한 정치적 술수를 통해 가이다는 놀랍게도 하루가 지나 석방되어 상하이로 갔다.[65] 상하이에서 그는 (여러 '망명' 정부 중의 하나인) 한국 임시정부의 구성원들을 만났다. 이 모임은 한창걸의 미래를 논의하기 위한 것으로 추정된다.[66] 그는 수감중 이었다가 파르티잔에 의해 1919년 1월 31일에 석방되었다. 그가 투옥되어 있을 때 백군은 공개적으로 반란자들을 처형했다. 석방 이후 한창걸은 파르티잔을 이끌며 백군 잔당들과 일본군과의 전투를 멈추지 않았다. N. K. 일루호프하의 러시아 파르티잔부대가 합류하여 전개된 전투도 간혹 있었다.[67] 한창걸은 간섭기에 볼셰비키로서 논란의 여지가 없는 공적을 확립했다.

김 아파나시는 간섭기에 등장한 가장 중요한 지도자였다. 아파나시는 하산호 근처 수하노브카라는 한인촌에서 1900년 1월 27일 출생했다.[68] 그의 아버지와 가족은 러시아인으로부터 토지를 임대하여 농사를 지었다. 그의 가족은 찢어지게 가난했고 소작농지로부터의 수확은 가까스로 연명할 정도였다. 아파나시는 고향의 두 학교에서 과정을 마친 이후 니콜스크-우수리스크의 러시아 김나지움에 입학하여 중등 교육과정을 마쳤다. 1917년, 아파나시는 정치에 관심이 없고 10월혁명이 자신의 관심을 특별히 사로잡지도 않았다고 적었다. 그렇지만 1918년, 그는 사회주의자가 되었는데 자신의 공동체 내부와 동료들 사이에서 혁명 이후에 가졌던 논의와 토론 덕택으로 정치적으로 의식화된 것 같았다. 같은 해, 아파나시는 전 시베리아 한인청년노동자대회에서 총서기로 선출되어 소비에트의 간부로서의 경력을 시작했다.[69] 1919년 3월 18일, 그는 극동에서 열린 삼일절 한국독립운동에 참여했다. 그와 오선묵은 3·1운동 팸플릿을 영어, 러시아어, 중국어 그리고 한국어로 번역했다. 블라디보스토크에서 일본경찰은 3월 시위에 참여한 한인들을 체포하기 시작했다. 아파나시는 일본당국의 검거 대상이었다. 그리하여 그는 오선묵과 만주로 탈출했고 (만주의 한인지역인 간도에 있을 것 같은) 남가울렌Namgaulen

이라는 국경도시에 머물렀다. 1920년 초반부에 러시아 블라고베셴스크로 돌아갔다. 1920년 5월, 그는 공산당에 입당했고 콤소몰 집행위원회의 한인부서 담당자로도 선출되었다. 아파나시는 공산당 내에서 계속 지위가 상승하여 1926~1927년에 한민족지구로서 포시예트가 인정된 지 얼마 후에 공산당 포시예트지구 서기 지위를 차지했다. 제1장에서 아파나시의 일생과 관련한 몇몇 사건들을 토착화 과정에서의 그의 열망, 투쟁, 성공을 재현하기 위해 부각시켰었다. 다음 절에서는 볼셰비키에 대항하는 연합국가들과의 일본의 공동 통치, 그들 국가들의 사회 정책과 이데올로기를 검토할 것이다.

미완의 '총력 제국'과 스파이에 관한 소문

군사적으로 능숙했지만 일본은 '총체적 제국' 건설에서는 미숙했다. 일본의 간섭에는 일본 시민들 다수 집단의 지지와 민족주의적 그룹과 회사로부터 자금지원 또한 있었다. 일본은 (1920년 4월 11일에 시작한) 간섭기에 심지어 러시아어 신문 『블라디보-니포*Vladivo : Nippo*』를 발간했는데 이는 러시아인과 일본인 사이의 우정을 물불 가르지 않고 찬양하는 데 거의 전적으로 몰두하는 국가선전 매체였다. 예를 들자면 다음과 같다. "극동지역에서 일본인을 향한 농민들의 이전 시대 증오의 흔적은 남아 있지 않다. 니콜스크-우수리스크와 올가지역 전역에서 주민들은 일본인들에게 우호적이다. 1920년 8월 17일, 쉬코토보에서 일본군 지휘관은 춤도 출 수 있는 연주회를 개최했다. 러시아인들 또한 이 연주회에 초대되었고 러시아인들 다수가 참석했다."[70] 그렇지만 조화, 사회적 평등, 상호적 경제 원조 그리고 원주민과 지역 엘리트들을 위한 민족국가 건설이라는 범아시아주의의 수사를 실현하기 위한 시도는 거의 없었다. 간섭은 5년간 지속되었는데 이때 일본은 범아시아주의의 사회 정책을 고무하고 실행할 수 있었다. 그 대신, 일본은 자신들의 관리 하의 모든 이들을(러시아인, 중국인, 한인 그리고 시베리아 원주민들) 잔혹하게 다루었다. 조선은 일본에 의해 식민화되었기 때문에 한인들은 이미 일본과 싸우고 있는 중이었다. 그렇지만 이러한 상황(간섭)은 많은 수의 한인들에게 일본제국의 전복이라는 희망을 품고 무기 혹은 사회주의를 수용하도록 유도했다. 제5열의 위협과 관련하여 소비에트 한인들이 일본에 동조할 이유는 실제로 거의 없었다.

부랴트의 자치와 치타의 부랴트-몽골 공화국의 창설에 대한 일본의 지지는 유일한 예외였다. 그렇지만 이러한 지지는 절반은 코사크이고 절반인 부랴트의 아타만(독립적인 코사크군의 지도자)이면서 친구나 적 누구든 가리지 않고 자신의 권위에 도전하는 사람들을 처형한 세묘노프 Semyonov에 대한 일본제국군의 지지 때문이었다. 일본제국군은 다른 자질보다도 군사적 능력을 중시한 백군 지도자 혹은 아타만들을 선호하는 듯 보였다. 백군 편에서 싸웠던 아타만 세 명에 대한―칼미코프, 세묘노프, 폰 운게른-스테른베르그 ― 일본의 지지는 그들의 짧은 통치가 끝날 무렵 수천의 농민과 잠재적 병사들을 볼셰비키와 사회혁명당으로 이끌었다.[71] 1922년 6월 24일, 일본은 1922년 10월 무렵까지 모든 군대를 철수하겠다고 공표했다. 극동에서 일본군 철수의 조건 중의 하나가 일본에 저항하는 한인 파르티잔들의 무장해제였다. 일본군 철수 이후 4

시간이 되었을 때 파르티잔과 인민혁명군NRA이 블라디보스토크에 들어왔다. 1922년 11월 15일, 극동공화국이 러시아 소비에트연방 사회주의 공화국에 공식적으로 재편입되었다. 소련은 한 달 후에 성립되었다.[72]

그렇지만 러시아-한인들에게 간섭기에 가장 아팠던 부분은 러시아 극동의 일본 장악을 도왔고 사주했다는 한인들에 대한 전후 이미지였다. 극동공화국에서 발간된 『러시아 극동에서 일본의 간섭』은 다음과 같은 예를 제시한다. "일본군과 일본인에 예속된 한인 운전사들은 (…중략…) 목적으로 무기까지 활용하여 마을의 아이는 물론 남녀 주민들을 구타하였다. 이바노프카마을 29명 주민들이 거짓 없이 1919년 10월 7일, 여기에 서명하다."[73] 일본군에 고용된 한인들의 수는 수백 명 정도가 되었을 것이다. 그렇지만 이들 '한인들'의 압도적 다수가 일본 통치지역 출신이었다. 이 점을 주목하는 사람들은 거의 없었는데 왜냐하면 연합국의 병사들뿐만 아니라 소비에트의 시민들도 아시아의 다양한 민족들 사이의 차이를 (한인들 사이의 정체성은 말할 필요도 없이) 알기 힘들었기 때문이었다. 비셔는 미국 원정군의 지침을 인용하면서 다음과 같이 지적했다. "그렇지만 대다수의 연합군 장교들은 중국인, 부랴트인 혹은 시베리아의 다른 원주민들을 구별할 수 없고 의상 혹은 언어로 우연히 차이가 나지 않는 한 아시아인의 특성을 가졌으면 누구라도 '중국인'으로 분류하려는 경향이 있었다."[74] 극동의 대다수 주민들은 일본군을 위해 일하는 한인들이 있었다고 알고 있을 뿐이었다. 이들 '한인들'의 절대 다수는 식민지조선, 일본 혹은 만주로부터 이주했다. 이러한 측면은 소비에트식 민족 정체성의 약점을 부각하는데 바로 이 용어가 그들이 사용하는 언어와 출생지에 상관없이(일본, 중국, 극동 혹은 한국) 모든 한인들을 동등하게 한인들로 분류하고 있기 때문이다. 이 말은 문화적-역사적 요인에 기반한 '조건에 따른 민족 정체성'의 적용이 아니라 출생장소와 같은 사회문화적 범주를 배제한 한민족성Koreanness이라는 이미 본질화된 정의이다.[75] 다음 절에서 공산주의 인터내셔널 2차대회(Second Congress of the Communist International, 이하 SCCI)에서 범이슬람주의, 범투르크 그리고 범아시아운동에 반대한 레닌의 선언을 살펴볼 것이다. 이것은 소련 내부의 범민족주의와 범이슬람운동에 대한 외국인 혐오의 최초 표현이었다.

외국인 혐오의 최초 씨앗들

코민테른은 1919년 3월에 성립되었다. 그 사명은 자본주의의 사적 재산을 철폐하여 집단적 소유와 생산체계로 대체하기 위한 무장혁명에 헌신하는 공산주의자들의 '전 세계적 정당'의 건설이었다.[76] 많은 사람들이 러시아의 10월혁명을 세계 도처에서의 그러한 변혁을 위한 최초의 사건으로 간주했다. 뮌헨에서의 사건은 러시아 볼세비키에게 그릇된 희망을 선사했다. 유진 레빈Eugene Levine이 1919년 4월, 바바리아 소비에트 공화국을 장악하여 "세계혁명의 태양은 떠올랐다!"라고 선언했다. 공산당의 반대집단들이 바바리아 소비에트 공화국을 포위했고 공화국 수호를 위해 바바리아 적군이 조직되었다. 바바리아 적규은 공화국과 마찬가지로 패배했다. 1919년 8월, 벨라 쿤의 헝가리 소비에트 또한 붕괴했다. 그들 내각의 다수와 여러 인민위원들이 그랬듯이 두 지도자 또한 유대인이었다. 이러한 혁명의 불꽃은 러시아의 유대인 볼셰비즘에 연결되었다(유진 레빈은 상트 페테르부르크에서 출생했다). 1919년 말에 이르러 유럽에서 시작하는 세계 사회주의 혁명에 대한 믿음은 수그러들었다. 그리하여 세계혁명이 동(아시아)에서 시작될 것이라는 이론의 변화가 있었다.[77] 1920년 7월의 공산주의 인터내셔널 2차대회SCCI에서 레닌은 아시아에서 사회주의 혁명에 관한 자신의 최초 생각을 밝혔다. 특히 2차 대회의 공산주의자들은 아시아의 프롤레타리아트가 부르주아지와 '일시적 동맹'을 형성해야 한다고 주장했다. 터키와 중국이 이러한 형태의 동맹이 작동할 수도 있는 두 국가로 제시되었다.[78]

　1922년 8월, SCCI에서 인도네시아를 대표하는 마링Maring은 통일전선을 위해 중국 공산당에게 국민당에 합류하라고 명령했다.[79] 개발도상국에서 프티 부르주아지와의 이러한 동맹에 대한 생각은 레닌의 1913년 논문 「후진적 유럽과 선진적 아시아」에서 처음 언급되었다. 1920년 7월 27일, 부르주아를 포함한 이질적 계급 및 이질적 정치집단과의 일시적 동맹을 주장한 레닌을 지지하는 러시아 극동의 대표 박 일리아박진선는 SCCI에서 다음과 같이 말했다.

　　물론 혁명가들 사이에서는 민족의 정치적 해방이라는 목적만을 위해 우리 국제주의자들에 합류할 인사들이 있습니다. (…중략…) 그렇지만 혁명이 필요로 한다면 우리는 우리의 무기를 어제의 "동맹군"에게 어떻게 겨누어야 하는지 알게 될 것이고 우리는 의심할 바 없이 승리할 것입니다. (…중략…) 한순간도 절대 지치지 않은 채 우리는 아시아의 광범위한 피착취 대중에게 민족의 정치적 해방만으로 그들이 싸우는 목적을 성취할 수는 없을 것이며 단지

[프롤레타리아 혁명을 통한] 사회 해방만이 그들에게 자유를 확실히 보장할 수 있다고 설명해야만 합니다.[80]

박진선은 한인들마저도 조선으로부터 이주한 농민과 프롤레타리아트를 착취하였다고 강조했다. 그는 투쟁의 기반은 민족성이 아니라 계급이었다는 것을 알고 있었다. 그렇지만 레닌의 이론은 범아시아주의와 범이슬람의 혁명운동에 대한 코민테른의 정책 안에서 모순적이었다. 레닌과 코민테른은 몰락하고 있는 여러 나라들(예를 들자면 중국)에게 제국주의적 확장을 저지하기 위해 다양한 정치적 분파들, 계급적 요소들(성직자, 농민을 지배하는 지주, 프롤레타리아트) 그리고 이념적 적대자들(국민당과 공산당)과 연합하라고 충고했다.[81] 소비에트 블록 외부의 '위태로운' 국가들에게 코민테른은 어느 정도까지는 범아시아주의와 범이슬람의 협력마저도 승인하였고 허용했다. 그렇지만 범아시아, 범투르크, 범이슬람운동이 소련을 위협하거나 소련의 영토 안에서 등장했을 때 동일한 해방의 운동은 거부되었고 그 지도자들은 탄압받았다.[82] 레닌과 그 밖의 볼셰비키 지도자들은 소비에트 내의 범아시아주의와 범이슬람운동을 소비에트에 반하는 정치 결사체이자 '소비에트 내부에서의 분열운동'인 잠재적 제5열로 간주했다. 이러한 인식은 그 어떤 외국의 조직, 운동 혹은 정부와 연결되어 '민족의 자치'를 추구하는 소비에트의 소수 민족에게는 심각할 정도의 불길한 결과를 초래할 것이었다.[83]

요약하자면 러시아 극동에 대한 일본외 점령으로 지역주민의 충성을 획득하기 위한 사회 정책의 개발은 실패로 끝났다. 간섭이 시작될 무렵 극동 도시지역에는 러시아화되고 친볼셰비키적인 적지 않은 수의 한인 집단이 있었다. 도시와 농촌에 거주하는 한인들은 공식적으로는 48명의 적군 파르티잔부대와 그 외 적군 파르티잔을 형성하기 위해 단결했다. 그렇지만 볼셰비키 지도자를 포함한 많은 사람들이 소비에트의 한인들과 조선, 만주, 일본에서 이주한 한인들을 구별할 수 없었다. 따라서 소비에트의 한인들은 극동공화국 정부에 의해 '일본에 봉사한다'고 부당하게 규정되었다. 이러한 입장은 한인들이 니콜라예프스크 포위 기간에 보였던 충성심, 적군의 가입, 협력자로서 행동을 무시한 것이었다. 다수의 한인들이 간섭기에 소비에트의 간부로 두각을 나타냈다. 아쉽게도 디아스포라 민족들이 소비에트의 시민으로 완전하게 '재탄생'할 수 있을 것인가의 여부에 대해 회의적인 태도를 SCCI에서 드러낸 사람은 다름 아닌 레닌이었다. 이것이 소비에트 디아스포라 민족들이 소비에트 세계 외부와의 관계를 유지 혹은 진전시키려고 할 때마다 그들에 대한 레닌의 (그리고 이후 스탈린의) 불신의 시작이었다. 이러한 불신은 그들이 다른 사람들을 소비에트 사회주의로 개종시키려고 시도할 때조차도 가시지 않았다. 이러한 유형의 관계는 러시아제국 내의 '소수 민족들'에 대한 지배와 식민주의적 통치라는 전제정시대의 유산과 매우 유사했다.

제4장
한인들의 토착화와 이를 통한 사회주의 건설

소수 민족natsmen과 관련하여 우리에게는 두 대립되는 문화가 있습니다. 강력한 쇼비니스트적 경향이 깃들어 있는 부르주아 문화와 우리의 문화[소비에트]입니다. 우리는 문제의 핵심으로 다가가 모든 쇼비니스트적 경향을 미연에 방지해야 합니다. 우리는 모든 쇼비니스트적 분위기와 기질에 대항하여 싸워야 합니다. (…중략…) 우리는 중국인과 한인들이 소비에트의 이러한 기구들이 그들에게 봉사하는 그들의 기구임을 깨닫게 할 수 있는 조건을 만들어야 합니다. 그리고 그들이 아무 문제없이 이러한 기구들로 가서 말할 수 있다는 것을 깨닫게 해야 합니다.

극동주 4차 지역 공산당협의회에서 티쉬킨 동지, 1919.[1]

토착화는 소비에트의 소수 민족들을 순차적으로 소비에트의 열렬한 핵심 요원들로 변화시켜 소비에트의 여러 기구들을 그러한 소수 민족 출신의 젊은 요원들로 채우기 위해 그들에 대한 지원과 교육을 목적으로 하는 소비에트 영토 내 민족들에 대한 모더니스트 강령이었다.[2] 소비에트 체제는 영토적 자치와 각각의 민족에게 모국어 교육기관, 신문, 극단 그리고 라디오 방송국을 제공하여 소수 민족들의 충성심을 얻을 수 있을 것이라고 기대했다. 그렇지만 1920년대에 65%에서 70%의 한인 거주민들은 가난하고 토지가 없었다. 한인들이 소비에트의 인민이 되기 위한 필요조건으로서 토지와 시민권 모두가 필요했다. 한인의 토착화와 민족의 '사회주의적 재탄생'은 명확한 구분 없이 상당히 많은 부분이 중복되었다. 두 용어 모두 소비에트 인민으로서 한인들의 '재탄생'을 의미했다.

중개기구와 대표성

토착화의 시기는 대표자와 대리인의 개별적, 집단적 필요들을 부합시키려는 국가 정책이 선명하게 드러나는 보기 드문 사례였다. 매체와 기구들을 통해 소수 민족 일반을 대표한다는 것은 민중의 수준으로까지 국가권력의 민주화를 의미했다. 개개의 한인은 지역 방송과 신문에서 쌀 경작농이든 관료든 다양한 유형의 한인들을 접할 수 있었기 때문에 토착화는 평범한 시민들을 위한 '매일의 이상적인 꿈'을 제공했다. 이웃들과 친구들은 또한 국가의 관료, NKVD와 같은 비밀경찰의 구성원들이기도 했다. 소비에트 지도부 사이에서 특정 민족의 대표의 자리는 높은 정도의 사회적 유동성과 소비에트의 지도자들, 매체, 예술 그리고 기구들에 대한 접근의 기회가 존재함을 의미하기 때문에 토착화 프로그램은 사람들을 볼셰비즘으로 인도하는 과정으로 요약되었다.[3]

위의 내용은 토착화의 긍정적 측면이었다. 다른 측면에서 소비에트의 토착화는 러시아인의 렌즈를 통해 본 다양한 민족들에 대한 다소 오리엔탈주의적이고 귀속적인 견해를 제공했다.[4] 이것은 소련의 이미지를 '러시아화된 민족의 국가'가 아니라 '민족들의 국가'로서 채색하려는 것이었다. 다음 단락부터 소비에트 한인들의 형성과 토착화 프로그램의 내용을 『적기』와 같은 소비에트 매체와 구술사(추방당한 사람들과의 대담)를 통해 살펴보려고 한다. 볼셰비키의 '프롤레타리아트 독재' 선언에도 불구하고 한인들의 토지, 농기구 그리고 시민권 획득은 여전히 어려웠다. 전제정시기에 만연했던 식민의 대상으로서 이러한 취급은 한인들과 국가의 관계를 러시아 농민과 적군 정착자들과의(OKDVA 집단농장^{OKDVA}는 극동 특별적기군(Special Red Banner Far-Eastern Army)의 약자이다-역주) 관계와 대비시킬 때 특히 분명했다.[5] 이제 공산당, 콤소몰 그리고 공산당의 그 외 조직으로의 한인들의 진출을 살펴보자.

1923년 4월, 충실하지 않거나 볼셰비즘에 대한 이해가 부적절한 당원을 공산당으로부터 축출하는 당의 숙청(chistka)이 있었다. 숙청 대상자의 수는 러시아인과 한인들 간에 균등하게 배분되었다.[6] 1924년, 주의 한인 분과회의에서 의장 니콜라이 니가이^{Nikolai Nigai}와 서기 강 라브렌티이^{Lavrentii Kan}는 다음과 같이 말했다 "피오네르와 청년들 사이에서 한인 세포들의 성과는 매우 좋습니다. 피오네르는 9세부터 14세까지의 아동들에게 사회주의 이념을 전파하기 위한 공산당의 조직이다-역주 블라디보스토크 우에즈드[uezd : 행정단위]에서 31개 피오네리 분과조직에 비공식적으로 총 605명이 참여하고 있습니다. 스파스크Spassk 우에즈드에서는 7개의 분과조직에 총 140명의 피오네르가, 니콜스크-우수리이스크에서는 14개의 분과조직에 261명이 참여하고 있습니다."[7] 1924년 인구조사에 의하면 114,000명의 한인들 중에 단지 1/3만이 소비에트 시민권자였다.[8] 1924년 12월, 블라디보스토크의 공산당 지도부 시 협의회는 선거로 290명을 선출했는데 그중 남성이 271명, 여성은 19명이었다. 새로운 위원들 중에 40명이 중국인, 14명이 한인, 235명이 러시아인이었다. 271명의 신입 위원들 중에 36.4%(106명)는 공산당원이 아니었다. 시 협의회의 간부회의(지도부)의 여성은 중국인 노동자 니나 반Nina Van 한 명이었고 나머지는 모두 러시아인이었다.[9] 1924년 9월, 주 위원회는 한인분과를 92개의 세포와 1,539명의 콤소몰(청년공산당) 회원으로 구성되는 한인부로 개편했다.[10]

한인 청년들은 소비에트화에 매우 잘 적응해 나갔다. 나이가 더 많고 최근에 이주한 한인들은 사회주의와 그 가치를 내재화하고 이해하는 데 더 어려웠다. 소비에트 당국은 다양한 민족들의 소비에트화가 매우 복잡한 과정이라는 것을 알고 있었다. 전통적 한인 사회에서 나이가 많은 남성들이 마을 혹은 공동체의 사안을 결정했고 그들의 말은 최우선적 고려사항이었다. 청년 공산당원으로 활동하고 있는 한인 청년들은 나이 많은 한인들을 포섭하여 그들을 공산당에 가입시키고 공산주의자로 개종시키기 위해 애쓰고 있었다. 장년층 한인들은 이러한 행동에 못마땅했다. 모든 한인들이 3세대 혹은 그 이상 극동에 살았다면 이러한 시도는 문제를 덜 발생시켰겠지만 상황은 그렇지 않았다. 그리하여 그것은 공동체 안에서 문화적 충돌을 일으켰다. 그라베가 러시아화와 관련하여 세대 간 충돌을 지적한 첫 경우였고 이제 그것은 소비에트화 과정에서도 발생했다.[11] 콤소몰의 젊은 한인들 다수가 장년층을 모집하는 데 거의 실패했다는 것이 최종 결과였다. 1925년, 한국어 신문『선봉*Avangard*』이 간행을 시작했다.『선봉』의 발행자와 편집인들은『적기』발간에 관여했던 많은 사람과 겹쳤다. 이괄Kvar Li이 최종적으로『선봉』의 편집장이 되었다(〈삽화 5〉).

토착화가 지속적으로 확대되자 한인들을 위한 업무, 기구, 자리, 매체들의 수도 늘어났고 한인들 중에 지위가 상승한 사람들의 수도 몇 배나 늘어났다. 생산자 조합과 집단농장은 의장(감독관), 회계관, 비밀경찰, 소비에트의 그 외 전문직, 군과 민간 관료들을 필요로 했다. 소비에트 한인들의 경우 그들의 사회적 관계망은 그들의 업무 환경과 중첩되었는데 그들이 대체로 한인들의 생산자 조합, 집단농장, 공동체에 배치되었기 때문이다. 한인들의 지위 상승이 늘어남으로써 그들은 소비에트 국가가 실제로 그들의 것이라고 생각하였는데 이것은 노동자와 그들을 대표하는 소비에트의 장교 혹은 관료 사이가 한 등급 정도의 차이에 불과했기 때문이었다.

경제 생활

한인들과 중국인들은 농사를 통해 러시아 극동의 중요한 과세의 토대를 형성했다. 이러한 과세의 토대가 토착화 프로그램, 러시아 극동 교육망의 확대, 러시아인과 적군 정착자들의 유입을 위한 식민화 기금 충당에도 사용되었다.[12] 1923년, 극동 혁명위원회는 프리모리예에서 '한인 문제에 관한 위원회'를 개최했는데 이에 의하면 1923년 공식적 한인 수는 120,980명이었고 이 중 85.5%가 농촌 거주자인 반면 14.5%는 도시 거주자였다. 직업을 보면 농업 종사자가 80%, 도시 노동자 5~6%, 소상 점주 10%, 교사와 전문직이 5~7%였다. 농민들을 보면 부농 5~6%, 중농 25~30% 그리고 무토지 소작농 혹은 빈농이 65~70%의 비율이었다 (〈표 4〉).[13]

〈표 4〉 1923년 '한인문제에 관한 위원회' 조사 결과

총 인구		농촌 비율 + 도시 비율	
120,980(100%)		103,482(85.5%) + 17,498(14.5%)	
직업별 비율		농민의 계급별 비율	
a. 농민 / 농업노동자	80%	a. 쿨락 / 부농	5~6%
b. 도시 노동자	5~6%	b. 중농	25~30%
c. 도시의 소상점주	10%	c. 무토지 / 빈농	65~70%
d. 학자 / 전문가	5~7%		

출처 : B. D. Pak, *Koreitsy v rossiiskoi imperii.*, p.115.

한인문제에 관한 위원회는 한인들을 소비에트 시민과 농업노동자로 편입시키기 위해 등장했다. 동시에 1923~1926년 동안 매년 대략 2만명의 새로운 한인 이주자들이 러시아 극동으로 들어와 정착했다.[14] 한인들의 이러한 유입은 인구분포를 변화시키는 것이었기 때문에 러시아 극동의 지역 행정당국을 다소 불안하게 했으며 아울러 그들의 토지개혁과 시민권 추진과 관련해서도 우려를 낳은 것이었다. 또한 일부 한인들은 수확의 70%까지도 임대료로 지불해야 했기 때문에 여전히 착취에서 벗어나지 못했다. 한인들의 불법 이주는 단지 이러한 상황을 지속시킬 뿐이었다. 1926년, 러시아 극동의 총 한인 수 168,009명 중 단지 84,931명

(50%)만이 소비에트 시민이었다.[15] 이 절과 그다음 절에서 한인들에게 토지와 시민권을 수여하길 원하는 사람들(아노소프 동지와 마마예프 같은 사람들)과 아르세네프와 같이 한인들은 소비에트 사회주의에 '이방인'이었고 그렇게 남을 것이라고 믿는 사람들 간의 지속적인 긴장을 살펴볼 것이다. 사회주의에 관한 레닌의 분명한 약속에도 불구하고 소비에트의 민족 정책은 담당 간부, 문제 해결을 위한 수단 그리고 그 당시의 정치적 분위기에 따라 아르세네프와 아노소프의 입장 사이에서 대체로 동요했다.

일반적으로 말해 한인들이 토착화 시기에 관여했던 4개의 주요 농촌 산업이 있었다. 쌀농사, 비단벌레 양식, 낚시, 비공식적인 아편 재배. 10월혁명 이후 볼셰비키는 다수의 외국기업을 국유화했고 1917년 이전의 국가 채무를 무효화했다. 혁명 이후의 '전시 공산주의'는 국가계획, 강제징발, 분배에 기초한 경제전략이었는데 대중에게 먹을 것을 거의 제공하지 못해 반소비에트 감정만을 배양시켰다. 경제는 엉망이 되었다. 여러 차례의 무장 봉기와 파업은 더 강력한 탄압을 불러왔다. 곧 이어 레닌은 제한적 자유시장에서의 자본주의적 상행위를 통해 경제 부활을 도모하는 신경제 정책(New Economic Policy, NEP, 1921~1929년)을 실시했다. NEP의 도입으로 더 많은 사적 소유, 자산 그리고 외국 투자가 가능해졌다.[16]

한인들 사이의 쌀농사는 우수리에서 1905년경 시작되었다. 그로제코프스키Grodekovskii지역에서 초기 쌀 생산의 대부분이 발생했다. 1919년에 프리모르스키지역의 쌀 재배면적은 300제샤티나1desiatinas=2.7에이커=1.0925헥타르-역주, 1920년 2,400제샤티나, 1921년 6000제샤티나, 1922년 12,000제샤티나였다.[17] 1925년에서 1929년까지 쌀 농사지역은 2

배 이상 늘어났고(7,502제샤티나에서 16,343제샤티나) 총생산량도 23,114
톤에서 45,765톤으로 거의 두 배 증가했다.[18] 1928년에 러시아 극동위
원회는 다음의 세 문제를 조사하는 데 이견이 없었다. ① 프리모리예에
서 쌀 생산 가능지역, ② 수리체계의 시행이 가능한지의 여부, ③ 생산
증대를 위해 한인들을 협동조합으로 어떻게 조직할 것인가의 문제. 러
시아 극동의 쌀 생산자에 관한 1928년 조사에 의하면 10,178명(89%)
이 한인, 1,196명이 러시아인 그리고 6명이 중국인이었다.

　1930년 무렵, 쌀 경작지는 아무르지역은 물론 우수리의 약간 북쪽이
면서 산맥과 타이가로 유명한 시호테 알린Sikhote Alin까지 확대되었다.[19]
1923년부터 1927년까지 한인 수는 106,000명에서 170,000명으로 늘
어났다.[20] 아노소프는 러시아 극동에서 미등록 한인 수는 62,000명이라
고 추정했다.[21] 그렇다면 1927년에 한인 총수는 대략 232,000명 이었
다. 1931년경, 소비에트 당국에 의해 한인 불법 이주자들은 조금 줄어
들었다. 1926년부터 극동지역 당국은 한인들을 집단농장, 협동조합, 공
동체로 옮기기 시작했다. 협동조합, 소프호즈와 콜호즈소프호즈와 콜호즈는 소
련 집단농장의 두 형태로 소프호즈에는 국가권력의 개입 정도가 상대적으로 강했다 - 역주는 생산량의
1/3에서 1/4을 세금으로 납부했는데 이는 제샤티나 당 매년 100 ~150
루블에 달하는 금액이었다.[22] 프리모리예의 소비에트 한인마을의 수는
1926년 122개에서 1935년 160개로 늘어났다. 각각의 마을 소비에트
에는 6개에서 9개의 마을이 포함되었다. 통상 협동조합 혹은 코뮌을 형
성하려면 마을 하나로 충분했다. 2개에서 4개의 마을이 콜호즈를 형성
하였다.[23] 예를 들자면 포시예트지구에서 4개의 한인마을이 1930년 '태
평양혁명'이라는 이름의 콜호즈 형성을 위해 합쳤다.[24] 한인 집단농장의

증가를 통한 과세 기반의 강화가 (극동의 소비에트 지도부인) 극동 집행위원회에게 가장 중요했다. 이러한 상황은 토착화 프로그램, 러시아인과 적군 정착자들의 이주, 다수의 학교와 대학, 연구소의 건립 그리고 (소비에트의 소수 민족들을 위한 것이라고 명백히 선언된) 소비에트의 기구들 건립 비용충당에 도움을 주었다.[25] 동시에 한인들의 협동조합과 집단농장에 대한 국가의 초기 지원은 매우 적었다. 한인들의 콜호즈 '붉은 별'이 그 예시이다. 이것은 1923년 두 개의 한인 협동조합에서 기원했다. 파르티잔의 활동을 끝낸 77명의 한인들은 어떤 토지도 받지 못했다. 그 대신 그들은 토지를 얻기 위해 사람이 거주한 적이 없는 침엽수림 지대를 개간하라는 지시를 받았다. 국가의 지원은 설비와 종자를 위한 대출(1차 대출 500루블, 2차 대출 1,800루블), 동원 해제된 군 장교들을 위한 10필의 말이었다. 1924년 가을에 이르러 '붉은 별'은 3,000푸드의 쌀을 팔아 8,000루블을 벌었다. 1925년의 시작 무렵 이 두 협동조합은 자급자족하여 이익을 내고 대출금 또한 상환했다. 이 시점에 이르자 국가는 두 협동조합을 통합하고 콜호즈 '붉은 별'로 개명했다. 국가의 과세는 그 즉시 시작되었다.[26]

한인들이 관여하였던 두 번째 주요 농촌 산업은 비단생산과 비단벌레 양식이었다. 소비에트 한인 과학자 I. I. 안An은 1916~1917년에 투르키스탄과 코카서스로부터 획득한 비단벌레를 활용하여 극동에서 양식을 시작했다. 1923년, 대략 10개 정도의 생산업체가 비단벌레가 서식하는 약 200그루의 나무를 통해 비단벌레를 양식했다. 극동지구 위원회Dalkrai는 이러한 비단 생산이 상대적으로 새로운 산업임을 인식하였고 NEP 조처를 통해 산업 기반형성을 도왔다. 1925년 러시아 극동지역의 소련-한국의 공동기업은 한국으로부터 130,000그루의 비단벌레 나무를 수입했다. 어느 정도의 이득이 발생하자 한국의 기업들은 1926년 비단벌레 나무의 수출을 늘렸다. 1926년, 200개의 소규모 비단 생산업체들과 8개의 비단 협동조합이 존재했는데 이들의 경작지 면적은 3에서 40제샤티나(43.7헥타르)에 달했다. 헥타르 당 생산된 비단이 1,000~15,000루블의 이윤을 남겼다. 1928년, 총 818,700그루의 나무가 비단생산을 위해 재배되었고 그중의 1/7이 사적 기업의 소유였다. 한인 협동조합은 그해 1.6톤의 누에고치를 생산했다.[27]

생선의 포획과 가공이 세 번째 산업이었다. 1923년, 소비에트 극동지구 위원회는 설비를 제공하고 지대를 징수하며 협동조합, 코뮨 그리고 어장의 관리를 위해 '경제 단위와 협동조합 관리를 위한 경제 기구'를 설립했다. 통상 국가의 지대는 수확 혹은 포획량의 30%였고 이후 대략 33%로 늘어났다.[28] 1924년에 극동에는 5개의 한인 어업 협동조합이 있었다.[29] 1927년, 어업 협동조합에서 일하고 있는 한인들의 수는 대략 3,000명이었다. 1930년 무렵 그 수는 5,000명이었다. 대체로 어업 협동조합(생선과 해초)의 한인들은 매우 가난하다고 알려져 있었다. 여기에서 일하고 있는 한인들은 통상적으로 사용하기에 불편하거나 낡은 장비를 받았고 훈련도 거의 받지 못했다.[30]

마지막으로 일부 한인들은 아편 재배로 러시아와 소련에서 생계를 유지했다. 비공식 경제의 이 영역을 국가가 금지하기 전까지 아편을 생산, 판매, 유통하는 한인들은 '새 시대의 도래를 알리는 소수 중개인'으로 간주되었다.[31] 10월혁명에도 불구하고 한인들에게 시민권과 토지의 획득은 여전히 매우 어려웠다. 많은 수의 한인들에게 이러한 문제는 1928

년까지도 해결되지 않았다.[32] 1928년이 지나서도 한인들은 슬라브 정 착자들보다 훨씬 더 적은 토지를 할당받았다. 쌀 가격은 비쌌지만 그 외 곡물에 대한 국가의 가격은 낮았다. 이런 이유와 더불어 다른 어떤 곡물 보다 아편으로 더 많은 돈을 버는 것이 가능했기 때문에 많은 사람들이 아편을 재배했다. 한인 노인들과의 대담으로 아편 관련 귀중한 정보와 그들의 삶에서 아편이 담당했던 귀중한 역할을 알 수 있었다.[33]

아편 사용은 1927년까지 소련에서 합법이었다.[34] 책 집필을 위해 대 담을 진행한 한인들 60명 중에 대략 20여 명이 자신들의 가족 혹은 친 척이 아편을 재배, 판매하거나 혹은 약으로 사용했다고 말했다. 소비에 트 한인들은 아편을 주로 약으로 사용했다고 말했다. (1921년 출생한) 알 렉산드라 김의 증언. "내 집 가까이 살고 있는 러시아인들조차 아편을 역시 [약으로] 사용했어요. 오늘날과는 달랐죠. 당시에 약국은 없었어요. 아편은 또한 매우 강력한 약으로 거의 모든 병을 고칠 수 있어요."[35] 아 편은 또한 경제적 가치도 있었기 때문에 한인들은 그것을 재배하기로 결심했다. 일부 마을에서 아편은 주된 작물로 재배되었다. 가난한 다수 의 한인 농부에게 토지는 충분치 않았기 때문에 곡물과 채소는 단지 개 인적 소비를 위해서만 재배되었다. 한인들은 수확의 10%에서 70%를 재배면적의 지대로서, 혹은 합의된 지대를 루블로 납부했다. 그들의 선 택은 단순했다. 다른 어떤 것을 재배하는 것보다 아편으로 더 많은 돈을 벌수 있었다.[36]

대다수 한인들의 증언에 따르면 (아편 판매이) 주고객은 블라디보스토 크 항만과 수찬Suchan의 광산에서 일하는 중국인이며 그들은 자신들이 소비하기 위해 아편을 구입했다. 게오르기 태Georgi Tai는 1930년대에 자

〈삽화 1〉 우즈베키스탄의 두 명의 추방 한인.
(좌) 마리아 박, 1913년 러시아 극동 출생, 우즈베키스탄 콜호즈 '스베르들로프'에서
(우) 니콜라이 바실레비치 박, 1923년 극동 출생, 우즈베키스탄의 콜호즈 '우즈베키스탄'에서
출처 : 저자 촬영, 2009.

신의 아버지가 블라디보스토크에서 돼지고기와 더불어 아편을 팔았다
고 말했다. 그들은 그것을 중국인들에게 팔았다.[37] 김은녹은 1930년대
블라디보스토크의 아편(모르핀) 소굴에 대해 들어봤다고 말했다.[38] 『적
기』는 중국과 한인 노동자뿐만 아니라 러시아인들 또한 모르핀(아편의 대
용물)을 사용한다는 사실을—특히 수찬, 블라디보스토크, 우수리스크
와 같은 도시지역에서—폭로했다.[39]

　마리아 박(〈삽화 1〉)은 1913년에 출생하여 러시아 하산호수 북쪽 끝
파두쉬Padushi라는 마을에서 성장했다. 그녀는 "우리 마을에서는 재배할
땅만 있다면 그곳에서 아편을 재배했어요"라고 말했다. 그녀의 마을은
러시아와 중국 / 하산호의 중국 영토 사이의 경계에 바로 위치했다. 마
리아는 중국인과 한인들의 관계가 무자비했다고 묘사했다. "우리는 중

국인들을 증오했어요. 우리는 중국 농민을 한 사람도 알지 못했죠. 우리가 아는 유일한 중국인은 산적들이었죠. 우리가 국경 너머에 바로 살고 있었기 때문에 그들은 자신들 쪽의 호수에서 물고기를 잡게 내버려 두지 않았어요." 중국인 산적들은 마을 사람들이 재배하는 아편을 강탈하기 위해 마을로 오곤 했다. 마을의 한인들은 총이 없었지만 그들에게는 총이 많았다. 마리아는 말했다. "아버지는 중국인들에게 구타를 당해 등에 상처가 있었죠. 아버지는 '중국인 산적들이 여기에 와서 우리[마을의 성인들]가 올 때마다 때리지 말고 차라리 우리를 죽였으면 한다'라고 말하곤 했습니다." 마리아는 그들이 아버지를 두꺼운 판자와 같은 두꺼운 나무 막대기로 때렸다고 말했다. 이러한 구타는 때때로 판자 / 나무 막대기가 부러질 때까지 계속되었다. 파두쉬의 거의 전체 가구가 (아편이 소련에서 법으로 금지되었던) 1927년까지 아편을 재배했다. 1927년 이후에 대해 그녀는 다음과 같이 말했다. "괭이 혹은 낫을 든 내무 인민위원부의 사람들이 와서 우리가 재배하는 아편을 엎어버렸어요. 한인들이 아편을 재배하다 잡히면 감옥행이었죠. 그러나 우리는 아편을 여전히 재배했는데 산 정상이나 숲 속과 같은 숨겨진 장소에서 더 적은 양을 재배했어요. 신발과 옷을 사기 위한 돈을 어떻게 달리 벌었겠어요? [전통적] 농사로는 이러한 물건들을 살 정도로 돈을 벌지 못했죠."[40]

김검서Gum Soi Kim 또한 아편에 대해 얘기했다. 그녀는 1921년, 러시아 수찬스키Suchanskii지구 시차Si Cha라는 한인마을에서 태어났다. 그녀의 할아버지는 1887년 극동으로 이주했다. 얼마 후에 그는 토지를 소유했고 한국에 있는 자신의 직계와 방계 가족에게 러시아 극동에서의 풍성한 수확을 알리자 그 즉시 친척 다수가 극동과 시차로 이주했다. 김검서의 가족은 옥수수, 감자, 기장, (한국의 팥소를 만들 때 사용되는) 강낭콩, 마늘, 파를 재배했다. 그녀는 아편을 재배하는 한인들이 더 부유했지만 자신의 가족은 그것을 재배하지 않았다고 말했다. "중국인 산적들이 우리[한인들]를 강탈하기 위해 오곤 했어요. 그들은 [자신들의 소속을 드러내는] 깃발을 들기까지 했어요. 한인 공동체 내부에 첩자가 있었지요. 그들의 유일한 임무는 중국인[산적들]에게 아편을 재배하는 한인이 누구이며 아리따운 딸들이 있는 한인 가정을 알려주는 것이었지요." 그녀는 한인 첩자가 아편 혹은 모르핀 중독자임을 은근히 드러냈다. "산적들이 와서 어린 소녀들을 납치해 갔어요. 한인들은 몸값으로 돼지, 소, 현금, 혹은 아편을 지급해야 했지요." 그녀의 마을에는 (대략 1930년대까지도) 많은 수의 기독교도들이 있었다는 점이 특이했다. 그녀는 다음과 같이 말했다. "나는 기독교인이 아니었지만 얼마 후 언니가 교회를 다니기 시작했죠. 나도 따라갔고 결국 기독교인이 되었어요."[41]

　토착화 초기 중국인들은 러시아 농민과 노동자를 착취하는 한인들과 더불어 보통 상인계급(Nepmen)으로 그려졌다. 이러한 수사는 다음 두 개의 삽화에서(《삽화 2》) 매우 분명하게 드러난다. 〈오늘의 문제〉라는 왼쪽 그림은 블라디보스토크의 중국인 상인들에 의해 인공적으로 부풀려진 가격을 '터뜨리는' 그곳 경찰을 보여준다. 특별히 주목할 점은 중국인 상인의 귀를 부각시켜 돼지를 닮게 그렸다는 것이다. 자본가들에 대한 소비에트의 풍자화는 그들을 돼지로 묘사했다.[42] 오른쪽 그림은 중국인 상인들이 고립된 해안마을인 추르킨에서 인위적으로 가격을 조금씩 올렸다고 비난을 받아왔기 때문에 그들을 마지막 동전 하나까지 '러시아 농민으로부터 쥐어짜는' 존재로 묘사한다. 중국인들은 그런 곳에서

〈삽화 2〉 1923~1924년 무렵 극동에서의 중국인 네프맨 (소매업자와 상인)에 대한 풍자화
(좌) 중국인 네프맨이 과도한 가격의 책정 당사자로 그려져 있다.
(우) 중국인 네프맨이 마을의 유일한 상점을 통해 러시아인의 '등골을 빼먹는' 존재로 묘사되었다.
출처 : *Krasnoe znamia*, (좌) 1923년, (우) 1924년.

상점을 열려고 하는 유일한 상인들이었다. 요약하자면 두 그림에서 얻을 수 있는 중요 사항 두 개가 있다. 첫째, 아시아 상인의 비난을 통한 인종적 요소는 계급의 수사보다 훨씬 더 강력했다. 계급의 차이보다 민족의 차이로 문제를 제기하는 것은 지속적 문제였다.[43] 둘째, 러시아 극동의 러시아 상인과 유럽 상인들에 의해 책정된 가격은 중국 상인과 한인 상인의 가격보다 통상 훨씬 비쌌다. 유럽 러시아지역에서 온 상품가격은 네프기와 토착화 초기 내내 비쌌다. 그렇지만 러시아 / 유럽의 상품을 판매하는 상인들에 대한 비판은 이 기사에 전혀 없었다. 한인, 러시아인, 중국인 모두 단순히 소매업자, 상인, 중개인으로서 (소련에서 불법인) 투기 매매에 깊이 관여했다. 이들 상인 모두는 중국으로부터 상품을 구입하여 그것을 단순히 러시아 시장에서 되팔았다. 「중국의 국경에서」라는 기사는 다음과 같이 적고 있다. "제조업자의 부족으로 [상품] 가격은 비싸고 이러한 상황은 밀수품의 수요를 다시 증가시킨다." 그렇지만 이 기사는 또한 부부관계인 한인 중개업자가 투기거래에 러시아인들보다 훨씬 더 능하다는 것을 부각시킨다. 이 지적은 기사의 핵심을 모호하게 할지도 모르겠다.[44] 이 기사는 〈삽화 2〉와 더불어 '계급의 적'인 상인 혹은 NEP 중개인을 인종에 따라 범주화하는 과정이었다.

1928년 9월, (중국인) 우세디안U See Dian이 운영하는 모르핀 소굴을 경찰이 급습했다. 그곳에서 경찰은 중국인과 한인뿐만 아니라 러시아인들 또한 발견했다. 몇몇 한인과 러시아인은 소비에트의 기구에서 일했고 공산당원이었다. 체포된 사람들 중에는 극동지구 해양위원회의 소로킨이라는 이름의 공산당 관리와 OKAGO OKAGO는 블라디보스토크에서 음식, 특히 주로 생선을 취급하는 국가기관이다-역주의 관리 김선만Kim Sun Man이 있었다. 하룻밤 침대와 모르핀의 비용은 50루블이었다.[45]

1930년, 소비에트의 공식노선에 따르면 국제주의와 계급 의식에 대한 '최대 위협'은 여전히 '강대국 (러시아의) 인종차별'이었다. 란틴호이Lan Tin Khoi는 하바롭스크 시위원회 구성원이었다. 1930년 4월 22일, 그가 블라디보스토크의 전차를 타고 있을 때 두 명의 공장노동자(한 사람은 아시아인, 나머지 하나는 러시아인)가 전차를 타기 위해 다가왔다. 여성 경찰관은 러시아인은 올라타게 했지만 아시아 노동자에게는 차에서 떨어지라고 말했다. 러시아 노동자가 "왜 러시아인은 태워주고 중국인은 못타게 하죠?"라고 물었다. "그 사람이 중국인이잖아요"라고 여성경찰관은 대답했다. 그러자 도시위원회 위원 란틴호이가 끼어들어 경찰관에게 이의를 제기했다. 그는 그녀의 성을 물었지만 그녀는 대답하지 않았다. 여성 경찰관은 콤호자 가에서 전차에서 내렸다. 위원과 중국인 노동자 핀제첸Fyn Ze Chen은 그녀를 경찰서까지 따라갔다. 그들이 경찰서로 들어오자 그 여성경찰관은 서장에게 중국인 두 사람이 자신을 모욕했다고 말했고 서장은 두 사람 모두를 체포했다. 위원 란틴호이가 ('제2국'이라는 이름의) 도시의 경찰관리국에 전화했고 경찰간부 한 사람과 얘기를 나눈 후 두 사람은 즉시

〈삽화 3〉 얀 신 츠지(Ian Sin Tszi) 동지
(중국인이었던) 츠지는 1930년 무렵, 금속 주물공장에서 맡은 일에 대한 효율적 생산을 이유로 체제로부터 상을 받았다.
출처 : *Krasnoe znamia*, no. 124 (29) : 3, 1930.6.3.

석방되었다. 기사는 두 명의 인종차별주의자, 즉 여성경찰관과 서장 크라브축Kravchuk이 '합당한 처벌'을 받을 것이라고 확신하면서 끝을 맺었지만 이러한 처벌이 실제 일어났는지는 명확하게 밝히지 않았다. 사실, 이 기사는 소련에서 인종차별적 사건의 보도와 그러한 사건의 당사자들을 처벌하는 어려움에 관한 증언이었다. 이것은 소비에트 한인의 삶의 문제와도 관련이 있는데 여성경찰관은 핀제첸 씨를 한인으로 쉽게 오해하였고 그런 이유로 그의 전차 탑승을 막았기 때문이다.[46]

도시의 공장노동자인 첸 씨가 〈삽화 3〉의 얀 씨Mr. Ian와 유사하게 옷을 입었을 수도 있었다. 얀 씨의 서구식 옷과 머리모양을 주목하라. 나는 1930년대에 이루쿠츠크 농업연구소를 다녔던 이루쿠츠크 출신의 소

비에트 중국인(그리고 소비에트 시민)인 반시벤Van Si Ven의 가족과도 또한 얘기를 나눴다.[47] 그 여성경찰관은 첸 씨의 겉모습만으로는 그가 중국인임을 알 수 없었다는 것이 중요했다. 그는 아시아인이었고 그것만으로도 그녀는 그가 전차를 타지 못하게 할 충분한 이유가 있었다. 둘째, 도움을 줄 만한 고위 관료들과 관계가 중국인 노동자들이 적었기 때문에 시위원인 란씨의 도움이 없었다면 이 사건은 결코 심각하게 다루어지지 않았을 것이다. 1930년 무렵, 소비에트의 일부 소수 민족들은 자신들의 권리를 잘 알고 있었고 인종차별에 대해 저항하기도 했었다. 그렇지만 소수 민족의 권리에 관한 이러한 새로운 의식은 소비에트 사회 내에서 더 많은 긴장, 갈등 그리고 분열을 만들어냈다. 이러한 상황은 토착화의 예상치 못한 결과 가운데 하나였으며 소비에트 지도부는 그에 따라 자신들의 권위를 위협받을 수도 있다고 생각했다.[48] 마지막으로 1930년 4월의 기사 「인종차별의 둥지를 박살내자」는 극동의 공장에서 일하는 두 명의 중국인 노동자들이 결부된 인종차별의 두 사례를 고발했다. 현시점의 "가장 커다란 위험[인종차별]"에 대해 전혀 관심을 보이지 않거나 아무런 조처도 취하지 않는 것으로 항상 대응해 왔다는 사실을 그 기사는 재차 지적했다. 기사는 다음과 같은 말로 끝을 맺는다. "명백한 인종차별적 행위 어떤 것도 재판에 회부되거나 판결을 받은 적이 없다는 것이 매우 의미심장한 사실이다. 인종차별주의자들이 합당한 처벌을 받은 적이 없다."[49]

요약하자면 불평등과 낡은 식민지적 가치와 분류가 소비에트 사회 내부에서 사라지지 않았고 소비에트 / 러시아의 문화와 언어에 상대적으로 친숙하지 않은 채 이주한 지 얼마 안 되는 중국인과 한인들을 소비에트 시민들이 만났을 때 그러한 것들이 가장 분명하게 드러났다. 그러나 변화는 있었고 새로운 방식이 시행되면서 낡은 방식은 서서히 쇠퇴했다. 극동에서 협동조합과 코뮨을 통한 소규모 집단화는 한인들에게 하나의 축복이었다. 1926년부터 농민으로서 등록 혹은 이러한 농업재편에 편입됨으로써 그들은 극동에서 시민의 자격을 얻을 수 있었다. 다수의 한인들은 집단화를 통해 자신들이 '소비에트 노동자'로서 인정되고 시민권을 획득했기 때문에 그것을 받아들였는데 그러한 동등한 상황을 그들은 전제정시대에 경험하지 못했다.

소비에트 시민권

1926년 무렵, 한인들 가운데 더 많은 수가 소비에트 시민권을 획득하기 시작했다. 극동 집행위원회가 채택한 조처들은 시민권을 누구에게 줄 것인가를 결정할 때 한인들에게 꽤 많은 자유재량을 부여했다. 동시에 지역 정부는 한인 노동력을 이용하기 위해 소비에트 시민권을 부여하는 데 우호적이었다. 한인들의 생산력은 지역의 관리들이 소비에트의 계획, 즉 국가가 계획한 생산목표와 할당량의 충족에 기여했다.[50] 할당량의 완성은 관리들에게는 특혜와 승진을 의미했다. 1914년에 20,109의 한인들이(1/3) 차르의 신민인 반면 44,200명은 여전히 외국인이었다. 1923년에 상황은 개선되었지만 놀랄 정도는 아니었다. 34,559명(32%)이 소비에트의 시민이었지만 72,258명(68%)는 시민권이 없었다.[51] 1923년, 한인들이 소비에트 시민이 되기 위한 선결 조건은 공산당원,

과거에 파르티잔으로서의 활동증명서, 자신들의 고국에서 전문인, 관리인 지위자로서의 증명 혹은 시민권자로서 증명이었다.[52] 1926년 인구조사는 소비에트 시민으로서 한인의 상당한 증가를 보여주는데 한인 전체 인구 수 168,009명 중에 84,931명(50%)이 시민권을 얻었다.[53] 인구조사가 있던 그해, 집단 협동조합, 코뮨 그리고 '플랜테이션'이라고 이름 붙인 콜호즈의 초기 형태로 한인, 러시아인, 중국인마을을 재편하는 집단화 계획이 극동에서 시작되었다. 소비에트의 이러한 사업의 고용인으로서 등록을 통해 한인들은 국유지에서 일하는 고용인이라는 1923년의 규정에 근거하여 시민권자로서 등록할 수 있었다. 시민권과 관련한 이러한 종류의 '우회적' 방식은 소비에트 시민의 자격에 대한 한인 공동체의 불만과 긴장감을 다소 제거했다.

1929년 봄, 정치국은 생산력이 높고 최소 3년간 소련에서 거주하고 있는 변경지역의 한인들에게 포괄적인 시민권을 부여한다는 조처를 승인했다.[54] 1929년 8월, 프리아무르지역 당 위원회는 간소화된 시민권 조처와 관련한 지침을 발표했다. 이것은 암묵적으로 '한인문제'를 목표로 했는데 이는 거주 한인들에게 시민권을 부여하려고 했다면 불법 이주자들에게 국경을 닫는 것이었다. 1929년 지침의 3항은 다음과 같다. "소비에트 사회주의 연방의 영토 내에 거주하는 모든 사람은 그 자신이 외국 정부의 시민권을 가지고 있다는 것이 [이미] 입증되지 않았다면 소비에트의 시민으로 간주될 것이다."[55]

1932년에는 개개인이 다음과 같은 세 요건만—거주 허가증명, 고용증명 그리고 본인의 서명—있다면 시민권이 부여되는 더 간소한 절차가 시행되었다.[56] 시민권에 대한 1932년 개정안의 핵심은 1926년 이후 극동지구위원회의 관리들에 의해 시행되던 조처를 실질적으로 인정하는 듯 보였다. 국영 집단농장에서의 노동을 통한 시민권의 획득과정은 러시아 극동의 행정적 자율의 정도와 관련한 하나의 지표처럼 보였다.[57] 요약하자면 토지와 시민권의 문제는 집단화(협동조합과 코뮌)의 시작과 더불어 해결의 실마리를 찾았고 1930년의 대규모 집단화(콜호즈, 소프호즈)로 더 많이 개선되었다. 사실 토지는 소비에트 국가 소유여서 토지는 그렇게 중요하지 않았다. 왜냐하면 마침내 한인들이 시민으로 편입되어 (공무원, 장학금, 유망 직업으로의 진출, 사무직의 형태로) 시민권과 토착화의 완전한 혜택을 보기 시작했기 때문이다.

토지 조성

토지 조성, 즉 한인들에 대한 농지 배분은 불법 이주 때문에 여전히 문제였다. 소비에트 당국은 1923년부터 1926년까지 한인 불법 이주자들의 극동 유입을 막는데 어려움이 있었고 그에 따른 인구구성의 변화 때문에 토지 분배의 계획과 집행은 원활치 않았다.[58] 한인 인구는 1923년 106,000명에서 1926년 168,009명으로 늘어났다. 168,009명의 한인 중 84,931명이 소비에트 시민이었다. 1927년에 한인 인구는 170,000명으로(소비에트 시민 수에 관한 자료는 없었다) 단지 2,000명 증가했기 때문에 한인 이주민의 유입이 저지된 듯이 보인다.[59] 1928~1930년에는 전제정시대와 같은 '올바른 식민화'가 재개되었는데 이 시기에 한인들이 토지를 받고 우수리강을 건넜다면 동원해제된 동슬라브 식민주의자들이 우크라이나와 러시아 서부로부터 러시아 극동으로 수천 마일을 이동하여 그 자리를 채웠다.[60] 소비에트의 다수 시민들은 저렴한 한인 노동의 착취와 임대 토지에 대한 과도한 임대료 부과도 지속했다.

　1925년, 중국과 한반도로부터 소련으로 한인들은 이주를 멈추지 않았고 그 결과 무토지 한인과 그들에 대한 러시아 지주의 착취 문제는 심화되었다. 이런 이유로 소비에트 관리들은 프리모리예의 북쪽에 위치하고 정착민 수가 다른 곳보다 적은 스파스크Spassk의 한인 608세대에게 토지를 무상으로 불하했다. 흥미롭게도 무상 불하 문서에는 다음과 같은 조항도 있다. "결론적으로 기존의 정착자들에게 토지 분배를 마무리하고 특히 미래의 러시아 정착자들을 위한 식민화기금을 보존하기 위해 몇 년 이내에 국경을 폐쇄할 필요가 있다."[61] 이러한 선언에 의하면 1925년에서도 국가는 러시아 정착자들을 우선적으로 선호한다는 것을 주저 없이 드러냈다.

　소비에트의 토지 분배는 한인들과 러시아인들에게 불평등하게 시행되었다. 러시아인들은 통상 더 넓은 면적의 토지와 더 나은 토지를 불하받았다. 이것은 전제정시대의 선례를 따르는 것이었다.[62] 예를 들자면 1925년 후반, 프리모리예주는 (분배 토지의 규모) 기준과 관련한 토지 분배의 공식 정책을 확립했다. 러시아인은 가구당 35제샤티나를 받는 반면 한인들은 단지 15제샤티나를 받았다. 이러한 차이는 식민 이주를 촉진하려는 시도일 수도 있지만 이러한 정책은 러시아 극동의 주민을 편치 않게 만들었고 소비에트 사회주의가 여전히 인종차별적 성향에서 벗어나지 못했으며 그것 이외에 다르게 설명될 수 없다는 것을 보여주었다. 왜냐하면 단지 최근에 이주한 '러시아인'(그리고 우크라이나인 등)이 가장 좋은 토지와 가장 넓은 토지를 받았기 때문이다.[63] 프리모리예주는 여기에 더해 (1926년 2월) 식민화 기금으로 "러시아인 1,300가구 내지 한인 3,050가구를 정착시키는 데 활용될 수 있는 45,555제샤티나를 확보했다"강조-저자고 공표했다.[64] 러시아인들은 또한 사무직 및 소련의 개별 공화국과 민족 자치지역의 고위직을 차지할 수 있는 "우선순위의 집단이었다". 타타르, 바슈키르, 카자크인들은 러시아인과 동슬라브인들이 1920년대와 1930년대 바슈키리아, 카자흐스탄, 타타르스탄 소비에트의 다양한 기구에서 고위 행정직을 지배하고 있다고 불평했다.[65] 투르크메니스탄에서도 유사한 비난이 있었다.[66] 차르 통치 시기에 러시아인과 코사크인들이 한인들에 비해 더 좋은 땅, 더 많은 식량과 도구들을 받았다고 한인들은 불평했다. 이러한 상황은 소비에트 시기에도 지속되었는데 동원해제된 OKDVA(극동 적군의 단위부대) 콜호즈가 가장 분명한 예시였다. 불평등한 토지불하는 사회주의적이 아닌 인종차별적 성향을 드러냈다. 이러한 정책으로 러시아인과 동슬라브인들은 지역에 상관없이 소련의 모든 지역과 공화국에서 선호되는 우월한 지위의 민족 혹은 원주민과 같이 취급되었다.

1925년부터 1928년까지 일본 상선, 노동자, 사업가 그리고 합작투자 기업들이 프리모리예 일상생활의 영역에 재진입하였을 때 한인들이 일본 팽창의 '전위'이자 앞잡이라는 소문, 심지어 공식적 선언 또한 늘어났다. 극동 사무국마저도 1926년 5월 10일, 블라디보스토크지역 '농업의 외국인 요인들'(중국인과 한인들을 의미)의 추방에 대한 공식문서를 발표했다. 그 내용은 다음과 같다. "블라디보스토크지역의 활용 가능한 토지 자원의 한계를 고려할 때 (…중략…) 그들의 출생지로의 추방은 올바르다고 생각된다."[67] 블라디보스토크지역 토지 관리국의 한 관리는 러시아 땅에서 일하는 한인 농민과 한인 이주를 1925년 러시아 극동으로의 일본의 팽창과 구체적으로 연결지었다. "이것과는 별개로 일본은 우리에게 일본의 인구는 표면적으로 넘쳐나는 데 반해 러시아 극동에는 소비에트 정부가 러시아인으로 채울 수 없는 방치된 토지가 넘쳐난다라는 불만을 자주 늘어놓는다. 이러한 상황에다가 한카호Khanka湖 주변 저지대와 같이 최근에 가속화된 한인들의 정착지역에 대한 일본의 압도적인 관심까지도 추가한다면 상황은 매우 분명해 보인다."[68]

위의 인용문이 일본인들의 유입 근거였던 1925년 협약을 언급하지 않고 일본의 음모, 책략, 지정학적 팽창의 맥락에서 상황을 설명하려고 했다는 점은 놀랍다.[69] 모스크바가 이러한 통상협약을 감독하고 승인했지만 극동의 한인들은 결정과정에 참여하지 못했다. 그렇지만 모스크바 정부는 1925년 협약 체결 즉시 '일본 팽창의 대리인'이라는 한인들에 대한 수사를 유포했다. 이러한 수사를 만들어냄으로써 정부는 1925년 협약이 지정학적 재앙으로 변화할 경우를 대비하여 대중의 구미에 맞고 쉽게 확인할 수 있는 희생양을 찾으려고 했다.[70]

1927년 2월, 세미온 D. 아노소프Anosov가 『적기』에 「한인문제 해결의 필요성」이라는 글을 게재했는데 소비에트식 대화, 개방성 그리고 (토착화를 매개로 한) 내부자 고발의 새로운 시대를 예시하는 글이었다. 아노소프는 다음과 같이 지적했다. "우리는 지역을 위한 노동력을 결정할 필요가 있다. 한인 쌀 경작자들이 우리 읍에서 쌀 경작을 시작했고 지금까지 그들은 여전히 가장 생산적인 쌀 경작자들이다." 무토지 한인들에 대한 지속적 착취 주범은 다름 아닌 극동집행위원회 내부의 부패라고 그는 계속해서 지적했다. 그의 말에 의하면 "지역의 집행부조차도 러시아 농민[의 행동]에 대해 말하지 않는다. 활용가능한 예산 증가를 목적으로 지역 집행위원회는 소작인으로서 한인들을 위한 조건을 만들고 있으며 그리하여 그들을 빈농으로 만들어 착취하고 있다."아노소프는 한인들에 대한 완전한 시민권 부여와 국영농장에 의한 고용을 찬성했는데 왜냐하면 그들이 생산적이고 간단히 말해 아무도 가고 싶지 않은 지역에 가서 땅을 개간하고 농사를 짓기 때문이었다.

낡은 방식이 곧 사라지지는 않을 것이다. 많은 사람들이 여전히 한인들을 착취의 [대상으로서] 여기고 있다. 즉 유용하게 착취할 수 있는 노동력으로서 (…중략…) 이 지역의 미래의 경제적 발전은 한인들의 적극적 참여 없이는 가능하지 않을 것이다. 우리는 아무 문제가 없는 듯이 전제정의 러시아화 정책을 지속할 수는 없다. 그렇지만 우리는 [소비에트 삶을 위한] 필요조건을 한인들에게 제공함으로써 그들을 소비에트화할 수 있고 그것을 성취해야만 한다. (…중략…) 러시아 정착자들이 확실히 도움이 되지 못하고 토지 임대를 통한 경제에만 의지할 수 없으며 곡물과 쌀 수확의 기술만이 [상당히 발달한] 변경 지역에서 한인들은 대체 불가능하다.

마지막으로 아노소프는 "[착취로 인한] 적대감은 제거되어야 한다"며 한인문제를 해결하지 않음으로써 극동지구 집행위원회가 '이 지역의 사회주의 건설과 관련한 불명확하고 부정확한 미래'를 만들고 있다고 지적하면서 지역 소비에트 지도부를 마지막으로 공격했디.[71] 소수 민족의 권리 증진과 교육기회 이외에 토착화는 시민들과 지식인들에게 지역의 관리들에 대한 분노 표출과 그들에 대한 비판의 여지를 (대략 1925년부터

1934년까지) 제공했다. 아노소프는 분명 이러한 기회를 활용했다.

한인들의 자발적인 (그리고 간혹 비자발적인) 카자흐스탄으로의 대규모 재정착이 1928년에 시작되었다. 동원 해제된 적군 정착자들의 모집과 소련의 서부와 중앙지역으로부터 극동으로 그들을 이주하는 조처가 그 뒤를 따랐다. 두 조처 모두 러시아인들이 이미 다른 민족들에 비해 우선적 고려 대상이라는 강력한 증거였다. 1928년, 300명의 한인들에게 토지를 공여하여 그들을 카자흐스탄에서 재정착시키려고 했다. 소비에트 당국은 향후 3년에 걸쳐 1,700명을 더 보낼 계획이었다.[72] 1928년 7월, 당국은 하바롭스크지역에 여러 해에 걸쳐 47,000명의 한인을 재정착시킬 생각이었다. 당국은 프리모리예의 토지가 충분하지 않다고 지적했다. 1930년, 1,342명의 한인이 하바롭스크지역과 중앙아시아로 이주했다. 이들 1,342명 중에 431명은 본인의 의사에 반해 재이주했다.[73] 당국에 의하면 이주의 목표는 한인들에게 토지 소유의 기회를 제공하는 것이었다. 가구당 700루블과 최소 3헥타르의 토지가 제공될 예정이었다.[74] 유대인, 테렉 코사크Terek Cossack, 테렉 코사크는 볼가강에서 테렉강으로 재정착한 코사크의 일족으로 1577년 형성되었다-역주 그리고 돈 코사크 또한(일부는 강제로) 1920년대 동안 다른 지역으로 옮겨 정착했다. 10,000명 이상의 돈 코사크가 반볼셰비키 세력으로 적군에 대항하여 싸웠다는 이유로 돈 그리고 인근지역으로부터 추방되었다.[75] 유대인의 경우 네프의 종결과 더불어 110만 명이 일자리를 잃었다. 21,500명이 1928년부터 1933년까지 극동의 비로비드잔으로 이주했다.[76]

소규모 집단화는 한인들에게 토지, 일자리, 집, 시민권을 부여했기 때문에 다수의 한인들은 1926년에 시작된 극동의 소규모 집단화를 지지했다. 토지 분배 또한 한인들이 협동조합, 코뮨 그리고 집단농장의 성원자격을 얻는데 도움이 되었다. 집단농장과 코뮨에서의 작업으로 한인들은 시민권 획득의 기회를 얻었다. 그렇지만 소비에트 숙청의 또 다른 측면이 집단화 과정에서 드러났다. 즉 부농의 축출을 의미하는 탈쿨락화이다. 최 예브게니아Evgenia Tskhai는 블라고슬로벤노에Blagoslovennoe에서 쫓겨나 카자흐스탄에 재정착한 유씨Iugai 성의 친척 한 사람을 말했다.[77] 리 빅토르Viktor Li는 1929년 무렵 자신의 아버지가 쿨락으로 조사를 받았다고 말했다. (빅토르의 아버지인) 이철Tit Li은 오른쪽 팔을 쓰지 못했기 때문에 농사를 도울 사람을 고용했다. 빅토르의 어머니 표콜리아 미하일로브나Fyokolia Mikhailovna는 소비에트지역 관리국에서 일하는 오빠에게 전화를 걸었고 그녀의 오빠는 이철의 상황을 설명하여 쿨락으로 탄압을 받지 않도록 도왔다.[78] 바실리 그로스만Vasily Grossman의 『멈추지 않는 시련 Forever Flowing』은 소비에트 집단화의 잔혹함, 자의적 생산 할당량, 소비에트 농촌의 비난 문화 그리고 사회 정책이자 통제로서 탄압의 기능 등을 생생히 묘사한다. 그로스만의 책은 (솔제니친의 『수용소 군도』의 많은 사례와 같이) 다면적 경험을 하나의 목소리로 정리한 집단적 역사경험에 대한 예시이다. 책의 주인공은 집단화를 다음과 같이 설명한다.

주 당국은 지역 당국에게 '쿨락'의 전체 숫자에 관한 계획을 하달했다. 그리하여 지역 당국은 각각의 마을 소비에트에 전체 숫자 중 일정 비율을 할당했고 그에 해당하는 특정인의 명단 작성은 마을 소비에트의 소관이었다. 그리고 바로 이런 명단에 따라 사람들이 체포되었다. 이 명단을 누가 작성했던가? 트로이카 — 세 사람이다. 멍청하고 우매한 사람들이 자신들 마음대로 누가 살고 누가 죽을지를 결정했다. 자, 사정이 이러니 모든 것이 분명해진다. 이러한 수준에서는 어떤 일도 생길 수 있었다. 뇌물이 있었다. 어떤 여성에 대한 질투 혹은 해묵은 분쟁과 싸움 때문에 결정이 내려졌다. (…중략…). 가장 해롭고 악의적인 사람들은 자신들의 배를 불리려는 사람들이었다. 그들은 정치적 의식에 관해 목소리를 높이면서 자신들의 불만을 해소하고 몰래 잇속을 채웠다. 그리고 그들은 지독한 이기심에서 옷 몇 점, 신발 몇 켤레를 착복했다. 어떤 사람을 곤경에 빠뜨리기는 너무 쉬웠다. 그에 대한 비난 글을 작성한다. 그것에 대한 진실 여부를 입증할 필요도 없다.[79]

1930년 가을, 적군 정착자들의 극동으로의 유입이 대대적으로 시작되었다.[80] (중국인 혹은 한인들이 아니라) 동슬라브 정착자들이 한카호 근처와 우수리에 많았던 특별히 지정된 적군 콜호즈로 편입되었다. 10만의 적군 정착자들이 1931년 3월 무렵, 아무르주의 서쪽 끝에 도착했다. 그러나 단지 6,800명만이 애초의 목표 지점에 도달했다. 시베리아 횡단철도가 지나가는 지점에서 사라진 사람들의 일부는 시베리아 곳곳에서 진행되는 건설 및 산업과 관련 점검지역에서 (급식지) 임금 노동자로 일했다. 철도 인근에서 잘 운영되고 있는 집단농장에 대해 들은 바 있는 또다른 사람들은 아무 것도 없는 장소보다 이런 곳들을 선호했다. 극동군 특별 적기대의 첫 해 집단농장 정착자의 70%는 우크라이나인이었다.[81]

토지 분배, 보조금과 세금 면제 같은 특권, 국가 후원의 집단농장이 아닌 협동조합으로의 배치, 심지어 분배토지의 질 등의 면에서 한인들은 동슬라브 이주자들에 비해 확실히 불리했다.[82] 동원해제된 적군 이주자들은 (우크라이나인들과 러시아인) 적군 / 적군 파르티잔에서 동원해제된 한인들이 누리지 못한 혜택을 받았다. 과도한 배려와 '러시아적인' 모든 것의 찬양은 역으로 동슬라브인들을 이롭게 하는 불평등의 정책을 낳았다. 이러한 상황 또한 전제정시대의 입장과 태도가 강하게 지속된 결과였다.[83] 볼셰비즘 아래에서 모든 민족들은 모든 사항에서 평등할 것이라고 여겨졌다.[84] 실제로 1923년 이후 소련은 자본주의 국가들이 단지 '법적 평등'만을 약속한다고 비판하였지만 소비에트 체제만이 유일하게 '실제적 평등'을 선사했다고 자랑했다.[85] 그렇지만 소비에트의 계획과 '차별적이고 불평등한' 토지의 분배, 혜택 그리고 정책들은 한인들에 대한 공적인 인종차별주의를 가능케 했다. 토착화와 극동에서의 사회주의 건설 정책들은 한인들과 중국인들이 직면한 문제의 특별함과 상당한 정도의 자율성을 드러냈다. 이러한 조처들은 또한 집단화와 시민권과 관련된 전국적 정책보다 이르게 시행되었다. 그렇지만 그런 조처들의 자율성은 '중앙-변경' 관계의 일부분으로 모스크바에 의해 확실히 통제되는 자율성이었다. 모스크바와 스탈린은 다양한 정책의 시작과 종결 시점, 전반적 논조, 목적 그리고 할당량에 관한 명령을 종종 하달했다. (변경의) 극동지역 간부들은 이러한 정책들의 법제화 방법과 그 특징들을 결정함으로써 그것들에 '생기를' 불어 넣고 명령들을 실행하느라 분주했다.[86] 1930년대 초에 이르러 집단화와 한인들 사이의 시민권 문제는 대체로 해결되었기 때문에 현지인 우선주의 / 토착화의 의미를 더 쉽게 구현할 수 있는 조처들이 실행될 수 있었다.

교육 소비에트화의 입구

문자해독률 증진과 같은 소비에트 교육 개혁 시도, 집단화 그리고 그 외 조처들은 더 좋은 국가를 만들겠다는 공산당의 약속이었다.[87] 이러한 다수의 개혁운동 과정에서 한인들의 성과는 놀라웠다. 중앙권력은 이것을 알고 있었기 때문에 지역의 거주민들(러시아인, 우크라이나인, 코자크 등)에게 집단화의 혜택을 보여주기 위해 우수리지역의 한인 농민들 다수를 선택하여 북 코카서스로 보냈다. 1923년 이전에 한인들은 러시아어를 지시와 교육의 도구로 선호했지만 토착화 기간 중에 갑자기 한국어가 지시의 도구가 되었다. 그렇지만 소비에트 한인 학교와 기관에서 유포되었던 이념과 교육은 엄격할 정도로 '내용면에서 사회주의적'이었다. 예를 들자면 마르크스주의와 러시아 문학 관련 수업은 푸쉬킨, 마르크스, 레닌, 스탈린을 한국어로 가르치는 것으로 표준화되었다. 이러한 수업들은 역사유물론을 기초로 한 계급의 차이를 강조하는 것들이었다. 학교, 대학 그리고 라브곽rabfaks, 고등교육기관 진학을 위한 노동자 예비학교─역주이 젊고 활력이 넘치며 잘 훈련된 혁명적 사회주의자들의 신세대 창출을 위한 핵심이었다. 이들 신세대는 종종 비드비젠치vydvizhentsy로 불렸다. 극동지역에서 교육의 열망이 증가하자 한인들의 학교 등록 또한 늘어났다.

1923~1924년에 716명의 한인 학생들이 소련 전역의 연구소, 기술학교, 대학의 고등교육 기관에 진학했다. 고등교육의 토착화 이후 이 수는 굉장히 늘어났다. 1924~1925년 학사력 기간에 한인들의 학생 비율은 러시아인들보다 높았다. 블라디보스토크지역에서 1,000명당 한인 학생들과 러시아 학생의 비율은 156명 대 152명이었다.『소베츠키 프

리모리예『*Sovetskii Primore*』 신문은 "이제 이러한 상황이 이상하지 않은 가?"라고 지적하게 되었다. 이것이 문화 및 경제적 삶의 다양한 분야에서 러시아인들에게 도전할 수 있었던 '새 시대의 도래를 알리는 중개인'이라는 용어의 모순이었다. 그 이유는 러시아의 민족주의적, 파퓰리스트적 견해는 소수 민족을 주변화시켰을 뿐만 아니라 그들을 '영원한 타인'으로, 즉 자신들의 권리를 완전히 향유할 수 없게 만들었기 때문이었다. 소비에트 민족의 체제는 이것을 지속시켰다. 사실 그것은 더 나갔다. 민족성은 디아스포라 민족의 정치적 충성도를 그들의 인종적 고국과 결부시켜 대한민국 출신의 한인과 소련, 만주, 미국, 혹은 미국에서 온 한인 사이를 구별하지 않았다. 그리하여 디아스포라 민족은 때때로 '민족의 적'의 범주로 퇴화하는 '외국인'으로 간주되었다.[88] 소비에트의 민족 정책은 동시적인 세 정체성의 고취로 인해 전제정시대의 민족 정책보다 더 복잡했을 수도 있었다. 개개인의 인종적 정체성, 절대적으로 중요한 소비에트의 정체성 그리고 (동슬라브인들 전체를 포함하는) '러시아인들'이 소비에트 민족성의 중심에 있음을 어디에서나 상기시키는 것. 국가에게는 애석하게도 초민족적인 소비에트의 정체성은 공동의 적이 명확할 때인 전시의 경우를 제외하고 인종적 민족의 정체성만큼 중요하지 않았다.[89] 김 세라피마Serafima Kim도 말했듯이 "우리의 여권은 언제나 소련이었지만 다섯 번째 줄에는 '민족'이 표시되어 있었다. 우리는 스스로를 소비에트의 시민으로 생각했다. [세라피마는 의기양양하게 웃었다.] 그러나 그들 모든 소비에트 시민 중에 최고의 [민족]은 한인들이다!"[90]

1927년, 모든 사립학교들을 국가가 접수했다. 1931년 무렵, 한인의 교육열과 교육기관들의 수는 최고조에 달했다. 교육기관, 학생, 교수의 전반적 수는 엄청나게 증가했다. 380개의 한인 학교, 33,595명의 학생, 두 개의 기술 전문학교, 2개의 교사 양성학교 그리고 니콜스크-우수리스크에는 1923년에 설립된 역사, 문학, 물리, 수학, 생물학과로 구성된 한인 사범대학이라는 명칭의 주요 대학이 있었는데[91] 이는 1923년에 설립되었다.[92] 한인 사범대학의 모든 학생은 한인들이었고 모든 수업은 한국어로 진행되었다.[93] 1920년대에 연방의 공화국과 자치공화국만이 해당 공화국의 명목상 민족을 교육하기 위한 기술연구소 / 대학을 부여받았다.[94] 세 개의 고등교육기관이 허용되었지만 자치구 혹은 연방에 속한 공화국을 갖지 못한 민족의 유일한 경우가 한인들이었다. 이러한 상황이 디아스포라 집단으로서 한인들에 의해 제기된 민족 건설 과정에 있어서의 모순이자 그로 인한 한인들의 정치적 충성에 관한 소비에트의 두려움에 대한 하나의 예시이다.

문자해독사업은 공식교육을 받지 못했던 노령의 농민과 프롤레타리아트, 혹은 그런 부류의 사람들의 소비에트화를 위한 중요한 부분이었다. 레닌의 말을 빌리자면 "글을 읽지 못하는 사람들은 정치에 무관심하다".[95] 한인들은 1924년부터 1930년까지의 문자해독운동 기간에 괄목할 만한 성과를 거두었다. 극동지역 지도부는 한인들이 러시아인, 중국인, 혹은 시베리아의 원주민들보다 더 많은 자질을 가지고 있었기 때문에 가장 잠재력있는 집단으로서 한인들을 목표 집단으로 설정한 듯 보인다. 일반적으로 문맹 퇴치운동은 8세에서 15세까지 글을 읽지 못하는 사람들이 대상이었다. 성인들 가운데 이 운동의 대상은 16세부터 35세까지였다. 한인 공동체에 대한 운동을 시작하기 위해 『문맹을 타파하자』라는 제목의 팸플릿이 처음 선보였고 그 다음해 팸플릿 17,000부가 제작되었다.[96] 한인 공동체의 핵심 문제는 문맹 여성들이었다. 1924년, 106,193명의 전체 주민 중에 22,995명의 한인들이 '글을 읽을 수 있다'고 추정되었다— 즉 21.7%만이 글을 읽을 수 있었다. 그렇지만 성별로 나눠볼 때 33%의 남성이 글을 읽을 수 있는 반면 여성의 그 비율은 8.8%에 불과했다. 그리하여 지역의 행정당국은 문맹 혹은 반문맹의 전업 노동자와 여성들을 위한 대대적인 교육 캠페인을 시작했다. 1924년, 125개의 '공부 동아리'가 문맹 퇴치를 위해 조직되어 5,000명이 그 안에서 글을 배웠다. 1925년만을 보자면 3,080명이 글을 배웠고 그중 1,695명이 여성이었다.[97] 1929년에 문맹 퇴치를 위한 이러한 장소는 프리모르스키 변경주 안에서만 478개로 늘어났다. 반문맹자를 위한 43개의 학교가 그해 개교했고 그곳에서 2,500명의 학생들이 공부했다. 1927~1928년 학사력에 개교한 성인문맹퇴치학교에는 12명의 한인, 3명의 중국인, 5명의 러시아인 교사가 있었다.[98] 놀랍게도 한인들의 문자 해독률은 1928년에 이르러 48%로 올라갔고 마침내 1930년에 오면 프리모르스키에서 90%까지 올라갔다.[99] 48%의 문자 해독률은 1926년에 45%의 문자 해독률을 성취한 러시아인을 능가했다.[100] 그렇지만 한인들은 여전히 '후진적 민족' 혹은 농민이 압도적인 비문화적 집단으로 분류되었다.[101] 그럼에도 불구하고 캠페인은 성공적이었고 교육 분야에서 한인들은 소비에트의 추진 계획에 매우 잘 적응하고 순응한다고 여겨졌다.

한인들은 교육을 중시한다고 알려져 있고 극동의 사람들 역시 마찬가지였다. 박 마리아Maria Pak는 파두솀에서 그녀가 다니던 학교에는 칠판 하나만이 있었다고 기억한다. 마을은 가난했고 학생들은 공책을 살 돈이 없었다.. 그 대신 그들은 부모가 만들어 준 3인치 두께의 나무로 만든 액자를 가지고 있었다. 이러한 나무 액자에는 모래가 들어 있었다. 학생들은 이것을 학교에 들고 왔고 액자 안의 모래 위에 교사들은 그 날의 수업 내용을 써가며 학생들을 가르쳤다.[102] 이은호En Ho Lee와 표트르 박Pyotr Pak은 한자를 이용하여 한국어를 배웠다고 기억한다. 김검서Gum Soi Kim는 교육 덕택으로 부모가 소작료 산정을 해야할 때 도울 수 있었다. 그녀는 다음과 같이 말했다. "한인 농부들은 자신들이 경작하는 토지의 면적을 알지 못했다. 그들은 배운 게 없었기 때문에 자신들이 경작하는 토지의 규모를 정확히 알 수 없었다. 그들은 종종 손해를 보기도 했다. 그렇지만 나는 배운 게 있었기 때문에 경작지의 면적을 계산할 수 있었다. 나는 아버지의 경작지 면적 산출을 도와 아버지가 손해를 보지 않도록 했다." 그녀의 가족은 소작료로 수확의 10~15%를 지불했다.[103] 교육은 아마도 농민들을 사회주의의 교훈을 이해하는 소비에트의 남성과 여성으로 전환시키기 위한 가장 중요한 도구였다. 한인들은 고등교육기관, 공산당 학교 그리고 라브팍의 학생들 사이에서 상당한 비율이었다. 이러한 상황은 모든 유형의 소비에트의 기관과 전문직으로 한인들이 유입하는데 좋은 전조였다.

지금부터 토착화 기간에 『적기』가 조명한 특별한 사건들을 나는 살펴보려고 한다. 1923년 2월, 대학 두 곳에 '동방을 연구하기' 위한 과정과 학과가 개설될 것이며 그러한 과정과 학과는 전보다 더 많은 지원을 받을 것이라는 공지가 있었다. 두 학과 중에 하나는 상트 페테르부르크에 개설될 것이고(라자레프스키연구소) 나머지 하나 즉 극동연구소는 블라디보스토크에 개설되었다. 『적기』의 기사에 의하면 "우리는 동방, 즉 신비한 존재이자 부상하는 태양인 동방을 알기 위해 더 많은 관심을 기울일

〈삽화 4〉 러시아 극동의 한인 수비대
(좌) 1915년 전제정시기, 한국-러시아 국경의 세관과 국경 수비대로 근무하던 한인들
(우) 1935년, 쉬코토보 지부에서 내무인민위원부 군복 차림의 니콜라이 니가이
출처 : (좌) 김 라리사, (우) 라이사 니가이

필요가 있으며 우리 이웃의 정신상태에 관해 배울 필요가 있다".[104] 애석하게도 극동연구소와 상트 페테르부르크연구소의 대다수 졸업생들은 국가, 군대, 혹은 경찰의 통역관으로 복무하기보다 학교에 남았다.[105] 극동지구 경찰과 지역 행정당국에는 동아시아의 언어를 할 수 있는 러시아인들이 거의 없었기 때문에 지역의 한인들과 중국인들이 지역의 러시아 당국의 통역 업무를 위해 고용되었다(〈삽화 4〉).[106]

극동의 다양한 민족들 사이에서 '문화적 사업'의 핵심 도구로서 교육에 대한 관심이 점증하던 해가 1926년이었다. 한인 청년들은 공산당원의 충원과 사회주의적 문헌에 매우 호의적이고 잘 적응한다는 지적이 있었다. 공산당은 농촌지역에 더 많은 학교를 열기로 결정했다.[107] 동시에 라브파에서 공부하기를 원하는 (유카기르, 사모에드, 퉁구스, 골디 그리고 추크치와 같은) 시베리아 원주민들에게도 장학금이 이제 지급되었다.[108] 박 게라심Gerasim Pak의 아버지는 2살 때 극동으로 이주했다. 그는 전업 노

동자로 일하면서 라브팍 과정을 마치고 나서 우수리의 한인학교 계열에서 러시아어와 문학 담당 교사가 되었다.[109]

1928년, (학위를 수여하는 연구소인) 블라디보스토크의 '소비에트 당 학교'가 설립 5년을 맞이했다. 당 학교에는 49명의 한인, 36명의 중국인, 21명의 러시아인과 (민족을 표시하지 않은) 그 외 사람들이 등록했다. 학생층은 여성 9명, 프롤레타리아트 57명, 농민 48명, 사무직 노동자 7명, 전업학생 4명으로 구성되었다. 각 민족은 모국어를 사용하는 별도의 분과에서 공부했다.[110] 1928년 5월, '공산당원 야간대학' 또한 블라디보스토크에서 개교했다. 학생들은 그곳에서 마르크스-레닌주의를 공부했다. 야간대학의 입학자격은 22세 이상, 2년 이상의 공산당원 경력, 5년 이상의 노동경험이었다.[111] 1928년 한 해 극동 라브팍에는 15개의 공부동아리에 450명의 학생이 있었다. 15개의 동아리 가운데 9개는 러시아인, 3개는 한인, 3개는 중국인, 1개는 중국인과 한인이 섞여 있는 동아리였다.[112] 교육의 열망은 도시와 농촌의 청소년부터 노년층의 한인들에게 충만했다. 문자해독 캠페인은 많은 수의 한인 노년층의 참여와 더불어 성공적이었다. 한인 청년들은 사회주의 이상의 습득과 '소비에트형 인간'으로의 전환과 관련하여 피오네르와 공산주의 청년동맹에서 특히 좋은 성과를 거두었다. 한인 노동자들과 프롤레타리아트 또한 중등교육을 마치기 위해 라브팍에 들어갔다.

교육은 다수의 한인들에게 소련의 다른 민족들과 더불어 공부하고 교류하며 국가기구에서 일할 수 있게 하는 표준화된 지식과 업무능력 획득 기회를 부여했다. 사회적 유동성에 더하여 교육은 또한 충직하고 성실한 소비에트 시민으로 그들 개개인을 '재창조'함으로써 국가에 대한 그들의 충성도를 보여줄 수 있는 방식이기도 했다. 소비에트 시민이라는 신분 획득은 교육과 교육 캠페인에서 좋은 성과를 거두기 위한 추가적인 유인을 한인들에게 제공했다.

실제적 평등 대 법적 평등

1920년대부터 1930년대까지 다수의 중국인과 한인들이 극동으로 이주한 이유는 소련이 도시의 노동자들에게 합당한 임금과 숙소를 갖춘 일자리를 제공하며 농업 부문의 노동력이 부족하다는 소식 때문이었다. 이들 이주자들, 특히 무토지 농민 혹은 비숙련 노동자들에게는 실제로 더 나은 임금, 노동자로서 적지 않은 권리, 직업훈련 프로그램이 제공되었고 이러한 것들로 인해 그들은 중국, 한국, 일본제국에서보다 더 많은 기회를 획득했다. 1923년, 소련은 아직 완전히 달성하지 못했지만 자신들이 '실제적 평등'을 향해 나아간 유일한 국가라고 자랑했다.[113] 소련은 또한 민족문제를 가장 우선적으로 고려하고 있다고 선언했다. '민족문제'는 소비에트의 소수 민족에게 특히 토지와 문화적 자율성과 관련하여 동등한 권리를 부여한다는 의미였다.[114] 따라서 소련의 약속을 검증하기 위해 실질적 면에서 볼셰비즘이 극동의 러시아인들과 러시아어를 말하는 사람들과 비교하여 (러시아에서 불렸던 바와 같은) 동방의 노동자들에서 그러한 실제직 평등을 제공했는가를 살펴볼 것이다. 결국 (어떠한 형태로 형상화되든지 간에 '평등'이라는) 수사적 미덕은 소비에트 사회주의의 매력이자 약속이었다.

    1927년 12월 17일, 극동 토지관리국의 마마예프Mamaev 동지는 '한인문제'와 관련한 상황을 지역 집행위원회 서기이자 자신의 상관인 트로피모프Trofimov에게 설명했다. 특히 그는 한인들과 러시아인들 간의 분쟁, 토지 분배의 비율 그리고 한인들의 전반적 생활수준에 관해 설명했다. 마마예프에 따르면 매년 봄마다 러시아인과 한인들은 토지 경작에 필요한 자원과 토지 자체를 놓고 대립했다. 통상 러시아인들은 자신들의 토지를 임대한 반면 한인들은 소작농으로서 농사를 짓거나 가까운 곳에 주인이 없는 토지가 있다면 (멜리오젬 토지국Meliozem Otdel 혹은 크라이젬Kraizem Otdel 토지국과 같은) 지역의 소비에트 토지 관리국에 그런 토지를 양도해 달라고 청원했다. 일반적으로 그러한 토지는 개간된 적이 없거나 휴경상태의 토지였다. 옥수수, 감자, 밀, 기장과 같은 기존 경작물 대신 1923년부터 환금성이 좋고 수요가 늘어나는 쌀 재배가 시작되었기 때문에 토지를 둘러싼 갈등은 심해졌다. 일본은 쌀을 구매하기 시작했고 몇 해 전에 (1925년 이후) 쌀을 재배하는 합자회사의 창설에 착수했다. 쌀은 고지대에서는 물론 여타 곡물보다 더 적은 토지에서도 재배될 수 있었다. 그렇지만 논농사의 핵심은 근처에 풍부한 물이 있는가의 여부였다.[115] 마마예프의 말이다.

    논농사의 높은 수익성 때문에 쌀 재배에 다소간 적합한 모든 토지로부터 한인들을 내쫓으라고 요구하고 있다. 게다가 토지 개간에 특별히 관여하는 러시아인들의 단체는 이러한 토지들을 활용하여 한인들과 함께 일할 수 있는 합당한 방식으로 한인들의 노동이 주축인 그 토지들에 러시아인들을 채우기를 원한다. 수확은 대략 절반씩 분배될 것이다. 한인들을 활용하기로 입장을 바꾼

[일부] 사람들은 자신들의 토지에 오래 거주한 한인들을 두려워한다. 그것으로 인한 토지와 물을 둘러싼 갈등이 민족 간의 적대감을 증대시킬 수도 있다고 할 수 있다. 러시아 농민들은 한인들을 "자신들의" 반농노와 같은 합법적 착취의 대상으로 간주하는 경향이 있고 계속해서 그렇게 간주한다. 이러한 인식은 "나의 한인" 혹은 "우리의 한인"과 같은 일상적 표현에 반영되어 있다.강조-저자[116]

한인 (가구에) 대한 토지 분배와 관련된 지역 토지관리국의 수치는 다음과 같다. 1923년(931가구), 1924년(717가구), 1925년(2,938가구), 1926년(1417가구). 1863년부터 1917년까지 한인 가구 3,000세대가 극동에서 (프리모리예와 하바롭스크주에서) 지주가 되었다. 6,003세대의 한인들이 1923년부터 1926년까지 토지를 받았지만 10,000세대는 여전히 토지를 받지 못했다. 만주와 한국에서 극동으로 그 수를 알 수 없을 정도로 들어오는 불법 한인 이주자들로 상황은 악화되었다.

(한인들을 위한) 토지개혁의 과정과 분배는 토지 관련 소비에트 부서가 비공식적으로 러시아 이주자들과 동원 해제된 특별적기군 정착자들을 위해 최상의 토지를 남겨두려고 했기 때문에 늦어졌다. 실제로 소비에트 기관 중의 일부는 여전히 전제정시대의 지침을 따르고 있었다. "중국인들이 러시아인들보다 먼저 도착해 농사를 짓기 가능한 토지를 만들기 위해 숲을 개간할 것이라고 기대되었다. 그러나 중국인들은 하지 않았다. 그들은 숲으로 가지 않았다. 그들은 물이 풍부하여 농사 짓기에 매우 좋은 계곡에 머물렀다."[117] 그리하여 1920년대와 1930년대 토지를 받은 다수의 한인들은 (프리모리예의) 북쪽 하바롭스크로 보내졌다. 김 알렉산드라의 가족은 그녀가 12살 때인 (1933년) 하바롭스크 근처에 재정

착했다. 그러나 프리모리예 북쪽의 작물 재배 시기는 짧았고 여름 동안에도 기온의 변화가 심했다. 하바롭스크 주는 20세기 말까지도 쌀의 수확량이 높은 지역이 아니라고 알려져 있었다.

토착화의 도래와 더불어 교육을 받은 다수의 한인 젊은이들(비이드비젠치이)이 한인 노동자와 농민들을 대표하는 소비에트 기구인 인코르포레INKORPORE에 가입하기 시작했다. 이러한 교육받은 한인 젊은이들은 더 신속한 토지개혁을 공격적으로 청원했고 법원에서 한인들을 변호했다. 인코르포레 대표자들은 지역의 기구들에 머물지 않고 자신들의 불만을 모스크바에서 직접 표출했다.[118] 한인 활동가들은 한인 공동체를 위한 집단의 대표 의견을 전달했다. 한인 공동체 중의 일부는 소련으로 최근에 이주하여 러시아어에 능숙하지 않았다. 애석하게도 이러한 활동가들로 인한 사회적 긴장은 스탈린 체제가 원하는 바도 아니었고 불안의 요인일 수도 있었다. 마마예프는 이러한 상황을 추가로 설명했다.

러시아 농민들은 소비에트 법에 따라 정치적 권리와 토지에 대한 권리에서 평등한 한인들이 자신들의 이해를 침해한다고 간주한다. 특히 '한인들의 생산품 판매'와 관련된 농업 정책의 실제적 집행과 관련하여 그들이 농업노동자로서 애기할 때 그러한 견해가 자주 등장한다. 그 대응으로 한인들은 모든 방식을 동원해 자신들의 권리를 옹호한다. 그들은 정부의 모든 기관에 불규칙한 농업 정책과 관련한 불평을 늘어놓는다. 한인들의 대표자 기구 인코르포레는 이 점을 특히 잘 대변하고 있다. 인코르포레는 실제로 한인들을 대표하며 토지, 노동, 농민들의 권리 관련 투쟁에서 대표자로 선언했다. 또한 소비에트의 기구들과의 관계에서도 이 점은 동일하다.[119]

소비에트의 문화적 자치에도 불구하고 러시아어는 법정, 소비에트의 기관, 모스크바의 정치국 / 중앙위원회 그리고 소비에트의 간부와 관리들 사이의 언어였다. 이 책에서 나는 마마예프(타타르 / 터키 / 코카서스), 한명세(한인), 가이츠만(유대인)과 같은 소비에트의 관리들이 남긴 다수의 (문서고) 기록들을 검토했다. 그들 모두는 소수 민족 출신이었다. 이들 세 사람 모두 관료주의적 사무직의 특별한 표시이자 사회주의적 신조어를 양산하고 있는 러시아어를 유창하게 사용할 수 있었기 때문에 보수가 좋은 자리에 배치되어 자신들의 경력을 쌓아 나갔다. 간단히 말해 소련의 출범 이후 "[다수] 민족의 국가"라는 소련의 자랑스러운 선언에도 불구하고 러시아어는 이전과 마찬가지로 여러 민족의 공통어였고 러시아인은 핵심 민족이었다. 마마예프, 가이츠만, 한명세가 이러한 지적에 대한 증거였다.

다음의 예시는 소비에트의 정해진 기준에서 한인들 및 아시아의 노동자들과 러시아들과의 차이를 임금과 작업조건에서 분석한 것이다. 먼저 러시아인들에 비해 한인들에게 주어진 집단농장 보조금을 살펴보자. 한카이지구에서 한인 농부들은 가구당 51루블의 집단농장 보조금을 받은 반면 러시아들은 121루블을 받았다. 레닌지구에서 한인들의 보조금은 42루블이었지만 러시아인들의 그것은 275루블이었다. 포크로프지구에서도 비슷하게 한인들은 48루블을 받았지만 러시아인 가구는 248루블을 받았다. 토지 또한 민족에 따라 어떤 지역에서는 불균등하게 분배되었다. 올긴스키지구에서 (집단농장의) 러시아 가구는 평균적으로 10헥타르를 받았지만 한인들은 가구당 4.7헥타르의 토지를 받았다.[120]

(프리모리예의 수찬지구 근처의) 아르테모프스크 광산에는 채탄 광부와

<표 5> 두 민족 범주에 따른 아르테모프스크 광산에서의 생산과 임금

시기	생산				임금			
	러시아 광부		아시아의 광부		러시아 광부		아시아의 광부	
	채탄	정탄	채탄	정탄	채탄	정탄	채탄	정탄
1929.12	4.71	5.25	5.34	5.74	4.56	5.34	2.92	2.96
1930.1	4.70	9.30	5.18	6.07	4.63	4.69	3.06	3.06

출처 : GARF f. 3316, o. 64, d. 1078, l.77.

정탄 광부가 따로 있었다(〈표 5〉). (중국인들이 대다수이고 한인들이 조금 섞여 있는) '동양 광부들'의 작업효율이 더 좋았지만 1929년 12월과 1930년 1월까지 임금은 적었다. '정탄' 일을 하는 러시아 광부들이 특히 생산성이 더 좋았는데 그 이유는 동양의 광부들에게는 없었던 도구를 그들이 받았기 때문이었다. 기록에 의하면 프리모리예 전역의 아시아 노동자들의 주거환경은 러시아 노동자들에 비교하여 좋지 않았다. 아시아인들은 헛간 혹은 마구간을 개조한 기숙사에서 거주했는데 침대를 갖추지 못한 곳도 흔히 볼 수 있었다. 러시아 노동자들은 조명을 갖춘 제대로 된 기숙사에서 거주했다. 기록에 의하면 이러한 차이는 수찬과 아르테모프스크의 광부로 일하든, 아니면 블라디보스토크의 공장노동자, 부두 하역자, 인부로 일하든 간에 일반적인 사례인 것 같았다.[121]

1931년 2월, 극동지구 사회보험국 보고에 의하면 중국인과 한인 광부들은 초과생산에 대한 보너스를 받지 못했다. 그렇지만 이들 광부들은 정해진 기준 이상을 생산할 수 있는 '돌격노동자들'에 대한 국가 후원의 스타하노프식 경쟁에 참여하고 있었다. 중국인과 한인 광부들은 12시간에서 15시간 간격으로 작업교대를 하였다. 중국인 '돌격노동자들'은 소핀스크 광산에서 작업 할당량의 174%를 초과 달성했다. 니만-우르긴스크지구에서 중국인 노동자들은 할당량의 150%에서 170%를 초과 달성했다. 그렇지만 이러한 성과를 거둔 아시아의 광부 그 누구도 보너스를 정당하게 받지 못했다.[122] 중국인과 한인 광부들은 광부들을 위한 소비에트의 보험의 일부로서 휴가 기간에 공짜 스파여행을 명목상 갈 수도 있었다. (일반적으로 광부들은 스파, 자연 온천과 같은 곳에 보내진 것으로 보이는데 이러한 혜택들이 그들이 마주한 추가적 건강위험을 상쇄할 수도 있다는 생각 때문이었다.) 아시아의 광부들은 스파를 누리는 혜택을 전혀 받지 못했고 그들의 관리자들이 이렇게 사용되지 않은 입장권을 어떻게 처리했는지는 확실치 않다.[123] 스파스크지구의 시멘트 공장에서 노동자들은 작업 전후에 휴식하거나 책을 읽고 잡담을 나누며 카드, 장기 놀이나 그 외 활동 등을 할 수 있는 휴식처를 가지고 있었다. 러시아 노동자들은 "중국인 출입금지"라는 표지를 내걸었다. 이러한 행위가 '인종차별'이라는 통보를 받자 노동자들은 중국인 한 명이라도 들어온다면 자신들이 이 장소를 떠나겠다고 대답했다. 이러한 대답이 그렇지만 반드시 한인들이 제외되어야 한다는 의미는 아니었다.[124] 일반적으로 중국인 노동자들이 한인들보다 소비에트의 삶에 적응하는 데 훨씬 더 어려웠다. 일해IL He는 스파스크지구 두보프스코에라는 자신의 마을 상황을 다음과 같이 얘기했다. "우리[러시아 / 한인들이 섞여있는 마을의 아이들]는 중국인 아이들을 자주 놀리거나 그들을 당황하게 할 만한 농담을 했다. 그들은 농담을 잘 이해하지 못한 듯 했다. 우리는 웃음을 터뜨리고 나서 도망갔다."[125] 중국인들의 압도적 다수가 이주한 노동자이자 농민이었던 반면 (러시아에서 출생한 사람은 거의 없었다) 한인들은 소비에트에서 태어났거나 (러시아어가 모국어) 최근에 이주한 사람들이 섞여있었다. 1920년대를 거쳐 1930년대에 이르면 이미 러시아 / 소비에트에 거주한 지 3세대가 되는 한인들도 일부 있었다. 앞서 지적한 사실과 간략한 묘사들은 일부 중국인과 한인 노동자들이 외국인으로 취급되거나 사회적으로 추방되지는 않았지만 동등한 임금과 혜택을 받고 소비에트 시민으로 취급되는데 여전히 어려움을 겪고 있었다는 것을 보여준다. 동시에 러시아인(그리고 우크라이나인)들은 동슬라브인들에 대한 전제정시대의 '선호'가 소비에트의 시대까지 이어졌기 때문에 사무직 대다수를 차지했고 더 넓고 좋은 땅을 받았다. '실제적이고 법적 평등'을 소비에트의 언론과 선전기관은 크게 외쳤지만 러시아 문화에서 기원한 전통적 견해와 심성을 바꿔가면서 토착화 정책을 실행하기란 어려워 보인다는 것이 현실이었다.[126]

1926년 무렵, 일본의 팽창에 대한 전위로서 한인들에 대한 수사는 모스크바에 의한 1925년 일본-소비에트 기본협약의 합의사항을 완전히 부정하면서 소비에트의 공식 담론과 대중문화에서 다시 등장했다. 토착화 그리고 민족 정책과 이에 따른 강령들은 보통 과거의 잘못들을 고쳐 소비에트 권력 아래의 모든 민족을 단결하는 것을 의미했다. 전반적으로 한인들의 상황은 매우 좋아졌다. 이러한 상황은 또한 자신들의 공동체로부터의 감시 혹은 거부에도 불구하고 어떤 희생을 치르든지 간에 '당 노선'을 따른다는 소비에트 대의에 대한 그들 충성의 대가였다.[127] 토착화는 소비에트 소수 민족의 대표와 대리인을 위한 심리적 필요를 자극했고 그 결과 소련 내에서의 그들의 정체성을 강화시켰다. 아쉽게도 한인들과 관련한 토착화의 가정 대 구현과정의 실재는 완전히 일치하지 않았다. 누가 소비에트인이 될 수 있는가에 대한 인종적 이념은 실제로 아르세네프의 '강령'과 게이츠만의 외무인민위원부의 보고의 형태로 소비에트 정책에 영향을 미쳤다. 이러한 상황으로 개혁을 위한 아노소프와 마마예프의 제언은 무시당하는 듯 보였다.

제5장

한인들이 소비에트 인민이 되어가다,
1923~1930

[중국 상인 / 네프맨에 대한 국가 비밀경찰의 탄압]의 위세에 의존하여 우리가 마주치는 중국인 상인들을 몰아낸다고 해서 한인 혹은 일본인들이 물러날 것이라고 그 누구가 확신할 수 있겠는가.

블라디보스토크 외무인민위원부 대표 게이츠만이

1928년 3~4월 외무인민위원부 극동 사무국과 모스크바에 보낸 편지.

토착화는 여러 측면 — 자유주의적, 근대적, 진보적 그리고 레닌주의적 측면을 가지고 있었다. 1924년 레닌의 사망 이후 스탈린은 트로츠키 및 다양한 지역과 도시의 당 기구에서 활동하고 있는 반대파 지도자들과 같은 정적을 제거하기 위한 작업에 착수했다. 그리하여 그는 네프기에 다양한 민족과 사회 집단의 삶을 진전시키고 대부분의 경우 개선시키면서 목적 달성을 위해 토착화의 공식 문서를 활용했다. 순전히 운 혹은 이전부터의 친밀감에 의해서든지 간에 스탈린은 국가 비밀경찰에서 두 핵심인물(멘진스키와 그의 대리인 야고다)을 발굴했는데 멘진스키(V. Menzhinskii)는 1926년부터 1934년까지 OGPU를, 야고다(G. Iagoda)는 멘젠스키의 뒤를 이어 1934년부터 1936년까지 NKVD를 통솔했다 – 역주 그들은 특히 사빈코프Savinkov와 최초의 여론 조작 공개재판(샤흐티)에서와 같이 스탈린의 여러 정적에 대한 탄압과 수사를 조율하는 데 기여했다. 자주 간과되는 사실 하나는 스탈린은 총서기로서 자신의 권력보다는 비밀경찰의 무제한적 활용을 선호했다는 것이다. 그리하여 학식과 마르크스주의 이론에서의 약점에도 불구하고 하급 단위의 당 기구와 통제위원회에서 자신의 정적을 그는 손쉽게 제압할 수 있었다. 스탈린은 자신의 정적들을 괴롭히고 처벌하기 위해 비밀경찰의 간부들을 통제위원회에 잠입시켰고 그 외의 인물들을 통해 소련 전역의 지역 당 기구를 사찰했다. 지역의 당 기구들을 통제함으로써 그는 자신들의 정치생명을 그의 보호에 의존하고 있는 꼭두각시들을 선발하여 중앙위원회의 다수의 구성원을 그들로 교체했다. 1920년대에 스탈린은 간계, 타협, 협조, 권력 그리고 보상을 통해 정치경찰의 지도부를 통제했다. 제도적으로 그는 비밀경찰의 권한, 영향력, 규모를 확대했다. 비밀경찰로 인해 스탈린은 1930년 무렵 공산당 내에서 경쟁자는 물론 반대자도 거의 없는 지위를 누릴 수 있었다. 그 이후로 그는 당을 무자비하게 운영했다.[1]

스탈린, 트로츠키, 카메네프 그리고 그 외 구세대 볼셰비키는 러시아혁명(1917년) 오래전부터 러시아문화에 동화되어 있었다. 앞서 언급한 네 명의 볼셰비키는 자신들의 유대인 혹은 조지아 기원의 이름과 성을 러시아식으로 바꿨다.[2] 요시프 쥬가쉬빌리는 '강철 인간'을 의미하는 러시아식 별명 스탈린을 사용했다. 스탈린은 러시아화에 대한 가장 열렬한 소비에트의 옹호자였다. 예를 들자면 스탈린의 아들 바실리는 자신의 10대 시절 아버지가 러시아인이 아니였다는 사실을 발견하자마자 "아버지가 한때 조지아인이었어!"라고 놀라기도 했다.[3] 구소련의 민족지학자이자 인류학자였던 아나톨리 하자노프Anatoly Khazanov의 지적에 따르면 "소련에서 특히 각지로 흩어진 민족 혹은 자신들의 인종 공동체 외부에서 거주하는 사람들 중에 적지 않은 수의 사람들이 러시아인으로 등록되기를 원했다".[4] 위에서 언급한 소비에트의 지도자들은 러시아인이 되고자 하는 열망을 표현한 것처럼 보였다. 모스크바에서 소비에트의 노멘클라투라(엘리트층)는 전제정시대의 러시아 귀족들에 필적하는 다양한 유형의 사치를 누렸다. 소비에트의 엘리트들은 '크레믈린의 특권'을 누렸다. 그들에게는 하인과 기사가 배정되었고 일부는 다수의 주택과 다차를 소유했으며(스탈린이 그중 하나였다) 전용상점에서 물건을 구입하고 아이들을 위해 영어 혹은 프랑스어를 하는 유모를 고용했으며 특별 관리지역에서 소고기, 양고기 그리고 생선을 구입했다. (정확한 수는 알 수 없는) 스탈린의 저택 각각에는 두 명씩의 여급사, 청소부, 하인 그리고 언제든지 음식을 준비해야 하는 두 명의 요리사가 있었다. 포도주와 신선한 과일이 러시아의 남쪽지역으로부터 스탈린을 위해 특별히 공수되었다.[5] 러시아 문화의 중요성과 더불어 (전반적으로) 민족에 대한 그리고 소수 민족을 바라보는 전제정시대의 방식이 소련의 출범 때부터 토착화 정책 내부에 또한 존재했다.[6]

토착화 기간의 문화적 자치에도 불구하고 소련의 문화적 가치는 분명 사회주의적 가치와 러시아 문화적 가치의 혼합이었다.[7] 소비에트의 문화는 결코 완전하게 이데올로기적이 아니었다. 그것은 러시아 문화와 가치의 기초로부터 결코 완전히 유리되지 않았다. 혁명 이후의 시기에서(1918~1920년대 말) 새로운 사회주의적 문화의 지표를 얘기한다면 민족과 남녀평등의 법제화, 노동자와 프롤레타리아트에 지급된 상대적으로 높은 임금, 소비에트 문화의 일부로서 과학과 기술에 대한 강조, 여성들에게 이혼을 더 쉽게 할 수 있는 권리 부여, 낙태의 합법화, 러시아 정교와 종교적 관행의 금지 등이 있었다.[8] 그렇지만 러시아와 유럽의 전통과 가치는 이 기간에 사라지지 않았다. 1934년 이후 앞서 지적한 소비에트 문화의 지표들은 파기되었고 그 이후 소련은 러시아의 위대한 작가(고르키, 톨스토이, 푸쉬킨)과 전제정시대의 애국적 영웅(키예프 대공, 모스크바의 차르)과 같은 전 시대의 러시아의 영웅과 러시아 문화를 찬양하고 고무하기 시작했다.[9] 러시아 정교회와 그 성직자들조차도 그것이 '추상적 인간에 대한 과학적 숭배'를 증진시킨다는 이유로 '특별한 종교'로서 1940~1941년에 소비에트 정부로부터 공식인정을 받고 허용되었다.[10] 소련의 기초로서 러시아 문화와 언어의 공식적 복원으로 러시아인들은 다른 민족 구성원들에게 없었던 우월감과 차별 의식을 가지게 되었다.[11]

게다가 소련은 "강대국의 인종주의"가 엄청난 위협이며 소련만이 '실제적 평등'을 제공하였다고 선언하였지만 소수 민족에 대한 인종차별주의적 행동을 설사 처벌할 의지가 있었다 하더라도 거의 하지 않았다.[12] 이 때문에 일상에서 소비에트의 평등은 현실과는 괴리되었다. 토착화는 개인이 어떤 민족에 속하는지에 따라 차별적인 혜택, 분배, 일자리, 승진, 장학금을 수여하고 배분함으로써 민족/인종의 차이를 강조했다. 이러한 정책은 사실 인종, 민족을 바라보는 구시대의 전통적 방식 그리고 '이방인' 대 '국민'의 범주를 강화시키는 것이었다. 소비에트 내 다수의 아시아인들과 디아스포라 민족에게 후자의 두 범주 사이의 간극을 넘기란 매우 어려웠다. 실제로 토착화 기간에 극동에서 한인, 중국인, 유대인, 타타르 그리고 조지아인들은 국민이 아닌 '소수 민족'으로 규정되었다. 이러한 범주는 전제정시대의 용어인 '식민화의 대상'이라는 함의를 수반하는 것이었다. 반면에 다지, 야쿠츠, 퉁구스 그리고 예벤키 같은 시베리아의 원주민들은 토착민으로 분류되었는데 이는 전제정시대의 용어로서 비러시아계 토착민을 의미하는 이노로드치inorodtsy와 투젬치tuzemtsy에 유사한 것이었다.[13] 한인들은 토착화의 전반기(1923~1930년)에 남다른 성과를 이룩했다. 토착화 사업은 그들을 소비에트 기구 내로 통합시키고 진출시켰지만 그들의 진출 결정은 종종 민족성 혹은 '국제주의'를 강화하려는 소비에트 당국에 의해서였다. 한인들은 반복해서 소비에트 권력에 대한 자신들의 충성을 증명해 내야만 했다. 유사한 맥락에서 한인들은 다양한 교육, 노동, 경제 분야의 성과와 소비에트화의 운동을 자신들의 충성과 특성을 과시하는 수단으로 해석했다. 그들은 또한 집단농장에서의 농업 생산, 문자해독운동, 그 이후의 1930년대 동안 특별적기군OKDVA 부대의 국경에 대한 감시와 순찰을 돕기 위한 '돌격내내' 장실운동과 같은 토착화에서의 성과를 과시했다.

실현되지 못한 영토 자치의 약속

협동조합, 코뮌 그리고 콜호즈를 통한 토지와 그 분배로써 한인들은 공식 경로에서 합법적으로 일할 수 있었고 시민이 될 수 있었다. 한인 가구들을 위한 토지 분배는 본격적으로 1926년에 시작되었지만 그들은 프리모리예에서 연이은 4개의 지구에서 다수였음에도 불구하고 한 지구 이상의 자치지역을 결코 부여받지 못했다(〈지도 2〉 참조).[14] 한인들은 사실 연이은 7개의 지구에서 중요한 비중을 차지하고 있었다. (4개 혹은 7개의 지구든지 간에) 이들 지역들은 한인들의 민족 자치지역을 구성하기에 충분했다. 소비에트 한인들은 1920년부터 그러한 행정지역을 위한 로비를 시작했다.[15] 1920년대 중반부터 후반까지 다수의 민족들이 연방 사회주의 공화국[SSRs]과 자치 소비에트 사회주의 공화국[ASSRs]의 지위를 부여받았다(SSR은 연방을 구성하는 공화국, ASSR은 더 낮은 형태의 국가와 자치가 허용되는 자치지역). 1924년에 투르케스탄 자치 소비에트 사회주의 공화국이 우즈벡 사회주의 공화국, 투르크멘 사회주의 공화국으로 전환되었다. 1929년에는 우즈베키스탄에서 분리된 타지크 사회주의 공화국이 창설되었다.[16] 1920년대 중반부터 1930년대 중반까지 소비에트의 다양한 민족들 대다수에게 어느 정도의 영토 자치는 허용되었다.

한인들의 경우, 그들은 한인 자치주를 여러 차례 요구했고 그것이 일본 팽창의 저지를 위한 소련 변경의 자치주로 활용될 수 있기를 희망했다.[17] 한인들의 광범위한 소비에트화와 토착화 계획의 성공적 실현을 과시하기 위해서 주 단위의 지역이 필요했다. 한명세(안드레이)의 「요약 보고 ─ 프리모리예 한인 거주자들의 상황에 대한 기술」(1922.12.26)은 한인들에게 반일본의 보루이자 한러 국경에서 한인들의 독립을 위한 기지로서 기능하는 자치주를 허용할 것을 제안했다.[18] 코민테른 5차대회의 소비에트 한인 대표 김인In Kim 또한 극동을 식민지 한국을 위한 소비에트 소수 민족의 장소로서 얘기했다. 그는 한국에서 발간되는『선봉』이 한국과 극동의 한인노동자의 이해에 부합하는 한인 사회주의 노동자의 유일한 신문이라고 지적했다.[19] 코민테른 극동 사무국은 한명세의 제안을 지지한다는 의사를 표명했고 그 제안을 중앙위원회로 이송했다. 모스크바는 결정을 무한정 연기했다.[20] 1922년 극동 사무국은 다음과 같이 지적했다. "프리모리예에서 이주한 모든 한인들은 국경에서 떨어진 아무르 아니면 자바이칼주 어느 한곳에 정착해야 한다. 극동 사무국의 의도 : 한인들에 의한 일본 영향력 확산의 [방지]. 후자[일본 영향력의 확산]를 무시한 [한인들 거주지의] 그 어떤 형태의 자치에 관한 논의는 결코 일어나지 않을 것이다."[21] 1923년 1월, 지역의 극동 사무국은 '한인들을 통한 일본 영향력의 지역 전파'를 이유로 프리모리예에서 모든 한인들을 추방하라는 결정을 통과시켰다. 이러한 입장은 1928년 3~4월 게이츠만의 외무 인민위원부NKID 보고를 통해서도 후일 다시 확인되었다.[22]

일본 팽창의 전위라는 한인들에 대한 소문은 1923년, 적군 스스로 일본에 대항했던 한인 파르티잔을 무장해제하고 추방했기 때문에 사실이 아니라고 판명되었다. 600에서 700명의 한인 불법 거주자들, 쿨락 그리고 파르디잔들이 착복, 사기 그리고 부패 혐의로 캄차트카, 오호츠크, 아얀, 일본으로 추방되었다. 추방당한 사람들의 대다수는 단지 파르티잔이었고 다른 혐의들은 근거가 없었다.[23] 이것은 한인들에 대한 일본과 소비에트 정부 간의 상호 협력을 이유로 일본과 '평화 유지' 정책의 명목으로 소비에트 정부가 한인 파르티잔을 무장해제 시킨 것과 매우 유사했다.[24] 파르티잔 중의 일부는 (그들 대부분은 가본 적이 없던) 일본으로 곧바로 이송되었다.[25] 이러한 협력의 사례는 1925년 소비에트-일본 (상업) 협정의 전조였다. 프리모리예로부터 모든 한인들을 추방한다는 결정과 관련하여[26] 한(안드레이)은 모스크바의 소비에트의 민족 인민위원부인 나르콤나츠Narkomnats의 부대표 브로이도Broido 앞으로 편지를 보내 도움을 청했다(1923년 1월 18일 자). 한의 편지는 다음과 같다.

> [발신]
> 극동 사무국, 러시아 공산당 중앙위원회는 프리모리예에서 모든 한인들을 추방한다는 결정을 통과시켰습니다. 이 결정은 불합리합니다. 한인들을 통해 지역에 일본의 영향력이 유포된다는 것이 결정의 이유였습니다. (…중략…) 여기서 필요한 것은 정책의 완전한 부정은 아닙니다. 극동 사무국은 오랫동안 [한인 사무국]과 그러한 정책의 폐지에 전념해 왔습니다. 우리는[한인]민족 문제의 해결을 위해 사회주의의 형제로서 합심해서 일할 필요가 있습니다. (…중략…) 먼저 당신이 스탈린 동지와 우리의 민족문제와 관련하여 대화를 나눠볼 것을 (나는 요구합니다). 왜냐하면 그러한 대화가 없이 우리는 이 문제를 평화적으로 해결할 수 없습니다.[27]

브로이도는 분명 스탈린에게 이 문제를 제기한 듯 보였다. 한명세는 브로이도 혹은 스탈린으로부터 어떤 응답도 듣지 못했다. 그렇지만 한인들을 추방한다는 극동 사무국의 결정은 결코 실행되지 않았다.[28]

불과 1년 후인 1923년 8월 10일에 블라디보스토크에서 한명세는 중앙 집행위원회 의장이자 소련의 명목상 '수령' 칼리닌과 더불어 노동자, 농민, 적군의 정치위원들이 참석한 소비에트의 중요 협의회에서 발언했다. 이 협의회는 극동에서 소비에트 권력이 복귀했다는 표시였다. 한명세는 '한인 노동자의 대표'로서 소개되었다. 그렇지만 근본적으로 그는 한인 공동체의 지도자였다. 지역의 자치는 제기되지 않은 문제였다. 한명세의 연설을 먼저 살펴보자.

　　동지들, 소비에트 공화국 정부 수장의 극동 방문은 자본주의자들의 속임수에도 불구하고 극동이 소비에트 공화국에서 분명 분리될 수 없다는 것을 자본주의 세계에 확실하게 보여주었습니다. 칼리닌 동지의 도착은 앞으로 노동자와 농민의 권력은 강화될 것이며 어떠한 종류의 악의 세력도 이 권력을 흔들 수 없다는 의미입니다. 이것을 수호하기 위해 노동자, 농민 그리고 적군 병사들 모두가 단결했습니다. 한인 노동자들은 자신들이 분명 자유시민이며 소비에트의 권력과 법을 수호하기 위해 나설 준비가 되어 있다고 자부합니다. 이런 이유로 한인 노동자들은 이러한 동맹을 위한 방어선으로 활약합니다. 프리모리예의 한인 노동자들은 분명 전위의 활동가들입니다. 우리의 과업은 이러한 한인의 활동을 소비에트 러시아 프롤레타리아트의 숙달된 지도력 아래로 인도하는 것입니다. 그리고 우리의 동료들[한인들]이 억압을 받으면 받을수록 소비에트 권력은 우리의 권력과 같이 더 소중해지고 정부 일인자의 도착은 더욱 더 반가운 일이 될 것입니다.

한명세의 연설 다음 칼리닌이 아시아에 관해, 특히 중국과 일본에서 공산주의의 성장 및 아시아 노동자에 대한 소비에트 노동자들의 우려에 관해 얘기했다.

> 우리가 알고 있듯이 이르쿠츠크산 상품들이 서쪽이 아닌 동쪽으로 운반되고 있습니다. (…중략…) 극동에는 근면한 노동자들이 있으며 이들 노동자들은 일본, 중국 그리고 그 외의 나라에서 생산에 필요한 물품의 수출을 준비하고 있습니다. (…중략…) 러시아인과 "황색" 노동의 경쟁? "황색" 노동 — 이 말은 우리들의 어휘 목록에서 사라져야 할 필요가 있습니다. 일반 노동자들과 마찬가지로 "황색" 노동자들은 자신들의 피부색을 의식하지 않습니다. [박수] 러시아인들보다 요구가 적은 "황색" 노동자들은 대대로 열악한 생활[조건]에 적응하고 있습니다.[29] 이러한 필요와 연관하여 일본 노동계급이 자본의 증가에 병행하여 성장하고 있습니다. (…중략…) 우리에게 온 노동자들을 우리는 동등한 권리를 지닌 구성원으로 생각해야만 합니다. 그들을 노동조합에 받아들이고 러시아 노동자들의 임금 수준으로 그들의 임금을 인상하고 이러한 점들을 강화할 수 있도록 모든 수단을 사용해야 합니다. 그러면 우리의 중국 노동자들은 러시아 노동자들의 정치적 자의식에 맞게 성장할 것입니다. **우리가 이것을 성취한다면 우리의 우려는 다음 세대에 전달되지 않을 것입니다.** 강조-저자[30]

공개적으로 소비에트 권력을 대표하면서 한명세는 한인들의 독립운동을 계급의 맥락에서 재정의했다. 그는 '독립'이라는 단어를 생략한 채 그것을 '노동자의 운동'으로 지칭했다. 이것은 일본과의 그 어떤 갈등도 일으키지 않으려는 의도였다. 한명세의 사회주의적 미학은 칼리닌의 그것을 반영했다. 한명세는 또한 한인 자치주를 전혀 언급하지 않았다.

1923년은 극동 한인의 지도자로서 한명세가 최정점에 오른 해였다. 제6장에서 나오겠지만 김 아파나시의 연설은 한명세의 연설을 반영했다. 두 사람의 공적 연설은 '당 노선'을 매우 충실하게 따랐다. 그렇지만 사적으로 한명세는 한인 문화건설의 일부분으로 완전한 지역 자치의 획득을 여전히 강조했다. 그는 이러한 생각에 따라 1923~1924년 코민테른의 보고를 통해 한인들을 여전히 차르의 신민으로 취급하는 공산당과 코민테른의 지도자들을 비난했다. 또한 철저하게 계급의 맥락에서 황색 노동에 대한 칼리닌의 지적은 주목할 만하다. 이것은 소비에트의 민족이 계승된 특성뿐만 아니라 사회역사적 지표에 의해서도 규정된다는 훌륭한 예시이다. 그리고 그것은 전제정시대의 민족지학자와 총독(제2장), 아르세네프와 게이츠만의 보고 그리고 1937년 『프라브다』에 의해 제기된 '황화론'의 수사와 분명히 대립된다.

일본군이 극동에서 출병한지 두 달 이후이자 토착화 시행 직전인 1922년 12월, 극동 사무국은 한인들을 일본제국의 영향력을 막아내는 전위로서 명확하게 규정했다. 그렇지만 1925년 12월 14일, 소련과 일본은 협정을 체결했고 이러한 일소 기본협정으로 일본 시민은 극동 전역에 걸쳐 목재, 석유, 가스, 수산자원에 접근할 수 있었다(일본의 이해는 북부 사할린, 캄차트카 그리고 프리모리예에 집중되었다). 이 조약으로 또한 일본 시민은 그들이 상업과 사업에 종사하며 세금을 내고 거주 비자를 가지고 있는 한 극동에서 거주할 수 있고 일을 할 수 있었다. 근본적으로 1925년 기본협약은 극동을 차지하려는 일본의 여망을 되살렸고 상업적 이익을 추구한다는 미명하에 극동 자원에 대한 일본의 접근을 가능케 했다.[31]

일본은 이러한 화해를 미리 준비했다. 1923년, 일본은 간섭기에 남용했던 어업권에 대해 625만 루블에 해당하는 금액을 금으로 일방적으로 지급했다! 소련은 일본의 어업 행위에 대한 보상을 요구하지 않았다. 이러한 지급은 선의의 행위였고 1925년 기본협약의 체결을 위한 미끼였다.[32] 그 이후 일본은 극동에서의 어업권만을 위해 매년 백만 루블 이상을 지급했다. 소련의 경제가 (대략 1927년 이전까지는) 제1차 세계대전 이전의 수준을 아직 회복하지 못했기 때문에 이러한 돈은 소련이 절실하게 필요한 수입이었다.[33] 1925년 기본협약으로 일본 시민은 완전히 독자적인 혹은 합자기업이든지 간에 소련 전역에서 사업을 시작할 수 있었다. 일본과 일본 시민은 러시아에서 가장 우호적 지위를 누렸다.[34] 그러나 코민테른 인터내셔널 2차대회와 극동지구 소비에트 지도부가 이미 일본제국 팽창의 전위로서 한인들을 선전하기 시작하자(1922년 12월 성명) 레닌은 동시에 디아스포라 민족들 사이에서 '반소비에트적 행위의 가능성'에 대해 경고했다. 소비에트 정부가 일본과 체결하게 될 1925년 기본협약에 비추어 한인들이 일본에 충성한다거나 일본과 제휴했다는 비난은 완전히 부당했다. 극동 한인들이 일본을 위한 전위대라는 수사는 지역의 자치와 소비에트 시민으로서 재탄생하려는 한인들의 시도를 심각하게 훼손시켰다.

소비에트 한인들은 1918년 6월의 제2차 전 한인대회 이후 자치지역에 대한 요구를 멈추지 않았다.[35] 소수 민족들의 지역 자치는 소비에트 민족 정책의 초석이었다. 1922년부터 1924년까지 코민테른의 극동지부는 한인들의 자치와 자치지역을 수차례 요구했다. 이러한 요구는 몰도바 소비에트 사회주의 자치공화국 승인에 부분적으로 영향받은 것이었다.[36] 자치 획득의 방법을 둘러싼 토론으로 프리모리예 당 임시위원회의 한인부 내의 분열은 최고조에 달했다. 한인 관료들은 서로를 코민테른 아시아부에 고발했다.[37] 1924년 5월, 모스크바는 한인들의 자치주 설치 요구를 공식적으로 거부했다.[38]

그럼에도 불구하고 1925년, (총 인구 572,339명 중 그 비율이 29.7%였던) 몰도바인들에게 소비에트 사회주의 자치공화국이 허용된 반면 한인들에게 그것이 가능하지 않은 이유는 무엇인가? (블라디보스토크 관구의 총 인구 680,011명 중 한인 비율은 22.4%였다.) 그 이름이 특권적인 '한인 자치지역' 혹은 단순하게 (관구 전체인구의 10~14%를 구성하는) 중국인과 한인들을 위한 소비에트 사회주의 극동 자치공화국이든지 간에 이러한 자치지역은 동아시아에서 코민테른을 위한 소비에트 사회주의 변경의 지원세력으로 활용될 수도 있었다.[39] 1927년, 포시예트는 한인 자치 관구로 지정되었지만 한인들은 자치주를 요구했다.[40] 1929년의 인구조사에서도 거의 유사한 인구수와 비율이 확인되었다. 이 조사에 의하면 블라디보스토크 관구의 총인구는 621,305명(1929년)이었다. 한인들의 비율은 24.22%(총인구 150,895명)인 반면 중국인의 그것은 10.76%(총인구 66,850명)였다. 각 소비에트 당 5~9개의 마을로 구성된 대략 171개의 한인 소비에트가 또한 존재했다.[41] 도시의 총 거주민 수는 181,161명이었고 그중 8.3%가 한인(12,528명), 13.6%가 중국인(24,544명)이었다. 중국인과 한인들 가운데에는 인구조사에 제외된 채 타이가 지대 혹은 변경지역에 거주하는 적은 비율의 중국인과 한인도 있었다.[42]

'한인들이 단지 하나의 민족관구로만 구성된 지역 자치에 한정된 이유는 무엇인가'라는 질문이 여전히 남는다. 〈지도 2〉에 따르면 포시예트, 수이펀, 수찬지구에서 한인 거주자는 다수였다. 그로제코프, 한카이, 포크로프 그리고 쉬코토보지역 또한 한인 거주민들이 다수였는데 이 지역들 중 하나 혹은 두 지역에서 한민족은 최대 민족이었다.[43] 7개 지역 모두 연이어 있었다. 한인 자치주에 대한 그들의 요구는 지나친 것이 아니었다.[44] 1929년에 이르러 한인들은 토착화의 다양한 실천을 통해 자신들이 충성스럽고 건설적인 소비에트의 시민이라는 것을 보여주었다.[45] 그렇지만 소비에트의 국내 정책은 한인들의 자치에 역행하는 것이었다. 1929년, 라브크린(중앙 통제위원회)의 보고서는 한인들과 한인들의 이주가 한인들의 추방을 통해 일본의 경계를 확장하고 한인들이 이주해서 정착한 지역을 후일 요구하기 위한 일본의 정치적 사기의 일부라고 지적했다. 보고서는 다음과 같이 지적했다.

정치적 특성의 여러 동기를 고려할 때 일본을 끌고 가는 국내 정치적 동기의 강조가 필수적인데 일본은 현재 러시아 극동과 간도의 한인지역에 한인들을 정치적으로 추방하고 있다. 한인들의 이러한 이주는 한국의 정황에서부터 기원했고 [이주한 지역에서] 그들은 법적으로 일본의 시민이며 [극동의] 한인지구 인접지역에 정착했다. 이러한 지역들은 다른 국가 [소련과 중국의] 영토이지만 일본은 그것을 한국 국경의 자연스러운 확장으로 간주한다. 그 결과 조건이 신속히 무르익는다면 그들은 국제법의 수단을 통해 이 지역에 대한 공식적 청원을 지속할 것이다. 실제로 일본 외교관들은 [일본 정부가] 한인 이주자의 정착지역을 병합하기 위해 시도한 선례를 인용할 수 있었다. (여러 이해 국가들의 개입과 1920년에 시작된 극동 일부분에 대한 열강 간섭의 결과로 중국-한국 사이의 영토인 간도 병합은 확실히 실패했었다.)강조-저자 그러한 순간은 현 상황의 한인

문제에 대한 우리의 결정과 절대적으로 관련이 있다.[46]

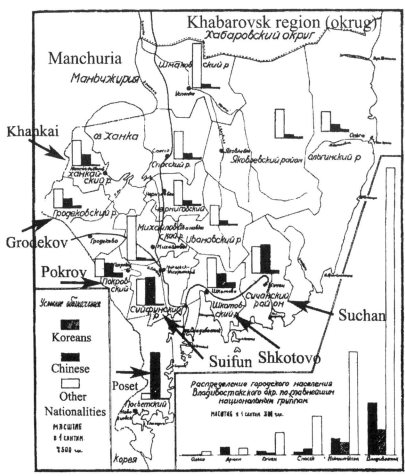

〈지도 2〉 1929년 블라디보스토크 관구, 우수리지역
한인들은 포시예트, 수이펀, 수찬 그리고 (아마도) 포크로프지역에서 최대의 단일민족이었다.
그들은 또한 쉬코토보, 그로제코프, 한카이지역에서 한인 자치지역(자치 소비에트 사회주의 공화국 혹은
자치주)의 형성을 가능케 할 정도로 적지 않은 비율을 차지하고 있었다
출처 : *Itogi perepisi koreiskogo naseleniia Vladivostokogo okruga v 1929 godu,
prilo zhenia k tablitse A*, Khabarovsk-Vladivostok, 1932.

혹자는 "라브크린 보고서의 법적 혹은 외교적 기반은 무엇이었는가?"라는 질문을 제기할 수도 있겠다. 열강의 간섭기간에 일본이 한인들을 자신의 시민이라고 주장했지만 일본은 라브크린의 보고서에 대해 공식적으로 동의하지는 않았다. 게다가 만주의 (간도) 한인들에 대한 일본의 대우를 통해 볼 때 극동의 한인들이 일본의 비공식적 '시민'으로 간주되지 않았다는 강력한 증거가 있다. 1910년 4월 5일에 체결된 간도협약으로 이 지역의 한인들은 중국의 사법권 아래에 있는 중국신민이 되었다. 협약의 조항은 1929년에도 여전히 유효했다.[47] 그렇지만 만주의 일본 군인과 외교관은 디아스포라 한인들을 일본의 시민으로 주장하는 입장을 발표했다. 그렇지만 이러한 입장은 일본의 영향력과 소련에 대한 정치적 / 외교적 수사를 유지하려는 시도에 불과했다. 1932년 일본의 만주 점령 이후에도 간도의 한인들의 지위와 관련하여 (일본 정부에 의한) 그 어떤 법적 혹은 외교적 변화도 공식적으로 일어나지 않았다.

라브크린의 보고에 대한 최후의 반박은 일본이 1924년, 시민들의 이중국적을 불법화했다는 점이다. 디아스포라 일본인들, 예를 들어 브라질, 미국의 시민권을 가지고 있는 일본인들은 일본의 시민으로 간주되지 않게 되었다.[48] 이러한 1924년 법으로 소비에트 시민이었던 한인들이 법적으로 일본 시민으로 간주될 가능성은 사라졌다. 라브크린과 외무 인민위원부의 보고는 한인들을 소비에트 국제주의에 반하는 '이방인'으로 간주했다. 라브크린의 보고는 '적들과 파괴자들이 포위하거나 침투하고 있다'는 소비에트 정부의 두려움의 선명한 예시이다. 그것은 어떤 면에서 평가주체(소비에트 국가)가 일본 팽창과 한인 디아스포라의 당사자보다 더 많이 알고 있는 것처럼 대상에 관한 내용을 백지에 채워

넓은 로르샤흐 검사Rorschch test, 피험자의 개인정보와 **프로토콜**에서 획득한 자료를 근거로 피험자의 심리적 측면을 연역적, 또는 귀납적으로 예측하는 검사이다-역주와 같이 기능했다. 1915년부터 1937년까지 간도와 극동의 한인들은 법적으로나 외교적으로도 '일본 시민'으로 결코 취급되지 않았다.

그럼에도 불구하고 외무 인민위원부와 라브크린과 같은 소비에트 기관들은 정당한 혹은 법적 근거 없이 지역의 한인들을 일본의 신민이자 소련에 대한 지정학적 위협으로 전환시켰다. 마리나 모길너Marina Mogilner의 『제국의 인간』은 소비에트의 '민족'이라는 용어 안에는 인종적 함의와 전제정시대의 의미가 계속해서 남아 있었다고 지적했다. 그렇지만 명백한 인종, 인종 과학 그리고 그에 관한 연상은 소비에트의 비공식적 담론과 대중문화에서만 허용되었다. 그녀는 다음과 같이 주장했다.

이 시기 동안 [소비에트] 실제적 "차이"는 사회주의적 실천에서의 어려움에 굴복했다는 것뿐만 아니라 공식 차원에서 그러한 것들이 주입되고 강화되었다는 것인데 여권에서 민족의 의무적 표시는 바로 그것에 대한 부분적 예시이다. 소비에트 여권에서 "민족"은 부모의 "피"를 통해 정해졌다. 이러한 범주가 극복 불가능한 오명 혹은 상속된 이점이라고 이해된다는 면에서 이러한 소비에트의 입장은 본질적으로 "인종주의자"와 다를 바 없다.강조-저자 자신의 부모를 선택하거나 "구성"하는 것은 불가능했다. [동시에] 배후에서 인종, 민족 그리고 커다란 언어적 차이로 인한 인종의 정체성과 관련한 진지한 학문적 토론을 소련은 탄압했다. 차이에 관한 확실한 입장은 대중과 권력당국이 마음대로 정했지만 여권을 통한 합법적이고 일상적인 인종주의적 사고는 광범위하게 유포되었다.[49]

제3장에서 일본군의 성명을 인용했던 극동공화국의 보고는 극동의 한인들을 '일본에 적대적인 위협'으로 규정했다. 그렇지만 1929년 라브크린의 보고서는 소비에트의 지정학적 상황을 공격을 위한 힘을 모으고 준비하는 도처의 적들, 동맹세력, 음모들이 가득찬 상황으로 제시했다. 켄 코타니Ken Kotani의 『2차대전기의 일본의 정보부』에 의하면 "모스크바는 극동에서 일본의 [첩보] 활동이 지나치다는 보고를 받았다".[50] 실제로 라브크린의 견해는 산업화, 군사화에 있어서 소비에트 조직의 광범한 증가와 1차 5개년계획(1928년)과 동시에 착수된 내무 인민위원부 내의 기구 증가를 정당화했다.[51] 그것은 정당한 법적 혹은 외교적 근거 없이 소비에트의 민족(한인들)이 "제5열과 같은" 활동에 자발적으로 참여했다고 비난했다. 라브크린의 보고는 (특히 숙청 이전과 숙청의 와중에) 소비에트의 다수 민족들에게 다양한 형태로 반복될 것이었다.[52]

그렇지만 1926년 말과 1927년 초 어느 무렵에 포시예트는 공식적으로 한인 민족의 자치지구가 되었고 얼마 후에 김 아파나시는 그 지역의 당 의장으로 지명되었다.[53] 포시예트는 한국과 국경을 맞대고 있었다. 한인들의 협조에 관한 소문 혹은 비난 어린 말들이 증명되었거나 드러났다면 포시예트가 김 아파나시가 (한인) 지역 공산당의 의장인 '한인지구'가 될 수 있는 가능성은 거의 없거나 전혀 없었을 것이다. 게다가 포시예트는 서쪽 국경의 일부 지구 혹은 지역과 같이 '금지된 국경지대'가 아니었다.[54] 그렇지만 한인지구로서 포시예트의 지위부여는 지역의 자치문제에 대한 한명세의 지속적 운동 때문이라고 말하는 것이 대체로 맞을 것 같다. 따라서 포시예트는 그곳이 한국과 국경을 맞대고 있는 소비에트의 유일한 지역이라는 지정학적 위험에도 불구하고 소비에트 민족의

일부분을 구성하기 위한 토착화 정책에 따른 양보일 수도 있었다.[55]

한명세 / 한 A. 안드레이 4번째 한인 국제주의자

한 A. 안드레이(한명세)는[56] 모든 소비에트 한인 지도자 가운데 아마도 가장 열렬한 볼셰비키였다. 소비에트 한인들의 문화적 건설의 일부분으로 지역 자치를 요구하는 그의 보고서는 1926~1927년 포시예트를 한인 자치지구로 인정한 주요 요인 중의 하나였다. 한명세의 집요함은 그렇지만 스탈린의 숙청기에 그에게 심각할 정도의 악영향을 미쳤다. 한 안드레이 그리고 한 그리고리 엘리세예비치리한창걸, 그 외 다수의 소비에트 한인들은 토착화기의 대부분의 시간 동안 (출생 시의 이름이 아닌) 한국식 이름으로 돌아갔다. 이르쿠츠크파(이르쿠츠크에 망명 중인 한인 정부), 한인 사무국 그리고 그와 유사한 한인 소비에트의 다양한 집단의 지도부가 다소 기만적이긴 하지만 '국제주의'의 증진에 힘을 보탰기 때문에 이러한 행동은 모스크바를 도와주는 것이었다.[57] 한 아브라모비치 안드레이(출생 시 이름)는 1860년대 러시아에 세워진 최초의 한인마을 중의 하나인 시신허Tizinkhe에서 1885년 출생했다. 그에게는 카잔 신학교에 장학금을 받고 들어갔던 18살 이전까지 했던 오랜 기간의 농사일과 농장일에 대한 기억이 있었다. (19살 때인) 1904년, 그는 러시아군이 러일전쟁기에 수집한 첩보 문서 번역을 돕기 위해 만주로 보내졌다. 1917년, 한 안드레이는 제1차 전 러시아 한인대회와 프리모리예의 다양한 지역 '젬스트보' 연합정부에 참여했다(후자의 경우 그는 모든 민족들과 주로 일했지만 러시아인과 우크라이나인이 주축이었다). 1919년, 그는 러시아 공산당에 가입하기 위해 사회주의 혁명당SRs을 탈당하여 1920년에 공산당원이 되었다. 1920년, 한 안드레이는 파르티잔이 무기, 식량 그리고 소비에트로부터 그 외의 도움을 획득하도록 도우면서 소비에트 적군과 한인 파르티잔 사이의 중개자로 활약했다. 그는 소비에트로부터 니콜스크-우수리이스크를 재탈환한 일본군이 세르게이 라조Sergei Lazo를 생포했던 4월 4~5일까지 라조 밑에서 일하다가 블라고베셴스크로 탈출했다.

이 기간에 한 안드레이는 망명 이르쿠츠크 한인 정부와 동일시한 이르쿠츠크파의 지도자이자 창립자 중의 한 사람이었다. 1922년, 안드레이는 극동 한인 사무국의 일원으로 선정되었다. 그는 극동의 한인들에게 소비에트 권력을 먼저 지원하라는 주장을 지속했는데 그의 설명에 따르면 소비에트 권력이 한인들의 독립 문제를 마무리할 것이었다. 전 상하이-치타파의 일원이었던 이동휘는 이와 상반된 입장이었는데 그에 따르면 한인들의 최우선 순위는 사회주의가 아닌 한국의 독립이 되어야 한다는 것이었다. 이러한 입장 차이로 두 분파는 대립하였고 한인 사무국의 분열을 초래했다.[58] 한 안드레이는 대 러시아 인종주의에 대해 명백히 비판적이었다. (프리모리예로부터 모든 한인들을 추방한다는) 1922년 12월~1923년 1월의 극동 사무국의 결정에 대응하여 한명세는 민족 인민위원부의 부서기 브로이도에게 즉각 편지를 보냈다. 그는 브로이도에게 자신의 편지를 스탈린에게 전달해달라고 부탁했다. 그는 기다렸지만 브로이도와 스탈린 그 누구도 응답하지 않았다. 그리하여 1923년 8월 12일, 그는 「러시아 극동에서의 한인 사무국의 활동에 관하여」라는 다음의 보고를 코민테른(의장 보이틴스키G. N. Voitinskii) 극동집행위원회로 보냈다.

항목 G

대 러시아 인종주의의 극단적 개화기에 러시아 극동에서의 과업 (…중략…) 그러나 토지 혹은 시민권과 같은 복잡한 문제를 해결하기 위해 당 대회의 열두 번째 결의문에 부합하는 한인 민족문제[민족 공동체 구성]의 완전한 해결과 관련하여 무엇보다도 러시아 극동에서 위에서부터 아래까지 퍼져있는 대 러시아 인종주의를 제거할 필요가 있습니다. (…중략…) 그와 동시에 소비에트 기구와 당을 위한 긴급한 과제는 소비에트 기구와 한인 노동자 사이의 상호 이해와 단결을 향한 걸음을 지속해 나가는 것입니다. **그러한 상호 이해는 현재 존재하지 않습니다. 양자 사이에는 우리가 보건대 완전한 분열뿐입니다.** 강조 – 저자[59]

한 안드레이는 지역의 극동 사무국과 그 정책을 소비에트와 러시아의 인종주의에 관한 의미를 통해 판단하고 있었다는 점을 재차 강조하고 싶다. 안드레이는 한인이 아닌 러시아인이었다. 그의 출생시 이름은 안드레이 아브라모비치 한이었지만 소련이 "[다수] 민족들의 국가"라는 선전과 한국에서 혁명을 장려하기 위한 노력의 일환으로 토착화기에 이름을 한명세로 바꿨다. 그와 한국의 그 외 사회주의자들은 볼셰비키가 러시아 한인들의 목소리의 대변자들에게 충분히 권한을 부여하고 그들의 목소리기 또한 중요하다고 인정한 최초이자 유일한 집단이었기 때문에 볼셰비키에 충성했다. 이러한 상황은 누군가가 값싼 노동을 필요로 하거나 세금을 거둘 필요가 있다거나 징병이 요구되는 경우를 제외하고 한인들에게 근본적으로 관심이 없었던 전제정시대와는 한참 다른 것이었다. 볼셰비즘은 한인 공동체의 대다수에게 완전한 선거권을 부여하고 그들에게 볼셰비즘의 신념을 전파하기 위해 시간을 들인 유일한 이데올로기였다. 그렇지만 소비에트 사회주의는 또한 선입견적인 이념, 편향 그리고 위계질서를 내포하고 있었고 그러한 것들을 그 추종자들에게 주입하였다.

1923년 2월, 한인 사무국의 책임자 G. N. 보이틴스키G. N. Voitinskii는 민족 인민위원부 부인민위원 클린거Klinger에게 한인 자치지역 문제를 논의하자는 청원을 보냈다. 한인 자치의 문제가 프리모리예지역 한인들의 다수가 소비에트 시민이 아니라는 사실에 의해 곤란하게 되는 경우를 제외하고 이 문제는 방치되었고 어떤 추가적 논의 혹은 응답도 민족 인민위원부로부터 곧 나오지는 않았다.[60] 그렇지만 한명세는 지역 자치의 문제가 방치되도록 내버려 두지 않았다. 실제로 그는 지역 자치의 불완전함을 한인문제 해결을 위한 의지부족으로 다시 연결시켰고 이러한 상황은 결국 단순하게 말하면 자치국가 구성(National construction)의 문제였다. 1924년 5월 15일, 코민테른의 (G. N. 보이틴스키가 소속된) 극동분과의 연설을 통해 한명세는 '프리모리예에서의 한인들의 상황'에 대해 보고했다.

특히 소비에트 권력 수립의 첫 해의 프리모리예에서 "대 러시아" 인종주의의 몇몇 사례가 또한 있었습니다. 아무런 근거 없이 모든 한인들을 불량배와 사기꾼으로 비난하고 그들이 [프리모리예] 지역 경계 밖으로 추방되어야 하는 일본의 식민주의자로 규정한 지난해[1923] 초 당의 제1회 주 협의회에서 쿠뱌크Kubiak 동지의 연설이 바로 그런 것입니다. 아마도 이것과 긴밀히 연관된 이유로 캄차트카의 소비에트 권력은 700~800명 한인 노동자들을 오호츠크와 아얀으로부터 일본으로 추방했습니다. 인종주의의 또 다른 구체적 예를 보여주는 문서는 없습니다. (…중략…) 그렇지만 인종주의는 여전히 존재합니다. 협의회 기간 동안 이 문제는 거론조차 되지 않았습니다. 주 공산당 서기 프쉐니친의 견해에 의하면 프리모리예에는 인종주의는 존재하지 않습니다. 그렇지만 그는 위에서부터 아래의 당 기구에 이것이 나타나도록 했고 그리하여 한인들을 매우 불안하게 만들었습니다.강조-저자[61]

코민테른을 향한 사적 보고에서 한명세는 소비에트 민족 정책과 1923~1924년 한인들을 사회주의자로 만들기 위한 정책이 비호의적이며 인종주의적이라고 노골적으로 비판했다. 1924년 5월, 모스크바는 한인 자치의 제안을 거부했다.[62] 한명세의 연설 어떤 부분은 사회주의에 대한 그의 강력한 믿음을 드러낸다. 공식적으로 한명세는 모범적 간부였다. 사적으로 그는 한인 자치에 관한 입장에서 물러남이 없었고 지역의 상급자 혹은 모스크바의 상급자이건 간에 대 러시아 인종주의에 반대했다. 그러나 한명세는 보고서에서 당 노선을 위반했다. 한인 사무국은 1924년 해산되었다. 보이틴스키는 한명세에게 다음 임무의 일부분으로 공산당 학교에서 공부를 더 하라고 추천했다. 그는 이 제안을 거부했다. 1924년 이후 그는 한인들 사이에서 단지 부차적 지도자의 역할에만 머물렀다. 그의 다음 지위는 1925년부터 1927년까지 야쿠티아의 알단스크 관구 Aldansk okrug 적색 노동조합 인터내셔널Profintern 소비에트의 수장이었다.[63] 이것의 중요 교훈은 디아스포라 민족에 대한 소비에트의 문화적 자치와 구성에는 분명 한계가 있었으며 여타 민족에 대해서보다 이러한 한계는 거의 편집병적 수준으로 훨씬 더 엄격하게 사전에 규정되었다는 점이다. 이러한 제약은 그 어떤 디아스포라 민족들이 소련과 그 동맹국 외부의 국가들과 독립적으로 관계를 맺는 것을 금지하려는 것이었다. 이것은 결과적으로 소비에트의 '국제주의'를 구속했다.

동시에 김 아파나시가 극동 한인들의 지도자로서 한 안드레이를 대체하기 위해 부상했다. 다음 절에서 나는 더 큰 한인 공동체에서의 토착화를 검토할 것이고 (또한 '사회주의적 건설'이라고 불린) 토착화가 한인들 사이와 극동에서 수행된 방식의 예를 『적기 *Kranoe znamia*』와 같은 소비에트 매체의 시각을 통해 살펴볼 것이다. 『적기』는 극동의 일간지로서 1928년에 대략 21,000부가 배포되었다.[64] 아르세네프와 게이츠만의 보고서는 한인들에게 넓은 지역의 자치주가 허용되지 않은 이유와 관련하여 특히 유용하며 한인들을 소비에트 사회주의에 대한 '이방인'으로서 바라보는 러시아의 민족주의적, 대중주의적 견해를 드러내는 데 도움을 준다. 이러한 견해에 따르면 한인들은 '황인종'이자 농노와 같은 농업노동자로서 이미 1928년부터 소비에트 정책안으로 편입되었다.

사회주의자로서 한인들의 형성 대 지정학

1926년부터 착수된 소규모 농업집단화로 한인들에 대한 시민권과 토지 문제는 해결되기 시작했다. 교육과 관련하여 한인들에게는 내재적 이점이 있었다. 그들은 소수 민족이었고 대다수는 농민계급 출신이었다. 이러한 특질로 인해 그들은 연구소와 대학에 들어가기 위한 장학금을 받을 자격이 있었다. 1920년대와 1930년대에 소련은 공학자, 기술 전문가, 회계사, 농학자, 경제학자 그리고 회계 전문가와 같이 교육을 많이 받은 전문가들이 부족했다. 토착화 기간 동안에 고등교육을 마친 젊은 한인들은 대개 국가 기구, 공장 그리고 집단농장 내부에서 국가가 부여한 일을 맡아 경력을 쌓아나갈 수 있었다(소비에트화의 좋은 예시로 〈삽화 5〉의 이씨 가족을 보라).[65] 앞에서 언급한 요인들은 소비에트 한인들의 국가에 대한 일체감을 강화시켰다. 이 절에서 나는 한인들의 집단농장과 수산 협동조합이 어떻게 세계혁명, 국제주의의 온상인 동시에 일본 제국주의에 대한 저항의 온상이 되었는지를 살펴보려고 한다.

1923년 10월 11일, 스파이 혐의에 대한 한인의 첫 재판은 유죄로 끝이 났다. 상찬국Chan Kuk San은 간섭기에 일본의 스파이로 활동했다는 판결이 내려졌다. 그는 극동의 일본 권력을 위해 3년 동안 일했고 매달 73루블을 받았다. 그는 니콜스크-우수리스크와 하바롭스크에서 시장 상인으로 일하면서 도시의 러시아군과 파르티잔의 움직임과 활동을 일본군 참모부에 보고했다. 상찬국의 선고문은 다음과 같았다. "그는 총살형에 처해지지 않을 것이지만 10년간 투옥될 것이다. 우리는 10년간의 가택 연금이라는 은사를 베풀 예정이며 그의 재산 모두는 몰수될 것이다."[66] 일본군이 사실 1918년부터 1922년까지 러시아 극동의 공동 통치자였음을 상기해야만 한다. 그들은 이 기간에 극동의 모든 거주집단에 침투하여 지정학적 영향력 증대를 위한 온갖 첩보활동을 수행했다.

1924년 1월, 공산당의 다양한 세포조직에 가담하고 볼셰비키의 대의에 동조하는 집단 모집에 참여함으로써 혜택을 누린 첫 번째 집단이 한인 청년들이었다. 그 외 다양한 민족들 또한 사회주의적 캠페인에 참여했다. 다양한 세포조직의 러시아인과 한인 공동체는 광범위한 한인 농민층에게 정치정치 의식와 러시아 철자를 가르치기 위해 니콜스크-우수리스크에 모였다. 니콜스크-우수리스크에서 (농촌지역의) 다섯 한인 세포가 도시에 있는 한인들의 다섯 붉은 '동아리'와 공존했다. 이러한 공존은 (한인) 집단농장에 대한 세금 징수운동을 통해 가능했다. 세금 캠페인은 목표액의 90%를 징수했다.[67] 다양한 세포조직은 문맹을 근절하기 위한 러시아 철자 교육뿐만 아니라 한인들의 정치 의식 고양을 위해 협력했다. 한인들의 공산주의 청년동맹을 위한 교사는 코모소몰스코에 로즈제스트보Komosomolskoe Rozhdestvo라는 도시의 러시아 청년 공산주의자동맹RKSM의 러시아인이었다.[68] 한 조사에 의하면 프리모리예지역의 소비에트 청년 조직 가운데 71%는 러시아인, 27%는 한인, 1%는 중국인, 그 외 총 15명의 (시베리아 원주민인) 길략스Giliaks의 조직이 있었다. 중국인들 사이에서는 단 하나의 청년 세포조직과 피오네르 조직이 있었다.[69] 거론된 민족집단 중에서 한인들과 러시아인들만이 주민 규모에 비례하는 정도의 주목할 만한 청년 공산주의자동맹원을 확보했다.

1924년, 지역의 한인 분과회의 의장 니콜라이 니가이Nikolai Nigai와 서기 강 라브렌티Lavrentii Kan는 다음과 같이 말했다. "피오네르와 청년들 사이에서 한인 세포조직은 매우 잘하고 있습니다. 블라디보스토크 관구uezd에는 비공식적으로 피오네르의 31개 분과에 605명의 회원이 있습니다. 스파스크 관구에는 140개의 총 피오네르에 7개의 분과가 있습니다. 니콜스크-우수리스크에는 261명의 피오네르 회원에 14개의 분과가 있습니다."[70] 이미 1924년 말에 한인들은 완전한 소비에트화를 희망했다. 교육에 대한 그들의 언급과 러시아어와 러시아 교사에 대한 그들의 강조를 통해 판단하건대 그들은 소비에트화를 러시아화와 유사한 것으로 이해했다. 당시의 한인문제와 관련하여 민창Chen Min은 지적하기를

"우리는 한인들의 경제적 삶의 수준과 문화적 수준을 높일 필요가 있다, 그렇게 할 때 우리는 그들을 완전하게 '소비에트화'할 수 있다". 마지막으로 1924년의 인구조사에 의하면 114,000명의 한인들이 있었는데 그중 1/3만이 소비에트 시민권자였다.[71]

그러나 많은 마을에서의 삶은 소비에트의 새로운 세대로 편입된 여성들에게조차 평등을 제공하지 않았다. 한인 가족은 아들을 통한 가계를 중시했다. 오빠나 남동생의 교육비를 위해 누나나 여동생이 일을 해야 되는 상황이라도 아들들은 더 많은 교육을 받으라는 압박을 또한 받았다. '가정과 일상에서의 한인 여성'이라는 기사는 여성의 삶의 극단적 예시, 즉 농촌에서의 삶을 보여준다. 기사에 의하면 농촌 여성들은 딸의 출산을 수치스러워했다. 10살이나 12살까지의 딸들이 팔려가는 경우도 있었다. "딸로서의 삶은 가사노동이 전부였고 집 밖에서 놀이는 불가능했고 학교에 갈 수 없었다. 10살에서 12살 사이의 이들 여성들은 자신들보다 2살 혹은 3살 많은 남성에게 때때로 팔려가기도 했다."[72] 그 기사는 또한 지적하기를 여성들은 때때로 아편 덩어리를 위해 팔렸다. 극동의 한인촌에서의 이러한 관행은 또한 중국에서도 일반적이었다. 아들이 없는 가정의 딸은 18세에서 20세 무렵 아들이 여럿인 더 가난한 가정으로 시집을 가야했다. 보통 10살에서 12살 정도의 아들이 선택되었는데 이러한 어린 소년은 결혼을 해서 아내의 가족과 같이 살곤 했다. 이러한 방식으로 상속자가 없는 가족은 아들을 얻고 딸을 위한 남편을 얻곤 했다. 이러한 방식의 결혼이 행복할 리는 거의 없었다.[73] 『적기』는 이러한 관행을 상당히 경멸적으로 서술했다.

1924년 말, 스탈린은 '일국 사회주의'를 주창하기 시작했다. 그렇지

〈삽화 5〉 이씨 가족, 한인들의 사회유동성
(좌) 이씨 가족 사진 . 왼쪽부터 이괄(소비에트 신문『전진』의 편집자),
    이상(체카의 요원, 합동 국가정치 보안부(OGPU)의 관리),
    막내 동생(이름 미상, 소비에트의 비행사) 출처 : 이상의 손자 리 글렙(Gleb Li).
(우)『적기』에 게재된『선봉』광고

만 그 당시 그는 당의 좌파(트로츠키, 지노비예프, 카메네프)와 우파(부하린,
리코프, 톰스키)와 대립하고 있었기 때문에 그러한 독립노선의 채택을 중
앙위원회와 정치국에 강제할 수 없었다. 그러나 '일국 사회주의'는 러시
아인과 러시아어의 이념을 소련을 위한 대안적 단결이념으로 제시하면
서 소비에트 국제주의, 토착화 그리고 코민테른 정책의 중요성에 대해
공식적으로 의문을 제기했다. 그 당시 대다수의 볼셰비키는 세계 사회
주의혁명에 대한 희망을 여전히 간직했다. 따라서 각지의 여건에 부합
하는 국제주의적 코민테른의 이상에 기반한 정책은 지속되었다.[74]

　　1926년 무렵, 신문과 그 외 매체를 통한 중국인에 대한 공개적 물어
뜯기는 현저하게 줄어들었다.[75] 혁명투쟁에서 승리해야 될 세계가 존재
했고 중국, 인도 그리고 더 낮은 수준이긴 하지만 한국은 전 세계적 사
회주의 혁명이 시작할 수도 있는 잠재적 장소로 여겨졌다.[76] 결과적으로
이러한 혁명은 일본과 소련 사이에서 사회주의적 동맹국들의 완충지대

를 형성할 것이다. 따라서 소련은 자국의 소수 민족을 국제주의를 확산하고 사회주의적 완충국을 만들기 위한 문화적 가교로서 활용할 수 있기를 희망했다. '민주적 중앙집중주의'는 또한 모스크바가 자신의 사회주의적 형제들을 지도하며 결정을 내리지만 어느 정도의 자치를 허용한다는 의미였다.[77] 1920년대와 1930년대 초는 아시아 전역에서 코민테른의 활동이 결실을 맺은 시기였다. 공산당이 중국(1921년), 인도네시아(1920년), 몽골(1920년), 일본(1922년), 한국(1925년), 인도(1928년), 베트남과 필리핀(1930년), 말레이시아(1931년), 태국(1935년)에서 출범했다.[78] 몇몇 국가의 공산당원은 수천 명에 불과할 정도로 매우 작았다. 중국에서 상하이 공산당원의 통제 아래 있는 총노동조합에는 1927년 3월에 812,280명이 가입했다.[79] 다양한 공산주의자가 지도하는 한국의 농업 및 노동단체는 1924년 무렵 68,000명 이상이 가입했다. 이러한 단체의 지원금 일부는 러시아 이르쿠츠크에 본부가 있는 한인 사회주의자들의 '화요회'로부터 나왔다.[80] 하지만 소비에트의 지도자들은 제국주의자들이 모든 방면에서 자신들을 포위하여 곧 침략할지도 모른다는 얘기를 계속했다. 그러나 사실 1920년대 동안 서구의 많은 자본주의 국가들과 아시아의 지도자들은 변경지역에 공산주의에 우호적인 세력들을 규합하여 허약하고 타락하거나 독재적인 아시아의 국가들의 전복을 도모했던 적색 혹은 소비에트의 위협을 두려워했다. 일본과 만주에서 있었던 코민테른의 성공적 진출은 일본에게 매우 큰 위기감을 불러일으켰다.[81] 따라서 "디아스포라 소수 민족의 반소비에트화"의 두려움에도 불구하고 소련은 1920년대와 1930년대 동안 아시아와 유럽 내의 다수의 공산주의, 사회주의운동과 디아스포라 소수 민족과의 유대를 지원했다.

1926년 말, 간섭기[1918~1923년]의 스파이 행위에 대한 소비에트 한인들에 대한 2차 공판이 시작되었다. 이 드미트리 빅토로비치Dmitrii Viktorovich Li는 간섭기에 일본을 위한 스파이 활동을 했다고 기소되었다. 그는 중간계급 출신이었고 상트 페테르부르크의 연구소를 일 년 다니다가 공부를 그만두었다. 1920년, 블라디보스토크의 일본군 참모부에게 한인 파르티잔 활동에 관한 보고를 시작했다. 그는 한인 파르티잔부대에 침투하여 상관

〈삽화 6〉 1926년 러시아 극동의 항구를 (재차) 침범하는 형상으로 선명하게 부각된 일본군 병사. 『적기』는 소련을 매우 위협하는 인종을 묘사했다. 이것은 1890년대 이후 일본에 대한 '황화론적' 묘사의 한 부분이었다. '뻐드렁니'에 주목하라.
출처 : *Krasnoe znamia*, April 4, 1926, no. 77 (1690), 3.

의 신뢰를 획득했고 그 이후 첩보활동을 시작했다. 그의 첩보활동으로 가장 뛰어난 한인 파르티잔 지도자 중 한 사람인 상찬국Tan Din San이 체포되어 처형되었다. 이 드미트리는 외국인이라고 생각되지 않을 정도로 러시아어를 말했다고 한다. 재판에서 그는 '한인 빈농 계급의 적'으로 불렸다. 놀랍게도 그에게는 사형이 선고되지 않았다. 그 대신 그에게는 8년 징역형에 모든 법적 권리를 추가로 5년간 박탈한다는 상대적으로 가벼운 형이 선고되었다.[82]

열강의 간섭 종결 이후 소비에트 OGPU와 그 외 기관들은 일본을 위해 일했던 두 명의 소비에트 한인들을 검거했다. 한인 첩보원과 더불어

전원이 한인인 OGPU의 한인분과가 한인들을 주로 감시하고 조사하기 위해 설치되었다. "황화론, 황색공포"라는 수사는 거의 언급되지 않았지만 한인들을 일본제국과 상상적으로 연결하는 수사의 지속적 반복은 그것을 상기시켰다. 이러한 상상과 그것의 반복은 한인들을 이방인으로 주변화시켰다. 일본이 5년간 극동을 공동으로 통치하는 동안 소비에트를 배신하고 일본을 위해 일했다는 소비에트 한인들이 두 명이 불과했다는 사실은 내전 / 간섭기에 반역혐의를 받았던 소비에트의 모든 민족들 가운데 아마도 가장 적은 수일 것이다. 이 드미트리와 상찬국에 대한 두 재판은 러시아 극동에서 소비에트 권력을 몰아내고 그것을 재정복할 태세를 갖춘 적 일본이라는 상상을 형성시켰다. (일본 시민의 실재적 귀환을 예고한) 1925년 소비에트-일본협약과 결부된 이러한 상상은 일본인과 한인이 등장하는 '황화론'과 일본 팽창이라는 수사가 활기를 띠게 했다 (〈삽화 6〉을 보라).

　1927년 6월, 소비에트 한인 관리들과 농촌 콜호즈의 사무직 노동자들은 러시아어를 할 수 있었고 적어도 러시아어로 된 행정문서의 40%를 시간 내에 처리했다.[83] 기사에 따르면 한인들은 블라디보스토크 관구 주민의 34%였지만 행정 기구에서 일하는 비율은 10%에 불과했다.[84] 1927년, 중국인과 한인 노동사 간의 유대가 강화되기 시작했다. 민족들 사이의 계급적 단결의 하나의 예시는 미성년자들의 권리를 보호하기 위해 활동했던 콤소몰 유형의 단체 DoDD였다. 500명의 한인 DoDD 회원은 포시예트지역에서 정치문화적 과업을 수행했던 중국인 미성년 노동자들을 방문했다.[85] 중국인, 한인, 러시아인들 그리고 극동의 다른 민족들 사이의 관계가 진전되는 만큼 토착화와 그와 연관된 사업들은 극동지구 위원회, 코민테른 그리고 그 지도자들로부터 신망이 높은 게이츠만과 아르세네프의 강한 반격에 직면했다.

게이츠만과 아르세네프 동지 내부로부터의 토착화에 대한 공격

1928년 3월에서 4월까지 외무 인민위원부의 지역 대표 게이츠만은 여러 장의 장황한 편지를 발송하면서 여전히 결정되어야 할 한인문제가 있긴 하지만 한인들은 '완전히 다른 사람들'이며 (1928년까지 접수된) 8천 명 한인들의 소비에트 시민자격 신청서는 국가 비밀경찰의 명령에 따라 거부되어야 한다고 말했다. 그렇지만 게이츠만 편지들에서 두 번째 요점은 (한인들과 같이) 중국인이 일본의 팽창과 결부되어 있지는 않지만 극동에서 그들의 경제적 능력을 박탈하는 것이 중요하기 때문에 그들 또한 정치적 문제라는 점이다. 그렇지만 중국인은 국가가 결정하는 소비에트 시장세력 아래에서 활동했다. 중국인의 경제력이 '정치 문제'라고 규정하는 것은 그들의 경제력이 러시아의 정치적 권위를 훼손한다는 그라베의 견해와 "우리가 무기력한 상태를 벗어나지 못한다면 (…중략…) 우리가 정신을 차렸을 때 [극동의] 사람들은 단지 명목상으로 러시아인일 것이다"라는 스톨리핀의 믿음에서 차용한 것이었다.[86] 외무 인민위원부NKID의 보고는 중국인에 대한 전제정시대의 입장을 완전하게 복원시켰다. 다음으로 게이츠만은 추방당한 모든 중국인 노동자 / 네프맨 대신에 한인들이 그 자리를 단순히 차지할 것이라고 믿었다. 이 점은 외무 인민위원부와 그 간부들이 동아시아인들에 관한 핵심을 놓치는 것이었다. 그들은 중국인과 한인의 정체성을 구분하지 않고 하나로 합쳤는데 사실 두 집단은 노동자 / 농민과 시민권 범주를 기준으로 매우 분명히 대립하였다. 편지에는 다음과 같은 내용도 있다.

사실 20만 가량의 한인들이 블라디보스토크지구에 살고 있다는 것 (…중략…) 한인들의 압도적 다수가 농업에 종사하고 그렇기 때문에 토지에 완전하게 묶여 있다는 것. 그리고 쌀 생산의 5/6를 한인들이 담당하고 마지막으로 [소비에트 시민이라고 생각되는 한인들]일지라도 **우리에게는 한인 거주자들이 완전히 이방인 같은 존재라는 사실을 심각하게 고려한다면**강조-저자 가까운 미래에 [극동] 변경의 실질적 소유자는 누구인가라는 문제가 제기될 것이다……. 시민권이 없는 한인들이 여기에 살고 있다. 20만 명 가운데 단지 7천 명이 소비에트 여권을 소유하고 있다. 추가로 8천 명이 소비에트 시민이 되기 위한 신청서를 어느 때인가 제출했지만 내무 인민위원부의 비밀명령에 따라 그들의 요구는 거부될 것이다. (…중략…) 중국인에 대한 투쟁이 한인들과 결과적으로 일본에게도 이익이 될 것 같다는 무의식적인 사고가 생겨날 때가 바로 이때이다. 우리는 이러한 두 문제를 연결시켜야 한다. (…중략…) 지역의 특성에 대한 경제적 동기 때문에 우리는 [중국인] 문제의 정치적 본질을 망각할 수 없다. 그 문제가 그런 방식이라면[현재의 형태라면] 그것은 [지역에서 중국인의 추방과 관련하여] 압박을 가하기 위한 일반적 상황으로 연결될 수 없다.[87]

게이츠만의 보고는 극동 사무국과 모스크바의 외무 인민위원부로 보내졌다. 그는 한인늘 중 소비에트 시민 숫자가 아니라 소비에트 한인들의 여권 숫자를 언급하는 방식으로 한인들에 대한 이방인적, 경고적 측면을 보고서에서 의도적으로 높였다. 1928년에 내무 인민위원부의 여권과에 의해 발행된 소비에트 한인의 여권 숫자는 7,000부에 불과했다. 그렇지만 1926년에 (168,009명의 전체 주민 수 중 대략 50%인) 84,931명이 소비에트 시민이었다.[88] 1928년에는 국영 협동조합, 코뮨, 소규모 집단 농장의 한인들에 대해 1926년에 시작된 집단화 조치를 통해 프리모리예에서 시행된 간소화된 시민권 절차 때문에 전체 한인 주민수의 70%가(20만 명 중 12만 명) 소비에트 시민이었을 것이다(제4장의 소비에트 시민권을 보라). 두 번째로 여권 발급 작업은 극동에서 1932~1933년의 어느 시점에서 대규모의 점검과정으로 착수되었을 뿐이었다.[89]

게이츠만의 보고서는 중국인 네프맨(소상인, 중개인, 독립 사업가)에 대한 OGPU의 1928년 탄압에 대한 평가에서 매우 조심스러워 보였다.[90] 중국인 네프맨의 다수가 외국 시민이었기 때문에 외무 인민위원부가 통상 OGPU의 중국인 네프맨의 탄압에 관여했다. 중국인 수공업자가 자신들의 기술과 노동으로 생계를 꾸려나가는 프롤레타리아트이었기 때문에 게이츠만은 그들의 추방을 안타까워했다. 아쉽게도 OGPU는 이들이 적법하게 일을 하고 있고 필요한 모든 서류를 가지고 있음에도 불구하고 이들의 모든 작업장, 상품 그리고 수입을 몰수했다. 게이츠만은 이 점을 확인하며 다음과 같이 말했다. "그들[중국 영사관]은 두 달 전 그들[수공업자들]이 신 면허를 획득했다고 보고했다. 소비에트 당국이 그들의 일을 원치 않았다면 그러한 일을 할 수 있도록 승인하고 면허를 준 이유는 무엇인가? 관련 당국은 그들에게 경고를 했어야 했고 그랬다면 그들은 작업장을 닫고 집으로 돌아갔을 것이다." 그렇지만 게이츠만은 자신의 시각에서 '모두가 부유한 계급 출신'인 중국 화폐 투기꾼의 추방을 아쉬워

하지는 않았다. OGPU의 캠페인은 전적으로 (레닌의 신경제 정책 종식을 의미하는) 반자본주의적 개념에 기반하고 있는 것이었다. 그 캠페인을 간단히 말하자면 다음과 같다. "근본적으로 문제는 여전히 존재한다. 즉 앞에서 얘기한 수공업자에 대한 조처들이 투쟁의 계기, 즉 우리 관구 내의 국영 생산공장을 매우 강하게 침해하는 사적 자본에 대항하는 국가 생산에 달려 있다는 것이다."[91] 극동의 반네프 캠페인은 그것의 사회주의적 '계급기준'으로부터 상당히 이탈했다. OGPU가 자본가, 상인, 투기꾼을 공격한다는 이상의 실현보다는 도시에 거주하는 중국인 수공업자(프롤레타리아트)들의 작업장과 상품을 주로 몰수한 것이 그 최종결과였다.

게이츠만은 OGPU 캠페인에 대한 보고를 다음과 같이 지적하면서 끝냈다. "우리가 단지 중국인 상인들을 몰아냈을 때 한인 혹은 일본인에게는 이러한 상황이 전개되지 않을 것이라고 그 누가 장담할 수 있겠는가. 그렇지만 일본인과 한인 양 집단이 프리모리예를 차지한다는 문제에 있어서 다르지 않다고 간주할 근거가 우리에게는 있다."강조-저자[92] 비록 마지막 문장이 두 집단의 공공연한 차이를 감안할 때 가장 원초주의적이고 인종주의적이었지만 이러한 지적은 게이츠만과 외무 인민위원부가 동아시아 세 민족의 정체성을 하나로 합쳐버린 또 다른 예시이다. 1928년, 한인들은 극동에서 주로 농민이자 농업노동자이면서 가족을 구성하고 있는 소비에트 국민이었다. 극동의 중국인 다수는 외국인이었고 그들 중 소수만이 소비에트 시민이 되려고 했다.[93] 그들은 도시에 거주하는 독신 남성이었고 도시 밖에 거수하는 대다수는 상인, 상점주, 하인, 중개인이었다.[94]

게이츠만의 보고서는 누가 '소비에트인'이 될 수 있고 될 수 없는지에 대한 강력한 인종주의적 시각을 장려하는 것으로 보인다. 그것은 한인들이 '우리'에게 완전히 낯선 이유를 전혀 설명하지 않았거나 이러한 인식이 단순이 게이츠만의 혼자만의 것인지 아니면 외무 인민위원부의 제도화된 정책의 일부인지에 대해서도 설명하지 않았다. 게이츠만은 한인들의 이국적 외형을 지나치게 부풀렸다. 더 정확한 방식은 시민자격 여부에 관한 통계였을 것이다. 여권 수치와 (정당한 절차 없이 8천 명 한인들의 시민권을 부정한) 내무 인민위원부의의 '비밀투표'는 사회주의적 계급 의식 혹은 구성된 인종 이념을 기반으로 하지 않았다.[95] 게이츠만의 외무 인민위원부 보고서는 오히려 극동에 거주하는 동아시아의 세 민족들을 올바르게 구별하고 규정하려고 하지 않았다는 예시였다. 그들의 정체성을 하나의 거대한 '황색 공포'로 부풀리면서 보고서들은 중국인 수공업자들을 '러시아인들을 위한 러시아아의 자원'이라는 문제를 어느 정도 환기시키는 정치적 문제로서 취급했고 한인들에 대해서는 소비에트 문화에 의해서도 변하지 않고 그리하여 소비에트 정체에 낯선 존재라는 인식을 유포했다. V. K. 아르세네프의 보고도 이러한 맥락에서 계속되었다.

1928년 말, 아르세네프는 소비에트 극동의 지도부가 한인과 중국인이 관련된 '황색문제'를 어떻게 해결해야 되는지를 기술하는 「백서」 / 보고서 제작을 베르가비노프S. A. Bergavinov와 극동 사무국으로부터 의뢰받았다.[96] 이 보고서는 한인과 중국인을 인종적 / 과학적 근거를 통해 일본 팽창과 연결시킴으로써 그들에 대한 '전면적 추방' 절차를 시작하는 도구가 되었다. 아쉽게도 1928년에 보고서가 생성된 이유와 그 목적을 보여주는 1차 혹은 2차 사료는 알려진 것이 없다.[97] 우리는 단지 백서가

1928년에 그리고 다시 1934년에 극동 사무국의 모든 위원과 후보위원들에게 (각각의 해에 대략 40권 정도가) 배포되었다는 것만을 알고 있다.[98] 아르세네프 '보고서'의 원본 몇 권이 여전히 존재한다. 그중 하나가 하바롭스크 러시아 국립문서보관소[GAKhK]에 보관되어 있고 1996년에 아르세네프 보고서 전문이 보리스 쟈첸코[Boris Diachenko]가 편집한 『황화론』이라는 문서집의 한 부분으로 블라디보스토크에서 출판되었다.[99]

문서는 다음과 같이 시작한다. "전 세계의 프롤레타리아여, 단결하라! 베르가비노프 동지의 명령으로 아르세네프는 이 문제에 대한 이해를 위해 보고서를 보냅니다. 극동지역위원회의 볼셰비키와 전全 소비에트 공산당에게."[100] 서문에서 아르세네프는 17세기에 야쿠탸 / 아무르와 베링 해협을 탐험한 바실리 포야르코프[Vasilii Poiarkov]와 세미온 제즈뇨프[Semyon Dezhnyov]의 업적을 상세히 열거한다. 아르세네프는 보고서 초반부에 일본을 시베리아와 극동에 대한 군사적 경쟁자로 언급한다. 그는 1881년, P. F. 운터베르게르와 일본 총참모부의 장교 오야마 간에 있었던 매우 퉁명스러운 대화를 상세히 기술했다. 운터베르게르는 오야마에게 일본이 무장하고 있는 이유를 물었다. 오야마는 "당신도 알고 있듯이 바로 당신네들 때문이지요"라고 대답했다.[101]

서문 다음에 유럽적 가치의 대변자로서 소련 대 황색 동맹 혹은 일본의 보호 아래 있는 동아시아인과 같이 서로에게 인종적 특성을 지속적으로 강조하는 내용이 등장했다. 예를 들어 "일본은 한국을 일본화 시키고 남부 우수리와 동만주의 인접지역을 한국화하기 위해 노력한다".[102] 아르세네프는 또한 다음과 같이 말하면서 소비에트의 국제주의를 거부했다. "우리가 일본해[태평양] 연안에 우리가 활용할 수 있을 정도로 도움이 되는 국제적 식민지를 만들 수 있다는 생각은 틀렸다." 그다음 아르세네프는 한국에서 일본의 상품과 기업을 배척하지 않았다는 이유로 한인들을 거세게 비난했고 극동을 지키기 위해 자신들을 희생시킬 것이라고 생각하지 않았는데 그러한 생각은 극동 한인들의 역사적 기록을 무시하는 것이었다. 더 일찍 나온 자신의 저서 『우수리지역의 중국인』(1914년)에서와 유사한 방식으로 아르세네프는 (1928년 백서에서) 다음과 같이 말했다.

> 한인들은 특성, 그들의 삶의 방식과 세계관의 측면에서 우리와 완전히 다르다. (…중략…) 단지 한 사람만이 아니라 한인들 전체가 이 시기의 정치적 사건을 마치 동일한 것으로 취급한다면 그들은 우리와 다르다. 우리의 국경 안에서 한인들은 [우리의] 정치적 신념이 아니라 물질적 이익에만 전적으로 매달려 있다. 그들은 인류학적, 인종학적, 심리학적으로도 그리고 자신들의 세계관에서도 우리보다 일본에 더 가깝다. 한인들이 소비에트 시민으로 곧 바뀌는 일은 결코 일어나지 않을 것이다. 우리는 그들이 자신들의 신념, 성격 그리고 세계관을 바꾸기를 결코 기다려서는 안 된다.[103]

아르세네프는 다양한 민족에 대한 자신의 개인적 관찰과 지식뿐만 아니라 소비에트의 인류학, 인종학 그리고 심리학에 기반하여 한인들이 동화될 수 없다고 분명하게 말했다. 소비에트의 민족 정책과 '민족'의 구성에 관한 정부의 이해는 인종과 민족을 가변적이지만 원초주의적으로 간주하는 모순적 이중성을 내포했다.[104] 아르세네프의 「백서」는 다음과 같은 제안으로 끝을 맺는다.

만주와 한국 주민과의 우리의 인접한 관계를 고려할 때 우리 국경 안의 한인들과 중국인들로 인한 위험의 현실화가 점점 더 가까워지고 있다. 이러한 상황에 대처할 투쟁의 핵심 수단은 중국과 한국의 국경 인접지역 밖으로 중국인과 한인을 즉각적이며 철저하게 이주시켜 정착시키고 중국인과 한인을 제외한 소련 서부와 서부 시베리아의 민족을 통해 [극동의] 식민화를 확대하는 것이다. 중국인과 한인들은 우리나라의 내륙 서쪽 깊은 곳이나 아무르의 북쪽으로 보내져야 한다. 이 시점에 국가의 **경제적 방어**는 무장을 통한 수호보다 훨씬 더 중요하다. 따라서 국경지역에 **캄차트카 주식회사**와 같은 강력한 조직의 창설이 필요하다. 이 조직을 통해 우리는 돈을 벌고 농산물에 대한 시장을 제공받을 것이다. 강조-저자[105]

1925년 일소협약의 결과로 (1926년에) 설립된 캄차트카 주식회사[KSS]와 같은 회사가 더 많이 있어야 한다는 아르세네프의 지적을 주목하라. 이러한 '주식회사'는 사실은 소비에트-일본의 어업회사이자 해산물 회사였다. 어업 도구의 구입, 일본인 어부의 고용, 어선 임대, 생선과 그 외 해산물의 판매, 통조림 생산을 회사가 담당했다. 캄차트카 주식회사의 관리자는 A. N. 코롤레프[Korolev]로 소비에트의 시민이었다. KSS는 1928~1929년에는 4,388명의 일본인 어부, 생산이 정점에 도달한 1930년에는 9,545명의 일본인을 고용했다.[106] 회사는 1933년에 해산되었다. 1925년 협약의 결과 100개 이상의 소비에트-일본 합자회사가 있었다. 그 회사들은 일본의 스파이 활동을 위한 안벽한 은신처였다. 그렇지만 스탈린 정권은 이들 대신 한인들을 스파이라고 비난하는 한편 동시에 일본의 이러한 자본주의적 기업의 성과를 차지했다.[107]

아르세네프의 충고는 따라서 그 자신도 국제주의를 거부했지만 중국인과 한인을 '소비에트 국제주의의 이방인'으로서 경제적, 정치적 위협의 상징으로 간주했기 때문에 이들을 재정착시켜야 한다는 것이었다. 그는 다음과 같은 말로써 '황화론'의 가상의 위협을 부활시켰다. "우리의 식민화는 황색 인종이 최초로 거주했던 땅의 끝에서 허약하게 뿌리를 내린 유형의 식민화이다. 우리의 국경에는 황인종 전체 6억 중에 1/3이 우리를 마주 보고 있다."[108]

그렇지만 아르세네프의 주장은 인종과 동아시아인들의 변하지 않는다고 여겨지는 품성을 문제로 삼았다. 극동지구의 지도부는 조국을 지키기 위해 (사회적 계급에 대한 고려 없이) 소비에트 중국인과 한인들을 이주시키거나 추방해야 한다고 그는 충고했다. 그렇지만 그들은 프롤레타리아트와 농민의 전형이었다. 그는 지지를 얻기 위해 전통적 수사와 '러시아인을 위한 러시아의 자원'이라는 '제로섬' 정신을 도입함으로써 전제정 시대와 같은 담론으로 또한 퇴행했다. 이러한 「백서」는 소비에트 한인들에 대한 소비에트식 원초주의적 견해에 관한 그리고 그들이 소비에트 국가에 동화될 수 있을지의 여부에 관한 가장 분명한 예시 중의 하나이다.

아르세네프가 그 보고를 1928년도에 했다는 것을 제외하고 보고의 정확한 날짜는 분명하지 않다. 그렇지만 1928년 11월 19일, 극동 사무국이 여러 안건을 논의하고 결정하기 위해 소집되었는데 그중 하나가 '한인 거주민의 이주 문제였다'. 이에 관한 결정은 아르세네프의 보고와 관련하여 참석했을 것 같은 인물들에 관한 매우 정확한 정보를 우리에게 제공한다. 이 '문제'는 아르세네프의 보고와 별개였고 한인들의 '전면적' 추방이 아닌 부분적 이주 / 추방을 간략히 언급했다. 1928년 11

월 19일, 한인 두 명, 즉 김 아파나시와 박애$^{Pak\ Ai}$가 극동 사무국의 위원 혹은 후보위원으로 참석했다. 전체 참가자 명단은 다음과 같다.

극동 사무국, 1928년 11월 19일

참석자

극동 사무국 위원 페르페츠코, 트로피모프, 아브라모비치, 비노그라도바, 추츠카예프, 이즈마일로프, 하하니안

극동 사무국 후보위원 삼소노프, 플라쿠노프, 플레론토프, 이바노프, 쿠즈네초프, 마슬렌니코프, 로크테프, 박애, 마마노프

혁명위원회 위원 리제만

극동지구위원회 위원 스모로딘, 호로쉴로프

[기존] 문제에 따른 별도 [참석] 위원

콜로콜로프, 알렉세예바, 지조, 폴랴코바, 말로브, 니즈니크, 젤니크, 보야르, 파벨레브, 플라크사, 투록, 그닐레츠키, 쉬췰치니코프, 폴로즈니코프, 레베제프, 삼소노프, 김-아파나시, 시마노프스키, 마슬로보예프[109]

1923년에 한인 자치지역 문제를 다루었던 한인 사무국(1924년 해체)의 전 국장 G. N. 보이친스키와 한명세가 극동지구 지도부에 더 이상 포함되지 않았다는 섬이 흥미롭다. '한인 거주민의 이주문제(1928.11.19)'에 관한 133B 결의문에서 극동지구위원회에 의해 통과된 8개 항목 중에서 주목할 만한 3개 조항(1~3항)이 있다.

1. 한인 거주민들의 재정착을 반대하는 한인 당 활동가들 사이의 분위기 제거를 위한 결정적 전쟁을 선도한다.
2. 재정착 계획에 따른 대상지역에서 묵과할 수 없는 게으름과 재정착과 관련하여 간혹 등장하는 직접적, 간접적 저항을 중지할 것을 지역위원회에 제안한다. 이러한 과업을 수행하기 위해 재정착 기구에 의해 제시된 모든 조처를 채택한다.
3. 제시된 재정착계획을 계획날짜까지 완수하기 위해 토지 및 재정착 기구에게 토지기금의 마련과 그에 따른 자금의 수여와 관련한 준비작업의 속도를 신속히 할 것을 제안한다.[110]

결의문의 1항은 한인들의 재정착에 반대하는 한인 활동가들의 탄압을 요구하는 듯 보였다. 이 항목은 토착화가 지원했던 소수의 실행 의지를 훼손했다. 재정착 기구가 거의 확실하게 대상으로 설정한 기구는 소비에트 한인들의 사회적 유동성을 위한 기구 인코르포레INKORPORE인 것처럼 보였다. 인코르포레는 한인 시민권자와 최근 이주민들이 토지, 농사기구, 자원 그리고 그 외의 문제들과 관련하여 평등하게 취급되어야 한다고 주장했다. 실제로 게이츠만의 1928년 편지는 이 조직을 다음과 같이 언급했다. "'인코르포레'[내]의 한인들은 자신들이 일본과 전혀 관련이 없는 듯 행동하고 있다는 것을 지적할 필요가 있다. 우리와의 여러 차례 대담에서 일본 영사관은 블라디보스토크 관구의 한인거주민과 관련하여 단 한 차례도 거론하지 않았다."[111] 결의문 133B의 서문은 한인 활동가들이 소비에트 간부와 조직이 시행하는 재정착의 속도를 느리게 하며 이런 이유로 그들의 제거는 재정착의 속도를 빠르게 할 것 같다고 지적했다. 따라서 토착화를 통해 장려되었던 한인들의 활동 중의 일부가 이미 1928년부터 일본 팽창에 대항하는 지정학과 안보의 이름으로 억제되었다.

소련의 소수 민족에 대한 변하지 않는 '타인'이라는 이념은 단지 V. K. 아르세네프 개인만으로 설명될 수 없는 훨씬 더 깊은 뿌리를 가지고 있었다. 거기에는 두 가지 측면이 있었는데 하나는 공식적으로 용인된 측면이었고 다른 하나는 대중적이고 문화적인 매체의 표현 수단에 존재하는 측면이었다. 공적 예시는 1920년부터 1930년까지 국립 레닌그라드대학 레프 쉬테른베르그Lev Shternberg가 이끌던 지리연구소의 민족지학부였다. 쉬테른베르그와 V. G. 보고라즈Bogoraz는 지리연구소의 교수로 사회적 진화이념(테일러와 모간)과 원초주의 모두를 옹호하는 민족지학 과정을 가르쳤다. 강 세르게이Sergei Kan는 쉬테른베르그의 문장을 다음과 같이 바꾸어 표현했다. "둘째, 환경 및 민족의 삶에 있어서 일시적 상황 변화에도 불구하고 민족의 전체 역사과정 동안 변하지 않는 민족적 특성이라는 독특한 특성이 존재한다. 그러한 특성은 선천적이고 한 세대에서 다음 세대까지 변함없이 전달된다." 쉬테른베르그는 또한 "타인종과 교배의 경험이 많다 하더라도 민족의 정신이 관여하는 한 어떤 인종도 전적으로 사라지지 않는다"고 가르쳤다.[112] 『레프 쉬테른베르그 – 인류학자, 러시아 사회주의자, 유대인 활동가』의 저자인 강 세르게이Sergei Kan은 쉬테른베르그의 신념과 업적을 다음과 같이 요약했다. "그 [쉬테른베르그]는 더 전통적인 모르간 식 / 테일러 식의 견해를 단순히 수용할 수 없었다. (…중략…) 그러한 견해의 수용은 유대인 문화, 혹은 마찬가지로 니브흐족 문화가 필연적으로 그 독특한 특성을 상실하고 그것의 정신적 세계관이 사라질 운명이라는 것을 받아들인다는 의미이다. 낭만적 포퓰리스트이자 온건한 유대인 민족주의자로서 그는 이러한 견해를 수용할 수 없었다. 이것은 보아스Boas의 직접적 영향 아래 그가 보아스 추종자가 되었다는 의미가 아니라 그의 견해와 보아스의 견해가 여러 면에서 유사했다는 의미이다. "보아스는 독일계 미국의 인류학자로 각각의 사회는 그 자체의 독특한 역사적 과거라는 집단적 정체성이 존재한다는 이론을 정립했다 – 역주113

쉬테른베르그가 제시한 인종에 관한 소비에트의 견해 또한 학술원 위원회KIPS를 매개로 한 중앙아시아의 민족 형성에 있어서 중요한 역할을 했다. KIPS는 1924년에 중앙아시아의 새로운 경계와 민족의 창출 작업에 착수했다.114 쉬테른베르그와 보고라즈는 KIPS의 엘리트 민족지학자들이었다.115 두 사람 모두가 스승으로 생각한 프란츠 보아스가 이들과 함께 일했고 어느 정도 이들을 지도했다. 소련은 영국, 독일, 미국의 우생학자뿐만 아니라 자국의 우생학자들이 선도하는 우생학 과정, 강좌, 학술대회 등의 우생학 장려운동을 또한 수용했다. 볼셰비키는 우생학과 그 이론을 1930년에 공식적으로 부정했지만 그들은 1937년까지 '의학 치료를 통한 우생학'을 계속 가르쳤다.116

비공식적으로 소비에트 인종주의는 대중문화와 담론에 뿌리내리고 있었다. 10월혁명 이후 사회주의와 평등은 소비에트 국가의 실체로서 선언되었지만 간부, 관리 그리고 일반 대중들 가운데 이러한 원칙을 위반한 사람들을 처벌하거나 그러한 행동을 막기 위한 조처는 거의 없었다. 슬라브인의 우월성에 관한 러시아인들의 견해는 소수 민족들을 희화화의 대상으로 삼는 농담, 서사, 우화 등의 대중문화에서 여전히 우세했다.117 극동 한인들의 경우 소비에트 인종주의와 '타자화'는 자원, 토

〈삽화 7〉
(좌) 1932년 무렵 러시아 카잔에서 적군복 차림의 김평화
(우) 1950년대 말 우즈베키스탄에서 북극성 집단농장의 의장인 김평화와 그의 조수
출처 : 김평화박물관과 그 전 관장 에밀랴(Emillia Ten) 제공.

지, 인구의 배분과 범주화에서 가장 분명했다. 1929년 5월 25일, 극동
지구 지도부는 아르세네프에게 〈삽화 2〉에서 확인한 바 있는 "블라디보
스토크 관구의 인구"라는 제목의 인구조사를 의뢰했다.[118]

　1929년 2월, 러시아 극동의 지도자 중의 한 사람 티쉬킨Tishkin은 아
시아인들 사이의 소비에트의 문화사업에 관해 4차 지역 공산당협의회
에서 장문의 보고를 했다. 그는 소수 민족의 부르주아 문화가 매우 국수
주의적이라고 말했다. "우리는 모든 민족의 인종주의적 경향을 속속들
이 도려내야 합니다." 그렇지만 그는 또한 소련이 아시아인들의 신뢰를
얻어 그들에 대한 소비에트화가 시작되었다고 지적했다.[119] "우리는 이
러한 소비에트 기관들이 그들을 위해 봉사하는 그들의 기관으로 받아들

여지도록 해야 합니다. 그들은 아무 문제 없이 이러한 기관들에 다가가 말할 수 있습니다. 이러한 모든 기관들은 그 어떤 민족에게도 유용해야 합니다."[120] 그렇지만 한인들과 중국인들에 대한 사회주의적 구성의 최종결과는 이러한 공동체들이 반소비에트의 온상이 될 수도 있다는 두려움 때문에 효과를 보지 못했다.

애석하게도 국가는 만주 경계선 너머에 반소비에트적 세력들이 가장 광범위하게 포진할 수 있는 잠재력이 존재한다는 것을 거의 알지 못했다. 이들이 바로 만주의 러시아인으로 1922년, 그 수는 어림잡아 12만 명에 달했다. 만주 러시아인들의 정치적 분파는 백군 분파와 그 외 분파들(카펠 추종자, 파시스트, 메르쿨로프 추종자, 콜차크 추종자, 녹색군, 사회주의혁명가당 그리고 군국주의자)이 다수였고 압도적 다수가 볼셰비키와 적대적이었다.[121] 전 백군의 다수는 볼셰비키 전복이라는 목적을 내세우며 만주에서 군대를 조직했다. 1929년에 소련은 (7월에서 9월까지) 동청철도 문제로 석 달에 걸친 단기전을 치뤘다. 이 전쟁이 1929년의 중소전쟁이었다. 일부 소비에트 한인들이 적군의 일부로서 만주 전역에 참여했다는 사실은 간과되고 있다.[122] (제3장에서 논의된 한인 적군 파르티잔 지도자 중의 하나인) 김평화Kim Pen Khva는 이 전쟁 기간에 76 소총연대의 적군 중위로 복무했다(〈삽화 7〉). 김의 연대는 특별 극동군ODVA 소속이었다(ODVA는 1930년 극동 특별적기군(OKDVA)으로 개편되었다).

이 전쟁에 김평화의 관여는 광범위했다. 왜냐하면 전쟁이 공식적으로 1929년 9월 9일에 종식된 이후 (카렐스키 76연대로 또한 불렸던) 그의 연대는 중국 군벌 장쉐량Chang Hsueh-Liang에 대항하여 동청철도의 지위를 지켜내야 했기 때문이다. 확실히 군벌 장쉐량은 방어적 게릴라 전술을 활용하여 적군과 싸웠다. 때문에 김평화의 소대는 장쉐량의 군대를 위장한 채로 여러 시간 기다리며 매복해 있어야 했다. 김평화는 매우 근접한 거리에서 싸워야 했으며 총검으로 중국 군인들에 대한 최초의 공격을 감행한 경우도 간혹 있었다고 회상했다.[123] 적군은 장쉐량에 대항하여 1929년 10월 12일부터 11월 20일까지 만주의 미샨, 푸크딘, 만주리와 같은 철도의 다양한 전력지점에서 싸웠다.[124] 또한 중소 분쟁 기간에 백군의 전 장군 키슬리친V. A. Kislitsin은 일본군의 자금과 무기의 지원으로 소비에트에 대항하는 러시아인의 부대를 조직했다.[125] 러시아에 대한 위협(소련 영토 내의 디아스포라 소수 민족의 소비에트에 대한 적대)과 일본제국의 꼭두각시라는 러시아 주민들에 대한 수사는 대숙청 이전과 하얼빈에서 그들을 탄압하기 이전까지는 광범위하게 통용되지는 않았다.

1929년 8월, 『적기』는 러시아 극동과 한인 집단농장에서 쿨락에 대한 투쟁 강화를 요구했다. 8월 21일에 게재된 「가난한 사람들이 승리를 수호한다」라는 기사에 따르면 "집단농장 구성원의 15%가 쿨락이다. 교정위원회에서는 50%가 쿨락이었다."[126] 이 기사는 쿨락의 비중을 15%로 분명하게 규정했는데 교정위원회의 50%와 비교할 때 지나치게 가볍다는 함의였다. 기사는 이어서 프리모리예의 한인 콜호즈 3곳에서 이미 정체가 드러난 성직자 한 명과 한인 쿨락크들의 이름을 열거했다. 그다음 기사가 김 아파나시의 1929년 8월 27일 기사였다. 「기회주의에 대항하는 투쟁에서의 항변」이라는 기사에서 김 아파나시는 1929년 한인 공산주의자들 중 숙청당한 사람들을 더 깊이 성찰할 필요가 있다고 썼다. 그는 다음과 같이 말했다. "우선 한인 공산당의 활동은 단일하지 않다. 이 문제와 관련하여 우리는 '말다툼', 우리가 '집단주의로 인한 갈등'이라고 부르는 것을 관찰했다." 김 아파나시는 집단주의(한인 공산주의자들 사이의 분파 싸움)의 원인을 다음의 세 가지로 제시했다. ① 공산당의 한인 분과가 미숙했다. ② 구세대 볼셰비키와 같이 계급 투쟁으로까지 경험을 확대해본 한인 공산주의자들이 거의 없었다. ③ 공산주의자들 사이에 노동자 계층이 보잘 것 없을 정도로 적었다. 아파나시는 계속해서 다음과 같이 말했다. "의심할 바 없이 [한인 공산당원의] 숙청 기간에 그들 모두에게 비난을 확산시키기 위해 그들을 분파주의자로 비난하려는 시도가 있었다.[강조는 원문 그대로] (…중략…) 이것[분파주의에 대한 투쟁]과 더불어 모든 한인 공산당원들을 분파주의자, 말썽꾼, 우파 이탈자로 간주하는 일부 동지들의 견해에 대한 투쟁을 전개할 필요가 있다."

아파나시는 한인 거주민의 98%가 소작농-자영농이며 소비에트 기관에서 일하고 있는 한인 간부 중의 57% 또한 소작농-자영농이었다고 지적했다. 아파나시의 최종 권고는 다음과 같다. "우리는 프티 부르주아의 가치, 기회주의 그리고 타협주의에 대한 투쟁 필요성과 그 중대한 의미를 조금도 경시할 수 없다."[127] 따라서 한인 쿨락에 대한 어떠한 유화 정책이나 그들에 대한 탄압의 축소는 있을 것 같지 않았다. 공산당, 코민테른 그리고 모스크바의 인종주의와 전제정의 민족 정책의 지속을 1923~1924년에 비난했던 한명세의 그림자가 예기치 않게 1929년 여름 분파주의자들의 내분 기간에 재등장했다. 니콜스크-우수리스크에서 사범대학을 책임지고 있었던 한명세는 여전히 (전 이루쿠츠크파인) 소비에트화한 한인분파에 여전히 상당한 영향력을 행사했다. 실제로 극동지구 위원회는 1929년 7월 10일, 한명세를 블라디보스토크 관구프리모리예에서 배제하는 「결의문 9」를 발표했다. 한명세는 그리하여 치타의 유사한 직위로 전근되었다.[128] 결론적으로 김 아파나시는 (15%로 높게 설정된) 한인 쿨락의 탄압이 문제가 있다고 생각하지는 않았지만 분파주의에 대한 비난이 지도부를 포함한 모든 한인 공산당원들의 명성을 더럽히려고 했을 때 그는 이러한 행동이 인종차별적이었고 이러한 '분위기'에 대한 투쟁이 또한 필요했다고 신속하게 암시했다.[129] 아파나시가 집단화 기간에 숙청에 참여했다고 누가 비난할 수 있었을까? 아파나시가 자신이 한인들을 위한 최선의 지도자라고 생각했다면 그는 공동체를 지도하고 만들어 나가며 숙청 이후 재건설하기 위해 살아 있어야만 했다.

한인들이 일본제국의 첩자라는 지속적 믿음은 1922년 12월 모든 한인들을 추방한다는 극동 사무국의 결의문에서 시작되었고 소비에트 정부가 일본과 1925년 협약을 체결한 이후 동력을 획득했다. 그러나 아르세네프, 게이츠만 그리고 라브크린의 보고서는 전제정시대의 러시아민족주의 담론이 얼마나 깊게 침투해 있었고 그것이 소비에트의 삶과 정책, 심지어 문서고의 사료들마저도 얼마나 변화시켰는지를 보여준다. 이미 살펴보았듯이 게이츠만과 라브크린의 보고서는 한인들을 매우 '낯선' 혹은 정치적으로 의심스러운 방식으로 보여주기 위해 부정확하거나 심지어 의도적인 '허위정보'를 제공했다. 프리모리예로부터 한인들의 부분적 추방이 이들 보고서 이후에 실시되었다.

토착화의 전반기 동안 소비에트 간부들과 사회가 여전히 동조했던 포퓰리즘적, 민족주의적 그리고 원초주의적 수사修辭의 부활과 전개를 우리는 확인했다.[130] 1기(1923~1930년)의 소비에트의 사회 정책과 공동체의 동원은 한인, 폴란드인, 혹은 독일인과 같은 (민족) 집단의 고취에 주로 집중된 반면 '호모 소비에티쿠스'의 이념을 건설하기 위한 자원 소비와 노력의 동원은 훨씬 적었다. 토착화의 후반부에서 우리는 적극적으로 자신들의 경계를 수호하며 '소비에트화'됨으로써 이념을 내재화하는 소비에트 한인들을 보게 될 것이다. 이 기간 내내 소비에트 한인들의 품성(그리고 국가에 대한 충성)에 대한 가장 확실한 증거는 한국과 국경을 접하며 90% 이상의 한인들이 거주했던 포시예트지구에 존재했다. 생활이 안정되어 가고 포시예트의 한인들 사이에서 그 어떤 스파이 행위 혹은 전복 행위를 찾기 어려웠기 때문에 소비에트의 건설이 토착화를 통해 진행될 것이라는 희망의 햇불이 타올랐다. 그렇지만 다음과 같은 질문도 불길하게 모습을 드러냈다. "소련의 다른 사람들도 포시예트지역을 한인들과 그들의 충성심 전체를 대표하는 지역으로 받아들이려고 할까?"

제6장
토착화보다 우선하는 안보적 고려,
1931~1937

나무를 벨 때, 부스러기도 생긴다.

내무인민위원부의 수장 니콜라이 예조브,

숙청에 따른 인명 손실을 언급하면서, 1937. 3.

이 장에서는 '소비에트 한인들은 왜 추방당했는가?'라는 질문에 대해 불완전하더라도 그 해답을 찾아볼 것이다. 1920년대에 스탈린은 소비에트의 모든 촌락에 GPU / OGPU의 기관원과 그들의 뒤를 잇는 정보원의 연결망을 활용하여 소비에트의 모든 촌락을 '감시'했다. 조지아 출신의 이 지도자는 주로 통제를 확고히 하고 경쟁자와 반대자 그리고 공산당 내부에서 적대적 이견을 제거하는 데 집중했다. 1920년대 말, 그는 전문가, 지식인 그리고 소위 부농들을 억압하기 위해 OGPU의 힘과 공포를 동원했다. 이것은 중요한 변화였고 민족주의자들을 곧 그가 우려하게 될지도 모른다는 신호였다. 1931년부터 1937년까지 스탈린의 체제는 통제의 확대를 위한 다수의 신기술과 구조를 개발했고 신원확인을 전제로 한 통행 허가제와 '정치적 범죄'라는 용어 확대를 통해 국가를 정비했다. 그럼으로써 체제는 수색, 체포, 구형을 할 수 있는 OGPU / NKVD의 권한을 증가시켰다.[1]

1932년, 일본에 의해 새로운 국가 만주국이 독일의 히틀러와 국가사회주의 독일 노동자당의 부상(1933년)과 더불어 출범했다. 스탈린은 적들에게 포위되었다고 생각했다. 극동의 양측 배후에 (한국과 만주국이라는) 일본 국가들의 존재는 부정할 수 없었다. 따라서 국가는 토착화를 형편에 맞지 않는 어떤 것이자 (토지, 평등, 권리 그리고 자치에 대한 지속적 요구를 통해) 불화를 초래하며 국가와 사회를 통제하고 단결한다는 체제의 목적에 반하는 견해, 태도 그리고 지도자들을 만들어 내는 강령으로 보기 시작했다. 역설적으로 소비에트 한인들은 적군과 집단농장의 수비대 참여로 인해 소비에트의 민족이라는 더 강한 의식을 발전시키고 내재화시켰다. 디아스포라 민족의 정치적 충성심은 인종적 뿌리인 그들의 조국과 결합될 수 있다는 생각은 여전히 위세를 떨치고 있었다. 1930년대 말에 이르자 극동에서 한인과 중국인의 삶은 거의 파국을 향해 가고 있었다.

토착화와 교육

라틴문자화는 소련에서 비라틴식 표기를 라틴식으로 전환하는 것이었다. 라틴식 표기는 교육, 학습, 문자해독률, 고등교육 그리고 출판 매체의 확대를 높이기 위한 운동에 적용가능한 글자 체계였기 때문에 그것은 소비에트의 다양한 민족을 더 근대적으로 만들 수 있는 교육 / 언어운동으로서 토착화 계획의 간접적 부분이었다. 그렇지만 한국어의 라틴식 표기는 국가 재정지원과 관련하여 어려워졌고 1932년에 이르자 본질적으로 소멸 직전이었다.

한인 청년들과 성인들에게는 직업 확보와 소비에트의 간부가 될 수 있는 빠른 길을 제공하며 국가에 대한 자신들의 충성을 보여줄 수 있는 교육의 기회가 1930년에 풍부했다.[2] 1930년대 토착화의 가장 흥미로운 측면중의 하나는 극동의 한인들이 다수의 사회 정책과 관련한 제안을 하고 지도부의 위치를 차지하기 시작했다는 점이다. 라틴식 문자표기운동의 일환으로 다수의 한인교육가들은 한국어를 라틴식으로 표기하는 방법에 대해 자신들의 생각을 제안했다. 1920년대에 정부는 장학 프로그램, 사회운동, 그 외의 법안 발의를 통해 한인 충원작업을 시작했다. 한인들이 교육은 물론 소비에트 사회주의에 대한 이해에도 탁월함을 보여주었기 때문에 그들은 더 많은 국가사업 참여와 공적 기구로의 진출, 학교 진학, 장학금 그리고 한국어 출판으로 보답을 받았다. 예를 들어 소비에트의 경제학은 중앙집중적 계획(5개년 계획)을 극단적으로 강조했다. 소련의 '방어'는 소수 민족 및 그들에 대한 교육 사업의 재창출을 위한 국가의 사업 기간 동안 지속적으로 강조되었다.[3] 한인들은 서

양의 의학, 문헌, 농장의 기계화 / 트랙터 도입에 대한 지지 여부에 상관
없이 다양한 정치적 계몽사업에 열렬히 참여했다. 1930년대 동안 한인
공산당원, 콤소몰 회원 그리고 신분상승한 노동자들은 자신들이 면밀한
감시 대상이라는 것을 알고 있었다. 자치지역에 대한 그들의 수많은 요
구는 저지되었고 대다수는 북쪽으로 이주시키거나 프리모리예에서 자
신들을 전적으로 제거하려는 국가(극동 사무국)의 다양한 제안을 들은 적
이 있었다. 따라서 극동의 한인들은 두 배의 노력, 열의, 규율을 통해,
또한 주도적 교육과 소비에트의 캠페인을 통한 성과 내지 경제분야에서
의 성과를 통해 소비에트 사회주의에 대한 자신들의 신의를 증명하려고
했다.

　1920년대 말에 이르러 한인들은 많은 수의 잡지와 신문 그리고 러시
아어와 한국어 중에 선택할 수 있는 그 외 매체들을 가지고 있었다.
1935년 무렵 9개의 한국어 신문과 6개의 잡지가 있었다. 9개의 한국어
신문은 다음과 같다.『선봉』,『노동자』,『농민신문』,『붉은 별』,『레닌의
길』,『스탈린의 길』,『신세계』,『문화』그리고『스탈린의 법정』.[4] 1936
년경, 러시아 국동의 전체 인구 2,273,000명 중 대략 204,000명이 한
인이었다.[5] 한인 인구는 1923년 106,000명에서 1927년 170,000명으
로 증가했다.[6] 25,043명의 한인들이 극동의 초등학교와 중등학교 학생
들이었다. 이들이 초등과 중등학교 전체 학생 수의 12.5%를 차지했다.[7]
1935년 무렵 극동대학에는 한인 분과도 있었다. 한인들을 위한 교육기
관 두 곳도 있었는데 그중 하나는 1931년에 780명을 정원으로 블라디
보스토크에 1931년에 설립된 노동자를 위한 4년제 사범대학이었다. 나
머지 하나는 하바롭스크농업대학 한인분과였다(〈삽화9〉). 또한 1927년

에 설립된 소비에트 당 학교의 한인 분과와 대략 420명의 학생이 재학 중인 4년제 기관인 니콜스크-우수리스크의 한인 사범대학도 있었다.[8] 한인들의 학업 성과는 매우 뛰어나서 한인 소비에트 당 학교가 또한 니콜스크-우스리스크에서 1930년에 개교했다. 1933년 무렵, 학생수는 372명에 달했다. 이꽐Li Kvar은 1930년대 이 당 학교의 교수였다.[9] 한국어 책 출판이 또한 폭발적으로 늘어났다. 1932년에 200곳 이상의 한인 마을에서 자체 도서관이 있었다. 1934년 무렵, 36명의 한인 작가들이 정기적으로 자신들의 작품을 출판했고 그들 중에 22명은 러시아어와 한국어로 작품을 출판했다. 가장 대중적인 20명의 한인 작가들의 출판 부수는 5천부터 17만 6천 부에 달했다. 10명이 일하고 있던 국영 극동 출판사의 한국어 분과는 수요를 전혀 따라갈 수 없었다.[10]

라이자 니가이Raisa Nigai는 니콜스크-우수리스크 사범대학의 재학시절을 사회주의적 이념, 여성의 권리 그리고 국제문제에 관련한 수많은 회의에 참석했던 시절로 회상했다. 니가이는 학비와 방세를 낼 수 있는 장학금을 받았다. 그녀는 졸업을 하지 않고 대학을 나와 쉬코토보로 돌아와 시장에서 일을 시작했다. 김 세라피마는 니콜스크-우수리스크 사범대학에서 모든 수업은 한국어로 진행되었다고 말했다. 최 예브게냐 Evgenia Tskhai 또한 니콜스크-우수리스크사범학교를 다녔다. 그녀는 수업의 첫 달을 끝냈고 첫 시험을 마쳤다. 그 이후 추방이 시작되었다. 사범학교 교수 중의 한 사람인 박 니콜라이는 블라디보스토크의 저명한 극동대학의 최초 한인 졸업생이었다. 그는 동(아시아)지역 연구의 전문가였다(〈삽화 8〉).1928년 10월부터 1932년 10월까지 (니콜스크-우수리스크의) 사범대학은 소비에트 한인 공동체에 420명의 교사를 제공했다.

Тов. Пак Николай.

⟨삽화 8⟩
(좌) 박 니콜라이, 1928년 봄, 극동대학 동양학과의 최초 한인 졸업생.
(우) 1937년 봄 니콜스크-우수리스크 사범학교의 졸업반. 첫 번째 줄 맨 오른쪽 세라피마.
두 번째 줄 우측에서 네 번째 박 니콜라이 교수.
출처 : (좌) *Krasnoe znamia*, March 16, no. 64(2776) : 5.
(우)우즈베키스탄 타슈켄트 폴리토트젤 세라피마 킴 제공.

한국어의 라틴어 표기는 한국어를 더 쉽게 가르치고 읽도록 하며 그
것을 과학화, 소비에트화하려는 의도로 1928년부터 1934년까지 실시
된 시도였다. 이러한 시도가 완전하게 시행되었더라면 극동의 한국인과
소비에트 정부가 자본주의적-제국주의적 영향을 받고 있다고 간주했던
만주, 일본, 한국 출신의 한인들 사이의 연결이 끊어졌을지도 있었다.[11]
이러한 시도는 한글과 한자의 혼용 문서를 없애 그것을 라틴문자 표기
로 바꾸려고 노력했던 소비에트 한인 간부들의 특성과 끈기를 또한 드
러냈다. 이들 간부들은 당 노선을 따랐고 특별히 한국어와 관련하여 (어
떤 경우에는) 자신들의 신념에 반하는 성명을 발표하기도 했다. 특히 (⟨삽
화 5⟩의) 『선봉』 책임편집인 이괄과 박 니콜라이(박용빈)가 두드러진 핵
심 역할을 했다. 라틴어 철자법으로의 전환과 한자의 제거는 한글 철자
법을 더 근대적으로 만들어 소비에트 언어학을 통해 한글을 재구성하고
그것에 영향을 끼칠 수도 있기를 희망했다. 소비에트의 영향은 소비에

트에서 사용되는 한국어에서 이미 일어나고 있었다. 소비에트에 한때 편입되었던 사람들의 다수가 (특히 과학, 군사, 기계 그리고 학술 분야에서) 많은 수의 단어를 차용하여 그 수는 5천에서 10만에 이르렀고 차용된 언어를 러시아어 전반으로 확산하면 그 이상일 가능성도 있었다.[12] 1928년 초, 아바르인, 카자흐인, 우즈벡인, 위구르인, 노가이인, 타타르인, 카라임인, 크리미아 유대인, 타지크인, 다르기인, 라크인, 레즈그인 그리고 둥간인이 라틴문자를 채택했다.[13]

1928년 6월 28일, 『선봉』의 편집자 이괄은 한국어의 라틴문자식 표기를 시작하자고 제안했다.[14] 먼저 이괄은 투르크어족의 여러 말들이 라틴문자식 표기를 이미 시작하였고 아랍문자를 버렸다고 지적했다. 둘째, 그는 라틴문자화는 한자를 더 쉽게 배울 수 있는 문자로 전환시킬 것이라고 설명했다. 셋째, 라틴문자화는 소비에트 한인들에 대한 한인 부르주아 인사들의 영향을 제거할 것이었다. 박용빈은 극동의 한인들이 농민계급의 후예들이며 그렇기 때문에 그들의 사회주의적 심성이 한국의 전통적 지식인과 그들이 읽는 책과는 대립된다고 지적했다.[15] 소비에트 한인 아동들의 책 출판에 관여했던 학자 계봉우Ke Pong U는 한국어 책에서 한자를 단순히 2,300개로 제한해야 한다고 주장했다.[16] 후일, 한성걸, 박군식, 오창환과 같은 그 밖의 한인 지식인, 교육가, 언어학자들이 라틴문자식 표기에 대한 자신들의 견해와 독창적 생각을 『선봉』에 또한 게재했다.[17] 1930년, 이괄은 "문화혁명과 라틴문자화"라는 제목의 기사를 게재했다. 이 당시 이괄은 한자를 전혀 사용하지 않고 한글만로 이루어진 한국어 신문 『선봉』의 편집자였다.[18] 이 기사에서 이괄은 한문은 한인들 사이에서 사회주의적 심성의 개발을 더디게 하고 있고 "철자법도 끔찍하기"때문에 "문법적으로도 세련되지 못했다"라고 적었다. 『선봉』을 한글만으로 채우려고 했던 이괄은 이렇게 한문 사용을 강력하게 비난했다. 이러한 말들은 이괄의 상관 혹은 (극동의 라틴문자화를 책임졌던) 새로운 문자표기 위원회의 회원들이 썼을 것 같았다.[19] ("철자법이 끔찍하다"는) 이괄의 지적은 서구식 언어에 대한 강한 편향을 드러내는 것이었다. 그러나 그는 그것이 자신의 신념에 반할 경우라도 당 노선을 따랐다.[20]

1930년, 모스크바는 교육 인민위원부의 수장 불라트니코프Bulatnikov를 포시예트지구에 파견했다. 그는 한국어의 라틴문자화는 간단치 않을 것이라고 지적했고 우선 중국식 '상형문자'를 제거하고 그다음 한국어의 새로운 음성학적 토대를 발전시켜 라틴식 문자화를 성취하자고 주장했다. 한인들이 대체로 2천에서 3천의 한자와 음성문자인 한글을 사용하는 자신들의 문자 체계(소비에트 한인의 언어)를 포기할 것 같지는 않았다. 킹King은 한국어 교육에 관여했던 극동의 인민위원 흐반 운겐Khvan Ungen을 1989년 만났다고 얘기했다. 흐반은 라틴문자화를 위한 많은 명령을 받았다고 인정했다. 노골적으로 저항하지는 않았지만 그는 그러한 명령들을 서랍 안에 넣어두고 별 생각없이 그것들을 잊어버리곤 했다.[21]

박 니콜라이는 동방학과로 개명한 (블라디보스토크 극동대학 아시아 학과의) 최초 한인 졸업생이었다. 그는 저명한 중국 / 만주 / 퉁구스 언어학자이자 민족지학자인 A. V. 그레벤쉬치코프 밑에서 공부했다.[22] 니콜라이는 또한 한글을 라틴문자화하기 위한 제안서를 만들었다. 한글의 라틴문자화가 조선반도의 한인과 소비에트 한인들을 단절시킬 것인가 라는 질문을 받았을 때 니콜라이는 라틴문자화가 다양한 지역의 한인들 사이에 어떠한 장벽도 만들지 않으며 그것이 "우리[소비에트 한인들]가 맨 처음 들어 올리는 혁명적 무기가 될 것"이라고 대답했다.[23] 이괄과 박 니콜라이는 일차적으로 소비에트 간부들이었고 그리하여 그들은 라틴문자화를 한인 공동체 내부로부터 활력을 얻을 수 있는 계획으로 제시했다. 두 사람 모두 의도적이든지 그렇지 않든 간에 라틴문자화가 (소비에트화된) 한인들을 자신들 고국의 문학, 매체 그리고 정치로부터 단절시킬 것이라고 생각했다. 이러한 입장은 또한 이괄과 니콜라이 두 사람이 한국어의 라틴문자화를 반대했던 사람들의 처벌을 제안했던 1930년대의 반영이기도 했다. 1932년 1월 4일 자『선봉』은 김낙선의 라틴문자화에 반대하자는 제안을 반당적이고 반혁명적이라고 반박했다. 연해주의 라틴문자화 위원회는(박 니콜라이는 한국어의 라틴문자화를 위한 이 위원회의 성원이었다) 김낙선의 일탈은 자아비판으로 용서될 수 없다고 주장했다.[24] 이것은 탄압의 요구처럼 보였다.『선봉』670호의 "한국어 교사가 라틴문자화를 반대하다"라는 기사는 라틴문자화를 반대한 김시종을 프티 부르주아로 규정했고 그에 따른 합당한 대우를 받을 것이라고 명시했다. 김시종은 니콜스크-우수리스크 사범대학의 한국어 강사였고 라틴문자화를 위한 연구위원회 배정을 거부했다.[25] 요약하자면 소비에트 한인 간부들의 다수는 당에 대한 충성을 맹세하고 드러냈으며 그것을 증명하기 위해 극동의 다른 한인들을 기꺼이 억압했다.

결국 한국어의 라틴문자화 계획은 시작되기도 전에 끝나고 말았다. '겨우 두 개의 문서만이 라틴문자화된 한국어로 간행되었다.[26] 라틴문자화를 위한 자금 지원은 매우 일찍부터 심각한 문제에 직면했다. 1932년 4월, 블라디보스토크시 소비에트 간부회의의 결의문 282조는 행정 구역 내에서 중국어의 라틴문자화를 위한 비용(64,500루블이 소요 예산)을

'전혀 충당할 수 없다'고 선언했다.[27] 한국어의 라틴문자화를 위한 자금 지원도 1932년에 또한 없는 것 같았다. 결국 라틴문자화는 1934년 무렵부터 시작된 소비에트의 모든 언어에 대한 키릴식 문자표기로의 회귀에 따라 미해결로 남았다.[28] 대략 비슷한 시기에 N. Ia. 마르Marr가 소비에트의 가장 저명한 언어학자이자 철자위원회의 성원이 될 정도로 부상했다. 그의 '단계 이론'은 러시아어와 러시아어 문서가 사회주의적 발전의 최고의 형태이며 다른 민족과 언어를 동등한 수준으로 이끄는 수단이 될 것이라고 주장했다. 가장 고도로 발전된 언어라는 이유로 러시아어는 라틴문자화의 과정을 갑자기 중지시켰다. 각 민족의 언어를 가르치던 소비에트의 모든 학교에서 러시아어는 필수과목이 되었기 때문에 1930년대 말에 이르러 라틴문자화에 나섰던 대다수의 언어는 키릴 문자로 돌아갔다.[29] 마틴은 "그렇지만 1934년 무렵, 스탈린은 잘못 짚은 정책의 방향은 '가장 커다란 위험 그 자체'이며 전통 러시아 문화의 복원은 이미 시작되었다고 선언했다(1934년 이후). '인민의 우정'과 같은 수사는 외국의 적을 대상으로 하는 호전적인 어떤 형태를 가능케 했다"고 지적했다.[30]

1934년경, 라틴문자화를 위한 대다수의 시도가 종결되자 러시아 언어와 러시아인, 러시아 문화 주변을 감싸는 공식 방벽이 생겼다.[31] 한인들이 추방되기 이전의 토착화 기간에 반복해서 부상되었던 두 현상이 있었다. 첫째, 이괄 자신이 공개한 라틴문자화의 이유는 "대 러시아 인종주의적" 특성이었다. 그렇지만 그는 한국어가 "끔찍할 정도의 철자법을 가진 언어"이자 "저개발된 언어"라고 『선봉』에서 공개적으로 지적했다. 이러한 말은 이괄에게 "반당적"이라고, 즉 공산당의 적대자이자 인종주의자라는 딱지를 가능하게 했다. 게다가 이괄, 불라트니코프, 박 니콜라이 그리고 그 외의 인사들은 한자를 단순한 '상형문자'라고 지칭했는데 그러한 말에는 이러한 글씨 체계를 본질적으로 원시적으로 규정하는 것이었다. 한국어의 글자 체제에서 대략 2천 자의 한자가 사용되었다.『적기』또한 1931년 8월,「중국의 상형문자 – 형편없는 시대착오」라는 제목의 기사를 한국어와 중국어의 라틴문자화 기간에 게재했다.[32] 한자를 의미하는 러시아 단어 'Ieroglify', 즉 상형문자라는 단어에는 선입적 편견과 원시적이라는 생각이 내포되어 있다. 한자는 새로운 단어, 의미 혹은 이념을 만들기 위해 함께 작동하는 기의로 구성되어 있기 때문에 한자에 대한 더 좋은 명칭은 '표의문자'일 것이다.[33]

둘째, 한인 학자들과 지식인 사이의 공개 논쟁은 탄압의 위협 혹은 서로를 침묵시키는 결과를 낳았다. 마지막으로 한국어에 대한 지역 차원에서의 라틴문자화운동은 모스크바와 페테르부르크와 같은 중앙의 소비에트 지도자들이 다양한 민족의 언어에 대해 벌였던 전국적 차원의 라틴문자화운동보다 훨씬 더 큰 주목을 받았다는 것이 중요하다. 이러한 상황은 토착화가 더 광범위하고 민족을 초월하는 '호모 소비에티쿠스'라는 정체성의 구성이 아니라 특정한 민족성과 공동체(이번 경우는 한인)를 고양하고 구성하는 프로그램으로서 이해되고 내재화된 이유를 설명하는 데 도움을 준다. 한인들은 박 니콜라이, 이괄, 김낙선, 오창환, 그외 인물들 사이의 대립을 신문 '일면'을 장식할 기사로 생각했으며 1928년부터 1934년까지, 아마도 그 이후까지도『선봉』과『적기』두 매체는 이러한 대립을 아주 상세하게 다루었다. 한인들은 전국적 차원의 라틴문자화운동이 자신들의 민족성과 언어에 영향을 미치지 않았기 때문에 훨씬 적은 관심을 기울였다. 따라서 그들의 지도자와 지식인이 우선이었고, 훨씬 더 큰 관심을 받았다. 토착화 자체의 본질이 이러한 현상을 또한 강화시켰는데 토착화는 소비에트 시민의 민족적 특성, 즉 인종적 특성에 기초하여 그들이 규정되고 혜택을 받는다는 것이었다. 그것은 또한 고등교육 기관과 매체의 측면에서 그들에게 혜택을 주었는데 이를 통해 한인이라는 정체성이 먼저이고 소비에트가 그다음이라는 교훈이 강화되었다.

따라서 우위를 차지하기 위해 양립하는 두 실체가 소비에트 국가를 대표했다. 즉 지역의 민족 지도자(한인들)와 전 연방차원의 지도자(모스크바)이다. 이러한 실체는 소련의 종식 이전까지 다른 형태이긴 하지만 지속되었다.[34] 애석하게도 러시아인과 러시아 언어 주변의 '방벽'은 그에 대항하는 '또 다른 타자', 즉 '지역 민족주의'의 부상을 수반했다. 지역 민족주의, 즉 토착화 후반기의 민족주의적 감정과 소비에트 소수 민족의 인종주의는 거의 탄압받았던 적이 없었던 "대 러시아 인종주의"에 대한 관심보다 높았다. 그렇지만 공산당, 콤소몰 그리고 소비에트 기구의 1933~1937년의 다양한 박해를 통해 한인들의 '지역 민족주의'는 비난받았다. 국가는 아마도 디아스포라 민족들은 '새 사람이' 될 수 없다는 견해를 공개적으로 옹호하기 시작했다. OGPU / NKVD와 MVD(내무부)조차도 디아스포라 민족들의 선천적 특성과 일상생활에 대해 의심의 눈길을 보내기 시작했다. 예를 들자면 한국어로 편지 쓰기, 국경 너머의 접촉, 해외여행 같은 것들은 파괴적 혹은 '제5열'과 같은 행동들로 비쳐졌다. 이러한 인식은 디아스포라 민족들의 선천적 특성에 따라 그들을 격려할 수도 있고 억압할 수도 있는 이중적 의미의 민족 정책을 가능케 했다. 1934년 이후의 '방벽'으로 공산주의의 세계 전파라는 국제주의자로서의 의제를 가진 '다수 민족의 국가'라는 소련에 대한 이전의 광범위한 견해는 안보와 소비에트 정체의 활력을 구실로 '평등한 민족들 사이에서 러시아를 최우선으로 한다'는 매우 축소된 범위로 후퇴했다. 후자의 상황으로 소련은 사실상 동슬라브 세 종족의 강력한 보호를 찬양하지만 영토 내의 타민족에 대한 비방도 행했던 국가로 변화했다.

1936년 7월 4일, 『적기』의 「노동자[한인 노동자예비학교]를 위한 한인 사범대학의 2회 졸업생」이라는 기사는 대학이 1931년에 블라디보스토크에서 어떻게 문을 열었으며 1935년에 1회 졸업생을 어떻게 배출했는지를 기술했다. 대학에는 물리 / 수학, 자연과학, 문학 그리고 역사학과(특히 공산당의 역사)가 있었다. 1935년에 대학은 17명의 자연과학 교사, 8명의 역사 교사 그리고 8명의 물리 / 수학 교사를 배출했다.[35] 1935~1936년 무렵에 이곳의 노동자 예비학교rabfak에는 총 789명의 학생이 있었다. 일부 한인 학생들은 대체로 학비, 방세, 매달 50루블의 생활비를 포함하는 소비에트의 장학금을 받았다(〈삽화 9〉). 350명의 한인들이 소련 각지의 '붉은 교수 연구소'의 학생이었다. 이러한 수치는 한인 청년 공산주의자콤소몰 회원들과 1920년대 말의 다양한 집단농장 안의 공산당 세포조직 활동가들의 다수가 도시로 와서 장학금을 받고 연구소와 대학을 졸업했다는 것을 보여준다. 국가도 이러한 상황을 알고 있었고 대학과 연구소는 이들을 대상으로 한인들의 새로운 분과를 개설했다. 교육은 극동의 한인들을 소비에트화하여 그들에게 극동의 도시 혹은 한인촌 소비에트에서 간부의 지위를 부여했다. 토착화의 아마도 예상하지 못했던 결과중의 하나는 한인 주민들이 갈수록 도시화되어 러시아어를

〈삽화 9〉 하바롭스크의 한인들, 1932년.
김 예브도키야 안드레예브나(아래 줄 중앙 체크 무늬 셔츠)와 하바롭스크 소재 대학(하바롭스크농업대학으로 추측)의 수학 혹은 물리학과의 급우들.
출처 : 이 에밀리아(김의 손녀), 폴리토트젤, 우즈베키스탄

더 많이 사용하고 러시아 관습과 문화를 더 많이 접촉하게 되었다는 것이다. 1926년부터 1937년까지 (NKVD와 적군을 포함한) 소비에트의 도시 거주자는 2,630만에서 5,187만으로 늘어나 197.1%가 증가했다. 블라디보스토크의 인구는 103,000(1926년)에서 207,000(1937년)으로 늘어났다.[36] 한인들 가운데 유사한 비율이 또한 도시화되었을 것 같다. 아쉽게도 추방 이전의 한인들의 도시화에 관한 자료는 존재하지 않는다.

구술사 1930년대 한인들의 삶

한인 추방자들의 구술사는 극동 한인들의 삶, 그들의 독특한 문화, 소비에트 삶에서의 그들의 기여 그리고 그들의 추방과 관련한 핍진성 및

미묘한 심연의 연구를 구성하는 데 가장 중요한 자료 중의 하나이다

이 절은 농촌지역의 한인들의 삶에 주로 집중한다. 이 절은 또한 독자들에게 극동 농촌지역의 한인들과 보통 사람들의 삶에 관한 정보를 제공한다. 토착화의 혜택과 결과는 소비에트 체제에 대한 극동 한인들의 충성을 공고히 하였고 동시에 열망과 '대안적 희망'을 실현하는 방법을 그들에게 제공했다.

정 콘스탄틴Konstantin Ten은 1929년에 출생했다. 체르니고프스코고 관구의 그의 고향 신항동Sinhendon에서 그는 교사인 아버지와 함께 종종 학교로 갔다. 그의 아버지와 학교의 다른 교사들은 오전에 차를 같이 나누었고 그럴 때마다 예외 없이 누군가 그에게 사탕을 주곤 했다. 신항동에서 그들은 다른 마을 사람들과 배구나 축구 시합을 벌였다. 축구팀에게는 번호가 새겨진 유니폼도 있었다. 그의 아버지와 삼촌이 마을 축구팀의 선수였는데 그들은 어렸을 때 조선에서 이주하여 러시아에서 축구를 배웠다. 1937년 9월 무렵, NKVD 장교가 수업을 끝마친 그의 아버지를 학교에서 데려갔다. 콘스탄틴은 아버지를 다시는 보지 못했다.[37]

김 알렉산드라는 1937년에 17세였다. 그녀의 아버지는 러시아어를 많이 알지 못하는 파르티잔 출신이었다. 그녀가 12살이었던 1933년, 그들은 우수리에서 하바롭스크로 재이주했다. 그녀의 기억에 의하면 하바롭스크에는 중국인 가게가 어디에나 있었고 중국인지구는 도시 외곽에서 2킬로미터 떨어져 있었다. 중국인들이 만든 사탕, 만두, 국수, 두부 맛은 좋았다. 도시에는 일본인이 거의 없었지만 그들이 스파이일 수도 있었기 때문에 누구나 그들을 두려워했고 그들에게 말 걸기를 겁냈다고 그녀는 회상했다.[38]

김 세르게이Sergei KIm은 (우수리) 한카이스키지구의 신두히네츠Sin Du Hinets 한인촌에서 성장했다. 그의 마을은 두 종류의 보리(흑보리와 황보리)와 배를 재배했다. 그의 가족은 황소와 그 외의 가축을 키웠다. 그의 기억에 의하면 그들은 한국의 모든 명절을 축하했다. 단오(봄), 추석(가을), 음력 설날(2월). 이러한 명절기에 그들은 그네뛰기, 널뛰기 그리고 씨름 같은 한국의 전통 놀이를 즐겼다.[39]

허일Il Khe의 아버지는 블라디보스토크 사범대학 노동자예비학교를 졸업했다. 그는 이후 한국어와 생물 교사가 되었다. 그의 아버지가 근무했던 극동의 학교에서 교사들은 학생들 개개인에게 칠판 대신 모래가 깔린 판을 제공했다. 그의 마을인 두보프스코 콜호즈는 러시아 비행장 근처의 스파스크지구에 있었다. 마을에는 전담 한의사가 있었는데 그의 침은 오늘날의 침보다 훨씬 컸다.[40]

엄 일라리온Iliaron Em은 스탈린 체제의 억압과 추방의 여파를 보여주는 전형적 사례였다. 그의 삶에 엄청난 영향을 미친 어린 소년 시절의 하나의 사건 때문에 이 사례는 특히 가슴이 아팠다. 일라리온은 소비에트 쪽 아무르강의 한 섬에서 젊은 시절을 보냈다. 그의 가족은 1933년에 탄압을 받은 부농의 집을 물려받았다. 그들의 마을은 밀, 콩, 옥수수, 감자 그리고 양파를 재배했다. 여름에 아무르강의 중국 쪽에서 중국인 노동자들이 넘어와서 일라리온마을의 수확, 특히 양파의 수확을 도왔다. 그의 콜호즈(노바야 스트로이카)에서 일부 한인들은 중국어를 말할 수 있었고 중국인들은 한국어를 말할 수 있었다. 이런 식으로 노동자들은 소통했다. 일라리온은 중국인 여성들이 남자 같이 바지를 입었다고 회상하며 "그러한 모습은 확실히 기억난다"라고 말하면서 웃음을 터트렸다. 그는 한인 여성들은 밭에서 일할 때조차도 긴 치마를 입었다고 말했다. 한인과 중국인들은 여름철에 함께 일했고 그리고 나서 수확 혹은 수입을 분배했다. 일라리온의 기억에 의하면 중국인들은 고기를 안에 넣고 대나무 찜통에서 만들어 낸 중국식 만두를 한인들과 나누어 먹었다. 매년 여름이 끝나면 중국인들은 아무르의 그들의 영토로 돌아갔다.

일라리온 아버지 엄창진의 사례는 NKVD와 소비에트 국가가 범죄자를 어떻게 다루었는지를 보여주는 전형적 사례이다. 1935년, 일라리온과 그의 사촌 동생은 성냥을 가지고 '불놀이'를 하며 놀고 있었다. 그들은 볏짚단에 불을 냈는데 그것을 끌 수 없었기 때문에 마을의 재산 일부가 소실되었다. 이러한 화재로 일라리온의 아버지 엄창진은 콜호즈 노바야 스트로이카에 반대한다는 죄목으로 기소되어 3년형의 징역을 선고받았다. 그렇게 딱지가 한번 붙여지면 엄창진은 '반소비에트' 혹은 '사회적으로 해로운' 분자라는 인식을 벗어나기가 매우 어렵다는 것을 알았다. 1938년 일라리온의 아버지는 형기를 마치고 석방되었다. 그는 가족들과 3일간 지내다가 다시 체포되어 1938년에 단지 '믿을 수 없다'는 이유로 또 다시 3년간 구금되었다. 그는 벌목을 위해 서부 시베리아로 추방되어 1939년에 사망했다.

엄 일라리온과의 내담은 국가 문서고의 자료와 비교할 때 현장 방문의 중요성을 일깨워 주었다. 한인들의 추방 그 자체에 관해 말할 수 있는 기회라는 것을 제외하면 이것은 엄 선생이 말하고 싶은 그런 종류의 이야기는 아니었다. 나는 엄의 손자와 서로 알고 있었기 때문에 그를 소개받았다. 대담을 시작하려고 하자 엄은 주저했다. 이 대담은 첫 번째 대담 이후 1년이 지난 두 번째 대담이었다. 엄은 고통스러운 표정을 지었고 멈추었다가 자신의 삶에서 가장 고통스러운 사건 중의 하나였던 '소방대'에 관한 이야기를 나에게 말하기 시작했다. 그의 고통은 아버지를 구속시키게 만든 사건에 자신이 적지 않게 연루되어 있다는 사실 때문에 커졌다. 그는 "'불놀이'를 하며 놀자는 생각은 내 생각이 아니라 나의 사촌형의 생각이었어"라며 말을 시작했다.

아버지를 잃었기 때문에 일라리온은 그의 가족에게 '할당된 생산량'을 충족시키기 위해 더 많은 시간을 일해야 한다는 어려운 과제에 직면했다. 그러한 할당 생산량을 충족해야만 그는 가족의 집을 지킬 수 있고 한인 콜호즈의 성원으로 남아있을 수 있었다. 일라리온의 어머니는 건강이 좋지 않았고 그의 누나는 괭이를 제대로 사용하지도 않았고 할 수도 없었다. '계획' 혹은 할당된 가족의 생산량은 많지 않았다. 한인들의 콜호즈에서도 생산량을 충족시키지 못한 가구들은 집단농장에서 쫓겨났다.[41] 이러한 상황은 가족들의 낮은 생산성을 보충하려는 일라리온의 부담을 가중시켰다. 그는 밤에도 일을 계속하기 위해 저녁을 밭에서 먹었다. 그는 또한 매일 학교에 괭이를 가지고 다녔다. 일라리온은 학교에 가서 공부하며 놀고 휴식을 취할 수 있는 다른 아이들이 부러웠다. 그의 어머니는 공부를 열심히 하고 학교를 계속 다니라고 압박했기 때문에 밭에서 일을 마친 다음에도 그는 자주 밤늦게까지 공부했다. 그리하여 일라이온은 대학에 들어가기 전까지 거의 잠을 자지 못했다.[42]

구술사는 극동의 다양한 민족 집단 그리고 종교 집단 사이의 수많은 상호관계를 또한 드러냈다. 이러한 내용은 일부 문헌과 특히 문서고에서는 분명 존재하지 않는 소비에트의 삶의 한 측면이다. 한인들이 유일하게 보았던 중국인들은 산적이었기 때문에 한인들은 중국인들을 미워했다고 박 마리아와 김검서 두 사람은 말했다. 김은녹에 의하면 중국인들은 그의 마을에 의료인(약초상 혹은 침술사) 그리고 수공업자로서 종종 방문했다. 그들은 음식 만들 때 쓰는 솥과 냄비를 가끔 수선했다. 한인들 일부는 러시아 지주들에게 수확물의 70%까지를 빼앗겼기 때문에 매우 가난했다. 한인 대가족은 때때로 자신들이 갚을 수 없을 정도의 빚을 중국인에게 졌다. 빚 청산을 위해 일부 한인들은 중국인들에 딸을 아내로 팔았다.[43] 김건서 또한 이러한 사례가 매우 드물긴 했지만 있었다고 확인했다.[44] 라이자 니가이Raisa Nigai는 부모없이 성장한 5명의 젊은 한인 여성들을 알고 있었다. 그들은 바로 쉬코토보의 외곽에서 살았다. 다섯 명 모두의 부모는 질병 혹은 (고기를 잡다가) 물에 빠져 사망했다. 이들 고아 모두는 중국인과 결혼했다. 니가이는 이들 중 한 여성에게 "중국인과 왜 결혼하셨나요?"라고 물었다. 그녀는 "나는 배가 고팠어요. 부모도 없었고 죽고 싶지 않았습니다. 나는 먹을 것을 얻어 살기 위해 그와 결혼했습니다"라고 대답했다. 라이자는 한인 여성들이 전반적으로 자신들의 남편과 행복해 보였고 이들 중국 남성들은 러시아 여성보다 한인 여성을 선호했다고 말했다. 이들 모두에게는 아이가 있었고 사탕 혹은 장난감을 사기 위해 가끔 그녀의 가게에 왔다. 여성들의 평균 나이는 18세였던 반면 그들의 남편들은 22세에서 25세 사이였다.[45]

강 엘레나Elena Kan는 다섯 살 때 부모를 잃었다. 그녀는 다음과 같이 말했다. "오빠와 언니가 나를 키웠죠, 그런데 그들에게도 자신들의 아이들이 있었고 그들은 나에게 먹다 남은 음식을 주었죠. 상한 음식을 가끔 주기도 했어요. 그러다가 훨씬 촌수가 먼 친척이 나를 키웠는데 그들은 나를 하인 혹은 노예처럼 대했어요." 엘레나는 16살 때 또 다른 한인 고아 최 바실리^{Vasilii Tsoi}와 결혼했다. 바실리는 21살이었고 이제 그들은 바실리의 남동생과 여동생 넷을 돌보면서 생계를 꾸려 나갔다. 바실리는 10살 때 부모를 잃었다.[46]

집단농장에서 일했던 대다수 한인 여성들 그리고 아마도 소비에트 여성의 대다수는 농지와 집에서 장시간 일했다는 것을 또한 지적해야만 한다. 집안 허드렛일과 가족들을 위해 일한 시간까지 포함한다면 여성들은 대체로 남성들보다 더 많은 시간을 일했다.[47] 일부 여성들은 남성들보다 훨씬 더 많은 시간을 일했다. 이 나데즈다^{Nadezhda Li}는 40대 중반 이전까지 하루에 2~3시간 밖에 못 잤다고 얘기했다.

> 나는 밭에서 일하기 위해 아침 일찍 나갔지요 [보통 오전 7시에서 오후 7시까지 혹은 오전 6시에서 오후 6시까지]. 아이들을 유치원에 보내기 위해 오전 중에 집으로 돌아갔습니다. 나는 아침부터 밤까지, 일주일에 7일을 일했지요. 쉬는 날이 없었어요. 집에 돌아왔을 때는 이미 늦었지만 빨래라든가 그 밖의 할 일이[예를 들자면 바느질 혹은 아이들이 원하는 어떤 일들이] 언제나 있었죠. 나는 매일 두 세 시간 밖에 못자고 일어나 다음 날을 맞았고 다시 모든 것이 반복되었죠. 오전, 저녁의 음식 준비. 밤에도 나는 [겨울 동안에] 불을 피워 그것을 꺼지지 않게 해야 했죠.

박인옥^{Ok In Pak}은 끝내야 할 집안일이 너무 많아서 어떤 날은 단지 두 세 시간 밖에 못잤다고 얘기했다. 이러한 상황에 대해 아무도 얘기하지 않은 이유를 물으니 그녀는 다음과 같이 담담하게 말했다. "그러한 상황은 일반적이었어요. 누군가가 이러한 종류의 일을 해야 했고 남자들은 그 일을 할 수 없기 때문에 대다수의 여성들은 그것에 관해 얘기하지 않았죠."[48] 대다수 여성들은 이 나데즈다가 얘기한 의무뿐만 아니라 가족 모두를 위한 바느질, 옷 수선 그리고 옷 만들기와 같은 의무도 완수했다. 러시아 극동과 중앙아시아의 집단농장에서 1950년대 이전까지 특히 우기에 작물을 심을 때와 농사일을 할 때 필요한 신발 혹은 고무 덧신은 충분하지 않았다. 집단농장에서 한인들은 아이들을 위해 다용도(운동, 작업, 등교)로 쓸 수 있는 고무 덧신을 타이어를 활용해서 만들었다. 그들은 타이어를 잘라 그 위에 천을 대고 실로 꼬맸다. 이러한 신발들은 매우 유용했다. 사람들은 이 신발을 즉시 팔 수도 있었고 필요하거나 구하기 힘든 다른 물건과 교환할 수도 있었다.[49]

집단농장의 한인들은 (러시아식의) 체스, 체커, 카드게임 그리고 한국식 화투와 운동경기를 하면서 여가시간을 보냈다. 남자들은 집단농장의 축구팀을 조직했다. 그들은 천을 엮거나 양털을 단단히 엮어서 축구공으로 사용했다. 공의 표면은 양, 염소, 혹은 황소의 가죽으로 만들었다. 그들은 또한 (야구의 변형인) 라프타lapta와 쿠르카kurka를 하며 놀았다. 집단농장 혹은 코뮌의 생활에는 사교의 일부분으로 술리suli와 한신hanshin의 상표를 가진 보드카가 빠지지 않았다. 소비에트의 문서고의 자료에 의하면 한인들은 집에서 만든 밀주 보느카와 더불어 술리와 한신을 판매하는 다수의 작은 술집을 1920년대까지 프리모리예역 근처에 열었다.[50] 술은 사교, 뒷담화, 동지애 활성화를 위한 사회적 윤활유로서 주로 사용되었다. 그렇지만 농장 혹은 어업조합에서 일주일 내내 오전에 끝내야 할 일들이 여전히 남아 있었다. 극동의 대다수 한인 농장에서도 한인들은 명절을 제외하고는 전통 놀이(씨름, 널뛰기, 그네뛰기)를 하지 않았다는 점이 흥미롭다. 이러한 점은 러시아화와 소비에트화가 되었다는 하나의 예시였다. 그렇지만 한인들끼리 사이에서는 한국말을 계속 사용했고 그렇게 하는 것을 선호했다. 언어는 토착화 기간의 소비에트 민족지학자들 사이에서도 문화의 가장 두드러진 징표로 간주되었다. 대다수 한인들은 동화와 '민족문화'의 유지에 대해 도구적으로 접근하는 듯 보였다.

소비에트 한인들은 러시아의 놀이와 운동을 즐겼는데 이러한 것들이 대다수의 친숙한 여가활동이자 놀이였기 때문이었다. 그들은 종종 러시아 노래를 불렀고 잘 알려진 다수의 러시아 노래를 같은 음계의 한국말 노래로 바꿔서 부르기도 했다.[51] 이러한 노래들이 가장 잘 알려진 노래들이었고 대다수가 알고 있고 좋아했기 때문에 그렇게 했다. 그러나 소비에트의 '문화적 자치'의 약점 중의 하나는 그것에 대한 문화적 '보증'이 부족했다는 것이다. 토착화와 소비에트의 민족지학은 언어가 민족문화의 핵심 요소 중의 하나라고 믿었다. 따라서 극동의 한인들은 (초등 1학년인) 7살 때부터 고등교육이 끝날 때까지 (니콜스크-우수리스크의 사범대학을 졸업하는 사람들의 경우 20여 년을) 학교에서 한국어로 말했다. 그렇지만 그들이 학습에 활용하는 매체(라디오, 학교, 교과서, 신문, 잡지)는 엄격하게 러시아 / 소비에트의 틀 안에 있는 것들이었다. 예를 들어 소비에트 교육에서 사회과학은 부르주아지와 프롤레타리아트 / 농민 사이의 영속적 계급투쟁의 이념을 지속적으로 논의했다. 거기에는 또한 프롤레타리아트, 계급 의식, 자본주의-제국주의 국가 그리고 부르주아의 적과 같은 소비에트의 매우 독특한 용어들이 동원되었다. 따라서 진정한 한인의 문화적 자율성은 소비에트의 토착화 안에서 발견하기가 어려울 때도 있었다.

'폴리토트젤' 콜호즈의 김마야Maia Kim는 프리모리예의 한인마을 개다막Gai Da Mak에서 1937년 3월 22일 출생했다. 나이 차이에도 불구하고 자신의 부모가 어떻게 만났는지 그녀는 얘기해 주었다. 이 이야기는 오늘날의 법적, 문화적 기준에서 크게 어긋난다. 그렇지만 이 이야기는 오늘날 금기시되고 감춰져 있으며 혹은 부정되고 있는 문화와 규범을 밝혀낼 수 있는 구술사 매력의 일부분이자 선물이라고 할 수 있을 것 같다.

어머니는 9살 때 결혼하셨죠. 어머니는 물을 길러 우물로 가고 계셨어요. 당시 18살이었던 아버지는 어머니를 보고 홀딱 반해 버렸죠. 아버지는 집으로 가는 어머니를 따라가 어머니가 살고 있는 곳을 알았고 그녀에게[부모에게] 결혼하자고 했지요. 어머니는 13살 때 아버지와 같이 살기 시작했죠. 13살 때 어머니는 첫째 아이를 가졌어요 (…중략…) 어머니에게는 총 13명의 자녀가 있었죠. 내내 눈코 뜰 새 없이 바빴기 때문에 글을 배우지 못했어요.

폴리토트젤에서 또한 살았던 김 세르게이는 자신의 부모의 결혼에 대해[어머니는 14살이었고 아버지는 25살이었다] 다음과 같이 말했다. "현재의 기준으로 그 결혼을 평가할 수는 없습니다. 그 당시 이러한 결혼[사춘기 여성과의 결혼]은 그렇게 드문 것은 아니었습니다. 당시의 사정은 달랐습니다. 사람들이 그때는 미개했죠."[52] 한인 여성들이 사춘기 때 일찍 결혼했음을 보여주는 두 사례는 농촌의 대중문화의 일부분이자 19세기 말과 20세기 초 벽지 한인마을과 농부들의 관습처럼 보인다.

이 책의 집필을 위해 대담을 진행한 사람들 가운데는 매우 당황스러운 세부적 내용들까지도 말하려는 사람은 거의 없었다. 스탈린시대의 소비에트 사회에는 규칙을 벗어나지 말아야 한다는 강한 의식이 있었다. 1937~1938년에 일어났던 사건들에 대해 있는 그대로 말하는 것이 올바르다거나 그렇게 하고 싶다는 의식은 1960년대부터 시작된 지하출판 잡지, 잊혀진 기억을 재생하기 위한 출판물그리고 그와 유사한 책들 그리고 고르바초프의 개방 정책에 의해 강화되었고 격려되었다. 이러한 문화운동과 시대 분위기 덕택에 추방당한 사람들은 자신들의 언어로 자신들의 삶을 말하고 다시 기록하려는 의지와 목소리를 강화할 수 있었고 그 결과 그들은 상반된 해석 혹은 의미를 드러내기 위해 때때로 다른 의견을 제시하기도 했으며 더 나아가 이전 진술을 철회하기도 했다. 이것이 구술사의 강점 중의 하나이고 그것의 복잡성—즉 상반된 진술뿐만 아니라 다면적 목소리, 정체성, 해석, 의미를 지닌 현재 안에 과거와 현재(해석과 의미)가 공존한다는 것을 드러내는 것이다.[53] 추방당한 대다수는 공포정치의 결과에 대항할 수 없었다. 따라서 그것에 관한 대담은 일부 사람들에게 공식 기록 혹은 간행된 사료를 보완하거나 그것을 부정하는 기회를 제공했다.

긴장의 확대 간첩행위와 극동의 지정학

1930년대에 들어와 머지않아 토착화와 국제주의 과정의 일부는 종식될 운명이었다. 한편으로 이러한 변화는 (통행 허가제를 매개로) 시민, 반소비에트 집단, 외국인, 계급의 적 그리고 소비에트의 국경, 세금, 상업활동에 대한 통제를 더 강화시켰다. 국가의 통제에서 이러한 전개와 주민 통제와 관련한 국가조치의 증대는 1930년대에 정체성의 핵심 표지를 민족성을 통해 규정하도록 이끌었다. 첫째, 1930년대 중반에 이르러 소비에트의 민족 정책에는 두 노선이 있는 것처럼 보인다는 것을 우리는 알게 될 것이다. 하나는 억압이고 다른 하나는 고취이다. 두 노선은 동시에 진행되었다. 둘째, 디아스포라 민족에 관련한 핵심 이념은 이미 1920년대 말에 분명하게 공포되었다. 집단화의 시작부터 폴란드인과 독일인은 '쿨락'이라는 용어와 실질적으로 같은 의미였다.[54] 예를 들자면 집단화의 시작과 더불어 "폴란드인은 곧 쿨락이다"라는 말이 등장했다.[55] 1930년, 소비에트 인민위원 드보레츠Dvorets는 투르크메니스탄 공산당 중앙위원회에 독일인 촌락의 집단화 제안 연설에서 다음과 같이 말했다. "독일인 촌락에서 집단화에 대한 어떤 애기도 절대로 나올 리가 없는데 왜냐하면 독일인은 골수까지 쿨락 식민주의자들이기 때문이다." 그렇지만 소비에트 권력은 집단농장에 편입되고 있는 폴란드인과 독일인을 '토지를 가지고 있지 않은 빈농'으로 규정했다.[56] 『소수 민족 우대 제국Affirmative Action Empire』에 따르면 핵심적으로 외국 자본주의 및 조상의 고국폴란드와 독일을 소비에트 사회주의의 적대자로서 간주하는 반소비에트 이데올로기에 대한 두려움 때문에 독일과 폴란드 빈농에 대한 비난을 계급과 이데올로기의 적과 동일시했다.[57] 그렇지만 이와 같은 수사가 1922년 소련의 성립 이후 전적으로 소비에트의 농민과 인민위원들의 정신에 매우 깊게 새겨질 수 있을 것 같지는 않았다.[58] 이러한 연관은 폴란드인과 독일인을 막대한 토지를 가지고 있는 부유한 귀족이자 지주로서 구현했던 오랜 믿음— 즉 농민을 착취하는 지주라는 믿음의

〈삽화 10〉
(좌) 극동의 한인마을에서.
　　1933년 1학년 시절(3학년과 동등한) 첫 줄 왼쪽에서 두 번째의 김 세르게이.
　　바닥에 놓여 있는 볏짚을 주목하라.
(우) 2009년, 우즈베키스탄 콜호즈 '원조 레닌의 길'에서의 김 세르게이.
출처 : 김 세르게이와 저자. 1930년대에 러시아 초등학교의 1학년은 8살에 시작되었다.

전이轉移처럼 보인다. 이러한 규정은 지난 세기에는 어느 정도의 역사적 진실성을 지녔지만 20세기 초의 소비에트 폴란드인과 독일인들은 살기에 급급한 빈농과 중농에 불과했다.

　14세기 이후 폴란드와 독일의 귀족들이 발트해지역, 우크라이나, 벨라루스 그리고 폴란드에서 소유하고 있는 토지의 면적은 엄청났기 때문에 쿨락으로 형상화된 독일인과 폴란드인들이라는 수사를 다수의 농민들도 일반적으로 믿었다. 브라운은 다음과 같이 주장한다. "혁명이 시작되었을 때 [우크라이나 드네프르강의 우안에서] 폴란드의 엘리트는 농지와 공장의 대부분을 소유하거나 관리하였고 지역의 법원과 행정부를 통제했다. 동시에 폴란드인 변호사, 기업가 그리고 의사는 지역의 기관, 은행, 학교, 병원들을 운영했다."[59] 특히 발트, 우크라이나, 러시아지역의 독일인들의 경우도 마찬가지였다.[60] 소비에트의 관리들은 1928년부터 1932년까지 러시아인과 적군 콜호즈와의 자원과 토지를 둘러싼 여러 갈등의 사건을 들면서 또한 한인들에게 이방인, 체제에 해가 되는 '황색위협'이라는 딱지를 붙였다.[61] 집단화 기간에 대략 600에서 700여명의 한인들이 쿨락으로 규정되어, 프리모리예의 내지로부터 특별 정착지인 오호츠크과 캄차트카로 추방되었다.[62] 많은 수의 한인들이 또한 만주로 도망갔다.[63] 1930년대에 소련 내의 한인, 독일인, 폴란드인들은 자신들의 고국에 대한 본원적 '충성'을 버릴 수 없는 "잠재적인 5열"이라는 인식이 점점 더 강해졌다. 1937년 『프라브다』의 3편의 기사와 그해 말 한인들의 추방은 (한인들에 대한) 이러한 견해의 정점을 보여주는 것이었다.

'지역 민족주의'에 대한 경고에도 불구하고 자치주와 한인 독립 문제는 소비에트 한인들에게 여전히 매우 중요했다. 김 아나톨리와 김 세라피마는 나와의 대담에서 한 목소리로 한인들은 극동에서 자치지역을 가졌어야 했다고 얘기했다.[64] 마학봉Ma Khak Bon에 따르면 1937년, NKVD의 대리인들은 한인들에게 "당신들은 중앙아시아에서 자치주를 얻게 될 것입니다"라고 말하면서 중앙아시아 행 열차에 승선을 유도했다. 자치지역의 확보는 소비에트 민족이라는 자격에 중요했다.[65] '정치경찰'인 NKVD의 대리인들은 소비에트 각각의 공동체 내부의 민감한 문제들을 아주 잘 알고 있었다.[66] 일본의 지배로부터 한국의 독립(3·1운동)은 또한 1930년대 극동의 한인들에게 중요한 문제였다. 허일Il Khe은 자신의 아버지가 1934년 혹은 1935년에 블라디보스토크의 극장에서 열린 한국 독립을 위한 행사에 갔었다고 회상했다.[67] 한인들에게 애석하게도 그들은 1931년 무렵부터 제기된 '외국과의 유대와 영향'을 함축하는 문화적 관습과 특징에 대한 탄압을 더 많이 강조하는 소비에트 민족 정책의 새로운 시기에 들어서는 중이었다. 한인들은 소비에트 방식의 아슬아슬한 줄타기의 기술을 숙지해야 할 필요가 있었다.

정책에서 이러한 변화의 한 예는 『적기』의 '지역 민족주의의 문제'라는 기사였다. "대러시아 인종주의"가 여전히 남아있다고 인정했지만 이 기사는 소비에트 당 학교의 '지역 민족주의'를 우려하면서 학교의 교사조차도 소비에트 민족 정책 노선과 타협했다고 지적했다. 기사는 또한 중국인들 사이에 '민족적 이해는 계급적 이해보다 우위에 있다. 반면에 당은 언제나 [민족] 문제를 반대방향으로 이끌고 갔다'고 지적했다.[68] 기사는 이어서 국민당과 그 대리인들이 중국 민족주의자들의 열정으로 이 학교를 타락시킨 장본인이라고 지적했다. 기사는 "[중국인들 사이에] 국제주의적 과업추진은 믿기 힘들 정도로 허약하지만 계급의 적 민족주의적 정당[중국 국민당]은 활동을 멈추지 않는다. 국민당이 중국 노동자들을 상대로 정열적으로 운동을 벌인다는 것은 공공연한 사실이다"라고 규정했다. 같은 달 말에 『적기』는 또한 "레닌주의적 민족 정책의 실제적 추진의 유일한 중요성을 강화하기"라는 반대 논조의 기사를 게재했다. 16차 전러시아 당 대회는 지역 민족주의의 일탈이 대러시아민족주의의 일탈과 현재 동시에 존재한다고 지적했지만 후자를 '더 큰 위험'으로 봐야한다고 기사는 지적했다. 기사는 극동의 중국인과 한인들의 민족 평등에는 여전히 많은 장애가 존재한다고 결론내렸다.[69]

토착화의 전반기[1923~1930년]에 가장 커다란 위험은 언제나 대러시아 인종주의였다. 레닌이 이러한 지침을 확립했었다. 1931년은 극동 소비에트 소수 민족들의 평등과 권리를 위한 진보적 논의가 정점에 달했던 시기였다. 그 이후 '지역 민주주의'는 항상 반소비에트 첩자, 파괴자 그리고 소련 외부의 국가 및 그 동맹국과 (그들에 의해 지도되지 않는다면) 언제나 연결되었기 때문에 이러한 민족주의는 언제나 더 커다란 위험으로 간주되었다.

1931년 9월 일본 관동군의 만주침략으로 야기된 만주사변(1932년 2월 18일)은 만주국의 성립으로 이어졌고 이로 인해 외국의 영향력에 대한 두려움은 높아진 반면 소비에트의 국제주의에 대한 열의는 줄어들었다. 만주국 출범의 우려를 없애고자 일본은 1932년 9월 15일까지 공식적 인정을 보류했다. 그러나 1932년 9월 무렵, 만주국은 블라고베센스크의 소비에트 영토에 4개의 대사관 중 첫 번째 대사관을 설치했다. 블라디보스토크, 하바롭스크, 치타에 3개의 대사관이 추가로 설치될 예정이었다. 소련은 또한 1924년의 모스크바-북경 그리고 모스크바-만주조약에 따라 중국이 수령자로 지명되었음에도 불구하고 중국이 아닌(장개석도 아니었다) 만주국에 동청철도 수익금의 절반을 지불하기 시작했다.[70] 소련이 만주국의 공식인정을 유보하였지만 이러한 행동은 만주국을 사실상 인정하고 만주국의 재정에도 도움을 주는 것이었다.

일본은 이제 러시아 극동의 후진에 위치한 두 국가(만주와 한국)에 꽈리를 튼 셈이었다. 중국 침입(1937년 7월) 직후 일본은 제국 내의 징병가능 남성의 부족을 보충하기 위해 한국(식민)군에 한인들의 충원을 시작했다.[71] 만주국의 성립은 전쟁의 위협과 제5열에 대한 두려움을 크게 증가시켰다. 전제정시대의 원초주의적 이념도 가세하여 자연스럽게 디아스포라 민족들은 '다른 민족들보다 최우선으로' 스파이로 의심을 받게 되었다.

1932년 11월, (블라디보스토크에서의) 10월혁명 중국인-한인 합동 기념식 도중에 신젠힌Sin Zhen Khin은 다음과 같이 말했다.

동지로서 우리 한국과 중국의 노동자들은 당을 중심으로 단결하고 우리 조국의 방어력을 강화하는 동시에 인민의 경제계획의 성취를 위해 투쟁합니다.

우리 중국인 노동자들은 비행기 3대의 완성을 위해 봉급을 삭감했습니다. 제국주의자들이 사회주의 건설을 위협하기를 원한다면 우리 중국과 한국의 노동자들은 러시아 형제들과 더불어 최후의 피 한 방울이 남아있을 때까지 그들에게 투쟁할 것임을 알려 줍시다.[72]

이 연설은 스탈린에게서 직접 차용한 것인데 스탈린은 1928년 12월 연설에서 확고한 충성을 드러내기 위해 피라는 환유어를 사용했다. "노동계급의 대의, 프롤레타리아 혁명과 세계 공산주의의 대의에 헌신하기 위해 나의 모든 힘, 나의 모든 능력 그리고 필요하다면 최후의 피 한 방울까지도 바치겠다."[73] 살아남기 위해서는 말과 행동에서 위대한 지도자를 따라가는 것이 필요했다. 1931년 이후 극동의 중국인과 한인들은 일본과의 문화적, 역사적 연결로 인해 사회주의에 대한 자신들의 신뢰와 평판이 해를 입게 되었다고 생각했다.[74] 중국인과 한인 소비에트 간부들과 당원들은 공식적 '계급 노선'에도 불구하고 아르세네프의 「백서」에 대한 지지자가 있다는 것을 알고 있었다. 따라서 러시아 극동을 위한 '마지막 피 한 방울'이라는 표현은 글자 그대로의 의미이자 상징적 의미이기도 했다. 소비에트 한인들은 자신들의 충성을 과시하고 극동에서 살기 위해 적들과 기꺼이 투쟁했고 그들을 축출했다. 그들은 열강들의 간섭, 자유도시사건, 라틴식 문자화의 시기를 거치면서 그리고 1930년대의 여러 연설을 통해 또한 극적으로 자신들의 충성심을 드러냈다.

1932년, 재무 인민위원부는 블라디보스토크의 일본계 시민과 그들의 활동에 대해 OGPU의 특별 분과와 합동으로 비밀보고서를 작성했다. 이 단편적 사건은 자본주의가 적과의 동침도 마다하지 않는다는 것을 분명하게 보여준다. 상호간의 '양해'에 따른 합작 투자사업의 결과 두 나라는 1930년대에 일본의 군사력을 강화하고 제국의 확장에 도움을 주는 노동, 자본 그리고 유용한 자본을 교환하였다. 그러나 동시에 소련은 일본을 러시아 극동을 (재)침범할 수 있는 가능성이 가장 높은 국가로 여전히 간주했다. 1925년 협약으로 일본 시민은 최우대 국가의 시민으로 소련에서 거주할 수 있었다. 그 대가로 일본은 (극동 합자투자회사의 양보로) 획득한 석탄, 석유, 가스 그리고 어획권에 대한 비용을 지불했다. 1930년대에 만주국 또한 동청철도를 통해 블라디보스토크에 많은 양의 다양한 식품을 수출했다.[75] 일본의 무역회사 또한 한카호 근처 우수리지역에 광범위하게 퍼져 있었다.[76] 일본은 또한 농업(쌀, 비단, 콩)과 생선, 게 그리고 이러한 해산물의 포장을 처리하는 다양한 무역기업과 같은 사업에도 관여할 수 있었다.[77] 일본은 또한 극동에 통조림, 물품 운송 상자, 그물 등을 공급했다.[78] 블라디보스토크에는 일본인을 위한 초등학교와 중등학교도 또한 있었다. 이들 교육기관은 도시의 성인들을 위해 밤에 일본어 교실을 열었다.[79]

재무 인민위원부의 보고는 블라디보스토크에서 일하고 있는 일본인 10명에 주목하여 그들의 직업과 경력 / 특징 등을 명시했다. 공식적으로 이들 남성들은 재단사, 이발사, 제화공, 치과의, 요리사 그리고 사탕 제조업자들이었다. 애석하게도 OGPU가 작성한 보고서의 '경력'란에 따르면 이들 중의 일부가 위조지폐 제작, 매춘, 밀수에 관여했었다. 경력이 기록된 10명 가운데 게니키치 시모다Genikichi Simoda는 직업란에는 이발사였지만 스파이라고 드러났다. 1931년 시모다는 블라디보스토크에서 6,500루블을 벌어 세금으로 786루블을 냈다. 그렇지만 이 보고서의 가장 중요한 부분은 직장을 가지고 있던 일본인 10명의 경력을 추적한 부분이었다. OGPU의 특별분과는 블라디보스토크의 일본 스파이 네트워크의 주모자 4명에 관한 짧은 보고서를 작성했다. 이들은 테룬도 아난Terundo Anan, 이쿠마추 시로이야마Ikumatsu Siroiama, 아타마추 이무라Atamatsu Imura 그리고 만주 에비노Manzoo Ebino였다. 4사람 모두 한때 군대에서 일했다. 그들은 자신들의 스파이 활동비용(일부 혹은 전부) 위조지폐로 충당한 듯 보였다. 이들은 또한 블라디보스토크로부터 만주와 일본까지 왕래했다.[80] 이러한 블라디보스토크의 일본 스파이 네트워크 안에서 중국인 혹은 한국인이 활동했다는 언급은 없다.[81] 그럼에도 불구하고 이 경우 4명의 일본 스파이는 해석이 필요한 날것 그대로의 정보를 수집하고 있었다. 이것이 이들 네 사람이 한때 군인이거나 군 장교였다고 알려진 이유였다. 그들의 전체적 동선은 그들이 보고 해석했던 군사적 중요성과 관련하여 일본과 만주에서의 보고와 대체로 일치한 듯 보였다. 그들은 추가로 인원을 충원하지는 않았는데 공포 정치기에 소련과 같이 외국인에 대한 혐오가 강력한 사회에서 그렇게 했다간 분명 소중하고 군사적으로 잘 훈련된 스파이들의 탄압을 가져올 수 있기 때문이었다. 맥아더 문서고에는 일본 무관에 의해 수행된 스파이 활동의 '직접관찰' 방법에 대한 상세한 보고서가 존재한다. 1932년부터 1945년까지 대사관의 특사로 위장한 일본군 장교가 블라디보스토크에서 모스크바까지 시베리아 횡단열차로 여러 차례 여행했다. 문서고의 기록은 다음과 같다. "'특사'는 사실 고도로 훈련된 육군 혹은 공군의 장교였고 이들은 정찰의 상세한 지침을 준수했다. 운송망, 전투명령, 경제, 산업, 사회 분야의 전문가들은 자신들이 찾아야 할 것에 대해 상세하게 안내받

앉고 특사직을 가지고 옮겨 다녔다. 보통 그들은 단순한 기록이 아닌 잘 조직된 회상록을 만들었다."[82]

마지막으로 소비에트의 기관, 공장 그리고 정부부서와 같이 모두가 주목하는 목표물에 대한 정보수집을 위한 스파이들은 소련 외부에 존재하는 소비에트의 반체제 집단 사이에서 충원되었다. 이들 반체제 인사들은 이중 첩자로서 소련으로 보내질 예정이었다. 이러한 점이 쿠로미야Kuromiya와 마모울리아Mamoulia가 철저히 밝혀냈듯이 중요한 목표물에 침입하는 일본의 방식이었다.[83] 독일과 폴란드도 다소간 동일한 기술을 사용했다.[84] 그러한 이유로 소비에트 영토 내의 디아스포라 집단에 의해 체제가 위협받을 수도 있다는 스탈린의 두려움은 너무 커서 하얼빈 거주자들은 파괴되어야 할 인위적 민족으로 전환되었다(NKVD 칙령 00485와 그들을 목표로 하는 다른 칙령들에 의해 시작되었다).[85] 그렇지만 자치주가 없는 한인들은 주목할 필요가 없는 목표물로 남아있었던 것 같았다. 일본 첩자들은 낮은 단계의 작전에는 (일본제국 출신의 한인들을 포함하여) 자국의 시민들을 활용했다. 또한 소련 밖에는 반체제 소비에트 한인 집단이 존재하지 않았다. 그리하여 1930년부터 1945년까지 일본이 수행한 첩보활동의 기준에 의하면 한인들이 일본의 첩보활동에 관여하거나 충원될 수 있는 기회는 거의 없었다.[86]

1933년 4월, 소비에트 시민들에 대한 통행증 발급이 극동에서 시작되었다. 통행증 5번째 줄에는 소지자의 민족(인종)이 표시되었다.[87] 통행증 발급에는 세 부류가 있었다. 첫째 부류는 우선적으로 통행증을 받게 되는 사람들로 극동의 가장 중요한 공장, 사업장, 기관에서 일하는 도시의 프롤레타리아트들이었다. 통행증 발급의 다음 대상인 둘째 부류는 다양한 사업체에서 일하는 소비에트의 도시 노동자였다. 셋째 부류는 임금생활자, 장애인, 정당한 신분증명, 서류, 혹은 거주허가가 없는 러시아인과 중국과 한국 출신의 시민들이었다. 보고에 따르면『적기』는 통행증 발급에 대해 '충분히 다루지 못했고' 이 문제를 더 자세히 다루기 위한 기사 작성을 요청했다.[88] 본래 각 개인은 자신의 민족을 선택할 수 있었다. 이후(1938년) 다민족 가정의 소비에트 시민은 자신 부모 중의 어느 한쪽의 민족을 선택해야 했다. 이러한 변화는 스스로를 '러시아인'으로 간주하려고 하는 다수의 소비에트 폴란드인과 독일인들 때문이었다.[89] 1933년 10월,『이즈베스티야』는 쌀 공동체를 형성하기 위해 북코카서스에 보내진 중앙아시아 한인들에 관한 기사를 실었다. 107명의 한인들이 보내졌고 230헥타르의 토지가 그들에게 부여되었다.[90] 얼마 안 있어 또 다른 한인집단이 집단농장 형성을 위해 코카서스로 보내졌다. 소련 전역의 한인들은 이러한 조처를 집단화에 기여하며 자신들의 농업기술을 다른 민족들에게 가르쳐 주는 모범적이고 근면한 소비에트 국민으로서 자신들의 민족지위가 상승한 것으로 간주했다.[91]

토착화 시기의 정점이 바로 이러한 상황이었다. 1932년과 1933년의 통행증을 통한 신분 확인작업passportization은 사적 생활에 대한 국가의 통제와 표지로서의 민족의 중요성을 증대시켰다. 디아스포라 민족으로서의 속성 때문에 한인들은 소련 외부의 민족과 고국에 연결되어 있고 관련을 맺고 있다는 암시를 피할 수 없었다. 1930년대의 소비에트 민족은 (승격과 그것에 대비되는 억압이라는) 양날의 검의 모습을 점점 더 많이 대면하게 되었다.

아르세네프의 부활과 『프라브다』의 '황화론'

1934년 1월 8일, 아르세네프의 '보고서'[1928년]가 극동지구 위원회(사무국)의 모든 정위원과 후보위원들에게 다시 유포되었다. 최초로 보고서 작성을 위임하였던 S. A. 베르가비노프[Bergavinov]는 극동지구 위원회의 지역 서기가 더 이상 아니었다. 1933년부터 1937년까지 지역의 서기였던 L. I. 라브렌티예브[Lavrentiev]가 그 자리를 이어받았다. '보고서' 혹은 그 부활과 관련하여 그들의 역할에 대해 더 이상 알려진 바는 없다.[92] 아르세네프는 중국인과 한인들은 '인류학이나 인종학의 관점에서 그리고 심리학의 관점에서도' 소비에트의 여타 민족과 다르며 그들의 인종적, 문화적 정체성으로 인해 그들은 소비에트에 충성하지 않을 것이라고 얘기했다.[93] 그는 또한 다음과 같이 썼다. "우리의 식민화는 황색 인종이 원초적으로 차지하고 있는 지역 가장자리에서 허약하게 진행 중이다. 우리의 국경에서 세계 인구의 1/3인, 총 6억의 황인종이 우리에게 다가오고 있다."[94] 이러한 언급은 쿠로파트킨의 견해와 강력히 등치되는 견해이자 극동의 8억 황인종의 위협이라는 '황화론'[95]을 본질적으로 믿는 것이었다. 아르세네프는 이러한 차이가 극복될 수 있다고 생각하지 않았다. 그의 주장에 따르면 "한인들을 소비에트 시민으로 전환시키고 그들의 견해와 특성이 변화할 때까지 우리는 기다릴 여유가 없다".[96] 그리하여 그는 프리모리예의 모든 한인들과 중국인들을 아무르강 북쪽지역 혹은 중앙아시아로 보내자고 제안했다.[97]

"아르세네프의 보고서가 1934년에 되살아난 이유가 무엇인가"라는 질문이 제기될 수도 있을 것이다. 지금까지의 연구서 혹은 사료를 통해 적합한 대답을 찾기란 어렵다. 따라서 다음의 서술은 타당한 몇몇 설명을 제안해 보는 것이다. 1931년 이후, 소비에트 정부는 일본에게 동청철도를 팔아 상호불가침 조약을 체결하려고 했다.[98] 그럼에도 불구하고 소련과 일본 모두 1930년 이후 극동과 민주에서 군병력을 강화시켰다.[99] 히틀러는 1933년 권력을 장악했다. 이러한 상황은 소련에게 일본과의 앞에서 언급한 철도의 매각과 협정 체결의 추가적인 유인을 제공했다. 일본은 제1차 세계대전기에 러시아의 동맹국이었고 (1929년의) 중소전쟁 시기에는 소련과 동맹국이었기 때문에 독일은 더 큰 위협이었다.[100] 독일은 또한 이념적(파시즘)으로도 적이었다.

이제 아르세네프의 보고서가 되살아난 가장 중요한 이유를 살펴보자. 우선 일본이 만주에 대한 통제와 군병력을 강화함에 따라 만주에는 1934년 대략 72만 명의 매우 많은 한인들이 있었다.[101] 극동의 소비에트 한인들이 일본의 잠재적 첩자이자 정보원일 뿐만 아니라 일본과 공유된 문화적 유사성과 역사로 인해 일본의 영향에서 자유로울 수 없다는 시각도 일부 있었다. 이것이 '보고서'가 되살아난 첫째 요인이다.

집단화 개시(1929~1930년) 이후 폴란드인과 독일인들은 자신들의 재산을 강탈당해 추방 직전이었다. NKVD의 일부 간부들은 그들에게 "당신들이 쿨락이어서가 아니라 폴란드인이기 때문에 토지에서 쫓겨나는 것이다"라고 말했다. (러시아인들을 포함하여) 이들과 적대했던 마을 주민들은 일반적으로 독일인과 폴란드인들을 단순히 이방인(이민족)으로 간주했다.[102] 독일인과 폴란드인들은 1930년대에 소비에트에 적대적인 두 나라 독일과 폴란드 그 자체였다. 220만의 소비에트 농민들이(이 수에서 독일인과 폴란드인들의 비중이 과장되었다) 1930년에서 1933년까지 추방되었다.[103] 그렇지만 이들 독일인과 폴란드인들은 러시아 혹은 소련에서 출생했고 많은 사람들이 그곳에서 적어도 두 세대 동안 살았다. 1933년 8월, 소비에트 영토 내 폴란드 민족지구인 마르첼프스크에서 활동하고 있는 폴란드 무장 조직Polish Miltary Organization(이하 PMO)이 NKVD에 의해 발각되었다.[104] 그때부터 소비에트 영토 내의 폴란드 농민과 폴란드 혈통의 소비에트 간부들은 PMO의 잠재적 구성원으로서 억압, 비난 그리고 집중 조사를 받았다.[105] 더 나아가서 스탈린과 NKVD가 모든 디아스포라 공동체, 사회 집단 그리고 계급 사이에서 스파이와 반역자들을 열렬히 찾기 시작했다.[106]

한인들은 소련으로 이주한 공동체였고 소련 밖에 명목상 조국을 가지고 있었다. 이러한 상황으로 그들은 소비에트 사회주의의 '이방인'으로 규정되었고 국가의 민족 정책이 중국인, 일본인, 한인들 사이의 '정치적 정체성과 차이'라는 훨씬 더 분명한 특성과 '문화적 유사성'을 거의 구별하지 않았다는 사실 때문에 상황은 더 복잡해졌다. 따라서 '보고서' 재등장의 두 번째 목적은 국경지역으로부터 소위 이국적인 민족(디아스포라 민족)의 제거였다.

1934년, 만연한 믿음과 인정된 사실 몇 가지는 첫째, 한인들은 잠재적 제5열로 간주되었다. 둘째, 한인들의 중앙아시아로의 부분적 추방이 1927년부터 1931년까지 진행되었다. 셋째, 일본과 소련은 극동／만주에서 군병력을 늘리고 있었다. 이러한 사실과 믿음을 고려할 때 보고서 재등장의 가장 주된 요인은 극동지역위원회가 한인과 중국인을 즉각적으로 철저히 추방할 수 있도록 하는 것이었다. 앞서 언급한 세 요인이 아르세네프의 「백서」 재발간에 영향을 미쳤을 것 같은 가장 그럴듯한 요인들이다.

극동의 한인 공동체 전체를 완전히 추방한 것에 대한 주된 혜택은 스탈린과 내무 인민위원부NKVD 인민위원 예조프가 차지했을 것이라고 나는 생각한다. 스탈린과 예조프는 1934년에 (NKVD의 전신인) OGPU의 권한 확대를 시작했다. 1934년 12월, 세르게이 키로프의 암살은 공산당 내 여러 탄압의 물결을 촉발했다(탄압의 희생자 다수는 스탈린의 적대자들이었다). 스탈린은 극동 지도부 내의 반대세력들이 극동을 만주에 연결된 별도 국가로 전환시킬 수 있다고 경고했다. 이러한 특성을 가진 최초 음모 중의 일부가 1933년 OGPU에 의해 극동에서 발각되었다. 그러한 음모 중의 하나는 자치 캄차트카의 형성을 목표로 했다.[107] 한인들 추방 결정으로 스탈린과 예조프는 극동지역의 지도자들과 NKVD 간부들을 자신들의 심복으로 교체할 수 있었다. 따라서 1934년 아르세네프 보고서의 재유통은 스탈린과 예조프에 의해 착수되었을 가능성이 매우 높다.

일반 대중과 지역의 차원에서 한인 추방의 두번째 수혜자는 지역 소비에트의 지도자, 농부들 그리고 (동원해제된 적군 병사와 그들 가족으로 구성된) 특별적기군OKDVA의 집단농장들이었다. 1928년부터 1932년까지 땅과 자원을 놓고 러시아와 슬라브 농민들은 한인들과 중국인들을 상대로 폭력과 다툼을 벌여왔다.[108] 한인들의 추방으로 극동지역위원회는 동원해제된 특별적기군의 병사이자 농민들을 극동으로 보다 많이 데려올 수 있었다. 이들 신입자들과 지역의 러시아 농부들이 한인들의 이전 토지를 차지했을 것이고 지역의 지도자들은 분쟁으로 더 이상 골머리를 앓지 않아도 되었을 것이다.

A. 히사무트디노프Khisamutdinov는 정보가 작성된 과정 때문에 「백서」를 중국인과 한인들의 추방에 관련시키고 있는 듯 보였다. 그에 의하면 "1934년 1월 8일, 그러한 비밀보고서가 극동 사무국의 모든 구성원에게 보내졌다. 공산당은 한인과 중국인들에 대한 숙청을 준비했다. 이러한 사실을 모든 민족에 대한 교육과 충원을 자신들의 기반으로 삼았던 공산당 국제주의자들은 망각했다".[109] 문서고의 특별한 자료는 현재 그 어떤 연구자들에게도 접근 불가능하다고 히사무트디노프는 또한 지적했다.[110]

그렇지만 1930년대에 소비에트 한인들은 적군 단위부대 및 소비에트의 국경 방어를 위한 (농민에 의해 채워지는) 비군사적 '보조 여단'의 중요한 부분을 차지했다. 먼저 나는 특별적기군이라는 지역에서의 이름으로 적군 국경 부대에서 근무하였던 한인들을 살펴볼 것이다. 이들 부대는 지역 집단농장에서 공습 대비훈련을 시행했고 불법적인 월경 사례들을 수집했으며 극동의 해안 및 육상 경계선을 (중국인과 한인들과 함께) 순찰했다. 추정컨대 1930년에 특별적기군에는 약 1,200명의 소비에트 한인들이 있었다. 전반적으로 1930년은 군복무를 하는 한인들의 수가 정점에 이른 해였다.[111] 그들의 수는 1930년부터 1937년까지의 숙청과 완곡한 명칭의 '당원자격 검토'로 인해, 특히 (공포정치의 억압이 최고조에 달했던) 1932~1933·1935~1936년 그리고 1937~1938년에 줄어들었다. 숙청과 당원자격 검토의 목표는 공산당과 소비에트 조직에서 '믿을 수 없는 요소'의 축출이었다. 이러한 숙청에는 지역별로 특별적기군 병사에서 (이 경우에는) 숙청될 수의 할당이 있었던 것 같다. 1930년대 스탈린 체제의 본질상 이러한 추측은 가능하다. 1937년 8월, 특별적기군 병사와 장교 중 한민족에 속하는 이들이 누구인지를 밝히는 공식 명단이 작성되었다. 이 명단에 따르면 특별적기군에는 총 747명의 한인(668명의 병사와 79명의 장교)이 있었다.[112]

특별적기군은 유대인, 러시아인, 우크라이나인, 우드무르츠인, 한인, 부리아츠인, 오세트인, 체르케스인, 타타르인, 벨로루시인, 추바시인, 모르도바인, 폴란드인, 독일인, 심지어 집시까지도 구성원으로 포괄할 정도로 민족 구성 범위의 측면에서 볼 때 놀라울 정도로 '국제적'이었다.[113] 그러나 이러한 민족 다양성은 1930년대를 거치면서 심각할 정도로 축소되었다. 한인들의 경우 민족의 기원상 정치적으로 믿을 수 없다는 비난 혹은 꼬리표 때문에 다수가 적군에서 쫓겨났다. 다음은 이에 대한 여러 예시이다. 1934년 3월 5일, 107 소총부대 의무소대 지휘자 이문둔Mun Dun Lee과 107 소총부대 지휘자 전순박Sut Bak Ten 두 사람 모두 자바이칼 특별적기군에서 쫓겨났다. 두 사람 축출의 핵심 이유는 그들이 일본에서 태어났고 (전순박의 경우 10대 초반까지) 일본에서 성장했다는 것이었다.

제2 소총부대의 지휘관이었던 한인 F. A. 볼로츠키Bolotskii는 1936년 2월 5일, 그의 "민족 성분과 [그의] 바람직하지 못한 다른 이유" 때문에 해임되었다. 볼로츠키에 대한 다음과 같은 기록이 있다.

> 민족 분류상 한인 (…중략…) 그는 야쿠츠크민족학교의 교장이라는 [이전] 위치에서 지휘자로 1935년 부대에 합류했다. 그는 과음과 [자신의] 일상적인 도덕적, 정치적 타락으로 인해 야쿠츠크민족학교의 교장직에서 해임되었고 이 때문에 학교는 망가졌다. (…중략…) 그는 심각한 매독으로 인한 고통으로 부대에서 거의 일을 하지 못했다. 그가 한인이며 그 외 앞에서 언급한 이유

[때문에] 그는 적합하지 않다.[114]

볼로츠키의 이와 같은 경력은 조사를 위해 소환된 이후 그의 서류 부기란에 첨가된 것으로 보이며 그의 해임은 그가 (한인이기 때문에 한국과 일본제국과 연계가 있는 것으로 간주되는) 정치적으로 의심스러운 디아스포라 민족이라는 사실에 근거했다.[115] 학교 교장으로서 그의 업무에 관한 진술이 사실이라면 그는 매우 긴장감이 감도는 시기 동안에(1930년대 후반) 매우 민감한 지역의 특별적기군의 부대 지휘관으로 결코 승진하지도 못했을 것이다. 적군에서 복무경험을 이전에(아마도 열강 간섭기에) 그가 가졌을 수도 있지만 이에 관한 사실이 문서고에 남아 있지는 않다.

한국에서 태어나 한국(일본제국)에서 성장했다는 이유로 억압받고 적군에서 쫓겨난 한인 심양운En Un Sim이 그다음 사례이다. 심의 사례는 소비에트 국가에 대한 '정치적 신뢰'라는 실제적 문제를 무시한다. 심은 특별적기군 76 소총부대의 선임 정치교관이었다. 그는 한국에서 태어나 16살 때 소련으로 왔다. 76부대의 일상적 점호의 과정에서 심이 썼을 것으로 추정되는 다음과 같은 문서가 발견되었다. "지노비예프는 매우 학식이 높은 인물이다. (…중략…) 의심할 바 없이 지노비예프와 그와 유사한 다른 이들은 범죄를 저질렀다. 그렇지만 우리가 지노비예프를 스탈린과 보로쉴로프와 비교한다면 지노비예프는 두 사람 모두를 내려 보는 위치에 있다. 전반적으로 지노비예프는 스탈린과 보로쉴로프보다 현명하다."

심과 같이 적군에서 정치교육을 담당하는 장교가 문서로 남길 것 같지 않은 위와 같은 말들을 전혀 했을 것 같지는 않다. 이 문서는 1937년

<표 6> 1937년 8월 29일 기준 극동 특별적기군(OKDVA) 내의 한인 장교

	지위 / 중대 / 연대	계급	이름
1	부중대장, 2중대, 26 소총연대 장교	대위	전, 시몬 페트로비치
2	사단장 참모, 방역 대대 26 소총연대	대위	최, 콘스탄틴 니콜라예비치
3	대대 지휘관, 76 소총연대	소령	김, 표도르 이바노비치
4	부사단장 참모, 76 소총연대	대위	이, 은식
5	중대 지휘관, 76 특별부대	상위	쉐가이, 우
6	중대 지휘관, 76 소총연대	상위	김, 플라톤 페도로비치
7	중대 지휘관, 76 소총연대	상위	최, 니콜라이 니코노로비치
8	76 특별부대 대대 지휘관	상위	김, 방길
9	지휘관, 중대 전문가 76 소대	상위	이. 바실리 알렉산드로비치
10	상동	중위	김, 삼범
11	상동	중위	강, 찬식
12	상동	중위	채, 하리톤 보리소비치
13	상동	중위	문, 상학
14	제4 볼로차예프 소총연대 특별 무장군	미상	최, 미하일 미하일로비치
15	무전 전문가 생도, 특별적기군 번역관	미상	류, 훈코이
16	생도대 지휘관, 9 소총연대	대위	김, 순국
17	지휘관, 정치교육 부대, 정보분과	중위	김, 은익
18	군 통역관, 하바롭스크 6 소총 연대	미상	이, 상순
19	공병 대대 중대 지휘관	상위	김, 트햐강
20	초급 전문가, 공병 대대	군 전문가 (2급)	양, 기봉
21	부중대장, 48대대 산업재 생산분과	군 전문가 (2급)	수찬스키, 세르게이 블라디미로비치

	지위 / 중대 / 연대	계급	이름
22	지휘관 참모, 101 대대	대위	전, 다비드 페도로비치
23	지휘관, 102 연합 대대	상위	김, 게라심 아파나세비치
24	지휘관, 물자공급 호위 부대	상위	박, 안드레이 바실레비치
25	지휘관, 177 특별부대 중대 소대	중위	김, 이반 페도로비치
26	지휘관, 제1 분과 69 행정대대	소령	김, 인노켄티 페도로비치
27	지휘관, 제2 기계화 탱크 사단 중대	대위	최, 보관
28	지휘관, 기동수비 대대 제7 기술부	상위	신, 알렉세이 알렉산드로비치
29	상위, PVO 5 부대	상위	김, 알렉세이 트로피모비치
30	상급 중령, PVO 5부대	상위	최, 알렉세이 이바노비치
31	지휘관 참모, 1 SHAE	대위	니, 니콜라이 스타파노비치 (잘못된 표기 그대로)
32	중대 지휘관, 152 항공소대	중위	강, 파벨 스테파노비치
33	비행 정비대, 140 항공대	2급 기술전문가 (기술자)	김, 알렉산드르 스페파노비치
34	정치교관, 중대 제3소대	정치교관	엄, 알렉산드르 레온테비치
35	중대 정치교관, 76 소총연대	정치교관	한, 일리아론 그리고레비치
36	12 탱크 부대	당 사무국 집행서기	한, 니콜라이 이바노비치
37	정치교관, 185 기계화 공병대	정치교관	김, 바실리 페트로비치

[서명 바실리 콘스탄티노비치 블루헤르, 특별적기군 지휘관 블루헤르, 총 37명]

출처: RGVA f. 33879, o. 1, d. 115, ll.22~24,
Son, *Rossiskie koreitsy*, pp.379~381에서 인용.

4월, NKVD에 의해 심양운을 기소하고 이후(1938년 3월) 그를 반소비에
트 책동자이자 트로츠키-지노비예프 지지자로서 처벌하는 데 활용되었
다. 스탈린에 반대하는 트로츠키의 지지자로서 심양우에 대한 NKVD의
억압은 사실에 부합하지 않기 때문에 특히 터무니없었다. 심의 삶과 공
산당 및 적군에서의 복무는 NKVD에 의해 제시된 진술과 배치된다. 그

는 또한 (18살인) 1921년부터 1937년 체포될 때까지 공산당원이었다.[116] 따라서 이 문서는 공포정치의 정점에서 매우 민감한 위치(정치국원)에 있으면서 '정치적으로 신뢰할 수 없다고' 간주된 심을 제거하기 위해 조작되었다는 것이 거의 확실했다. 억압의 주된 이유는 한국에서 태어나 사춘기 시절을 그곳에서 보내 러시아어를 외국인의 억양으로 말하는 그의 경력 때문이었다. 볼로츠키와 심의 경우는 소비에트의 문서고가 사실만을 전달하고 있지도 않으며 외압을 이겨내지도 못한다는 사실을 보여준다.[117] 두 사람에 대한 기록은 그들을 축출한다는 결정이 이미 내려진 이후 그들의 기록에 첨가되어 작성되었다.

1937년 8월, NKVD 인민위원 예조프는 (모스크바에서 극동의) 특별적기군 인민위원 바실리 블루헤르Vasilii Blukher에게 특별적기군 내의 한인 장교 명단작성을 요청했다. 이 보고서 535는 1937년 8월 29일에 모스크바로 보내졌고 NKVD의 수장 예조프에게 전달되었다. 보고서는 극동에서 한인들의 추방을 위해 1937년 8월 21일에 내려진 결의문 1428-326ss와 동시에 작성되었다. 블루헤르의 한인장교 명단은 불완전했고 37명의 한인들만을 기록했다(〈표 6〉). 예조프가 아닌 스탈린이 보고서 535의 작성 요구를 했을 가능성이 있다.[118] 이러한 명단작성의 요구는 한인들에 대한 우려가 소비에트 국가의 모든 수준과 지역에 만연했다는 것을 드러낸다. 20여 년간의 다양한 대립에서 소비에트 권력에 대한 충성과 기여에도 불구하고 숙청당한 특별적기군의 한인 병사와 장교들은 단지 '의심스러운' 인물들에 불과했었다.

1934~1936년의 비무장 '지원 부대assistance brigade'로 눈을 돌리자면 지원부대의 70% 이상이 지역의 농부들과 한인들을 포함한 콜호즈의 농

민들로 구성되었고 극동 전역에 걸쳐 만주와 한국이 국경을 맞대고 있는 경계 지점에 구성되었다.[119] 1934년 말에 121개의 국경 수비대의 구성원은 1,259명이었다. 국경을 맞대고 있지 않은 극동지역 124개의 '지원 부대'의 구성원은 1,042명이었다. 자체 방위 부대의 모든 구성원들은 자신들의 업무로 초과수당을 받았다. 이들 부대의 보고에 의하면 1934년부터 1936년까지 국경 위반사례는 40,361건이었다.[120] 소비에트 당국은 지원부대 구성을 명령했고 한인들은 소비에트의 국경 방어, 국경 단속 강화, 양동작전의 수행, 콜호즈의 방어 의무를 수행했다.[121] 적어도 두 명의 한인 농민이 소비에트 군대에 의해 그들의 1930년대 국경방어 업무에 대한 인정을 받았다. 1936년, 고르렌스코프 콜호즈의 농민 이은상은 국경을 무단으로 넘는 두 명의 위반자를 체포하여 구금했다. 또 다른 집단농장 농민 A. 김은 국경을 무단으로 넘는 위반자를 체포하고 이에 대한 보고로 소비에트 명예휘장을 받았다.[122]

한인들은 적군 국경 수비대에 또한 들어갔다. 미국 언론인 J. B. 파웰.J. B. Powell은 한인 적군연대가 (1935년 11월과 1936년 1월 사이에) 일상 훈련을 시행하고 블라디보스토크에서 또 다른 특별적기군 / 적군 국경 수비대와 함께 행군하는 장면을 목격했다고 보도했다.[123] 한인 적군 수비대에 관해 파웰은 이후 미국 대사관 부영사 앨리슨Allison에게 구두 보고를 했다. 앨리슨에 의하면 "블라디보스토크와 하바롭스크 사이에 100,000명 이상의 한인이 있는데 그들 중의 다수가 군대에 있다. 어느 한 작은 마을에서 파웰 씨는 마을 사람들에게 공습 대비훈련을 지도하는 200명 단위의 적군 병사를 보았는데 그 200명 단위의 부대 둘 중 하나는 한인 부대였다."[124] 파웰은 얼떨결에 한창걸에 대한 짧은 보고서를 부영사 앨리슨에게 또한 제공했다. 그는 한창걸이 중국인이라고 잘못 생각했다. 한은 동시베리아 비로비드잔 3사단의 1인자로서 OGPU / NKVD의 가장 최고 직위의 동아시아인이었을 것이다. 앨리슨의 보고서는 다음과 같다. "파웰 씨는 적어도 러시아 극동군의 10%를 동양인, 즉 중국인, 한국인, 몽골인이 차지한다고 추정한다. 동시베리아 GPU(OGPU)의 1인자는 중국인이고 시베리아 러시아 공군의 핵심 장교 중의 한 명도 또한 중국인이다."[125] 소련의 중국인과 한인들은 OGPU / NKVD가 체카로 불리던 시절(1917년 12월~1922년 2월)까지 소급될 정도로 그러한 기구에서 오랜 기간을 복무했던 이력을 가지고 있었다.[126]

아르세네프 「백서」(그의 보고서)에 대한 직접적 반론은 1934년 17차 공산당 대회에서의 김 아파나시의 연설이었다. 1928년 이후 한인들은 극동에서 자신들의 운명이 불안정하다는 것을 알았다. 자신들이 여전히 자치지역을 부여받지 못했다는 사실로 그들의 두려움은 강화되었다. 김 아파나시는 전체 공동체를 위해 발언하면서 희생은 곧 충성의 다른 말이라는 스탈린의 예시를 수용했다. 근본적으로 그는 소비에트 국경을 방어하기 위한 한인 공동체의 절대적 충성을 다음과 같은 말로 맹세했다.

우리는 현재 복잡한 정치적 관계로 얽힌 긴장된 상황 안에서 살아가고 있습니다. (…중략…) 국경 근처의 포시예트지역 집단농장의 한 곳에서 우리는 농장 위를 날아다니는 일본 비행기의 소리를 들었습니다. 콜호즈의 한인 농민들은 소비에트 권력이 자신들이 권력이며 공산당이 자신들의 정당이라는 것을 알고 있습니다. (…중략…) 콜호즈 한인 농부들과 한인 노동자들의 과제가 마지막 피 한방울이 남아 있을 때까지 소비에트 극동의 붉은 전선의 수호라는

것을 우리는 알고 있습니다.[127]

만주국의 성립(1932년)과 히틀러의 권력 장악(1933년) 이후 소비에트의 동쪽과 서쪽 국경 양쪽에서 소위 자본주의적-제국주의적인 실제 적이 존재했기 때문에 극동의 토착화 후반기(1931~1937년)에 소비에트 정체성과 가치에 대한 훨씬 더 강력한 내재화가 있었다. 그 이후 소비에트 시민들은 국가에 대한 자신들의 충성을 과시하기 위해 적극적으로 행동하기 시작했다. 이러한 상황은 소비에트 시민이 상황 개선, 안보 그리고 토착화 정책의 혜택을 수동적으로 누릴 수 있었던 소비에트의 토착화 초기(1923~1930년)와는 매우 달랐다. (라디오, 신문과 같은) 근대국가의 선전 수단뿐만 아니라 NKVD와 정보원 네트워크의 급속한 증가로 적군敵軍들에게 포위되었다는 의식이 형성되었다. 소비에트 국경을 넘다가 체포된 중국과 한인 불법 이주자들이 방송국, 신문 그리고 팜플릿 등에서 경고한 스파이, 반정부활동가 혹은 파괴자가 아니라고 사람들은 더 이상 확신할 수 없었다. 다수의 시민들은 자신들의 행동반경을 확대했고 국경 수비대로서의 복무를 소비에트 국가에 대한 충성의 증거로 간주했다. 모두는 아니지만 극동의 소비에트 민족 대다수는 육지 혹은 바다를 통한 소비에트 국경의 침입 위험이 도처에 존재했기 때문에 '지원부대'와 적군 / 특별적기군 국경 수비대에 복무했다. 이러한 실재적, 가상의 적과 반정부 활동가, 파괴자들에 대항한 국가 방어는 엄청난 과제였고 호모 소비에트쿠스 정체성을 더 강력하게 내재화시킨 계기였다.

한인들에게는 내전 / 간섭기로부터 소비에트에 충성하는 장기간에 걸친 믿을 만한 기록이 있었다. 소비에트 한인들은 또한 인종 차별을 마찬가지로 오랜 기간 경험했다. 한인들은 1920년대 중반부터 자신들의 집단농장에서 국경 수비대로서 복무했다. 그들은 1930년대 초반 이후 공식적으로 적군 수비대에서도 복무했다. 1930년대의 기록에 의하면 다수의 중국인과 한인 불법 이주자들이 소비에트 국경을 넘어 들어오는 과정에서 체포되거나 총살되었다.[128] 소비에트 한인 국경 수비대의 다수가 무장한 반정부 분자가 아니라 추위에 떨고 굶주린 불법 이주자임에 불과한 불쌍할 정도의 처참한 사람들에게 행사한 치명적인 폭력을 자책하기도 했지만 그것을 통해 자신들의 충성을 증명하기도 했다. 그렇지만 프랜신 허쉬Francine Hirsch 같은 일부 역사가들은 추방당한 소비에트의 소수 민족이 정치적으로 충성했다거나 혹은 그럴 수 있도록 교화되었는지에 대해 의심을 거두지 않았다. 그는 다음과 같이 지적했다.

디아스포라 민족들은 타국과의 실재적 혹은 상상의 관계만으로 한정되지 않았다. 소비에트 지도자들은 이들 민족들이 민족의 형태를 유지하지만 본질 면에서 사회주의적 소비에트 국민으로서 "재창조"될 가능성이 없다고 우려했다. 왜냐하면 다른 국가들 혹은 계급의 적들이 그들의 민족 의식을 형성한 역사와 전통을 "통제"하기 때문이었다. (…중략…) 두번째 [범주]는 전통을 다시 만들고 그 문화를 개혁하기 위한 소비에트의 시도에 저항하는 민족들이었다. 소비에트 지도자들은 이러한 민족을 계급적 맥락에서 "프티-부르주아 민족주의자"로 불렀다. (…중략…) 이들 세 범주 전체의 민족주의자들은 [히르쉬는 "의심스러운" 민족의 세 범주를 명시했다] 소비에트 이전의 과거 혹은 비소비에트적 민족의 과거에 대해 충성한다고 여겨지기 때문에 소비에트 권력에 대한 잠재적 반역자로 낙인찍혔다.[129]

17차 당 대회 기간 중 김 아파나시는 OGPU / NKVD의 하위분과인 폴리토트델에서의 그의 업무 성과로 또한 축하를 받았다. 그것의 최초 과업은 기계화된 모든 농업설비가 저장되어 있는 MTS(트랙터 공장)를 지키는 것이었다. 그렇지만 대숙청기에 폴리토트델의 임무는 농촌에서의 파괴분자들과 반국가적 분자들에 대한 탄압으로까지 확대되었다.[130] 김 아파나시는 1933년과 1935~1936년에 한인 공산주의자들에 대한 공산당이 광범위한 숙청이 있기 전부터 폴리토트델에서 일하고 있었다. 숙청 관련하여 언급된 이유는 한인 공동체의 '집단주의', 집단적 심성과 '분파주의'의 제거, 즉 분파적 내부투쟁의 제거였다.[131] 이러한 움직임 모두는 전면적 추방 준비라는 최종목표를 향해 나아가는 것이었다. 공산당의 숙청은 젊은 활동가와 집단농장에 거주하는 잠재적 반정부인사들을 제거하는 폴리토트델의 숙청의 뒤를 이어 한인 공동체의 고위직 인사들을 우선적으로 제거했다. 극동지구 위원회의 1928년 결의문 '한인들의 재정착 문제'는 토착화 정책의 직접적 결과로 만들어진 젊은 한인활동가들을 목표로 한 최초의 포고였다.[132] 활동가들 및 그들의 집회, 열정적 연설, 사회주의와 세계혁명, 평등, 여성의 권리, 한국의 독립에 관한 소식지와 저술들을 만들어 낸 것이 다름 아닌 토착화의 조처들이었다. 이러한 상황은 토착화 기간 동안에도 공산당의 통제와 의사결정이 최우선적이었고 당의 결정에 대해 반대하는 인사들을 당은 거의 허용하지 않았음을 드러내는 것이었다. 소비에트 국가는 민족의 특성과 정체성에 기반하여 소수 민족을 지원하기도 하고 억압하기도 했다. 이러한 정책은 한인 젊은 활동가, OGPU / NKVD의 한인 간부 그리고 김 아파나시와 같은 소비에트 간부들을 대립하게 만들었다. 경우에 따라서 어떤 한인은 다른 한인을 억압하거나 비난하기도 했다. 그렇지만 이들 모두는 국가에 대한 충성심에서 행동했다.

1934년 7월, 『이즈베스티야』는 김자연Kim Zayon이라는 인물이 만주 간첩단의 일원으로 23명의 다른 이들과 체포되었다고 보도했다. 그들은 극동에서 철도 파괴 활동을 벌일 예정이었다. 김자연은 모스크바의 일본 대사관으로 달려가 기소에 대한 보호를 요청했다. NKVD 장교 우쉬케비치Ushkevich는 일본 대사관의 대표 G. 사코G. Sako와 기소에 대해 다퉜다. 사코는 김이 만주에서 왔다면 그는 일본 시민이라고 주장했다. 그렇지만 우쉬케비치는 이후 김자연이 1928년에 극동으로 이주하여 1929년 9월 10일에 소비에트의 시민이 되었음을 증명하는 문서를 제공했다. 일본 대사관은 즉각 김자연의 변호를 그만 두었고 그는 기소되어 사형당했다. 『이즈베스티야』는 (7월 24일 자와 28일 자에) 김자연에 관한 기사 두 편과 1934년 7월 만주에서의 간첩활동에 관한 기사를 게재했다.[133] 『프라브다』는 일본 대사관으로 김자연의 피신을 그가 유죄이며 일본의 스파이라는 추가 증거로 제시했다. 그렇지만 김자연만이 일본 영사관에 등록되어 있는 유일한 사람은 아니었다. 1936년 10월 1일까지 극동에 거주하는 978명의 한인들이 블라디보스토크의 일본 영사관에만 등록되어 있었다.[134] 978명 중 다수가 (소비에트 시민이었긴 하지만) 타국의 스파이 혹은 국경 너머의 접촉을 이유로 탄압에 직면하여 자신들의 충성을 증명할 다른 모든 수단이 실패했을 때 그들은 마지막 수단으로 일본 시민으로 등록을 시도했었다.[135]

1935년 3월, 동청철도가 만주국(일본)에 매각되었다.[136] 매각으로 만주 / 소비에트 국경의 훈춘에 이르는 만주철도 연결망에 대한 통제가 일본에 넘어갔다. 전쟁의 발발 혹은 첩보활동의 전개 시 일본은 만주에 대한 장악력을 더 증대시키고 제국 확장을 위한 핵심적 토대를 이제 획득한 셈이었다. 1935년 11월, 한창걸은 농촌지역에 집단농장을 만들기위해 공산당 세포조직을 방문한 3인 지도체제에서 업무를 시작했다. 그들은 1935~1936년에 공산당의 대대적 숙청을 이끈 당원 서류 검증을 시행할 예정이었다.[137] 한의 검증단에 의한 당원 서류 검증 이후 농촌지역 콜호즈의 애초 23개의 공산당 세포조직에서 단지 6개만이 남았다. 한창걸과 블라디보스토크 출신 러시아인 2인은 23개의 세포조직에서 3명의 '반동분자'를 발견했다. 3인 모두 체포되었고 그중 한 명은 처형되었다.[138]

공산당은 1935~1936년, 프리모리예지역의 한인 공동체에 대한 대대적 숙청을 단행했다.[139] 한창걸의 업무 대부분이 한인 콜호즈에서 진행되었고 그는 공산당의 숙청을 한인들에게 납득시키기 위해 비로비드잔에서 특별히 파견된 것 같다. 『적기』에 따르면 한인 공산당 세포는 대체로 공산당의 젊은 활동가들과 콤소몰 성원으로 구성되어 있었다.[140] 세포조직은 또한 이상주의와 급진주의의 온상이었다. 아나톨리 쿠진Anatolii Kuzin에 의하면 "1929년과 1933년의 당 숙청과 1935~1936년의 당원 서류 검증을 통해 극동 공산당의 한인 당원의 수는 현저하게 줄었다. 이질적 계급 인사들과의 관계로 인한 기소 그리고 스파이 혐의 등으로 다수가 당에서 쫓겨났다."[141]

소비에트 시민들, 특히 한인 젊은 활동가들에게(예를 들어 콤소몰 회원, 소비에트 한인들로 구성된 한인 커뮤니티 대표자의 소비에트 기구 인코르포레) 아쉽게도 거의 모든 소비에트 조직과 기구들은 비밀경찰의 감독 아래 있었다. OGPU / NKVD는 어느 한 사람이 다른 사람들에 관한 보고를 어쩔수 없이 하도록 하기 위해 그의 배경, 혹은 그의 가족에 대한 적지 않은 정보를 언제나 가지고 있었기 때문에 이들 집단에 쉽게 잠입했다.[142] 일부 정보원들은 자신들이 적들, 스파이, 정부 파괴자 그리고 모험주의자들로부터 소련을 수호하는데 기여한다고 들었기 때문에 첩자라기보다 '소비에트의 대리인'으로 스스로를 자랑스럽게 바라보았다. 소비에트 비밀경찰의 강점은 그 구성원의 민족 다양성에 있었다. 소비에트 그리스인, 폴란드인, 이란인, 혹은 한인 정보원들은 정치 범죄를 저지르는 소비에트 시민을 체포하기 위해 (지역 혹은 외국의) OGPU / NKVD '꼭두각시' 조직에서 '외국의 사업가 / 관리'의 역할을 위해 선택될 수 있었다. 그들 위장 신분의 유일한 한계는 그 정보원 / '외국인 관리자'가 구사하는 그리스어 혹은 한국어가 소련에서는 쉽게 들을 수 있는 발음이었지만 그들 고국의 그리스인과 한인들은 그렇게 말하지 않는다는 점이었다.[143]

1935년 가을, 대략 1,200에서 1,400명의 한인이 중앙아시아와 카스피해지역으로 추방되었다.[144] 한인들만이 1935년에 추방된 유일한 디아스포라 민족은 아니었다. 독일인, 폴란드인, 핀란드인들도 소련의 서쪽 국경지역에서 추방되었다. 1935년 1월 특별명령에 의해 폴란드 국경으로부터 800미터 떨어진 곳에 거주하는 독일인과 폴란드인들은 '재정착'하거나 추방되어야 했다. 1935년 봄에 추방된 독일인과 폴란드인들은 대략 24,000명이었고 1935년 가을에 추가로 1,500명의 폴란드인들이 우크라이나 동부지역으로 추방되었다.[145] 1935년 3월, 라트비아인, 에스토니아인 그리고 대략 7,000에서 9,000명 사이의 핀란드인들이 중앙아시아와 시베리아로 추방되었다.[146] 소련은 디아스포라 민족을 향한 대대적 작전(추방)의 '속도를 내는 중이었다'.

1935년 한인들의 추방은 고립적 사건이 아니었고 일본의 지정학이 주된 이유도 아니었다. 1935년, '적대적 민족' 개념이 뿌리를 내리기 시작했다. 서쪽 국경에서 소비에트 여러 민족과 극동에서 한인들의 추방은 전제정시기에 기원을 두고 있는 디아스포라 민족에 대한 외국인 혐오 때문에 발생했다. 확실히 모든 한인들을 추방한다는 극동 사무국의 최초 결의문(1922년), 아르세네프의 「백서」(1928·1934년) 그리고 게이츠만의 보고서(1928년)는 토착화 사업이 가장 활발했던 소비에트 초기 시기에서조차 한인들이 '이방인'으로 간주되었다는 것을 보여준다.[147] 앞에서 언급한 세 보고서 / 결의문 모두 또한 일본의 만주 통제와 중국 본토의 침략 이전에 나왔다.[148]

김 스테판은 1935년의 부분적 추방을 1937년을 위한 '시운전'이라고 불렀다. 호송차 전체는 한인들로 채워졌다. 그의 아버지는 체포되었고 추방 판결을 받았다. 스테판의 가족은 아버지를 따라 중앙아시아로 왔다.[149] 또한 그해에 김 아파나시는 직위에서 해임되어 '경계 부족'을 이유로 공산당에서 축출되었다.[150] 그는 논란이 없는 지도자였고 『적기』의 다양한 기사를 통해 그리고 포시예트 공산당의 의장으로서 전 연방 17차 공산당 대회에서 한인들을 대표한 소비에트 한인들의 대변자였다. 1936년 1월, 포시예트 공산당 회의 도중 이괄(〈삽화 5〉)이 포시예트 공산당의 임시 의장으로 지명되었다.[151] 공산당에서 김 아파나시의 축출은 그 자신은 물론 한인 공동체의 손실이었다. 이 사건이 한인들에 대한 다수의 중요 시련 중 첫 번째였다. 1936년 1월 24일, 김 아파나시는 관동군 반정부 첩자집단(관동군 반혁명 중심)의 일원으로 반혁명적 활동을 이끌었다는 이유로 체포되었다. 이 집단의 목표는 러시아 극동을 소련에서 분리시키기 위한 반소비에트 폭동의 조성이라고 주장되었다.[152] 1938년 5월 25일, 하바롭스크에서 아파나시는 사살되었다. 그의 명예는 1957년 4월 9일, 소비에트 최고법원에 의해 복권되었다.

1936년 1월, 김 아파나시가 체포될 무렵 극동에서 모든 한인들에 대한 추방이 결정되고 이를 수행하기 위한 일정이 마련되었을 가능성이 매우 높았다. 1930년대에 소비에트 민족 정책은 선천적으로 동일한 문화적 특성을 이유로 소수 민족을 격려하기도 했지만 동시에 억압하기도 했다. 이것이 공산당이 전면적 추방을 고려하고 있는 그 순간에 아파나시가 17차 당 대회에서 그렇게 큰 역할을 하였던 이유이다. 동청철도의 매각(1935년) 이후 한인들에 대한 시험적 추방이 있었다. 그 이후 아파나시의 즉각적 해임과 체포가 있었다. 김 아파나시는 전면적 추방과 같은 억압적 조처에 한인들의 저항을 지도할 수 있는 소비에트의 유일한 한인 지도자였다. 그의 체포는 '전면적 추방'이 임박했다는 신호였다.

1936년 여름 NKVD는 (공식발표에 따르면) 소비에트의 핵심 지도자들을 암살하기 위한 트로츠키-지노비예프 잔당들의 음모를 공개했다. 1934년의 키로프 암살은 국외의 트로츠키의 지시를 받는 트로츠키-지노비예프 중심이 활동한다는 예시였다. 당연하게 트로츠키는 또한 외국 정부와도 연결되었다. 로버트 콩퀘스트Robert Conquest에 의하면 이러한 상황이 대숙청을 촉발했으며 1937년부터 그것은 소비에트의 다양한 민족에 대한 추방으로 이어지게 되었다.[153]

1937년, 토착화에 대한 지지는 여전히 강력했지만 민족 정책은 변화를 거듭했고 정부 차원과 일반 주민들 사이에서 지역 중국인과 한인들에 대한 우려는 가시지 않았다. 한인들과 그들의 디아스포라 전력에 대한 지속적 우려의 예시는 자치지역 구성에서 은연중에 드러났다. 〈지도 2〉는 한인들이 4곳의 지역에서 (5곳이라고 해도 무방한) 수적으로 가장 많은 민족이었고 프리모리예의 7개 지구에서 핵심적 주민이었음을 보여준다.[154] 1929년 위에서 언급한 7개 지구 각각의 한인 비율은 다음과 같았다. 포시예트(89~95%), 수이푼(49.1%), 수찬(50.9%), 그로제코프(31.7%), 한카이(29.9%), 포크로프(38.6%), 쉬코토보(29.1%).[155] 어떤 경우에도 이러한 비율은 한인들에게 자치지구 혹은 자치지역을 허용하기에 충분했다. 그렇지만 포시예트지구만이 최소의 자치지역 형태의 182개의 한인 '소비에트촌'을 거느린 '한민족 자치지구'로 지정되었다.[156]

사실 소비에트 체제는 '게리맨더링'의 방식으로 한인들에 대한 행정구역을 정했다.[157] 이러한 이유로 그들에게는 명목상의 민족이 지역의 공산당, 소비에트 기구 그리고 경찰을 관리한다는 넓은 자치지역이 허용되지 않았다. 극동 한인들의 민족건설의 과정에서 이러한 상황은 지도부에 '자신들의 대표' 없이 민족을 만드는 것과 유사했다. 그 결과 소비에트 한인지도부의 권한과 역할은 축소되고 소규모의 '촌락 소비에트'에 한정되었으며 한인 자치공화국의 서기와 주 및 지구의 지도자 그리고 최종적으로 촌락 소비에트를 포함하는 명령의 전형적 수직체계가 부재했다. 이름뿐인 한인 자치공화국은 그 관할 안에 여러 곳에 육군과 해군 기지를 또한 설치할 수도 있었다. 강력하고 카리스마 넘치는 한인 당서기는 봉기의 순간에 공산당, 군, 경찰, NKVD 내부의 다수 추종자들에게 행동을 강요할 수 있는 잠재력을 가질 수도 있었다. 아흐메드 제키 발리도프Ahmed Zeki Validov, 발리도프는 바쉬키르 자치공화국의 수립을 투르크 민족에 대한 러시아의 식민 지배로부터의 독립이라는 더 넓은 차원의 운동과 결합시키려고 했다-역주가 바쉬키리 아 혁명위원회를 볼셰비키에 대항하게 했던 1920년의 바쉬키리아의 사 건이 바로 이러한 맥락의 사건이다.[158]

한인들 지역 자치의 '해체'는 182곳의 '촌락 소비에트'가 다소간 연 속적이었기 때문에 **의지에 의한 것이었다.**강조-저자 소비에트의 게리멘더 링은 앞에서 언급한 수직적 지도부 위계질서를 갖추고 있던 우즈벡 소 비에트 사회주의 공화국, 투르크멘 소비에트 사회주의 공화국 그리고 야쿠트, 타타르, 카렐리야 자치공화국에 비해 한인들에게 열악한 지역 적, 행정적 구조를 만들어 냈다.[159] 사실 그것은 소비에트의 여타 민족들 과 실제적 평등을 보장하지도 않고 극동에서 한인들의 경제적, 정치적 중요성을 반영하지도 않는 한인들에 대한 사회주의적 해체였다. 게다가 그것은 그 어떤 사회주의적 '재창조' 혹은 교육 사업의 성과를 무로 돌 리는 (폴란드인과 독일인을 포함한) 한인들에 대한 뿌리 깊은 공포를 드러냈 다. 소비에트 한인들이 법적으로 일본 시민이 될 수 없다는 것을 감안할 때 나는 한인들에 대한 이러한 공포와 견해를 한인들은 이방인이며 환 경적 요인이 아닌 인종적 요인으로 일본인에 더 가깝다고 간주한 러시 아의 인종에 대한 원초주의적 견해에서 비롯되었다고 생각한다. 소비에 트 기구 라브크린에 의해 생성된 보고에 의해 이러한 믿음과 그에 수반 된 지정학적 공포는 강화되었다.

또한 1930년대 후반 한인들의 다양한 공연단체가 한인의 여러 마을, 학교, 콜호즈 등을 방문하며 프리모리예 전역에서 활동했다. 다수의 한 인들은 극동 밖의 고등교육 기관에서 수학 중이었고 한인 청년들은 모 스크바와 레닌그라드의 가장 유명한 대학들에 입학이 허용되었을 때 특

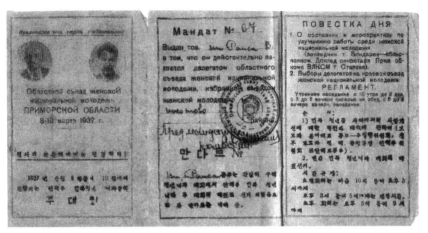

〈삽화 11〉 극동에서 개최되었던 소비에트 한인여성 협의회(1937.3.8~10)의 팜플렛 위임장
라이자 니가이가 대표자로 참석해 연설했다(위임장 위에 서명한 니가이 혹은 니(Ni)라는 서명을 주목하
라). 스탈린 체제가 한인들에 대한 추방을 계획했던 순간에도 토착화의 목표(민족의 권리, 여성의 평등 등)
는 여전히 포기되지 않았다.

히 기뻐했다. 문맹 퇴치운동은 진행중이었다. 1937년 5월, 한인 공동체
에 대한 의료가 확대되는 중이었다. 3명의 의사들이 한인 외래환자를
치료하는 나데즈딘스크의 병원이 개원했다.[160] 라이자 니가이는 3월에
한인 여성대회에서 연설했다(〈삽화 11〉).

그렇지만 한인들에 대한 추방 명령 이전에 『프라브다』는 극동의 중국
인과 조선인을 소비에트의 '황색 위험'으로 전환시키는 대대적 운동을
전개했다. 이러한 작업은 전면적 추방만이 유일한 해결이라는 조건을
창출했기 때문에 공포정치의 한 부분이었다. 1937년 4월 23일, 『프라
브다』는 「소비에트 극동의 외국 스파이」라는 기사를 게재했는데 여기서
는 중국인, 한인 그리고 러시아 백군 수비대를 스파이라고 고발했다. 기
사에 의하면 "첩보 부대는 소련 극동의 각 지역의 민족구성을 고려한 결
과에 따라 한인, 중국인 그리고 러시아 백군 수비대원들을 간첩으로 파
견한다". 기사는 한인들을 정확히 겨누는 말로 끝났다. "국경지역에서

외국 스파이, 콜호즈의 노동자(남성, 여성 노동자 모두) 그리고 선봉대원들의 체포마저도 끊이지 않는다는 것은 경계가 여전히 필요하다는 훌륭한 예시, 즉 소비에트 시민들은 외국의 스파이에 대항하여 싸울 수 있고 싸워야 한다는 예시이다."[161] 한국과 국경을 공유하고 있는 러시아의 유일한 영토인 포시예트지구에 거주하는 한인 비율이 95%라는 것은 상식이었다. 국경지역의 '외국인 스파이'라는 말로서 『프라브다』가 한인들을 지목한다고 극동의 거주민들은 확실히 이해했다. 1937년 7월 9일, 『프라브다』는 일본의 첩자로서 중국인과 한인들에 대한 아마도 가장 구체적인 고발 기사를 게재했다. 근본적으로 7월 9일 자 「극동의 외국 스파이」라는 기사는 중국인 혹은 한인 그 누구라도 비밀첩자일 수 있다고 지적했다. 기사는 중국인과 한인들이 통상 차지하는 직업군을 명확하게 명시했고 일본인 첩자들도 이러한 분야에서 일하고 있다고 지적했다. 이러한 인위적 방식의 꾸준한 묘사는 소비에트 '황색공포'의 창출에 불과했다. 다음은 그 기사의 일부이다.

일본의 첩자는 불교 신자, 승려들, [불교] 사원의 러시아 성직자와 노동자들 사이에 특히 많다. 이들은 일본을 위한 첩보활동과 태업을 조직한다. 잠재적 적대자들에 대한 판결의 순간에 사보타지의 확대를 위해 **세탁노동자, 이발사, 가내 고용인, 하인, 집사, 요리사로 위장한 일본인 스파이들이 국제적으로 퍼져있다는 것은 광범위하게 알려져 있다.** 태평양 연안의 소비에트 영해와 동해에서 일본 수산회사의 고용인으로 위장한 스파이들이 있다[극동에서 일하고 있는 1,500명의 일본인 거의 전체가 1937년 여름 이전과 그 시기 동안 축출되었기 때문에 이러한 의심으로부터 중국인 어민과 한인 어민 또한 자유롭지 못하다]. 일본이 한국인들과 중국인으로 위장한 일본 장교들을 스파이 활동을 목적으로 소련으로 보내려고 한다는 것은 잘 알려져 있다. 강조-저자[162]

1937년 『프라브다』의 세 기사는 중국인과 한인들이 가장 많이 차지하고 있는 직업목록을 소개했고 이들 직업들을 일본 스파이의 근거지로 분류했다. 대숙청이 정점에 달했던 1937년은 NKVD의 3인 장교들이 언제든지 누구라도 체포할 수 있는 해였다. 그들은 '반소비에트 분자'라는 혐의가 있는 소비에트 시민 누구라도 조사할 수 있었다. 이러한 배경을 고려하여 『프라브다』의 기사들은 한인들과 중국인들이 소비에트의 신인간으로 '재탄생'할 수 없다고 확신했다. 중국인과 한인 **한 사람 한 사람은**강조-저자 일본의 스파이와 연결되어 있다는 것을 기억할 필요가 있다.[163] 소비에트의 황화론을 상기시킨 『프라브다』는 중국 상인들의 추방 그리고 뒤이어 한인과 일본인들이 그들을 대신한다는 (제5장의) 게이츠만의 언급과 유사하다. 다만 『프라브다』의 이번 기사는 중국인과 한인들을 일본의 스파이로 진화시켰다. 『프라브다』 기사의 최종결과는 잠재적 적들의 실질적 제거만을 통해 완화될 수 있는 숙청의 분위기였다.

한인들 추방 이전에 스탈린 통제하의 소비에트 언론은 어디에나 존재할 수 있고 그 형태를 쉽게 바꿀 수 있는 일본의 위협을 만들어냈다.[164] 이것은 황색 위협이라는 수사의 더 복잡한 방식이었다. 이것은 『프라브다』에 의해 또한 잠재적 스파이로 부각된 러시아 백군 수비대를 차별하지 않았다는 면에서 인종차별적이었다. 적어도 이론상 개별 러시아인은 자신이 만주 출신의 백군 수비대가 아니라고 증명할 수 있는 공산당원, 피오네르 / 콤소몰 회원 그리고 계급적 기원등을 동원할 수 있었다. 그러나 한인 혹은 중국인 거주민이 자신의 무죄를 어떻게 주장하고 스스로가 중국인 혹은 한인이 아니라고 어떻게 주장하겠는가? 이러한 이유로 민족에 따라 전 구성원은 '일본의 스파이'로 규정되었다. 게다가 『프라브다』의 기사는 '극동지역의' 한인들과 중국인 대 일본인들에게 봉사하는 한인과 중국인을 구분하는 방법을 독자에게 제시하지 않았다. 소비에트의 황화론은 중국인과 한인들의 충심이 일본이 선도하는 범아시아적인 통제불가능한 힘에 자연적으로 연결되어 있다는 원초주의적 논리에서 벗어나지 않았다.

마지막으로 스탈린이 『프라브다』의 세 기사를 편집 혹은 직접 작성했다는 증거가 있다. 1937년 여름, 스탈린은 스파이에 대한 일련의 기사를 편집했다.[165] 『프라브다』의 4월 23일, 5월 4일, 7월 9일 자 일본 스파이를 다룬 기사들은 그해 여름 스탈린이 감독한 일련 기사의 일부분인 것 같았다. 다음 장에서 우리는 소비에트 최초의 전면적 추방이 어떻게 시행되었고 중앙아시아에서의 한인들의 새로운 삶 그리고 북사할린으로의 한인 추방과 관련하여 거의 알려지지 않았던 측면들을 살펴볼 것이다. 협약 5조와 북사할린 양보는 순전히 이데올로기적인 '소비에트의 외국인 혐오'에 대한 문제적 본성을 드러낸다. 그리하여 우리는 "토착화 기간을 통해 확인된 충성심과 핵심 성과에도 불구하고 한인들이 추방된 이유는 무엇인가"라는 이 책의 핵심 질문에 대해 대답하려고 한다.

요약하자면 일부 한인들은 토착화의 후반기(1931~1937년)에 개별적으로 진취성을 발휘할 수 있었다. 이 기간에 소비에트 민족 정책은 억압과 고취라는 '양날의' 검과 같은 성질을 보이기 시작했다. 원초주의적 이념과 특정 민족을 '이방인' 그리고 (독일인과 폴란드인과 같은) 다른 민족들을

'쿨락'으로 규정하는 전제정시대의 유산이 아르세네프의 「백서」와 『프라브다』의 소비에트 '황화론' 부활을 전적으로 가능하게 했다. 극동지구 사무국은 아르세네프의 보고서가 없더라도 전면적 추방을 단순히 지지할 수도 있었다. 블라디미르 아르세네프는 이미 사망했다. 그러나 한인들이 "인류학적으로, 인종학적으로, [그리고] 심리학적으로" 소비에트 사회주의에 이방인적 존재라는 아르세네프 보고서의 견해를 극동 사무국의 일부성원들 또한 강력히 지지하였고 그 문서가 완전한 추방의 필요성을 완전히 확신하지 못하는 다른 사람들에게 영향력을 미칠 수도 있다고 생각하였기 때문에 사무국은 보고서를 부활시켰다. 스탈린이 통제하고 있던 『프라브다』 기사의 화룡점정은 중국인과 한인들이 일본 스파이들의 확실한 대리인이라는 것이었다.

제7장
한인들의 추방과 중앙아시아에서의 삶,
1937~1940년대 초

극동에는 여전히 25,000에서 30,000명의 한인들이 남아 있습니다. 해군기
지 주변과 (블라디보스토크, 쉬코토보, 수찬, 소브가반과 같은) 넓은 지역에 퍼
져있기 때문에 이들 한인들은 의심할 바 없이 일본 간첩 활동의 핵심요원들입
니다.

스탈린에게 니콜라이 예조프가, 1931.9.24.[1]

1937년 무렵 스탈린은 전연방 공산당 내부의 핵심 반대자 모두를 권
력에서 이미 축출했다. 레온 트로츠키, 그리고리 지노비예프, 레프 카메
네프는 추방되었거나 처형되었다. N. I. 부하린과 알렉세이 리코프는 정
치국에서 쫓겨나 재판을 거쳐 1938년에 처형될 운명이었다.[2] 동시에 계

급적 함의가 있는 사회적으로 유해한 집단 / 사회분자와 소비에트의 다양한 민족들을 체포, 숙청 그리고 처형하거나 추방할 수 있는 NKVD 인민위원 예조프의 권한은 정점에 달했다. 지정학적으로 스탈린은 폴란드, 독일 그리고 일본에 의해 소련의 서쪽과 동쪽 국경 모두가 적들에 포위되었다고 생각했다. 1937년, 소련과 일본은 소비에트 / 한국과 만주 국경에서 자신들의 군사력 강화를 지속해 나갔다. 만주국이라는 신생국가가 출현했던 1932년, 일본의 관동군은 만주에서 94,100명의 병사, 100대의 항공기, 50대의 탱크를 보유한 반면 소련은 7개사단 병력, 200대의 항공기 그리고 250대의 탱크를 보유했다(병사들의 정확한 수에 대한 자료는 존재하지 않는다). 그러나 1937년 무렵, 극동에서 소련 군사력은 370,000명의 병사, 1,560대의 항공기, 1,500대의 탱크를 보유할 정도였다. 일본군 또한 만주에서 200,000명의 병사, 250대의 항공기 그리고 150대의 탱크를 보유할 정도로 극적으로 성장했다.[3] 소비에트 한인 지도자 김 아파나시에 대해 말하자면 그는 포시예트 공산당 의장의 직위에서 해임(1935년)되어 다음해에 체포되었다. 1935년, 한인들을 가득 채운 열차 행렬이 그들의 의사와 무관하게 극동에서 새로운 거처인 중앙아시아로 출발했다. 그렇지만 "마지막 피 한방울까지 (…중략…) 수호"하자는 아파나시의 연설이 여전히 효과를 발휘한 듯 보였다.[4] 한인들은 극동 전역 집단농장의 자위대와 다양한 무장 지원부대에 참여했다. 이 부대들은 1930년대 내내 소비에트 국경을 부단히 순찰하며 불법 이주자들과 그 밖의 침입자들을 체포했다. 공포정치와 한인 추방 배후의 상황이 이러했다.

대숙청

대숙청(1936~1938년)은 국가와 스탈린에 대항한 세 유형의 적들, 즉 엘리트 구 볼셰비키, 사회적으로 해로운 반소비에트 분자(사회 집단) 그리고 민족들에 대해 스탈린과 니콜라이 예조프(NKVD의 수장)가 주도한 일련의 억압적 정화였다.[5] 민족 추방은 공포정치를 구성하는 여러 독특한 억압적 정책 / 기제의 한 부분에 불과했다. 게다가 한인들의 추방은 1937년 8월 9일 자 정치국 승인 법령 00485의 "사보타지-스파이 활동을 일삼는 폴란드인들의 청산에 관하여"로 시작된 여러 민족들의 추방 가운데 하나였다. 그러나 한인의 추방은 소비에트 국민들 가운데 최초의 전면적 추방이었고 1950년대까지 지속된 (폴란드인, 독일인, 라트비아인, 에스토니아인, 핀란드인, 그리스인, 이란인, 하얼빈 거주자들, 중국인 그리고 루마니아인과 같은) 다른 민족들의 전면적 추방을 위한 예비작업이었다. 추방 대신에 소련으로부터 이주 선택의 기회를 부여받은 민족은 이들 중에 아무도 없었다(5조를 보라). (소비에트-일본의 양해에 따라) 1937년 이후 극동에 남았던 소비에트 한인들의 존재와 더불어 이러한 사실은 다른 민족들의 추방과 비교할 때 한인들 사례의 독특한 점이다.[6]

사회 구성원과 민족들의 추방은 '대규모 작전'이었다. 스탈린과 그의 심복은 공포정치를 소비에트 국가가 잠재적 적들을 제거하고 임박한 전쟁을 대비하기 위해 반드시 필요한 수단으로 간주했다. 스탈린은 또한 스파이들이 소련에 잠입해 있다고 확실하게 믿었다. 이런 이유로 김 아파나시는 관동군 혁명중심을 위해 포시예트의 한인들 사이에서 반란 조성혐의로 체포되었고 소련 내의 폴란드인들 또한 반소비에트 폴란드 무

장 조직에 속해있다는 이유로 체포되었다.[7] 1930년대 초 이래 소련은
서쪽과 동쪽 국경 혹은 그 주변에서 4개국의 군사적 도전에 직면했다.
(1940년 3월까지) 핀란드, (1939년까지) 폴란드, 독일과 일본. 일본군은 만
주와 한국 모두를 점령했다. 스탈린의 전 외무장관 뱌체슬라프 몰로토
프Vyachelav Molotov는 그 잔혹성에도 불구하고 이러한 억업적 조처들이
소련을 제2차 세계대전의 승전국으로 부상시킬 것으로 믿었다.[8]

덜 알려진 사실 하나는 외몽골에서도 소비에트 몽골인 NKVD에 의해
서 대숙청이 또한 수행되었다는 것이다. 이러한 탄압은 소비에트 폴란드
인에 가해진 집행 비율과 거의 유사했다. 대숙청이 최고조였을 때(1937
~1938년) '민족 작전'에서의 평균 집행률은 73.7%였다. 폴란드인에 대
한 작전에서 사형 판결이 가장 높았을 때의 비율은 79.4%였다.[9] 1937
년 10월 2일부터 1939년 4월 22일까지 최발산Choi Balsan의 '(3인) 특별
위원회'는 몽골에서 숙청을 진행했다. 위원회는 25,785의 사건을 심의
하여 20,099명의 몽골인을 처형했다. 심의사건과 처형인 수 사이를 일
대 일로 대응시키면 몽골인들에 대한 집행률은 77.9%에 달했다.[10]

1930년대에 들어와 소비에트 지도부는 스탈린이 숙청을 완전히 통제
하는 독재체제였다.[11] 우선 스탈린은 총서기로서 정치국과 중앙위원회
를 통제했다. 중요 정적 모두를 제거한 이후 위협이 실제하지 않았다고
지적하여 그의 기분을 상하게 할 사람은 아무도 없었다. 둘째, 소비에트
국가와 언론 매체에 대한 그의 통제는 권력 상하층의 위기 의식의 형성
에 크게 영향을 미쳤다. 예를 들어 『프라브다』와 『이즈베스티야』와 같
은 신문은 파괴, 사보타지, 스파이 그리고 제5열에 대한 기사를 과도하
게 게재했다.[12] 그 결과 독일인, 폴란드인, 한인, 이란인 그리고 그리스

인들과 같은 디아스포라 민족에 대한 대중의 불신, 공포, 증오의 감정은 확산되었다. 스탈린은 자신의 측근들과 정치국원 전체에게 소비에트의 디아스포라 민족들 사이에 제5열이 존재한다는 생각을 실제로 자주 표명했다.[13] 1937년 8월 9일, 정치국은 소위 폴란드 사보타지-스파이단체의 제거에 관한 NKVD 법령[00485]을 승인했다. 이것이 1937년 후반의 분위기였기 때문에 소비에트 한인들의 추방 결정에는 폴란드인들을 추방한다는 결정과 동일한 얼마간의 특징이 존재했다. 그렇지만 한인들의 추방은 최초의 민족 전체의 추방이었고 자체의 특징적 명령, 예외적 사항 그리고 논리를 담고 있었다.

한인들의 추방

1937년 8월 21일, 총서기 스탈린과 인민위원회의 의장 몰로토프가 서명으로 결의문 1428-3266ss가 승인되었다. 결의문의 명칭은 「러시아 극동지역의 국경지역으로부터 한인들의 추방에 관하여」였다. 전반적으로 결의문 1428-3266ss는 남부 카자흐스탄, 우즈베키스탄, 아랄해 행정지역 그리고 발하슈호Lake Balkhash지역으로 한인들의 즉각 추방을 요구했다. 그들에게는 농사 도구, 개인 재산, 생필수품들의 소지가 허용되었다. 4조는 집과 농장 그리고 곡물과 같이 가져갈 수 없는 재산에 대해서는 보상이 있을 것이라고 지적했다.

5조는 결의문의 내용과 추방의 이유가 모순된다는 점에서 가장 흥미롭다.[14] 5조는 다음과 같다. "[만주 혹은 한국을 거쳐 소련] 국경지역에서 한인들이 떠나기를 원한다면 그들에게 아무런 제한조건도 부과하지 말고 그 지역을 떠나도록 단지 허용하라." 누군가는 이것이 미끼에 불과하며 소련을 떠나기를 원했던 사람들은 총살을 당했을 것이라고 생각했을 수도 있다. 그렇지 않았다. 예를 들어 수찬에서 16킬로미터 떨어진 흐멜니츠카야라는 마을에서 15명의 한인들은 추방 대신에 한국으로 돌아가기를 원했다. 흐멜니츠카야 거주민들의 추방은 1937년 10월 12일에서 28일까지 일어났다. 한국으로 가고 싶어했던 15명의 한인들은 11월 3일까지 억류되었다가 NKVD의 인도 아래 (한국 대신에) 만주에 도착하여 국경을 넘을 수 있었다.[15] 김 인노켄티Innokenti Kim는 한국과 러시아 사이 포시예트지구 국경에 위치한 자신의 마을 크라베의 주민들에게는 소비에트 시민으로서의 서류 전부를 포기하고 한국으로 돌아가든지 추방을 받아들이라는 선택의 기회가 있었다고 기록했다. "우리가 한국으로 돌아가 그곳이 마음에 안 들면 우리가 돌아올 수 있나요"라고 묻는 마을 사람들도 있었다. 인노켄티에 의하면 소비에트 당국은 그에 대해 명확히 "노"라고 대답하고 그에 따라 마을의 모든 사람들이 추방을 선택했다.[16]

1937년 8월 24일, 니콜라이 예조프는 NKVD, 적군, 혹은 방산기업에 근무했던 적이 있는 한인들은 추방 대신에 소련 국경지역에서의 이탈을 엄격히 금지한 추가조항으로 5조를 수정했다. 아무튼 추방 관련 결의문 5조는 한인들이 일본을 위한 스파이라는 주장을 대단히 약화시켰다. 예조프의 추가사항에서 언급되지 않은 한인들은(특히 소비에트의 전 간부들) 국경을 자유롭게 넘을 수 있었기 때문에 일본은 이들을 통해 자신들이 극동에 심어 놓은 스파이들로부터 얻은 정보를 보완하고 늘려갈 수 있었다. 일본은 중앙아시아에서의 정보수집을 위해 그들을 재활용했다. 5조는 일본 첩보활동의 도구로서 활용되는 소비에트 한인들이 설사 있더라도 소수에 지나지 않는다는 것을 확인해 준다.[17] 그렇지만 소련 영토 내로의 추방 대신 국경을 넘어 만주와 한국으로 간 한인들의 수는 확인 불가능하다. 1927년의 인구조사에 의하면 한인들의 수는 173,000명 이었고 1937년에 이르면 204,600명으로 늘어났다.[18] 그렇지만 (대략) 172,000명만이 1937~1938년에 추방되었다. 1928~1932년 동안 50,000명이 이르는 한인들이 집단화와 부농 축출로 인해 만주와 한국으로 떠났다고 추정되었다.[19] 나의 추정에 의하면 5조로 이득을 본 한인들의 수는 2,000에서 14,000명 정도이다.[20] 5조는 다른 민족들의 추방과 한인들을 또한 차별적으로 다룬다. 어떤 민족에게도 추방을 수용하든지 아니면 소련을 떠나라는 선택이 제시되지는 않았다.[21] 예를 들어 독일과 폴란드인들은 서우크라이나와 벨라루스에서 동우크라이나로 1933년에서 1935년 사이에 추방되었다가 다시 1936년에 카자흐스탄으로 추방되었다.[22] 여러 차례의 과정에서 독일인들과 폴란드인들 모두 추방 대신에 소련을 떠날 수 있다는 선택은 주어지지 않았다.

6조는 "[한인들의] 극단적 행동 가능성", 즉 추방의 과정에서 반소비에트적 행위 가능성에 대해 NKVD의 조치를 허용했다. 10조와 『백서』에 의하면 국경을 넘을 수 있다고 허용된 한인들의 수는 스탈린에게 통지되어야 했다. 11조와 12조는 소련과 만주 및 한국의 접경지역의 안보를 강화할 것을 규정했다. 12조에 의하면 NKVD 장교들은 추방당한 한인들의 거주지에서 같이 지낼 수 있었다. 한인의 추방 명령에서 명시되지 않은 하나의 법칙은 혼성 민족 가정의 경우 남편의 민족 정체성이 가족의 민족 정체성을 결정한다는 것이었다. 남편이 한인이고 아내가 한인이 아닌 경우 그 가족은 추방이 되고 그 반대의 경우는 추방되지 않았다. 남편은 한인이고 아내는 한인이 아닌 12명의 혼성 민족 가족 구성원들은 1937년 북사할린으로부터 추방되었다.[23] 유사한 원칙이 독일인들의 경우에도 적용되었다. 예를 들자면 "가장의 민족 정체성이 독일인이 아니고 아내의 민족 정체성이 독일인이라면 그러한 가족은 추방되지 않았다".[24]

8월 법령에도 불구하고 포시예트, 스파스크, 한카 서부지구에서 한인들의 추방 과정은 농민들이 수확을 끝낼 때까지 20일 정도 지체되었다. 1937년 9월 28일, 몰로토프와 페트루니체프N. Petrunichev가 서명한 1847-377ss 결의문은 결국 러시아 극동지구에 남아 있는 한인들의 추방을 지시했다.[25] 추 레프Lev Chugai의 가족과 같이 유대인 자치지역의 한인들마저도 추방되었다. 중앙아시아로 추방된 한인 노인들과의 대담에서 그들은 자신들이 선택한다면 국경을 넘어갈 수 있다는 5조의 첫 추방령을 알고 있었다고 말했다. 한인 추방자 김찬님Kim Chan Nim은 다음과 같이 말했다. "우리에게는 한국에서 살거나 한국으로 이주할 생각이 없었습니다. 한국을 한번 다녀오고 싶은 생각은 있었지만 그 이상은 아니었습니다. 우리는 우즈벡 한인들입니다. (⋯중략⋯) 우리는 소련에서 사는 것을 자랑스럽게 생각합니다."[26] 이 빅토르Victor Li는 다음과 같이 말했다. "[한국]으로 돌아갈 이유가 없습니다. 그곳에는 먹을 것도 없고 사람들이 굶주리고 있기 때문에 우리는 그곳을 진작 떠났습니다."[27] 김마야Maia Kim은 자신의 부모가 극동이 자신들의 고향이고 추방된 이후에도 그곳으로 돌아가기를 원했기 때문에 한국으로 가고 싶어하지는 않았을 것이라고 얘기했다. 그녀는 다음과 같이 말했다. "그들은 그곳에서 성장했고 아이들도 그곳에서 태어났습니다. 그들은 그곳에 뿌리를 내렸었습니다."[28]

다수의 소비에트 한인들은 단순한 거주지로서가 아니라 러시아어와 한국어 두 언어를 말하는 사회주의자로서의 자신들의 정체성을 형성한 소비에트 영토인 러시아 극동에 대해 충성했다.

대다수 한인들에게는 필요한 준비와 정해진 날에 자신들을 실어 나를 열차역에 집결하기까지 일주일에서 한 달의 시간이 허용되었다. 그들은 재산의 대부분을 남겨 두거나 포기했다. 많은 가족들은 자신들의 물건, 장비, 집 그리고 가축의 보상을 위해 행정당국에 제출할 공식 목록을 작성했다. 대담을 진행한 60명의 한인들 가운데 약 8명이 결의문 1647-377ss의 4조에 의거 변상을 받았다고 말했다. 한인 공동체에게 이러한 사정은 2008~2010년에 가서도 잊지 못할 아픈 곳이었다. 이은호En Ho Lee는 자신 가족의 손실에 대한 보상금은 300루블이었지만 다른 가족은 150루블을 받았다고 얘기했다.[29] 그렇지만 대다수 한인들이 재산, 집, 농기구, 가축의 목록을 작성했지만 보상의 약속에도 불구하고 그것을 결코 받지 못했다고 얘기했다.

이 블라디미르Vladimir Li는 1937년 9월, 가족이 추방되었을 때 8살이었다. 그들은 태평양 연안 현재의 테르네이Ternei라는 마을 근처에 살고 있었다. "우리는 [추방을 앞에 두고도] 즐거웠습니다, 우리는 어렸었고 무엇을 알았겠습니까? 우리는 놀다가 학교에도 갔습니다만 더 이상 수업도 없었고 숙제도 없었습니다. 우리는 여행을 간다고 즐거워했습니다." 그는 자신의 부모가 추방에 직면하여 매우 어쩔줄 몰랐고 화가 났다고 얘기했다. 그들은 자신들이 할 수 있는 최선을 다했다. 그렇지만 1936년 대숙청이 시작되었고 한인들은 억압당하는 사람들이 누구인지를 신문 혹은 전언을 통해 알게 되었다. 박 표트르Pyotr Pak에 의하면 "저항하는 사람 모두는 '적대적 민족'이라는 딱지가 붙여졌습니다. 우리는 모두가 청소될 운명이었습니다. 할 수 있는 말이 아무것도 없었습니다".[30] 빅토르는 다른 추방자들을 통해 추방에 저항한 한인들에 관해 들었다. 일부는 외딴 지역으로 도망갔다, 빅토르에 의하면 이들 한인들은 체포되어 이송 열차가 있는 곳으로 강제로 보내졌다. 저항을 멈추지 않으면 그들은 현장에서 사살되었다.[31] 추방의 충격을 완화하기 위해 (또한 논쟁 없이 한인들을 이송열차에 신속히 탑승시키기 위해) 소비에트 당국과 NKVD는 한인들에게 중앙아시아에 그들의 자치지역을 허용할 것이라고 말했다.[32] 또 다른 한인들은 자신들의 자치지역이 카자흐스탄 크질 오르다Kzyl Orda에 허용될 것이라고 들었다.[33]

한인들은 소금에 절인 고기, 소금에 절인 생선 그리고 채소를 기차역으로 가져갔다. 대다수 가족들은 소, 닭, 돼지들을 이웃에 넘겼다. 추방자들은 40량 이상의 객차로 구성된 열차에 올랐다. 객차 하나는 셋에서 다섯 한인 가구들이 수용되었고 2층 침대와 중앙에 난로가 있었다. 모든 열차의 1차 종착지는 카자흐스탄이었고 그다음 우즈베키스탄 혹은 카자흐스탄 서부나 아랄해로 갔다. 이동하는 데 30일에서 45일이 걸렸다. 아이들과 노인들이 이동과 그 이후의 과정에서 특히 취약했다. 노보시비르스크에 도착한 열차에는 6명의 어린이 사망자, 50명의 환자가 있었다.[34]

1937년 11월 3일, NKVD 기관원 메에르Meer와 극동지역 NKVD 수장 겐리흐 루쉬코프Genrikh Lushkov가 서명한 기록은 다음과 같다. "10월 30일, 블라디보스토크역에서 **의심스러운 한인들을** 태운 마지막 열차 501호가 출발했다."강조-저자[35] 누군가는 모든 한인들이 '의심스럽게' 보인 이유가 무엇인지 물어볼 수도 있었다. 루쉬코프와 메에르 측에서의 이러한 언급은 민족에 대한 차별이었다. 스탈린에 의한 추방 명령(1428 -326ss)이 내려지자 소비에트의 관리와 NKVD 간부들은 스파이 혐의가 있는 죄인으로서 추방자들을 공공연하게 비난하기 시작했다. 1937년 8월 29일 자로 국경 경계업무를 수행중인 특별적기군의 모든 한인들이 소환되어 군에서 쫓겨났다. 8월 29일, NKVD의 수장 예조프는 극동 NKVD 책임자 루쉬코프에게 " (…중략…) NKVD 하바롭스크 당국이 한인 공동체의 '제5열'의 색출과 관련된 제안을 하고 그 제안들을 중앙 [모스크바]에 제시할 수 있도록 며칠 더 기다리는 것이 필요했다. 모스크바는 '한인들의 간첩 조직에 관한' 즉각적 조처를 승인했다"라는 암호화된 전문을 보냈다. 추방의 진행 상황에 대해 예조프가 스탈린에 관한 보고에서 (1937년 9월 말의 어느 때) 예조프는 "이들 한인들은 의심할 바 없이 일본의 스파이들이다"라고 썼다. 추방의 과정에서 NKVD 소속원이 작성한 특별 보고서는 이노운(추방자)이라는 이름을 언급하면서 "NKVD는 모든 한인들을 스파이로 간주한다"라고 선언했다.[36] 쿨락 또한 법령 00447에 따라 추방되었는데 소련이 자본주의와 부르주아지에 반대하고 부농들은 적대 계급에 속해 있기 때문이었다. 그렇지만 대다수 한인들이 농촌 출신이었기 때문에 추방당한 172,000명의 한인들은 특히 중농과 빈농 계급에 속했다.[37]

10월 30일, 캄차카반도로부터 마지막 노동 식민과 한인들이 블라디보스토크에서 중앙아시아로 보내졌다. 총 127,597명의 한인(36,681가구)들이 극동에서 추방되었다.[38] 소비에트 한인들은 추방의 과정에서 16.3%가 사망했다. 인구학자 D. M. 에디예프Ediev 또한 추방과 그 이후의 상황으로 한인들이 추가로 10%의 인구 감소가 있었다고 추산했는데 바로 추방으로 인한 출생률 감소가 초래한 격차였다.[39]

소연황So En Khvan은 북사할린에서 한인들은 추방되지 않았다고 말했다.[40] 1932년, 소비에트 인구조사에 의하면 북사할린의 한인 수는 3,200명이었다. 이러한 숫자는 1935~1936년까지 계속 늘어났을 것 같았다.[41] 1937년 봄, 소비에트-일본협약에 따라 약 2,000명의 소비에트 노동자들이 러시아 본토로부터 북사할린의 일자리에 충원되었다. 그들은 블라디보스토크로 보내졌다가 얼마 후인 1937년 8월에 북사할린으로 이송되었다. 1937년 9월에 일본에 대한 이러한 갑작스러운 양보로 2,500명의 소비에트 노동자들이 해고되었다.[42] 지역의 일부 노동자들(아마도 대략 2,500명)이 대체된 것 같았다.

1937년 10월, 한인 추방의 일부분으로 북사할린에서 1,155명의 한인이 추려져 (배로) 블라디보스토크로 보내졌다.[43] 이러한 수는 1932년의 마지막 인구조사를 근거로 할 때 대략 2,045명의 한인들이 누락된 것이었다. 1939년 8월의 도쿄 미국대사관으로부터의 서신에 의하면 북사할린협약에 의해 일반 노동자들 사이에서 소비에트 시민 대 일본 시민의 비율은 75 대 25였다. 당시 북사할린에서 일하는 일본 시민은 700명이었다.[44] 앞서 언급한 사실들을 고려할 때 다수의 소비에트 한인들이 북사할린협약(1937년 이후)에 따라 그곳에서 일을 하고 있었을 것 같다. 왜냐하면 첫째, 일부 한인들이 북사할린에 남아 있었고 둘째, 그들은 일부 사람들에 의해 소비에트의 국민이라기보다는 식민을 위한 자원으로 지속적으로 간주되었기 때문이었다.

라이자 니가이의 추방은 분명 특이했다. 그녀는 1937년 11~12월까

268   위선의 태양

지 추방되지 않다가 카자흐스탄에 도착하여 기차역에서 지역위원회 간부들의 환영을 받았다. 그녀와 오빠 니콜라이 니가이(NKVD 기관원)는 쾌적한 넓은 집으로 이사하여 풍부한 음식, 집과 같은 소비에트 간부의 안락함 전부를 누리며 1년을 보냈다. 라이자는 오빠로부터 1937년 언젠가 한인들이 추방될 것이라는 사전경고를 받았을 것 같았다. 그녀는 졸업을 서너 달 앞둔 1937년 2월 무렵 니콜스크-우수리스크 연구소를 떠났다. 그녀는 학비, 거주비를 낼 수 있는 매달 30루블에서 50루블의 풍족한 장학금을 받고 있었다.[45] 그녀는 쉬코토보(블라디보스토크 인근)로 돌아와 가게에서 일하기 시작했다. 앞서 얘기했듯이 그녀의 가족은 좋은 인맥을 가진 소비에트 한인의 핵심층이었다. 라이자의 할아버지 이반 이바노비치는 한국과 국경을 접하는 로우어 아디메에촌Lower Adimee Village의 의장이었다.[46] 그녀의 오빠 니콜라이는 1928년에 NKVD를 위해 일하기 시작했다[47] 라이자는 1937년 내내 한민족 문제와 여성문제와 연관된 회의와 협의회에 계속 참석했다고 말했다. 남아 있는 질문 하나는 "거의 모든 것이 지불되고 대학에서의 공부를 여전히 재미있어 할 때 그녀가 대학을 떠난 이유는 무엇인가?" 그녀는 불충분한 장학금 때문이라고 말했다. 그녀의 사진에 의하면(〈삽화 12〉) '부족한 장학금'이 합당한 이유일 것 같지는 않아 보인다. 니가이 여사가 다른 복장으로(겨울과 여름 옷) 1937년 8월 그리고 1937년 10월 말과 11월 초에 친구들과 찍은 매우 보기 좋은 사진들이 여러 장 있다. 오빠인 니콜라이가 한인들에게 추방이 임박했다는 경고를 그녀에게 했을 가능성이 보다 높아 보이고 그리하여 그녀는 대학을 중퇴했다. 벽지의 한인들과 한인마을은 그대로 남았지만(예를 들어 마가단 근처의 오호츠크) 한인의 추방은 공식적으로 1937년 11월 3일 끝났다. 니콜라이가 한인들의 추방을 돕는 자신의 업무를 끝내자 이제 자신이 추방당할 운명이었다. 한창걸은 블라디보스토크 관구 주변의 집단농장에서 한인 세포조직의 억압을 도왔다. 그의 최후는 니가이보다 더 나빴다. 따라서 히사무트디노프가 NKVD의 한인과 중국인 집단이 같은 민족집단을 억압하는 데 참여했다는 지적은 틀리지 않았다.[48] 하지만 그의 지적 역시 한인들의 충성심을 인정한다.

〈삽화 12〉라이자 니가이, 추방 전.
(좌) 니가이와 친구들, 추방 명령 6일 전인 1937년 8월 15일 촬영.
　　니가이와 그녀의 친구들은 여름과 겨울옷을 입고 사진 여러 장을 찍었다.
(우) 1937년 10월 22일, 블라디보스토크의 휴양지에서 니가이(맨 오른쪽) 가족과 친구들.
출처 : 라이자 니가이

　　한인들 일부는 추방되지 않고 처형되었다. 2,500명의 소비에트 한인 엘리트들이 체포되고 핍박을 받았다.[49] 1937년 9월 3일, 한창걸이 체포되었다. 남동생 한 인노켄티 엘리세예비치Innokenti Eliseevich Khan와 적군에 또한 복무했던 막내 알렉산드르 엘리세에비치도 1937~1938년 체포되었다. 그리고리(한창걸)와 인노켄티가 간섭기에 일본과 싸웠다는 사

〈삽화 13〉
(좌) 계급 휘장 없이 NKVD 제복을 착용하고 있는 한창걸, 혹은 그리고리 엘리세예비치 한, 1937년.
　　그는 자신의 위치가 불안정하다는 것을 아마도 인식하고 있었다.
(우) 1920년대 우크라이나 하리코프 군사학교에서 그리고리의 동생 알렉산드르.
출처 : 레브미르 한(두 사람의 조카), 우즈베키스탄 '프라브다' 콜호즈.

　　실도 그들을 구하지 못했다. 두 사람 모두 하바롭스크의 감옥으로 보내
져 그곳에서 1938년 처형되었다.[50] 1937년 9월 13일, 한명세(안드레이)
가 '일본 스파이'라는 혐의로 레닌그라드에서 체포되었다. 한 안드레이
는 소비에트 한인들의 2인자였지만 1933년 이후 레닌그라드에서 살고
있었다.[51] 1937년 11월, 박 V. 니콜라이가(박용빈, 〈삽화 8〉을 보라) 체포
되었고 이후 12월에 처형되었다.[52] 제2차 코민테른 2차대회에서 레닌
의 지지 연설을 했던 박진순Pak Chin Sun은 반동적 테러조직에 참여했다
는 혐의로 1938년 기소되어 처형되었다.[53]
　　한인의 추방 이후로 중국인들이 아르세네프의 제안에 의해 추방되어

야 할 차례였다. 1937년 12월에서 1938년 3월에 걸쳐 소비에트의 중국인들이 극동에서 중국과 중앙아시아로 추방되었다. 겐리흐 루쉬코프는 11,000명이 체포되었고(대다수는 처형되었다) 8,000명이 중앙아시아와 신장으로 추방되었다고 보고했다.[54] 다음 절에서 나는 1930년대 소련의 지정학적 상황과 이러한 상황이 숙청과 민족의 추방을 시행하려는 스탈린의 결정이 어떻게 영향을 주었는지를 검토해 보려고 한다.

숙청 이면의 지정학

스탈린은 1930년대 중반 스페인내전 이전과 내전 중의 사건들을 주의 깊게 살폈다. 이러한 그의 행동은 독일 혹은 일본과 같은 외국이 소련에 제5열을 이미 심었거나 그러한 가능성이 있다고 부분적으로 확신하는 계기였다.[55] 그렇지만 소비에트 한인과 한인 전체에게 일본은 조국의 강탈자이자 적이었다. 일본이 소비에트 한인들을 전향시킬 가능성은 거의 없었고 내전기에 일본의 간섭과 극동에 대한 5년간의 일본의 공동 통치는 이러한 상황을 가장 잘 보여주는 증거였다. 5천 명의 한인 붉은 파르티잔은 공식적으로 극동에서 일본과 싸웠고 또 다른 2~3천의 한인 파르티잔은 소비에트 혹은 적군의 지원 혹은 인정과 상관없이 독립적으로 싸웠다. 1930년대 동안 소요 / 사보타지는 없었고 소비에트 정부가 발견하고 확인한 한인 '스파이'들 또한 존재하지 않았다. 소비에트 문서고에는 다음과 같은 기록만이 있다. "외국 첩보기관에 충원될 수 있다고 간주되는 잠재적 집단은 다음과 같다. 독일인, 폴란드인, 일본인, 한인 그리고 그 외 인종."[56] 일부 민족들 사이에서 제5열에 관한 증거가 얼마간 있을 수도 있지만 소비에트 한인들 사이에서 제5열이 있다는 생각을 확인할 만한 증거는 없으며 단지 그들은 '잠재적인 대상'일 뿐이었다.

이전 장들에서 나는 극동의 한인들이 제정기의 러시아와 그 이후 소비에트 국가에 강력한 충성을 발휘하였다는 것을 보여주려고 노력했다. 토착화와 교육 분야에서 그들의 성취는 한인들이 스스로를 '소비에트의 신인간'으로 개조하려는 시도였다. 이러한 개조의 첫 단계는 1920년대 초부터 중반까지의 문자해독운동과 다수 한인들의 고등 교육기관 입학이었다. 그다음 한인들의 다수가 소비에트 정부, 국가기관, 심지어 NKVD에서 직책을 획득했다. 이러한 방식으로 한인들은 세계를 볼셰비키의 붉은 색으로 칠하려는 최종 목표를 지닌 채 소련을 개조하기 위해 전문지식을 갖춘 전문가이자 핵심 간부로서 부상했다.[57] 이미 지적했듯이 포시예트지구 공산당 의장 김 아파나시는 한인 쿨락에 대한 더 강력한 감시를 요청했다. 그는 또한 한인들이 자신들의 콜호즈를 위해 요구했던 10대의 트랙터와 관련하여 이 문제가 '단순하지 않다'고 얘기하면서 정부를 옹호했다. 그는 한인 공동체의 지지를 상실한다 하더라도 이괄과 더불어 당에 대한 자신들의 충성을 입증했다. 일본은 볼셰비즘과 한인들의 강력한 유대감을 알고 있었고 그들을 일본제국의 '해로운 분자'라고 단순하게 지칭했다.[58]

마지막으로 동아시아 내의 지정학 및 일본의 한국 식민화와 관련한 문제가 있다. 일본의 한국 식민화는 소비에트 한인들이 공산주의자로서 그리고 1918년(러시아내전) 이후 소비에트의 영토와 만주에서 벌어진 다양한 전쟁과 갈등에서 소비에트의 전위부대로서 열렬히 충성한 이유를 설명하는 데 도움을 준다. 이것과 그 밖의 이유(자신들의 교육체제에 소비에트 이데올로기에 대한 교육, 다민족의 조국으로서의 소련)로 인해 소비에트 한인들은 러시아인들을 포함한 소비에트 내 다른 어떤 민족들보다 충성심이 적지 않았을 것이다. 사실 그들의 충성심은 이미 두 차례의 전쟁기간(1918~1922·1929년)에서 확인되었다. 게다가 일본의 만주 점령(1931년) 이후 전시와 유사한 긴장된 분위기가 지속되는 동안 한인 농부들이 배치된 극동의 다수 국경 수비대는 그들의 충성심이 모든 작은 마을에 걸쳐 광범위하다는 증거였다. 스탈린과 소비에트 정부가 한인들에게 열린 마음을 지속했더라면 그리고 그들이 소비에트 한인들을 한국, 일본, 중국으로부터 온 그 외의 한인들과 정치적 충성심이 구별되는 사회–역사적 집단으로 진정으로 간주했더라면 극동에서 한인들의 전면적 추방은 일어나지 않았을 것이다.[59]

게다가 일본 첩보 활동의 관행에 대한 문제도 있는데 이에 따르면 일본은 소비에트 한인들을 소비에트에 적대적인 변경의 디아스포라 민족으로 활용할 의도가 없었다. OGPU의 도움을 얻어 작성된 재무인민위원부의 보고서에는 5명의 일본 스파이와 그들의 활동에 대한 기록이 있다. 이들 스파이들은 조직원을 충원하거나 세포조직을 만들려는 시도 없이 독자적으로 정보를 수집했다. 이러한 경우 일본 스파이들은 정보 수집과 현장요원의 역할 등 모든 일을 처리했다. 그들은 십중팔구 자신들의 정보를 상관에게 보고하기 위해 만주와 일본으로 또한 돌아갔다. 게다가 그들은 위조지폐로서 자신들의 비용을 충당하여 자신들을 일본과 연결시키는 증거를 남기지 않고 작전을 완전히 독립적으로 수행했다.[60] 따라서 일본 첩보원(눈에 띠지 않는 대상)들은 거의 확실하게 극동의 일반적 주민들 사이에서 일하고 함께 지내면서 정보를 수집했을 것이다. 이미 자신들이 하고 있는 일을 수행하기 위해 그들이 한인들을 충원했을 것 같지는 않았다.

소비에트 정보기구들은 소비에트의 기관, 공장, 간부층, 즉 주목할 만한 목표물에 침입한 일본 간첩단에 관한 많은 양의 정보와 세부 사항들을 수집하고 있었다.[61] 일본은 소련으로 돌아가 시민권을 획득하고 소비에트의 기관 혹은 목표 인물 / 집단에 침투할 수 있는 반소비에트적 민족들을 소련 밖에서 충원했다. 소련 밖에는 그러한 반소비에트적 한인 집단이 없었다. 따라서 이미 설명한 바와 같이 일본 첩보부는 앞에서 언급한 두 시나리오 어느 쪽에서도 소비에트 한인들을 활용하려고 하지 않았을 것이다.

마지막으로 일본은 제2차 세계대전 이전과 그 기간에 자신들이 침략했던 아시아의 여러 나라 어디에서도 제5열을 활용한 봉기를 시도하지 않았다.[62] 일본의 여러 군사 파벌들은 만주 침략의 결정, 장쭤린의 암살, 만주국의 수립 그리고 중국 침략의 결정을 통제하였다. 군대는 1930년대와 1940년대 동안 외교 정책의 결정을 많은 경우에 통제하였기 때문에 전쟁을 정당화하기 위한 봉기가 필요하지 않았다.[63] 스탈린 체제는 한인들과 같은 디아스포라 민족이 일본 침략기에 다른 편으로 돌아설지도 모른다고 우려했다.[64] 이러한 우려는 간섭기부터 1937년까지의 극동 한인 역사를 근거로 철회되어야만 하는 것이었다.

대대적 작전의 근거는 대상으로 설정된 특정 집단 혹은 민족의 95% 내지 98%가 고통을 받는다 하더라도 그 작전들이 잠재적 반역자라는 2 내지 5%로 추정되는 주민들을 색출하기 위해 시행되었기 때문에 1차 추방 명령(1428-326ss) 5조는 한인들이 제5열의 위협이 아님을 보여주는 것이었다. 1차 추방 명령의 5조는 숨겨진 스파이들과 그들에 대한 정보가 아무런 제재 없이 유통되도록 허용했다. 몰로토프는 다음과 같은 말로 이미 언급한 근거를 집약했다. "내가 보기에 스탈린은 완전히 올바른 노선을 걷고 있다. 한 두 명의 목이 달아난다면 전시와 전쟁 이후에는 어떠한 동요도 일어나지 않을 것이다."[65]

게다가 1차(1428-326ss)와 마찬가지로 2차 추방 명령(1647-377ss)은 극동의 **모든** 한인들의 추방을 명시했다.강조-저자[66] 그렇지만 특별히 소비에트-일본의 석유와 석탄 공동 채굴을 위해 약 2,000명의 한인이 있었다. 다시 말하자면 한인들의 운송을 위해 여러 척의 증기선이 북사할린으로 왔지만 2,000명 정도를 남겨 놓고 단지 1,155명을 이송했다.[67] 이들 소비에트 한인들은 러시아인과 소비에트의 다른 시민들과 더불어 일본 노동자(그들 중의 일부는 사할린의 일자리를 위해 일본제국이 충원한 한인들이었다) 및 일본 관리자와 함께 일했다.[68] 이러한 사례는 소비에트 정부가 자원과 토지를 일본에 대여함으로 소득을 어떻게 극대화할지를 잘 알고 있었다는 것을 보여준다. 이런 맥락에서 그들은 거의 반反 자본주의자도 아니었고 확고한 사회주의자들도 아니었다.

근본적으로 스탈린은 부합하는 증거는 없지만 한인들을 잠재적 제5열의 위협으로 간주했다. 이것은 한인들을 정치적 충성의 측면과 관련하여 비소비에트적인 이방인으로 간주하는 '전제정으로부터의 연속성'에서 주로 기인했다. 소비에트 사회주의에 스며든 이러한 '연속성'은 사회정치적 정책 시행과 한인들의 '전면적' 추방 결정에도 영향을 미친 동력이었다.[69] 어떠한 단일 민족 혹은 소비에트 시민도 볼셰비즘 치하에서 완전하게 '재탄생'되지는 않았다. 이러한 재탄생은 유토피아적 이상이었다. 그러나 한인들은 거의 다른 민족으로 다시 태어난 듯 보였다. 1930년대 중반 무렵 스탈린은 모든 것을 통제할 수 있었다. 주민에 대한 통제 수단(NKVD, 통행 허가제, 내부 고발자, 특정 사회 집단에 대한 비난)과 정책을 통해 스탈린은 소련의 주민 일반과 간부진 마음 속에 포위 의식을 만들어냈다. 스탈린은 자신의 결정에 대한 피드백 과정을 제거했는데 왜냐하면 그가 억압하고 숙청기에 처형한 고참 볼셰비키가 그의 견해에 반대했던 공산당 내의 그 인물들(카메네프, 지노비예프, 부하린 등)이었기 때문이다. 1934년, 아르세네프의 백서는 극동지구 위원회의 위원과 후보위원들에 의해 다시 살아나고 재검토되었다.[70] 아르세네프는 이미 사망했고(1930년) 그의 보고서가 되살아난 주된 이유는 "그러한 이방인들[한인]"의 **전면적** 추방을 추진하기 위함이었다.강조 - 저자[71]

많은 연구들은 스탈린이 공산당 내의 경쟁자들을 제압할 수 있었던 이유로 간교함, 교활함, 치밀함을 들었다. 이러한 주장이 사실일 수도 있지만 스탈린의 행동에는 특히 숙청기에 그에게 등을 돌리도록 하였던 실수가 없지는 않았다. 그를 고발할 수도 있었던 특별한 사례가 하나 있었다. 레닌의 사망 이후(1924년 1월), 총서기 스탈린은 소비에트 엘리트들의 다수와 신흥 특권층의 독일에서의 의료행위를 허용했다(이러한 의료는 1922년에 시작하여 대략 1932~1933년까지 지속되었다). 스탈린이 1930년에 아내 나데즈다 알릴루예바Nadezhda Allilueva가 한 달 동안 독일에서 의료를 받도록 허용한 것도 하나의 사례이다.[72] 대숙청기에 이러한 행위는 분명 스탈린의 정적이 그를 소비에트의 독일인, 핀란드인, 폴란드인, 한인 그리고 구세대 볼셰비키 지도자의 제거 명분이었던 바로 그 동일한 반소비에트의 중심과 연결시키는데 활용될 수도 있는 것, 즉 스탈린이 (독일을 위한) 스파이라고 기소하고 처벌할 수도 있는 것이었다.[73] 실제로 이러한 의료에 대한 스탈린의 승인은 그가 소비에트의 핵심 억압장치, 즉 OGPU / NKVD를 통제하지 않았다면 반소비에트적 반역행위와 연결되었을 것이다. 그러한 통제를 기반으로 스탈린은 숙청기의 폭력과 위협보다 10년을 앞서는 그러한 기술을 활용하여 자신의 모든 정적을 물리칠 수 있었다.[74] 스탈린의 정적에 대한 그의 놀랄 만한 승리를 가장 잘 설명하는 것이 바로 이 사실이다. 그렇다고 반대 혹은 힘겨운 과제를 직면했을 때 그 자신의 재능, 기억 그리고 지칠 줄 모르는 에너지를 부정하는 것은 아니다.

스탈린의 일 처리방식과 한인들의 충성의 역사에도 불구하고 그들을 억압한 이유에 대한 또 다른 설명이 '방첩 국가counterintelligence state'라는 패러다임이다.[75] 소련의 모든 측면과 정책에 대한 완전한 통제 없이 소련은 생존할 수 없다고 스탈린은 믿었다. 따라서 그는 소비에트에 적대적인 첩보활동이 소비에트의 후방, 즉 소비에트 영토 내에서 이미 자리 잡았다고 가정하며 이에 대응하는 방첩작전을 수행하듯이 체제를 운영했다.[76] 스탈린의 주요 목표는 어떤 희생을 치르더라도 모든 스파이들을 쓸어 버리는 것이었다. 인적 손실은 작전에 따른 비용으로 단순히 간주되었다. '방첩국가'는 소련에 존재하고 많은 권한을 부여한 비밀경찰과 광범위한 첩보 네트워크를 필요로 했다. 추정에 의하면 소련은 1942년에 1,300만 명의 첩보원 네트워크가 있었다. 이것은 1944년 말에 이르면 그 크기가 두 배로 성장했다.[77] 1936년에 시작된 숙청의 시기에 나의 보수적 추정치에 의하면 NKVD와 MVD에 의해 관리되는 소비에트 첩보원의 수는 대략 400만 명이었다.[78] 첩보 네트워크는 주민 전체와 그 자체에 대해서도 압력과 억압을 행사했다. 혐의가 없는 시민에 대한 억압이라고 할 수 있는 거짓 양성오류false positive는 작전비용의 일부분이었다.[79] 한인 추방자 이 엘리자베타Elizaveta Li는 "우리 공동체 내부에 첩자가 없었더라면 한인들의 추방은 없었을 것이다"라고 말했다.[80] 예를 들자면 최 예고르 야코블레비치Egor Iakovlevich Tskai는 1920년대 초부터 한인들의 추방이 있기까지 블라고슬로벤노에 집단농장의 의장이었다. 그는 또한 (비로비드잔 근처의) 한인 공동체 내부의 정치적 분위기와 변화에 대해 보고했던 '소비에트의 첩보원'이었다.[81] 1941년 중앙아시아로 추방된 소비에트 독일인 베르타 바흐만Berta Bachmann은 첩보원 네트워크가 소비에트의 삶에 어떻게 뿌리를 내렸는지의 예를 제공한다. "한편 체포는 지속되었다. 모든 마을에는 한 명(혹은 그 이상의) 비밀 첩보원이 있었는데 그는 NKVD(비밀경찰)와 협력하여 오늘과 내일 누구를 체포할지를 결정했다. 우리가 떠난 독일 마을의 소문에 의하면 그 첩보원은 교사였고 모든 사람들이 사라지고 난 후 그도 결국 죽음의 도로를 걸어야만 했다."[82]

탄압의 첫 물결은 (추방에 앞서) 소비에트 한인 엘리트, 간부 그리고 기관의 주요 인물들을 강타했다. 이러한 집단에서 무죄인데도 고발된 사람들의 비율은 매우 높았다. 반역행위에 대한 그들의 가능성에 근거를 두지 않고 공동체 내부의 그들의 커다란 영향력에 근거하여 한인 엘리트 25,000명이 선택되었기 때문에 그 비율이 높았다. 숙청 기간의 이미 언급한 사실들을 고려해 볼 때 소련이 '방첩 국가'의 전형을 보였다고 해도 전혀 틀린 말은 아니었다.

한인 추방의 '이유'를 찾아가다 보면 또 다른 질문이 부각된다. 한인들이 실질적 위협이 아니었다면 스탈린 체제가 소비에트 한인들을 그렇게 '우려스럽게' 바라본 이유는 무엇인가?[83] 한인들에 대한 이러한 극단적 의심은 NKVD가 러시아인과 우크라이나인들까지 포함한 소비에트의 여러 민족들 중 디아스포라 주민들 사이에서 반소비에트적 분자들의 존재를 폭로했다는 사실을 고려할 때 이해가 좀 더 가능해진다. 그렇지만 한인들은 전면적 추방을 당한 최초의 민족이었다.[84] 이에 대한 한 가지 설명은 스탈린은 대숙청을 전쟁에 소련을 대비하고 개편하려는 시험적 시기로 활용했다는 것이다. 따라서 그는 체제 뒤에 숨어서 커져가는 외국의 위협을 방관하는 주민들을 동원하기 위해 인종적 편견을 활용했다. 스탈린은 전쟁 준비에 대한 지지와 그것을 시행하기 위해 독일인, 폴란드인, 한인 그리고 소비에트의 그 외 디아스포라 민족들을 제5열로 간주하는 감정을 조성했다.[85] 그러나 폴란드인, 한인, 독일인, 그리스인 그리고 그 외 디아스포라 민족들이 외국의 침입자가 아니었다는 것이 문제였다. 대다수의 경우 1937~1938년에 그들은 소비에트 시민이었고 러시아어를 기초적 '생존 러시아어'부터 모국어와 같이 다양한 수준으로 말하는 사람들이었다. 따라서 그들은 소련 외부로부터의 침입자도 아니었고 스파이와 반소비에트적 분자들과 같이 정당하게 추방되거나 탄압받을 대상이 아니었다.

스탈린과 그의 체제는 소비에트 폴란드인, 한인, 독일인, 그 외의 디아스포라 민족들을 그들의 명목상 조국의 폴란드인, 한인, 독일인들과 인종적으로 동등하게 취급했다. 이러한 감정은 사회주의적이라기보다 명백하게 원초주의적 감정이었고 소비에트 민족 정책의 실제적 시행에서

〈삽화 14〉 1937년 늦가을 소비에트 선전 사진
우즈베키스탄 타슈켄트 외곽에서(습지의 갈대 사이에서) 추방 이후
행복하고 안전하다고 보여지는 한인들. 우측의 여성은 거의 강제적으로 미소를 지은 것 같다.
출처 : 정 에밀리야(Emilia Ten)와 김평화(Kim Pen Khva) 박물관

주요 약점이었다.[86] 극동에서 소비에트 체제에 대한 일본의 실제적 줄맞춤위협이 있었다. 그렇지만 소비에트 한인들은 1920년대 이후 소비에트 정책(게이츠만과 NKVD의 비밀투표), 매체(『프라브다』) 그리고 정책 문서('보고서')를 통해 일본제국과 불가피하게 연결되어 있었다. 이러한 상황으로 지역 지도부(극동지구 위원회)와 국가 지도부(스탈린)는 한인들의 소비에트화에 대한 성공을 알지 못하거나 무시했다. 그 대신 그들은 소비에트 한인들의 일본과의 역사적, 문화적, 인종적 관련을 종합적으로 고려했을 때 이러한 사회 정책의 성공이 불완전하다고 간주했다.[87] 이러한 인식이 1937년 한인들의 '전면적 추방'을 초래했다.

한인들은 특정 민족의 고유한 특성을 주관적으로 객관화시킨 최악의

시나리오에 의해 평가되었다. 이러한 평가는 개인의 정치적 충성심을 민족과 결부시키는 전제정시대 러시아의 민족주의자, 포퓰리스트 그리고 원초주의자 이념의 계승이었고 이는 소련의 1930년대에도 사라지지 않았다. 한인들은 이제 낯선 땅으로 이동해 중앙아시아의 첫 두 해 동안 생존을 위한 절박하게 투쟁했다. 또 다른 한편에서 소비에트 한인들의 소집단이 북사할린에 남았다. 이들이 다음 절에서 다룰 주요 주제이다.

중앙아시아에서의 삶

한인들은 임시 거처도 확보하지 못한 채 카자흐스탄과 우즈베키스탄의 광활한 초원, 갈대가 우거진 습지 혹은 집단농장에 도착했다.[88] 거주지에 대해 스탈린에게 보낸 예조프의 첫 보고서에 의하면 카자흐스탄으로 추방된 6,000가구 중 단지 1,000가구에게만 집이 제공되었고 우즈베키스탄의 상황은 심지어 더욱 열악했다. 9월 9일부터 23일까지 그곳에 도착한 2,000가구에게는 '집이 전혀 마련되지 않았다'.[89] 치르치크군郡의 상부, 중부, 하부와 타슈켄트 주변 그 외 지역의 거주지 제공에 관한 보고에 의하면 1937년 10월 20일까지 5,549명의 한인이 도착했고 5,535명이 아직 오지 않았는데(11,000명을 정착시킬 계획이었다) 2,220명의 한인에게만 거주지가 제공되고 3,245명의 한인들은 현재 살 곳이 없는 상태였다.[90]

치르치크군에는 한인들이 정착하고 집단농장을 형성해야 할 3개의 읍이 있었다. 이들 세 개 읍이 내가 대담을 주로 진행한 장소이다. 김평화, 폴리토트젤, 레닌의 전통노선, 프라브다 그리고 스베르들로프스크 라는 이름의 한인 콜호즈가 치르치크 군에 있었다. 이순옥의 가족은 나 망간Namangan으로 추방되어 학교로 쓰였던 건물에서 우즈벡 가족과 함 께 거주했다. 처음에 두 가족 간의 의사소통은 불가능했다. 순옥은 우즈 벡 가족의 딸로부터 우즈벡 말을 배우기 시작했고 이후 두 가족 사이에 는 밀접한 유대가 형성되었다.[91] 엄 일랴론Iliaron Em의 가족은 1937년 10월, 첫눈이 내리기 직전 혹은 내리는 동안 카자흐 초원지역에 도착했 다. 그들 눈앞에 놓여 있는 것은 커다란 헛간뿐이었고 이것을 그들은 살 만한 집으로 개조해야만 했다. 그들은 갈대를 잘라 이것들을 묶어 매트 리스를 만들었다. 그들은 또한 지붕과 창문을 만들 때 밀짚과 갈대를 사 용했다.[92] 김 콘스탄틴Konstantin Kim은 이주의 과정에서 할머니를 잃었 다. 도착한 지 두 달이 지났을 때 그의 할아버지 또한 사망했다. 콘스탄 틴의 가족은 3년 동안 일부분이 내려앉은 먼지 가득한 집에서 3년 동안 살았다. 소비에트-우즈벡 계획에 따르면 관계 당국은 콜호즈 및 농민들 을 위한 주거지의 형성에 즉각 착수해야 했다. 그렇지만 주택을 위한 재 료들이 1940년까지도 도착하지 않았다. 토굴집에서 보낸 시기와 관련 하여 그는 "우리는 야만인과 다름이 없었다. 매우 더웠고 한 방에 10명 이 살았다. 요리는 밖에서 했다"고 말했다.[93]

김마야Maia Kim의 가족은 카자흐스탄의 스텝지역으로 곧바로 추방되 었다. 당시 그곳으로 추방된 한인들은 그들이 유일했으며 집과 콜호즈 는 없었다. 콜레라 전염병이 마야의 가족을 덮쳐 20살이었던 그녀의 오 빠와 18살이었던 언니가 사망했다.[94] 블라고슬로벤노에서 온 최 예브게 니야Evgenia Tskhai는 추방 명령의 시점에 니콜스크-우수리스크에 있었다.

그녀는 사범학교에서 첫 시험을 치르고 있었다. 추방 이전에 극동의 보안은 매우 엄격했다. 그녀는 가족과 함께 추방되기 위해 블라고슬로벤노로 돌아가고 싶었지만 그럴 수 없었다.[95] 그녀는 블라디보스토크로부터 아랄해 근처의 아크투빈스크로 추방되었지만 그녀의 가족은 북부 카자흐스탄으로 보내졌다. 그들은 한참 후에 재결합했다. 라이자 니가이는 다른 한인들과 달리 매우 상이한 환경에 직면했다. 처음에 그녀는 이러한 점을 인정하길 꺼려했다. 라이자의 오빠 니콜라이 니가이는 한인들의 추방에 관여했던 NKVD 기관원이었다. 니가이 여사는 그녀가 몇 월에 추방되었는지는 말하지 않았고 그녀가 추방되어 카자흐스탄 카라간다에 도착하니 이미 겨울이었다고 얘기했다.[96] 그녀는 다음과 같이 말했다. "우리가 카자흐스탄에 도착해 보니 기차역에 우리를 마중하기 위한 사람들이 있었지요. 우리는 즉각 집을 배정받았는데 소비에트 지역 위원회 위원들 집 가까이에 있는 집들이었지요. 그들은 문을 열고 우리를 환영했지요. 카자흐인들은 만나지 못했어요. 우리는 러시아 사람들만 만났고 첫 해 내내 러시아어로만 얘기했지요."[97]

치르치크지역으로 추방당한 사람들은 거의 모두 혹은 대다수가 한인들의 집단농장에 정착했다. 다수의 집단농장은 소택지에 위치해 있어 그들은 즉시 스스로의 힘으로 땅을 정비해야 했고 집을 짓기 위해 진흙과 같은 재료를 사용했으며 갈대와 밀짚을 엮어 지붕을 만들었다. 이들 추방자들은 집 한 채를 짓기 위해 서로 협력했고 그다음 집을 위해서도 힘을 합쳤다. 이러한 단결 정신으로 다수의 추방자들은 추방 첫 몇 해동안 그들 내부에 있던 분노 혹은 좌절과 싸워 살아남을 수 있었다. 밀가루, 차 그리고 약간의 우유가 (타슈켄트 주변의) 치크치크로 추방당한 사람들에게 제공되었다. 한인들은 첫해를 이러한 것들과 잡초를 먹으며 버텼다. 고기를 위해 멧돼지, 늑대, 개, 토끼를 잡았다.[98] 황야에서는 하이에나와 (투란지역의) 호랑이 또한 볼 수 있었다. 1938년 봄에 한인들은 벼를 심었고 황소들을 처음으로 받았다.[99] 카자흐스탄의 한인들의 삶도 편하지 않았다. 새로운 정착자들에 대한 지원과 물자에서 우즈베키스탄인들이 훨씬 더 좋았고 농사에서도 훨씬 좋은 기회를 제공받았다. 레드 코뮨 콜호즈 의장 G. 킴은 카자흐스탄 한인들의 어려운 상황을 구체적으로 다음과 같이 적었다.

> 1937년에 어떤 지침도 내려오지 않았다. 콜호즈 (노동자들의) 가치에 따른 1937년 [우리의] 노동에 대해 어떤 것도 지급되지 않았다. 콜호즈 구성원들은 동전 한 잎 받지 못했다. 모든 집단농장원들은 매우 열악한 조건에서 생활하고 있다. 우리는 여전히 1937년 9월에 가져온 밀가루로 연명하고 있고 현재까지 1그램의 돼지기름 혹은 고기, 양배추 혹은 감자도 [분배된 바] 없다. 수확기[봄]에 콜호즈 구성원 다수가 병에 걸렸다.[100]

한인들은 '행정적으로 정착했지만' NKVD의 감시 아래 놓였다. 생존을 위해 한인들은 영리해야만 했고 때때로 간계를 발휘해야 했다. 카자흐스탄에서 우즈베키스탄으로의 이송 요청은 즉시 거부되었다. 따라서 한인들은 추방 때문에 헤어진 가족들과의 재회를 이유로 우즈베키스탄으로 이송을 요청했다. 예를 들어 이 안토샤Antosha Li(안톤)는 우즈벡 NKVD에게 자신의 형제들과 아저씨와 재회를 위해 카자흐스탄 행을 허락해달라고 요청했다. 현명하게도 그는 카자흐스탄에서의 외로운 재정착이 아니라 우즈베키스탄으로 자신의 전 가족을 데려오게 해 달라고 요청했다. V. 킴의 『50년 이후의 진실Pravda polvek spustia』은 친척들과의 재회를 요청하는 이와 유사한 많은 사례들을 제공하지만 단지 우즈베키스탄에서의 재정착만을 요하였다. 카자흐스탄의 다른 한인들은 우즈베키스탄의 월등한 중등학교와 고등 교육기관을 이유로 우즈베키스탄으로의 이주를 요청했다.[101] 카자흐스탄에서 우즈베키스탄까지의 기후 조건은 매우 다양했다. 카자흐스탄의 많은 지역은 사막이 섞여 있는 초원지대이자 시베리아 겨울과 같은 날씨가 매우 길었다. (타슈켄트 주변) 우즈베키스탄과 키르기즈스탄은 상대적으로 겨울이 온화하고 토질도 좋았다. 우즈베키스탄으로의 이러한 이주 요청은 '사회주의 체제의 틀 안에서의 모범적 소수 민족', 즉 소수 민족의 처지에서 사회주의자로 적응해 나갔던 한인들을 돋보이게 한다.

1937년 추방으로 한인들에 대한 토착화 계획과 소비에트 기관으로의 그들의 충원은 실질적으로 끝이 났다. 토착화는 자치지역이 있는 소수 민족, 특히 우즈벡, 카자흐, 키르기즈와 같이 연맹에서 공화국을 구성하고 있는 소수 민족에게는 끝나지 않았다. 그들에 대한 토착화 사업은 소련 붕괴 전까지 지속되었다. 애초에 한인 사범학교는 니콜스크-우수리스크에서 카자흐스탄 크질 오르다로 이전했다. 그러나 1939년 가을 무렵 그곳은 폐쇄되었다.[102] 우즈베키스탄 전역에 걸쳐 한국어 교육은 콜호즈와 도시의 사정에 따라 1년 혹은 2년간 지속되었다. 박 표트르Pyotr Pak는 우즈베키스탄 사마르칸트로 추방되었다. 그가 1937~1938년에 한국어 6학년 과정을 끝내고 난 후 사마르칸트에서 그가 속한 콜호즈의 모든 교육이 러시아로 바뀌었다.[103] 석 니콜라이Nikolai Shek는 러시아어 수업을 받기 이전 2년간(1937~1939년) 한국어로 배웠다.[104] 한인들의 토착화는 1930년 이후 그 어떤 적절한 범주에도 속하지 않는 듯 보였다. 그 계획은 '민족의 품성'을 이유로 한인들을 억압하기도 하고 동시에 지원하기도 했다. 가족이 추방되기 이전 한인 대표자로서 라이자 니가이의 활동은 이러한 모순을 가장 잘 보여주는 예시이다. 게다가 한인들이 극동 전역에서 민족의 권리와 문화적 권리를 가지고 있었지만 가장 중요한 '지역의 자치(포시예트를 제외하고)'는 획득하지 못했다는 사실은 그들의 토착화는 시간적으로 얼마 남지 않았다는 불길한 전조였다.

중앙아시아에서 한인들은 '행정적으로 외지에서 온 정착민'의 범주에 속했지만 도착하자마자 그들은 '특별 정착민들'과 마찬가지로 이동면에서 마찬가지로 제한을 받아야만 했다.[105] 한인들은 국가의 법령에 의해 (중국, 이란, 아프가니스탄과 국경을 면하는) 중앙아시아지역으로 갈 수 없었고 그들에게 배정된 지구에 머물러야 했다.[106] 또한 그들에게는 자신들이 정착한 지역의 연방공화국을 떠날 수 없도록 하는 통행증이 발부되었다.[107] 다른 말로 하자면 그들의 권리는 추방되지 않은 소비에트 시민의 권리와 같지 않았다. 게다가 중앙아시아 이외의 지역에 거주하면서 노동군(1943~1946년)에 속하지 않았던 한인만이 제2차 세계대전기에 적군에서 복무할 수 있었다.[108]

일본 스파이의 공포가 사라진 한참 후인 1946년에도 극동 밖의 한인들이 중앙아시아로 추방되었다. 아스트라한에서 1,833명, 모스크바에서 25명, 코미 자치공화국 우크타에서 1,500명, 툴라주에서 1,027명 그리고 오호츠크와 캄차트카에서 700명.[109] 코미 자치공화국과 툴라주의 거의 모든 한인은 노동군에서 복무했었다.

중앙아시아로 한인들이 추방된 이후 그리고 (2주마다의 한국어 수업을 제외하고 모든 수업이 러시아로 바뀌었던) 1939~1940년 이후 소비에트 한인들은 중앙아시아로 추방당한 다른 민족들과 더불어 소비에트화된 민족으로 다시 태어났다. 모국어 교육은 1940년에 이르러 추방당한 민족 모두에게 금지되었다. 최 예브게냐와 이순옥은 추방 이후 한인들은 다른 민족들과 더 빈번히 교재하기 시작했다고 지적했다. 공통어는 러시아어였다. 최 예브게냐는 1940년대에 한인들 사이에서 타민족, 즉 대개는 북카자흐스탄의 폴란드인 혹은 독일인과의 인종간 몇몇 결혼이 성사되기 시작했다고 말했다.

추방을 피한 NKVD 통역관 지하일Ti Khair Ir의 사례

대략 2,000명의 한인들이 전면적 추방 명령에도 불구하고 북사할린에 남았다. 이러한 상황은 국가의 의도에 의해 가능했고 부분적으로는 소비에트-일본협약에 따른 노동자 충원의 어려움, 특히 숙청기에 외국인 계약의 필요성이 확대되었기 때문이었다. 1930년, 일본은 북사할린 여덟 곳에 석유 채굴권을 가지고 있었다.[110] 일본은 1929년에 프리모르스키주(전 프리모레), 오호츠크, 북서 캄차트카 그리고 북사할린에서 소비에트 기업과의 합작투자를 체결했다.[111] 이러한 협약으로 소비에트 지도부와 정부는 매년 총 수백만 루블에 달하는 경화를 획득했다. 1937년, 극동의 대다수 사기업과 일본 시민은 고국 일본으로 돌아갔다.[112] 그렇지만 일부 협약 사항은 여전히 유효했다. 북사할린 석탄과 석유 채굴장에서 약 700명의 일본인들이 일했다. 1939년, 일본은 북사할린에 480명의 노동자를 추가로 보낼 수 있었다. 사할린 석유 채굴장에서 일본과 소비에트의 노동자들은 함께 일했다. 소비에트 숙련 노동자는 50 대 50의 비율로 고용되어야 했지만 소비에트와 일본의 일반 노동자의 고용 비율은 75 대 25였다.[113] 게다가 경험 많은 숙련 노동자를 북사할린으로 데려오기란 어려웠다. 약 2,000명의 소비에트 한인들이 추방 명령 이후에도 사할린에 남아 있었던 이유가 바로 이것이다.[114] 미국의 수치에 의하면 1938년은 북사할린 정유회사가 859,012배럴이라는 사상 최대의 석유를 산출한 해였다. 소비에트의 수치에 의하면 석유 생산은 1940년까지 늘어나고 있었다. 그렇지만 소비에트 노동자의 전체 숫자는 북사할린에서 한인들의 추방 이후 1,287명(1937년 10월 1일)에서 1,317명(1938년 1월 1일)으로 사실 늘어났다.[115] 북사할린 채굴장은 1943년 초까지 유지되었는데 그해 생산량은 114,971배럴에 불과했다.[116]

먼저 소수의 일본인과 소비에트 한인들이 (물고기, 석유, 목재, 석탄 등의) '이권concession'을 가진 러시아 극동의 노동자로 남았다는 사실은 (마틴에 의한) 소비에트의 외국인 혐오와 민족의 추방이 '인종적이 아니라 이데올로기적'이고 그러한 외국인 혐오가 '비러시아인들에 대한 민족적 증오가 아니라 외국의 자본주의 정부에 대한 이데올로기적인 적대감과 의심'에서 기원했다는 주장이 오류임을 보여준다.[117] 사실, 소련은 자본주의를 잘 이해하고 있음을 드러내었다. 일본과의 다양한 조약으로 소련은 극동의 자연자원으로부터 오는 수입을 극대화할 수 있었다. 게다가 소비에트의 노동자와 나란히 일본인 관리자와 노동자를 배치함으로써 스파이 활동과 소비에트의 제5열을 포함한 '소비에트에 적대적인 변경의 소수 민족'들이 활동하기 편한 토양이 만들어졌다. (일본 스파이의 더 깊숙한 침투를 저지하기 위한) 전면적인 추방 명령에도 불구하고 일본과 소련의 지속적 교역은 아마도 한인들의 추방에 다른 이유가 있었음을 보여주는 듯하다.[118]

그다음, 숙청의 시기인 1935년부터 1941년까지 러시아 체르노고르스크에서 NKVD 통역관이었던 지하일의 사례가 있다. 아바칸Abakan 인근 중앙 시베리아에 있는 체르노고르스크는 (근본적으로 러시아 극동 전체) 한인들의 추방지역이 아니다. 만주, 한국 그리고 러시아 극동 국경 너머에서 일본 스파이의 실제적 위협은 거의 없는 것과 다름이 없었다. 그렇지만 한인들의 추방이 종결된 이후(1938년 초 무렵)에도 체르노고르스크의 한인들은 '일본의 스파이' 혹은 "일본 스파이의 앞잡이"로 NKVD에 의해 체포되고 억압받았다. 지하일은 1935년부터 1941년까지 이러한 수 백 건의 재판의 통역관이었다.

지하일과 그의 가족은 만주에서 체르노고르스크로 1934년에 이주했다. 지하일은 한국에서 태어났지만 청소년기를 만주의 한인지역 간도에서 보냈다. 그는 중국어와 한국어를 학교에서 배웠다. 후일 그는 김일성과 함께 파르티잔부대에 가입했다. 지 안나Anna Ti(〈삽화 15〉를 보라)에 의하면 김일성 파르티잔부대의 다수의 부대원들이 일본군의 끈질긴 추적 때문에 1934년 러시아로 피했다. 지하일은 빠르게 체르노고르스크 석탄 광산에 일자리를 얻었다. 한인 광부들은 가난했고 수백 명이 체르노고르스크의 막사에서 함께 거주했다. 지하일은 머지 않아 한인 광부들의 십장이 되었다. 그가 한국어, 중국어, 러시아어에 능숙하다는 사실이 알려지자 1935년에 그는 NKVD에 일자리를 얻었다.[119]

지 안나의 기억에 의하면 1936년에 NKVD가 8명에서 10명 단위로 한인들을 체포하기 시작했다. 그들은 머지않아 재판정에 섰고 직업, 출생지 등과 같은 간단한 질문만이 있었다. 한인 광부들의 대다수는 러시아어를 거의 못했다. 그들은 이러한 재판 과정에서 무기력했다. 재판은 신속했고 간단했다. 그들은 '일본의 스파이'로 재판을 받았고 8년에서 12년의 노동수용소 형을 선고받았다. 안나는 그녀의 아버지가 일을 끝낸 후 집으로 돌아와서 그날의 재판을 고통스럽게 들려주는 여러 날의 밤을 회상했다. 그녀의 기억은 다음과 같다. "아버지는 밤에 집으로 돌아오셔서 우리에게 다음과 같이 말하셨죠. '그들[NKVD]은 피고의 앞뒤 사진 그리고 측면의 세 사진을 가져왔지. 그들[한인들]은 일본의 스파이로 기소되었지. 대다수는 이전에 일본 사람을 본 적도 없었어. 그들에게는 대답할 기회조차 주어지지 않았어. [이 재판에는] 법적인 정당성이 전혀 없어. 문명국가라면 이러한 일을 하지는 않을 거야. 이것은 전혀 문명이라고 할 수 없어!'"[120] 동시에 안나는 자신의 아버지가 한인 혹은 중국인 광부 그 누구도 직접 체포하거나 형을 언도하지도 않았기 때문에 아버지는 아무런 죄도 없다고 주장했다. 지하일은 NKVD가 제공한 일자리 때문에 NKVD에게 또한 빚을 지고 있었다. 그 일 덕분에 그는 광산에서 벗어났으며 국가의 다른 간부들이 사는 도시의 좋은 지역의 아파트에서 가족과 더불어 살 수 있었고 그리하여 이전에는 꿈에서만 가능했던 학교, 상점, 배급품을 얻을 수 있었다.

〈삽화 15〉
(좌) 안나 바실레브나 지의 아버지 지하일, NKVD 간부
(하) 소비에트 엘리트층의 자녀들을 위한 학교에서 안나 바실레브나 지. 1939년 1월, 취학 전 8살 안나(2열 왼쪽에서 두 번째)의 체르노고르스크에서의 모습이다. 그녀는 다른 아이들보다 일 년 늦었다. 그녀의 학교에는 두 명의 교사, 잡일을 하는 여성 그리고 크리스마스 트리도 있었음을 주목하라. 또한 (주름이 잡혀 있는) 아이들의 옷도 주목하라. 김 세르게이의 학교 사진(〈삽화 10〉)과 이것을 비교해보라. 지의 아버지는 NKVD의 간부로 한 달에 500루블을 벌었다.
출처 : 안나 바실레브나 지, 키르기즈스탄, 비슈케크

그렇지만 한인 공동체는 숙청의 기간에 공포에 사로잡혔다. 한인 노동자와 광부들은 일반적으로 막사에서 생활공간을 공유하고 있음에도 불구하고 낮 혹은 밤 동안 서로에게 말을 걸지 않았다. 때때로 지 안나와 그녀의 아버지는 그녀의 삼촌 두 명이 거주하는 한인들의 광산 병영을 방문하곤 했다. 돌아오는 길에 지하일은 관심없다는 듯한 표정의 한인 몇몇을 만나기도 했지만 또 다른 사람들은 NKVD의 앞잡이 / 통역관으로 변한 자신들의 이전 동료이자 광부들의 십장에 대해 공포, 경멸, 증오를 거의 감출 수 없었다.

우크라이나에서 살면서 직업을 가지고 있던 한인들 또한 이 시기에 체포되고 박해받았으며 '일본 간첩'의 앞잡이로 처벌받았다.[121] 추방된 지역 외부에서 한인들이 간첩으로 처벌받았고 이러한 처벌이 추방이 완료된 이후에서도 지속되었다는 사실은 한인들을 '일본제국의 첩자'이자 숙청기의 소련 대부분의 지역에서 간첩행위의 매개자로 분류하는 확고한 경향이 있었음을 드러낸다. 이를 부정하는 압도적인 증거에도 불구하고 체르노고르스크 한인 광부들과 노동자들은 기소되어 '일본 스파이'로 처벌받았다. 다음 절에서 나는 마틴의 '소비에트의 외국인 혐오' 주장과 이 책의 핵심 주장을 대조할 것이다.

소비에트 민족 정책에 내재한 '전제정으로부터의 연속성'

이하에서 민족들의 추방이 집단화의 '완성'이었고 그리하여 본질상 이데올로기적이었다는 테리 마틴의 주장과 이 책에서의 나의 핵심주장이 나란히 비교될 것이다.[122] 마틴의 주장은 다음과 같이 전개된다. 1930년부터 시작된 집단화는 독일인과 폴란드인 마을 전체를 억압했다.[123] 이들 민족들은 쿨락이라는 집단적인 오명을 갖게 되었다. 토착화 정책이 소멸하지는 않았지만 1930년대 스탈린 체제의 국가주의는 민족성을 정체성의 핵심 표식으로 부각시켰다.[124] 국가와 국가의 정책들은 (한인, 독일인, 폴란드인, 판란드인 등과 같은) 소비에트의 디아스포라 민족들을 '적대적 민족'이자 신뢰할 수 없는 민족으로 전환시킨 원초주의적 견해들을 만들어냈다. (일부 사람들은 한인들이 '적대적 민족'이 아니었다고 믿었다. 그러나 한인들의 추방은 폴란드인들을 목표로 삼은 NKVD 지령 00485가 1938년 1월 31일에 그 밖의 디아스포라 민족들을 포함하는 것으로 확대되기 이전에 일어났다. 지령 00485의 이러한 확대로 '적대적 민족'이 정해졌다.) 그렇지만 이러한 "새로운 원초주의"는 철저히 소비에트적이었고 전제정의 계승물은 아니었다.[125] 스탈린이 모든 전선에서의 적들을 제거하기 위해 숙청을 시작했을 때 민족에 대한 강조는 결코 흔들리지 않았고 따라서 집단화의 연속물로서 민족의 추방이 시작되었다.[126] 스탈린 체제의 국가주의와 그 결과물인 원초주의가 결합하여 마틴이 표현한 바 있는 '소비에트의 외국인 혐오'를 생산했다. 그것은 외국의 영향과 이데올로기적 오염에 대한 (소비에트의) 과장된 두려움이었다.[127] 게다가 정부는 그 자신이 수행한 추방을 인종적이라기보다 이데올로기적인 것으로 간주했다.[128] 따라서 "소비에트의 외국인 혐오"는 인종적 표식이 소비에트 각각의 시민과 각각의 민족 공동체의 인종적 규정 아래에 놓여 있는 정치적 이데올로기를 위한 기표로서만 기능했다는 것이다.강조-저자[129] 소비에트 정부는 소비에트 사회주의에 해로운 정치적 이데올로기를 간직하고 있는 집단들을 규정하고 억압하며 제거하려고 했다. 정치적 이데올로기는 우선적 고려사항이었다. 마틴에 의하면 이제 원초주의적으로 규정된 민족성은 정치적 신념을 위한 '표식'으로서만 기능했다.[130]

이제 나는 마틴의 '소비에트의 외국인 혐오'를 나의 '전제정으로부터의 연속성' 이론과 대비하면서 분석하려고 한다. 먼저 아르세네프의 '보고서'는 '소비에트의 외국인 혐오'가 순전히 이데올로기적이며 인종적이 아니었다는 견해를 반박한다. 아르세네프의 보고서(1928년)는 인종의 문제와 소련과 소비에트 사회주의에 '인류학적으로, 인종적으로, 심리적으로' 낯선 존재라는 러시아 극동의 한인들과 중국인들의 특징을 명확하게 서술했다.[131] 이러한 견해는 NKVD 게이츠만의 견해와 더불어 확실히 마르크스주의적, 사회주의적 견해도 아니었고 토착화 정책이 최고조에 이르렀을 때 등장했다. 게다가 1934년, 아르세네프의 사망에도 불구하고 극동지구위원회는 이 보고서를 되살렸고 한인들의 전면적 추방에 대한 투표를 실시했다. 분명 이 보고서와 누가 '소비에트적'이 아닌지를(한인들과 중국인) 보여주는 그것의 인종적 시각은 극동 공산당의 지도부 사이에서 지지를 받았다. 게다가 게이츠만의 보고서와 한인들에게 소비에트 시민권 부여를 거부한 NKVD의 비밀투표는 (게이츠만이 첫 번째 보고서를 작성했던 1928년 3월 무렵에) 집단화 및 일본과 전쟁을 할 수도 있다는 긴장감이 고조되기 이전에 등장했다. 일본과의 전쟁의 가능성은 1931년 일본 만주 침략으로 크게 증가했다. 이러한 보고서들은 한인들과 그 외의 디아스포라 민족들이 진정으로 '적대 민족'으로 간주되기 이전 전제정시대의 분명하고 실질적인 인종적 요소를 드러내는 것이었다.

둘째, 제1차 세계대전기에 러시아제국의 내부 혹은 (중국인의 사례와 같이) 외부에서 강제적으로 추방되었던 백만 이상의 폴란드인, 독일인, 유대인, 중국인들이 있었다.[132] 러시아 영토의 이러한 인종들은 또한 '적대민족'으로 전환되었다. 이러한 사실은 전제정시대의 원초주의적 이념이 지속되어 스탈린 체제의 추방에 영향을 미쳤다는 견해를 지지해 준다.[133] 셋째, 1936년 소비에트의 헌법은 소련이 소련 내의 모든 민족에게 '실제적인 법적 평등'을 제공하는 세계의 유일한 나라였다는 주장을 지지하기 위해 작성되었다. 1936년 헌법은 소비에트 시민은 집단적으로 추방되지 않을 것이며 범죄에 대한 개별적인 청문회/재판의 권리 모든 시민들은 민족과는 무관하게 동등한 권리를 받을 것이라고 규정했다. 민족별 추방은 분명 평등권과 개인별로 유죄여부를 따질 수 있는 권리를 위반했다. 헌법과 그것의 금지사항들을 고려한다면 체제는 그러한 조처가 위법적인 동시에 인종차별적이었다는 것을 알았어야만 했다.[134]

마틴의 이론이 '인종청소'라는 용어에 적용될 수도 있겠다. 그의 주장은 스탈린 체제의 추방과 관련하여 양쪽의 입장 사이에서 줄타기를 하고 있다. 한편에서 (보수적인 입장) 마틴은 스탈린 체제에 대해서는 '인종청소'를 이유로 그리고 소련에 대해서는 제국주의의 가장 고도의 형태를 실천하였다는 이유로 비난한다.[135] 또 다른 면에서 (자유주의적 입장) 그는 인종차별의 의도가 **아니라** 자본주의 국가들에 대한 이데올로기적 적대감에 기반한 변경 민족의 제거를 통해 사회주의의 상대적으로 순수한 형태의 실천으로서 소비에트 체제를 이론적으로 묘사한다. 강조-저자 이러한 이론을 '소비에트의 이데올로기적 정화'라고 부르는 것이 더 적합하게 보일 수도 있겠다.[136] 너무나 광대한 영토(스탈린주의적 주장의 또 다른 예)를 다스려야 하는 위험 때문에 마틴의 '소비에트 외국인 혐오'는 '인종청소'라는 용어와 범주를 무력화시켰다. 그의 용어의 모호한 한계와 동일한 용어 아래에서 주민통제와 관한 유사한 방식을 채택하려는 의도로 인해 소비에트의 외국인 혐오는 결과적으로 '인종청소'의 오점을 중립화시켰다. 결론적으로 소비에트 체제의 지도자들은 그 정책의 설계자들이었다. 스탈린은 1936년 헌법의 핵심 작성자이자 검토자였다. 따라서 스탈린과 그의 체제는 그 의도와는 상관없이 자신들의 정책 결과에 대해 책임을 져야만 한다.[137]

이제 나는 전제정시대의 '올바른 식민화'의 담론(즉 '러시아인'들에 대한 우대와 양질의 토지를 수여하는 것), '식민화 요소'의 범주 그리고 그 외 수사와 담론들이 전제정시대부터 소비에트 사회주의까지 그렇게 쉽게 지속되었다가 다시 살아난 이유를 설명할 것이다. 사회주의 체제에서도 소비에트의 다수 노동자들은 자신들의 노동, 생산관계 그리고 그들의 지도자들로부터 대단히 소외된 상태였다. ① 모든 '계획'이 모스크바 중앙에서 내려왔고, ② 소비에트의 생산품과 그러한 생산품의 질이 보다 높은 질적 통제와 생산성을 보장하는 시장의 힘에 의해 감독될 수가 없었기 때문에 소비에트 노동자들은 자본주의 노동자들보다 '자신들 노동 그 자체와 그 성과'에 더 가까이 다가가지 못했다고 나는 생각한다. 명령경제 아래에서 공장과 그곳의 경영자들은 소비자로부터의 반응에 또한 매우 무관심했다.[138] 다음 내용은 마르크스주의 소비에트 경제에 대한 강력한 비판이다.

가치에 관한 마르크스주의 이론은 경제에 분명 손해를 끼쳤다. 이 이론의 핵심 교리 ─ 소득은 노동에 의해서만 창출되며 대다수 자원의 상대적 부족이 인식될 필요가 없다는 것 ― 는 자본재와 천연자원의 낭비에 대한 경영자의 무관심을 합리화했다. 자본재의 손실은 기업의 재정상황과 무관하며 경영자의 실적 평가를 위해 사용되는 경제적 지표와 관련하여 어떤 부정적 영향도 미치지 못한다. 가치에 관한 동일한 이론이 지대(즉 생산자원을 위한 지출)가 공식적인 경제적 계산에는 존재하지 않은 이유를 설명하는 데 활용되었다. 마찬가지로 경제적 요소로서 시간 또한 무시되었다.[139]

국가는 노동자와 농민들을 통제하고 재교육하기 위해 수많은 방법을 도입했다. 불행하게도 민족주의와 원초주의에서 유래한 이념적, 문화적 그리고 물질적 실재의 유토피아적 선언과 현실 사이의 소비에트 삶은 균열을 드러냈다. 게다가 국가의 관리와 기구들은 1920년대 말에 이르러 대중문화에서 분열적 정서와 범주를 퍼뜨렸다.

한인들은 장시간을 일해 수입을 저축했고 특히 러시아화되어 도시적 환경에 노출되어 있는 사람들은 자신들의 자녀를 교육시키거나 사회경제적 지위를 상승시키기 위한 기회를 모색했다. 때때로 국가와 소비에트 내에서 더 안정된 지위를 가지고 있는 민족들은 이러한 지향점을 가진 한인들을 비난했다. 그들은 소비에트 시민이 아닌 외국인, 협잡꾼, 사기꾼, 밀수업자라 불렀고 이후 1930년대에는 파괴분자, 스파이 그리고 타국 스파이들의 정보원이라 불렀다. 소비에트 한인들은 농민과 노동자로서 적합한 '계급' 이력을 가지고 있음에도 불구하고 소비에트 사회주의에 '이질적'인 존재로 간주되었다.[140] 이러한 '전제정으로부터의 연속성'과 오명을 쓴 규정은 적절한 문제제기를 통해 약화된 적이 결코 없었거나 정책이나 대중문화의 측면 모두에서 국가에 의해 진화된 적도

없었기 때문에 수그러들 수 없었다.[141]

  '민족'에 대한 스탈린의 정의는 환경적 요인에 의해 구성되지 않았고 사실 매우 인종적으로 규정되었다. 스탈린에 의하면 "민족은 역사적으로 진화하며 언어, 영토, 경제적 삶이 견고한 공동체이자 [공유된] 문화의 공동체 안에서 드러난 심리적 기질"이다.[142] 스탈린의 '민족'을 구성하는 요소들 가운데 경제적 삶을 제외하고 그 어떤 것도 구성될 수 있거나 우연에 기반한 것은 없었다. 민족의 언어, 심리적 기질 그리고 공유된 공통의 문화는 만들어지려면 적어도 다섯 내지 열 세대가 필요하다. 그 이유는? 언어, 문화 그리고 심리적 기질과 같은 유효한 사회-인류학적 체제는 광범위한 수용, 다수에 의한 내재화, 새로운 이념과 유사한 형태의 독자적 소화 능력, 수정과 변형, 자율성과 연계된 그 밖의 많은 특징들을 필요로 할 것이다. 그러한 이유로 또한 이들 체계들은 상속될 수 있으며 그리하여 신성시되고 원초적인 것이 될 것이다.[143] 이러한 견해를 또한 지지한 바 있는 엘레네 카레레 당카우세Hélène Carrère d'Encausse에 의하면 "스탈린은 민족을 안정적 공동체라고 말했다. 레닌은 언제나 민족을 과도기적으로 간주했다. 민족을 부정하려고 시도했지만 스탈린은 민족의 안정성과 영속성에 관심을 가졌다."[144] 따라서 '안정적 공동체' 내부에서 언어, 심리적 기질, 문화라는 스탈린의 민족 구성요소는 '인종'을 얘기할 때의 특질과 기능적 등가물일 수도 있다.[145]

  민족과 '민족의 특성'에 대한 스탈린의 견해를 드러내는 또 다른 예는 1943년 11월 28일부터 10월 3일까지 이란 테헤란에서 회담 도중 처칠과 루스벨트에게 얘기한 그의 입장이다. 세계의 세 지도자는 제2차 세계대전 이후 주축국의 영토, 일본제국, 동유럽을 어떻게 분할하고 통치하며 회복시킬지에 관해 논의를 시작했다. 루스벨트와 처칠은 독일 민족의 회복 문제와 국가사회주의의 진지한 변화의 유도 방법을 놓고 스탈린과 대립했다. 어느 시점에서 처칠은 낙관적으로 "한 세대에 걸친 자기 희생, 수고와 교육을 통해 어떤 성과가 독일 민족에게 나올 수도 있다"고 말했다. 스탈린은 독일인들이 전쟁에 대한 '대가를 지불하기를' 원했고 연합국은 종전 이후 그들을 가혹하게 처벌하고 '철저히 굴복시켜야 한다'고 격렬하게 주장했다.[146] 테헤란에서 스탈린의 입장과 태도에 대한 미국 외교관은 다음과 같이 기록했다. "그는 독일민족의 변화 가능성을 전혀 믿지 못하는 듯 보였고 전쟁에서 소련에 대항한 독일 노동자의 태도를 아주 나쁘게 말했다."[147] 스탈린은 원초주의적 민족의 특성을 강하게 믿고 있는 듯 보였다. 애석하게도 레닌, 스탈린, '1세대 볼셰비키'의 대다수가 장년기에 들어섰을 때 (사회주의자임에도 불구하고) 전제정시대 러시아의 세계관의 틀 안에서 자신들의 사고방식의 일부를 전개시켰다. 이것이 나를 '전제정으로부터의 연속성'이라는 사고에 돌아가도록 만드는 이유이다.

스탈린은 또한 1936년 소비에트 헌법의 초안작성과 내용선택에 있어서 결정적인 역할을 했다.[148] 이 헌법은 그것이 선언했던 권리를 실행하려는 의지보다는 볼셰비키의 이데올로기의 더 많은 부분이 흡수된 문서로서 간주될 수 있다. 개념적으로 이 헌법은 소비에트의 사생활과 공적인 삶 그리고 시민의 삶을 보호하기 위한 틀을 제공했다. 그렇지만 1936년부터 1938년까지 소비에트 정부는 NKVD가 자본주의적 제국주의를 위한 반소비에트의 첩자 혹은 사회적으로 해로운 분자의 집이라는 혐의로 시민들의 집을 두드렸을 때 그들의 개인적, 집단적, 혹은 민족의

〈지도 3〉 중앙아시아. 이 책에 등장하는 면담자 대부분의 거주지인
키르기즈스탄의 비슈케크, 우즈베키스탄의 타슈켄트의 위치에 주목하라.
출처 : About.com, 국가 개요, 지도 저작권, 미국 정부, 공개 자료.

권리를 보장할 수 없었다. 사실 이 문서는 소련 시민의 개인적 권리와
시민사회의 거의 완전한 말살을 은폐했고 모호하게 했다. 1936년 헌법
은 민족과 종교에 기반한 차별에 저항할 수 있는 개인적 권리와 법적 보
호를 보장했다.[149] 그렇지만 한인들은 1937~1938년 집단적으로 추방
된 민족이었다. 숙청은 (맨 위의) 핵심 설계자로부터 그 대리인들의 수직
적 구조였다. (나의 배열에 의하면) 스탈린, NKVD의 수장, 정치국, 중앙위
원회, 공화국 연맹, 자치 소비에트 사회주의 공화국의 제일 서기, 공산
당의 지역 집행위원회 등. 마찬가지로 한인들도 그들 자신의 추방과 한
인 간부들에 대한 정보 전달에서 역할을 하였고 그 결과 한인들의 체포,
추방, 죽음이 있었다. 새로운 사회의 창조 열망을 지닌 개별적, 집단적
협력자들이 사회주의에 대한 유토피아적 유혹의 일부를 구성했다.[150]
볼세비즘에게는 애석하게도 그 설계자들이 의식적 정화를 위해 체포,
고문 그리고 억압을 사용했다.

중앙아시아에 도착한 한인 추방자들은 몹시 고생했지만 자신들의 삶과 공동체를 재건했다. 그들은 스스로를 신속히 재정비하고 트랙터 기사, 콜호즈의 의장, 교사, 복수 언어 구사자, 소비에트의 정보원, NKVD의 첩자로서 소비에트 국가에 생산적으로 기여함으로써 자신들의 품성을 드러냈다.[151] 이러한 강한 특성은 한인들이 1920년대 이후 레닌의 프롤레타리아 독재 중추의 한 연결고리를 형성하는 데 도움을 주었다.[152]

제8장
현장의 목소리

나는 1937년 한인들의 추방 이전과 그 이후의 삶에 관한 면담을 위해 노년의 소비에트 한인들이 거주하는 중앙아시아의 여러 지역에서 6년을 보냈다.[1] 나의 목표는 다양한 장소의 행위 '주체', 즉 소비에트 한인, 집단 공동체, 소비에트 국가와 그 기구들을 소환함으로써 인류학적 혹은 문서고의 자료 연구의 한계에 갇히지 않은 연구서의 집필이었다. 현지에서의 조사로 많은 대담의 기회를 가졌고 그리하여 지금까지 알지 못했던 많은 이야기들을 발굴해냈다. 문서고에도 있지 않고 연구자들이 확보할 수 없었던 많은 사진들이 또한 이에 관한 역사를 재현하는 데 도움을 주었다.

예를 들자면 표지에 있는 3명의 소비에트 한인 OGPU 간부들 중 한 사람은 중간직, 한 사람은 고위직이었다. 그렇지만 내가 검토한 소비에트의 비밀경찰GPU / OGPU / NKVD 기록에서 한인 혹은 중국인 간부들에 대한 얘기는 없었다.[2] 사진에 등장하는 한인 세 명 모두 숙청의 시기에 억압을 당했을 것 같다. 숙청의 시기와 그 이후에 자리를 보전했던 한인 NKVD 간부들은 '의심스러운' 민족으로 규정된 상태에서 석방되었다. 게다가 히사무트디노프가 설명했듯이 1937~1938년 추방에 관여했던 중국인과 한인 NKVD 부대 자료들이 연구자들에게 공개되지 않았고 1990년대 초 이후에도 여전히 그런 상태로 남아 있었다.[3] 이러한 요인들이 1930년대 초부터 스탈린의 사망 시점까지 소련의 역사 전개에서 한인들의 기여 무언가를 사라지게 했다.

가용 자료와 역사의 공백을 메우기 위해 나는 중앙아시아의 노년의 한인들과 같이 지내고 대화를 나누며 많은 시간을 보냈다. 즉시 대담을 허용한 이들도 있었고 그렇지 않은 이들도 있었다. 그렇지만 2~4차의 시도로 최상의 대담을 진행할 수 있었다. 나의 연구 목적은 한인들의 삶과 공동체를 가능한 한 최대로 재현할 수 있게 만드는 '진정한' 목소리를 획득하는 것이었다. 이러한 목소리는 '사회사'에 대한 기술이었고 그렇다면 그것은 사료, 2차 문헌, 디지털 기술과 결합하게 되어 소비에트 한인들의 사회정치적 연구, 혹은 아마도 '새로운 민족지학'을 만들 수도 있는 것이었다.

회고록의 단점, 특히 문서고의 회고록 혹은 공직자들의 회고록의 단점은 어느 정도의 우려를 드러내기도 하지만 국가의 정책 및 기존의 지배적 견해를 반박하는 입장과 견해를 거의 드러내지 않는다는 것이다.[4] 소비에트 민족 정책에 대한 연구는 '아래로부터의 입장'을 알 수 있는 비공식적 활동가의 반응을 절대적으로 필요로 한다. 그렇지만 문서고의 사료는 국가와 그 기구가 보통 시민들로부터 사회를 어떻게 구성했는가를 기록하려고만 했기 때문에 이러한 반대 목소리를 거의 제공하지 않는다.

구술사와 대조적으로 국가의 문서고는 역사에 대한 도구적 견해를 전형적으로 제시한다. 도구주의자들은 사회를 지속적 동요와 재창조 속의 '상상의 공동체'로 바라본다.[5] 그렇지만 '지속적 변화의 유토피아'는 종종 이데올로기 혹은 허구로 퇴화한다. 국가의 문서고는 그 지도자, 관리 그리고 제도의 기여를 지나치게 강조하는 국가의 '이데올로기적 상부구조'이다. 러시아의 소비에트시대 문서고에서는 지속적 개편과 자료정리가 있었고 그 결과 국가의 지침과 어긋나는 사료들의 제거도 있었다. 이러한 문서고들은 소비에트 국가의 (당대의) 이데올로기의 표현이자 확대로 볼 수 있다. 문서고의 개편은 21세기 러시아의 선조로서 소비에트를 연결하려는 것이기 때문에 중요한 것으로 보여진다.[6]

구술사와 문서고 차이의 예시로서 "지하일(NKVD 한인 기관원)이 자신의 상관으로부터 체르노고르스크 NKVD 업무를 기록하는 (게이츠만의 보고서와 대단히 유사하게) 여러 공문서 작성의 임무를 부여받았다고 상상해보자". 추측컨대 국가를 위한 그의 보고서는 자신의 가족에게 야밤에 털어놓을 수 밖에 없었던 죄의식이 가득한 고백과는 내용과 어조 모두에서 완전히 달랐을 것이다. 나의 경험에 의하면 '아래로부터의 시각'(일반시민과 사회사)은 대담과 현장조사를 통해 가장 잘 전달될 수 있으며 그것들은 또한 사료들에 의해 재차 보강될 수 있다. 대상자와의 수 차례 대담은 대담자에게 그 개인 및 공동체 내부의 진술의 변화의 정도를 경험하고 이해할 수 있게 하는 최선의 것이다. 국가의 문서고에는 자체의 한계와 편향이 존재하며 이러한 사실은 역사가, 정치학자, 사회학자 등에 의해 더 잘 인식되어야만 한다.

구술사 및 대담을 진행하는 방법에 관한 다수의 학술서를 읽고 나서 나는 처음에 수많은 이론과 제안 그리고 적어 두고 기억해 둔 학문적 방법론을 가지고 있었다. 그렇지만 대담을 진행하면서 나는 '인간적 요인'이 다른 모든 것에 우선한다는 것을 알게 되었다. 이러한 요인은 주체(화자)가 자신들의 삶에 관한 상세하고 모순적 측면을 포함하여 그것을 긴 호흡으로 깊이 있게 말하고 회상하기 위해서는 편안함을 느껴야만 한다는 단순한 것이었다. 간단히 말해 생면부지의 '연구자'로부터의 면담 요청은 특히 과거 소련과 현재의 중앙아시아 국가들에서 그 대상자에게 보상을 전혀 해 주지 못하지만 그 대상자를 언젠가 높은 위험의 수준에 노출시킬 수도 있는 문제였다.[7] 대담의 허용은 그들에게는 혜택이 거의 없지만 그들의 신뢰와 선의를 바탕으로 한 완전한 선물이다.

대담과정에서의 솔직함을 위해서는 대담자의 삶의 조건, 그들 삶의 구조 그리고 그의 관점에 대한 더 많은 존경을 필요로 한다. 구소련에서 대담을 진행하기 위해 도착한 연구자는 이 '시간'이 사실은 KGB / FSB의 심문이었다는 인상만을 줄 수도 있었다.[8] 간단히 말하자면 면담의 주체가 정치적으로 올바른 역사관만을 반복하는 공허한 대담이 최종 성과물일 수도 있었다. 자신들의 친척들의 억압에 대해 긴 시간 동안 고통스럽게 얘기하고 이러한 대담의 내용을 사용해도 좋다는 동의를 받은 이후에 "이것 때문에 내가 감옥에 가지는 않겠죠"라고 물어보았던 소비에트 한인 노인들과의 3차례의 대담을 나는 기억한다.[9] 소련의 해체 80여 년이 지난 이후에도 1930년대에도 그들의 고통은 결코

사라지지 않았다.[10]

나의 경험에서 노년의 한인들을 만난 직후 처음 15분에서 20분이 대담이 어떻게 진행되는가를 결정하는 결정적 시간이었다. 바로 이 처음 순간이 면담의 주체가 약간의 불안감을 느끼면서 면담자가 원하는 무언가를 은연중에 제공하려고 하며 그들이 그것을 제공할 수 있는가를 결정하는 순간이었다. 면담 이전의 시간이야말로 면담자의 모든 질문에 대해 가능한 한 깊이있고 진지하게 대답할 수 있도록 만드는 최적의 시간이다. 많은 경우에 연구자는 자신의 솔직함과 (공간적 의미에서라기보다 형이상학적 의미에서의) 거리 / 친밀함의 정도에 따라 면담 대상자도 그에 맞게 반응한다는 것을 알게 될 것이다[11]. 대다수의 사람들은 순차적으로 진실의 정도를 다르게 드러낸다.[12] 또한 면담 대상자와 편안한 관계 진전은 구술사의 가장 복잡한 측면, 즉 다면적 진술을 이끌어 내는데 도움을 줄 것이다. 이것은 면담 대상자가 다양한 인물, 역할, 정체성, 영향 그리고 자신들 삶과 생활환경의 일시적 단계를 반영하는 진술 혹은 유형 안에서 말할 때 일어난다. 다면적 진술은 종종 의식적으로 노력하지 않더라도 습관과도 같이 종종 자연스럽게 발생한다.[13] 진술의 주체는 한 진술에서 다른 진술로의 전환을 종종 알지 못한다. 그러나 진술 혹은 진술자의 변화에 반응을 보이는 사람들은 통상 가족 구성원과 친구들이다. 이런 사람들이 연구자에게 필요한 이정표를 제공한다. 구술사는 그것의 다면적 층과 다면적 진술을 통해 오직 한 번의 대담만으로는 이해하기가 매우 어려운 한 명의 진술자를 통해서도 절대 뒤지지 않은 역사적 깊이를 제공한다.[14]

이 엘리자베타Elizaveta Li와의 대담은 다면적 진술과 일시성에 대한 놀라운 예시이다. 나는 1937년 봄, 그녀가 7살이었을 때 아버지가 체포되기 이전의 아버지와의 삶에 대해 말해달라고 부탁했다. 그녀는 미소를 크게 지었고 자신이 아버지의 어깨 위에 어떻게 올라탔으며 블라디보스토크의 가을과 겨울의 차가운 바람을 피하기위해 아버지가 그녀를 때때로 외투 안에 감싼 채 어떻게 데리고 다녔는지를 동작을 보이며 회상할 때 몸 전체가 편해 보였다. 이러한 순간은 3살부터 7살까지 그녀의 삶에서 가장 행복하고 순진무구한 시기였다. 아버지가 체포된 직후(1937~1938년의 시기) 그녀는 어머니가 몹시 아프고 어머니와 남동생 모두를 돌보아야만 했던 당황스러운 시기에 대해 얘기했다. 그녀의 얼굴과 몸 동작은 갑자기 어른이 되어야만 했던 겁에 질린 8살 어린이의 것으로 다시 한번 변했다. "살아가기가 너무 어려웠죠, 나는 어떻게 해야 하는지를 알지 못했어요. 그러나 일 년이 지나 '외할머니'가 오셔서 생활하기가 더 편해졌죠. 그녀는 해야 될 일과 남동생을 어떻게 돌봐야 하는지를 알고 계셨죠."

그리고 나서 대담이 더욱 무르익자 엘리자베타는 자신들의 아버지에게 무슨 일이 일어났고 아버지가 묻힌 장소를 찾아내기 위한 1960년대 초의 남동생의 시도에 대해 얘기했다. 이때의 목소리는 분명 국가에 대해 냉소적으로 변했던 완고한 성인의 목소리였다. 그녀는 다음과 같이 말했다. "당국자에 의하면 아버지는 복부에 심한 고통이 있었고 이것으로 [심문 도중에] 사망했다고 합니다. **물론 우리는 아버지가 이렇게 돌아가셨다고 믿지 않습니다.**강조-저자 우리는 아버지가 어떻게 돌아가셨고 어디에 묻히셨는지 알지 못합니다. 그들이 아버지를 매장했는지 아니면 총살해서 시체를 버린 장소를 우리는 알지 못합니다."15

엘리자베타와의 대담은 구술사를 수행하는 데 있어서의 풍부함과 복잡함에 대한 예시이다. 최상은 대담 진행자 자신이 상대방 심리의 심연에 빠져든 다이버라고 느낄 때이다. 구술 당사자는 수많은 기원에 얽혀 있으며 장소, 사건 그리고 오래전에 사라졌고 다른 사람들에 의해 잊혀진 사람들과 연관된 역사를 기술한다. 이러한 기억(그리고 그 목소리)은 여전히 현존하는 해석, 의미, 모순 그리고 상반된 진술을 제공한다. 그것은 결코 복제되거나 같은 형태로 재고될 수가 없는 너무나도 독특한 역사의 관점이다!

기록되지 않은 이야기 하나

스탈린 체제의 강제 수용소에서 복무했다는 이유로 비난을 받았지만 자신들의 인간성을 잊지 않고 비유적으로 말하자면 익사 직전의 사람에게 구명구를 던져 준 사람들에 관한 애절한 이야기로 나는 이 장을 끝내려고 한다. 이미 지적했듯이 구술사 및 현장조사의 실행은 면담 대상자와의 개인적 신뢰관계에 따라 달라질 수 있지만 그런 변동성에도 불구하고 성공적으로 수행될 수 있는 정밀하지 않은 과학이다. 어떤 이야기들은 결코 기록되기를 원하지 않기도 하며 어떤 것들은 세상에 알려져 기억 속에 남아있다. 2009년 9월, 나는 소비에트 한인 부부와 더불어 타슈켄트에서 30킬로미터 떨어져 있는 콜호즈 우즈베키스탄Kolkhoz Uzbekistan으로 갔다. 콜호즈 우즈베키스탄은 1991년까지 한인들이 가장 많은 농장 중의 하나였다. 그곳에서 나는 박 니콜라이 바실레예비치Nikolai Vasilevich Pak를 만났는데 그는 극동으로부터 자신의 추방에 관한 흥미진진한 이야기를 들려주었다. 박은 1923년 출생했고 추방될 때 나이는 14살이어서 학교, 자신의 감정, 어업 협동조합에서의 생활과 극동의 러시아인과 중국인과의 관계에 대해 충분히 기억할 수 있는 나이였다.[16]

박 니콜라이는 1952년부터 콜호즈 우즈베키스탄의 회계원으로 일했다. 그는 봉급, 소비에트의 첫 자동차를 개인들이 구입할 수 있었던 해 그리고 콜호즈의 의장, 수석 회계사, 트랙터 기사의 수입(1960년대 후반부터 1970년대까지 각각 350, 350, 400을 벌었던)에 관한 새로운 사실들을 말해주었다.[17] (트랙터 기사의 봉급은 레닌주의의 '프롤레타리아트 독재'라는 어법을 지지하는 듯 보인다. 왜냐하면 운전자 / 기술자가 1965년 콜호즈 우즈베키스탄에서 자신의 자동차를 최초로 구입했기 때문이다.) 박과의 대담을 끝냈고 우리 네 사람은 니콜라이가 담배를 피고 싶다고 해서 밖으로 나갔다. 9월 중순의 태양이 막 저물고 있었다. 대략 섭씨 34~36도로 여전히 더웠지만 가벼운 바람도 있었다. 박은 한인들이 제2차 세계대전 동안 전선에서 어떻게 복무할 수 있었는지에 관련하여 새롭고 더 생생한 얘기들을 하기 시작했다. 매우 상세하면서도 감정이 없는 위트가 들어 있는 과거를 회상하고 재생하는 그의 능력에 우리 모두는 놀랐다. 우리가 박의 집에 대략 오후 3시 30분에 왔는데 이미 오후 6시 30분, 아니면 7시가 지나고 있었다. 분명 가야 할 시간이었다. 대담의 과정이 거의 끝났다는 것을 알았기 때문에 나는 사샤(알렉산드르)와 라리사와 나누었던 얘기에 대해 생각할 수 있기를 바랐다(나는 한인 추방자들과 대담하면서 이미 4시간을 보냈다). 나에게는 섭씨 42도 이상인 칠라흐chillah 절정기(우즈베키스탄의 6월 중순부터 8월 중순, 여름의 가장 더운 시기)의 면담의 기억이 생생하다. 에어콘이 없는 집 내부는 훨씬 더웠다(라이자 니가이의 집과 정원에서 수확된 신선한 포도와 우즈베키스탄 스타일의 매우 뜨거운 차로부터의 편안함이 나는 그리웠다). 이러한 모든 경험과 우정이 거의 막바지를 향해 가고 있었다.

박 니콜라이는 자신의 마지막 얘기를 끝냈다. 나는 녹음기와 카메라를 껐다. 그리고 나서 나는 모든 장비를 정리하기 시작했다. 형식적으로 나는 "추가하고 싶은 또 다른 얘기가 있으세요"라고 물었다. 마지막 홀륭한 이야기의 가능성을 점검하는 것이었다. 그렇지만 사실 나는 석양의 편안함과 가벼운 산들바람의 유혹에 흔들리고 있었기 때문에 그만하고 싶었다. 그때 니콜라이가 말을 시작했다.

이 콜호즈에는 [한인] 남성이 있었죠. NKVD는 그를 "신뢰할 수 없다"고 생각했지요. 그래서 1939년 아니면 1940년, 그는 북시베리아의 강제노동수용소로 보내졌지요. 그는 거기에 도착해서 살아남을 생각만 했어요. 당신도 알다시피 중국인들이 노동수용소에서 종종 요리사로 일했습니다. 그가 한인이었기 때문에 수용소에서 중국인과 같이 일을 하라는 제안을 받았죠.[18] 그래서 중국인들은 그가 잘할 수 있는지 보고 싶었죠. 이 한인은 자신이 요리할 수 있다는 것을 보여주기 위해 노력했죠. 그는 손을 맹렬하게 움직였습니다. 그는 사실 요리를 전혀 할 줄 몰랐습니다. 중국인들은 그를 못마땅하게 바라보았습니다. 그렇지만 그들은 수용소 관리자에게 그를 받아들이겠다고 말했습니다. 은밀하게 그들은 그에게 "당신은 한인이죠, 한인들은 우리의 형제입니다"라고 말했습니다. 그는 수용소에서 5년을 버틴 후 돌아왔습니다. 중국인들이 [거의 북극과 다를 바 없는 조건에서 노동자로 일을 하게 하는 대신 그에게 요리사의 업무를 줌으로써] 그의 생명을 구했습니다.[19]

중국인 수감자들은 작은 친절을 베풀어 그들의 주인 의식이 되살아난다는 것을 발견했는지도 모르겠다. 이것은 결국 그들의 살고자 하는 의지를 강화시켰다.

이러한 '역사'들은 기억과 현지 조사가 또한 밝힐 수 있는 것의 한 부분, 즉 관습과 기존의 위계질서, 그리하여 지금까지 '알려진 것'들을 부정하는 대안적 서사이다. 이러한 이야기를 내가 다시 말함으로써 그것이 살아남기를 희망한다. 이런 이야기에서 우리는 고향으로 돌아가거나 번 돈을 고향에 보낼 수 있다는(그들 여정의 이유 그 자체) 그 어떤 희망도 없이 고향에서 수 천 마일 떨어진 이상한 나라(소련)에서 살고 있는 여러 사람들을 보았다. 이러한 사람들 중에는 '무임 승차권'을 얻어 살기 위해 필사적으로 요리사가 되려고 하는 사람도 있었다.

제9장
결론

이미 1914년 5월에 러시아 법은 스파이 혐의자에게 법정의 변호권을 박탈함으로써 전쟁을 대비했다. (…중략…) 군대에 광범위하게 배포되었던 공식 군 팜플렛은 독일 인종은 그 누구라도 잠재적 스파이라고 경고했고 군 언론은 유대인과 외국인 전체를 포함할 정도로 그러한 경고를 확대했다.

Eric Lohr, *Nationalizing the Russian Empire*
: The Campaign against Enemy Aliens during World War I.[1]

제1차 세계대전 동안 러시아민족주의자들과 포퓰리스트들의 견해와 신념에 따라 유대인, 폴란드인, 중국인, 그 외 민족들은 러시아의 서부 국경에서 추방되어야 하는 '적성 외국인'으로 변했다. 이러한 명칭은 러시아의 제1차 세계대전기의 추방과 디아스포라 민족들에게 내재해 있는 (그들이 러시아의 소수 민족임에도 불구하고) 이방인적 속성 및 외국과의 연결 때문에 시행된 소련의 민족 추방 사이의 유사점을 상기시키는 것이었다.[2] 그렇지만 19세기 동안에 다양한 소수 민족들은 외형적으로 (그리고 경험적으로) 확인 가능했으며 언어, 의복, 종교 그리고 심지어 지리적 거주지역과 제한으로 인해 구별되었다. 이러한 예시 중의 하나가 오데사의 유대인으로 그들은 1900년에 쉽게 알 수 있었고 의복, 관습, 언어 그리고 거주지에 의해 구별되었다.[3] 한인들은 더 쉽게 확인 가능했지만 생물학적 표현방식에 의해서였다.[4] 구소련에서 비유럽인에 대한 표현은 그들을 '타자'라는 '인종적 동일체'로 규정하는 것이었다. 그것은 쉽게 폐기되거나 변화될 수도, 혹은 동화될 수도 없었다.[5] 따라서 러시아 / 소련에서 한인들의 동화는 진보적이고 자유주의적 태도, 법 그리고 사회 정책에 따라 더 많이 좌우되었다.

한인들은 극동에 도착한 직후 스스로를 단지 잠시 거쳐가는 사람이 아니라 잠재적 시민으로 확립했다. 그렇지만 아쉽게도 러시아 전제정은 유럽인과 아시아인 사이의 거의 메꾸기가 불가능한 간극을 인정하는 오랜 전통이 있었다.[6] 민족지학자, 철학자 그리고 E. E. 우흐톰스키, V. K. 아르세네프, P. F. 운테르베르게르, N. I. 곤다티와 같은 프리아무르 총독들은 '황색 노동'에 대한 제한과 비율을 정하는 데 기여했다.[7] 이러한 신념은 불평등한 토지 수여, 소비에트 시기까지 이어지는 한인들에 대한 토지 임대, (1926년 무렵에도 남아 있던) 시민권 획득의 매우 길고 어려운 과정 그리고 한인들의 자치주에 대한 지속적 거부의 형태로 소비에트의 정책으로까지 이어졌다.[8] 정부의 공언과 배치되는 위의 모든 사실들은 한인들이 다른 모든 민족과 동등한 소비에트의 민족이 아니라 식민의 대상으로 암묵적으로 분류되고 있었음을 드러낸다. (집과 식량을 위한 최소한의 자원이 존재하는 광활한 스텝지역인) 중앙아시아로 추방된 이후 그들은 생존을 위해 '토지 경작자'로서 자신들의 능력을 분명 최대로 발휘했다.

이 책의 주요 주장 중의 하나는 원초주의적 감정, 범주 그리고 신념들이 러시아와 소련에서 오랜 역사를 가지고 있다는 것이었다. 나는 지금까지 살아 남아 구소련의 생활과 관계에 영향을 미치고 있는 소비에트식 원초주의의 현재적 보기 세 가지를 제시하려고 한다. 2006년, 나는 30대 초반이면서 키르기스스탄에서 태어나 성장한 이리나rina라는 러시아 여성을 만났다. 그녀는 2006년 러시아로 이주하여 친척들을 방문할 때를 제외하고는 키르기스스탄에 결코 가지 않았다. 그녀는 나도 아는 소비에트 한인 가족과 함께 성장했다. 우리 모두는 한인이면서 러시아 시민인 '스타스 아저씨Uncle Stas'를 알았다. 이리나는 그를 다음과 같이 말했다. "그는 러시아에서 언제나 외국인일 거예요. 그는 결코 나와 같은 국민이 될 수 없을 거예요. 러시아는 내 안에 들어와 있죠. 그는 나와 같이 러시아의 관습과 문화를 절대로 알지 못할 거예요." 그렇지만 스타스의 아버지는 러시아(1918년 무렵 언젠가 프리모리에)에서 태어났고 러시아어를 원어민과 같이 말했다. (또한 2006년의) 두 번째 사례로서 나를 포함한 몇몇 미국인들은 키르기스스탄에서 우리가 머물던 대학 가까이에 차를 주차하고 있던 특정 한인 택시기사를 정기적으로 고용하곤 했다. 그는 50대 중후반의 나이였다. 우리가 그곳에 있을 때 북한이 월드컵 진출을 위한 경기를 치르고 있었다. 그 기사는 나에게 경기를 보러 가겠냐고 물었고 나는 아니라고 대답했다. 그는 "당신 조국의 팀을 응원해야

되지 않나요!"라고 말하며 나를 비난했다. 당신의 말이 무슨 의미냐고 내가 묻자 그는 다음과 같이 대답했다. "나는 한국인이고 북쪽이든 남쪽이든 한국을 응원해야만 합니다. 한국은 나의 고국이예요." 우리의 기사가 북한이든 남한이든 어느 쪽도 가본 적이 없고 한국어도 내가 아는 한 매우 기초적 수준 이상의 말을 하지 못했기 때문에 이러한 말을 듣고 나는 놀랐다. 이미 언급한 모든 경우에서 내가 만난 모든 사람들은 이미 성인이었고 소련이 여전히 존재할 때 그들의 교육 전부 혹은 대부분을 받았다. 인종에 대한 원초주의적 이념과 그 이념에 따라 어떤 인종이 살 수 있고 살 수 없는지에 대한 생각이 소비에트 해체 이후의 새로운 국가들에서도 여전히 존재했다.

원초주의의 지속과 관련한 나의 마지막 예시는 언어적인 것이다. 러시아어에서 러시아, 중앙아시아, 혹은 구소련 출생의 한인들은 (북아메리카의 영어구문론에서와 같이) 한국계 러시아인이 아닌 러시아계 한인이라고 불린다. 이러한 용법은 러시아의 모든 소수 민족에게 적용된다. 따라서 러시아 출생의 폴란드인, 그리스인, 독일인들은 러시아계 폴란드인, 러시아계 그리스인, 러시아계 독일인으로 불린다. 미국에서 이들은 폴란드계 미국인, 그리스계 미국인, 독일계 미국인으로 불릴 것이다. '한인'이라는 단어 위치의 이러한 의미론적 차이를 나는 중앙아시아 체류 동안 알게 되었다. '러시아계 한인'이라는 용어는 러시아어와 러시아 관습을 어떤 사람이 알고는 있지만 그 사람은 근본적으로 한인이고 한인으로 살아갈 것임을 드러낸다. 따라서 한국어와 한국의 관습은 그가 수 십 년간 러시아에 살았다 하더라도 언제나 자연스럽게 남아있을 것이다.[9] 이것은 인종에 대한 원초주의적 견해이다. 대조적으로 인종성에 대한 북아메리카식의 용어는 '한국계 미국인'인데 그 의미는 어떤 사람이 인종적 외형에서는 한국인이지만 문화적 가치와 사고방식에서는 미국인이라는 의미이다.[10]

새로운 시각 간섭전쟁과 가장 충성스러운 민족으로서 러시아인에 대한 신화

러일전쟁에서 일본의 승리는 황색노동의 위치를 '황색 공포'로 변화시켰다. 가까운 과거(전제정)로부터의 견해와 결부된 일본에 의한 지배 위협은 러시아 극동에서 '사회주의 국제주의'라는 현존하는 조화를 방해할 수도 있었다. 1923년 8월 블라디보스토크에서의 칼리닌의 연설에는 소비에트 내부의 국제주의에 대한 다음과 같은 내용이 있었다. "노동자들, 우리의 중국인들이 러시아 노동자들과 동일한 정치 의식을 발전시킬 수 있도록 (…중략…) 우리에게 오는 노동자들을 동등한 권리를 갖는 구성원으로 대하여만 합니다. (…중략…) 이것을 성취하지 못한다면 우리의 우려는 사라지지 않을 것입니다."[11]

소비에트 영토 안에서의 진정한 '국제주의' 수립의 주요한 장애물 중의 하나는 러시아인 및 러시아어와 문화를 의문의 여지가 없는 소련의 표준지표로서 처음에는 암묵적으로, 나중에는 공식적으로 수용하여 이를 정책을 통해 은밀하게 수행하는 것이었다.[12] 이러한 믿음은 전제정시대의 핵심 구성요소였지만 사회주의 및 토착화와는 대립하는 것이었다. 소비에트 사회주의는 제도적으로 그리고 대중문화 안에서 민족의 세 형태의 강령을 장려했다. 초민족적인 '소비에트' 민족, 개개인에게 계승된

민족성, 내가 '동급 중에서 최상인 러시아인'으로 명명한 범동슬라브 핵심 정체성.[13] 사회주의 국가의 '지도 민족'으로서 동슬라브인은 가장 논쟁적인데 왜냐하면 그것은 수직적 위계질서에 따라 인종 / 민족 집단을 평가했기 때문이다. '동급 중에서 최상인 러시아인'이라는 말은 동 슬라브인들에게 소련 전역에 걸쳐 (문화적 및 제도적으로) 특별한 유형의 민족적 이점을 제공했다. 게다가 모르드바인, 우드무르트인 같은 집단들(볼가와 우랄지역의 두 토착민)에게는 토착 대리인과 자본이 거부된 반면에 동슬라브인들에게 정치 권력, 토지, 자원을 연결하려는 시도는 제국주의적이고 부르주아적이었다.[14]

제2차 세계대전이 끝나자 스탈린은 러시아 민족이 가장 위대하며 소비에트 모든 민족 중에서 가장 충직했다고 공개적으로 말하며 러시아 민족에게 승리의 건배를 제안했다. 스탈린의 '러시아 민족에게 건배를'은 다음과 같았다.

나는 우리의 소비에트 민족, 무엇보다도 러시아 민족의 강령함을 위한 건배를 제안하고 싶습니다. (우뢰와 같은 오랜 환호와 '만세' 함성) 러시아 민족이 소련을 구성하는 모든 민족 가운데 가장 뛰어난 민족이기 때문에 나는 제일 먼저 러시아 민족의 강령함을 위해 건배합니다. (…중략…) 우리의 정부는 적지 않은 실수를 하였고 1941~1942년의 어느 순간에는 절망적인 상황을 경험하기도 했습니다. (…중략…) 다른 민족에 속한 누군가는 정부에게 "당신들은 우리의 기대를 충족시키지 못했습니다, 물러나세요 (…중략…)"라고 말할지도 모릅니다. 그렇지만 러시아 민족은 이러한 모습을 보이지 않았습니다.[15]

그렇지만 내전과 간섭기의 경험으로 동슬라브인들이 다른 민족들보다 러시아, 소련 그리고 볼셰비즘에 더 충직하지 않다는 것이 드러났다. 백군의 다양한 무장세력, 지역의 임시정부(옴스크), 젬스트보 정부, 코사크의 여러 우두머리 등이 1918년부터 1922년까지 자본주의-제국주의 국가들로부터 원조, 무기, 식량, 돈과 지지를 받았다. 옴스크 임시정부의 외무장관 수킨Sukin은 외국의 지지와 자금에 옴스크는 의지한다고 솔직히 말했다. 그의 의하면 "우리 정부 업무의 각각의 분과는 [연합국] 정부의 지원을 어느 정도 획득해야 하는 필요성에 직면했습니다 — 우리는 철도와 군대를 위해 외국의 원조가 필요하고 무역, 재정, 심지어 교육 문제와 관련해서도 외국의 원조가 필요합니다".[16] 간섭기와 내전 기간에 러시아 전역의 모든 도시와 지방정부의 지도자들은 빈번하게 자신들의 충성대상을 하룻밤 동안 바꿨다가 다시 돌아오곤 했다.[17] 볼셰비키가 하바로프스크의 통제를 상실했던 1918년 8월, 적군 전 부대의 병사들이 백군에게 넘어갔고 코사크 지도자 칼미코프Kalmykov와 세묘노프Semyonov의 부대에 합류했다[18] 그리고리 M. 세묘노프는 치타에서 독립적인 부랴트 자치공화국을 선언했던 자바이칼 지방 (백군의 일부였던) 코사크 분견대의 지도자였다. 치타에서 그가 행군을 시작하기 이전인 1918년 2~3월, 그는 사신의 분견대를 강화하고 필요한 무기와 식량 확보를 위해 일본으로부터 3,106,408루블을 받았다. 또한 1918년 3월, (백군의) 플레쉬코프 Pleshkov 장군은 동청철도를 지키는 동안 일본으로부터 20,000정의 총과 100,000루블을 받았다. 내전의 서부 전선에서 1918년 4월부터 11월까지 우크라이나의 많은 지역을 통제하며 카자크의 독립국가 부활을 내건 파블로 스코로파드스키Pavlo Skoropadsky는 독일로부터 자금과 무기, 탄약

등을 지원받았다.[19] (무라만스크와 아르한셀스크를 포괄하는) 아르한켈스크 주에서 볼셰비키가 백군과 (영국, 미국, 프랑스 군으로 구성된) 연합군에게 1918년 8월 2일 패배했을 때 지역의 적군 병사 중 다수가 자신들의 적군 제복을 미련없이 벗어 던지고 백군이 지휘하는 지역 젬스트보의 시민군으로 전향했다. (백군의) 최고 지휘부는 1919년 10월 아르한켈스크 주에서 연합군의 사령부가 물러날 때까지 그들과 끝까지 함께했다.[20]

간섭 전쟁기에 충성의 대상을 바꾸고 음식, 식량 등을 직접적이든 간접적이든 제공하고 자발적이든지 비자발적이든지 백군과 반볼셰비키 집단을 지지하는 데 관여했던 모든 사람을 세어 본다면 그 수는 1,000만 명 이상일 가능성도 있었다![21] 내전의 다양한 전선과 시베리아 횡단철도를 따라 존재하는 도시, 읍, 촌락의 적지 않은 주민 비율을 러시아인과 우크라이나인들이 채우고 있었다. 반소비에트 집단을 지지했던 소비에트 시민들 또한 대숙청기에 자본주의적 제국주의적 국가들을 위한 제5열, 파괴자, 방해자, 변절자 등으로 낙인찍힐 수 있었다. 그렇지만 숙청기에 하얼빈의 러시아인으로 분류된 사람들만이 **민족 추방의 일부로** 실제로 억압받았다.강조-저자[22] 소비에트의 영토 내에서 가장 충실히 진전된 '변경의 반소비에트 행위'는 시베리아 횡단철도와 내전의 다양한 전선을 따라 있던 도시와 시골지역의 러시아인과 동슬라브인들이 주로 참여한 (연합군의 지원을 받은) 백군이 주도했다. 그렇지만 스탈린과 NKVD는 러시아인과 우크라이나인들을 대상으로 하는 민족작전을 수행하거나 이전 백군의 모든 수비대와 그들의 협력자를 대상으로 하는 작전을 적합하다고 간주하지 않았다.[23] 이러한 견해는 부분적으로는 소비에트의 신념과 정책 때문이었고 '러시아인'을 소비에트 민족의 기반, 맏형이

자 '동급 중에서 최상'으로 취급했기 때문이었다(〈삽화 16〉을 보라).[24]

〈삽화 16〉 1954년 가을, 북방 등대 집단농장의 수석 기술자 김건남.
김건남은 첫 번째 열 우측에서 두 번째. 다른 모든 인물들은 북한의 전문가와 기술자들이다. 김은 그들에게 5대의 소련 굴착기 작동법을 가르쳤다. 소련으로 온 조선민주공화국(DPRK)의 인사들을 환영하는 (러시아어로 쓰여진) 현수막을 주목하라.
출처 : 우즈베키스탄 북방 등대 콜호즈의 김건남.

　　반면에 '일본 팽창의 전위대'로서 한인들이라는 수사는 열강들의 간접 직후 등장했다. 1922년 극동 사무국 결의안은 프리모리예로부터 모든 한인들의 추방을 제안했다. 소비에트 한인들은 자신들의 특성을 증명했고 니콜라예프스크의 포위 기간에 적색 파르티잔으로, 국경과 자경 보조부대의 구성원으로 그리고 1937년 전면적 추방의 시행을 도운 NKVD의 한인으로서의 사회주의적 '재탄생'을 증명했다. '이방인' 혹은 '황화론'과 같은 원초주의적 용어로 한인들을 바라보았던 사람들은 그들의 정치적 정체성에 대해 동일한 논리를 적용했다. 이것이 1937년 한

인들을 추방했던 핵심 이유였다.[25]

추방의 부차적 결과는 한인 인텔리겐치아의 숙청이었는데 그 결과 한인 공동체의 목소리와 국제주의적 정신이 제거되었다. 토착화 기간에 성장했던 한인 인텔리겐치아는 불공정한 정책에 대항하여 목소리를 내고 소비에트 시민들로서 자신들의 권리를 옹호하며 아시아 전역으로의 사회주의를 확대시키려는 의지를 드러냈었다. 동시에 그들은 자신들 선조들의 동아시아 사회에서 동등한 민족적, 개인적, 시민의 권리가 없지는 않지만 드문 것임을 알고 있었다. 강제적 추방과 결부된 대숙청은 소련 전역의 민족 공동체, 사회 집단, 종교적 공동체의 지적, 사회적, 정치적 지도부를 소멸시켰다. 소수 민족과 개개인의 권리를 옹호하는 분위기는 고르바초프의 글라스노스티 이전까지 되살아나지 않았다.[26]

러시아인들이 본질적으로 소비에트에 가장 충성스러운 민족이 아니었다는 (그리고 정치적 충성도는 인종과 민족성에 전적으로 의존하여 판단되어서는 안된다는) 추가 증거로서 소비에트의 전 고위급 KGB의 대대적 배신과 1990년대 초반부터 중반까지의 구 소비에트 공장들의 매각을 들 수 있다.[27] 라덱 시코르스키Radek Sikorskii는 1992년 초, (사업가로 변신한) 소비에트의 전 KGB간부 다수가 핵탄두와 폴란드지역 병기고에 있는 스팅거 미사일을 폴란드 신정부에 팔겠다는 제안을 했다고 회고했다.[28] 소비에트 해체 이후의 이들 사업가와 전 KGB 망명자의 다수는 스탈린시대 소비에트의 신진 간부들이었다. 공식적이든 비공식적이든 '동급 중 최상의 러시아인'과 관련된 정책과 태도는 환원주의적이었고 사회주의 사회의 제안과 실현, 개인적 차원과 집단적 차원의 인간 잠재성의 실현 그리고 무엇보다 중요한 강력한 계급 정체성의 구축과 양립할 수 없었다.[29] 역설적으로 민족지향적인 관점은 구소련 및 러시아와 우크라이나 사이의 소수자들과 이주자들에 대한 러시아 연방의 태도와 관련하여 오늘날에도 강력한 반향을 가진다. 우크라이나인들은 자신들의 주권적 지위에도 불구하고 재구성된 소비에트의 과거를 '하급사원'에게 강제하는 듯 보이는 부활하는 러시아에 겁을 먹지는 않는다. 그렇지만 러시아와 우크라이나 사이의 현재의 분쟁은 (과거에도 그랬듯이) 정체성, 영토, 자원 그리고 주권에 대한 것이었고 이러한 상황은 확실히 갈등의 모습을 상당 기간 지속되게 할 것이다. 이제 다음 절에서 소비에트 블록 내의 기술 / 교육의 교류라는 선의를 지닌 소비에트의 대사로서 한인들의 파견을 살펴보려고 한다.

김건남의 사례

마지막으로 소비에트 한인들이 일본의 협조자라는 죄를 저질렀고 광동군 반혁명중심에 가담했으며 충직한 소비에트 인민으로서 충분히 '재탄생'하지 않았더라면 소비에트 국가는 자신의 보호국과의 군사, 기술, 교육의 교환 그리고 부역을 위한 사명을 위해 그들을 고용하지는 않았을 것이다.[30] 제2차 세계대전 직후 북한에 파견된 소비에트 한인들이 그러한 예시에 속한다. 소비에트 한인이자 NKVD의 전 장교인 방학세는 북한 정치경찰의 수장이 되었다. 허가이, 박창옥, 박이완 그리고 남일, 이들 모두는 1940년대 후반~1950년대 북한 공산당의 부주석이 되었다.[31] 또 다른 예는 김검남의 사례이다. 김건남은 14세인 1937년에 극

〈삽화 17〉 전후의 소비에트 선전 포스터, 1946.
하단에는 "소비에트 군에 영광을", 오른쪽 병사 어깨 너머로는 "러시아인에게 영광을"이라는 선전문구. 포스터
발행 부수는 30만 부.
출처 : 국영출판사, 1946; 공훈 예술가 레오니드 F. 콜로바노프 제공.

동에서 추방되었다. 추방을 당할 때 그는 7학년이었고 극동에서 전적으로 한국어로 교육받았기 때문에 그의 언어 구사력은 매우 좋았다. 그는 집단농장 '북방의 등대'에서 수석 기술자였다. 1954년, 이 집단농장은 소비에트 굴착기를 사용하고 수리 방법을 하는 북한의 기술자들을 석 달간(9월에서 11월까지) 초청했다(〈삽화 17〉을 보라).[32] 소비에트 한인들의 충성심을 의심했더라면 소비에트 국가는 의사표현의 수단이 전적으로 한국어인 소비에트의 한인 집단농장에서 북한 기술자들의 체류기간을 연장하지는 않았을 것이다. 1954년, 일본은 미국과 동맹을 맺었고 냉전은 심화되어 갔다. 그것을 드러내는 예로서 미국은 공산주의자들의 공직 선거 출마를 금지하기 위한 공산주의자 단속법을 1954년 통과시켰다. 소비에트 한인들이 제5열로 확인되었거나 대숙청기 혹은 제2차 세계대전기에 일본을 향한 충성심을 보였더라면 소비에트 한인들을 활용하는 이러한 교류는 일어나지 않았을 것이다. 소비에트 한인들은 또한 냉전이 지속되는 동안 소비에트 블록 내의 다른 국가들, 잠재적인 위성 국가들로 초청되었고 파견되었다.[33]

이 책은 다양한 한인 공동체와 구소련의 집단농장을 탐방하면서 획득한 매우 독특하고 독립적 시점을 바탕으로 소련의 역사를 전달한다. 나는 여러 차례 소련은 경제적으로 성장하고 국경을 안정시킬 수 있었으며 인적 다양함이라는 풍부한 자원, 즉 소비에트의 디아스포라 민족 때문에 문화와 언어 면에서 소련 시민들과 동등하거나 거의 동등한 능력을 지닌 이들을 활용하여 공식, 비공식적 활동원의 첩보 및 방첩 작전을 시행할 수 있었다고 여러 차례 주장했다. 내가 여기서 지칭하는 사람들은 소비에트 그리스인, 독일인, 폴란드인, 핀란드인, 중국인, 한인, 루마니아인 등이다.[34] 러시아 / 소비에트 역사가들과 이보다 훨씬 적은 수의 유럽과 미국 역사가들이 이러한 관점을 거의 수용하지 않았다. 소비에 트 사회주의 내부의 인종주의와 토착문화 보호 그리고 반유대주의를 제 외한 소비에트 민족 정책에 대한 논의가 러시아학에서는 어렵다고 오랜 기간 여겨졌다. 『슬라브학보』의 바이츠와 허쉬 사이의 논쟁은 이러한 논의를 확대하는 데 기여한 시발점으로 간주되어야만 한다.[35] 소련은 인 종적 요소와 언뜻 보면 문화적 요소로 구성된 '민족'의 개념을 정교하게 만들었다. 그렇지만 계승되고 후대에 전해질 수 있는 그 어떤 특성 혹은 문화적 관습이 인종적, 생물학적 특질이 되거나 그러한 특질로서 기여 했다.

게다가 제2차 세계대전 이후, 미국의 군 첩보망은 1932년부터 1945 년까지 소비에트의 영토에서 일본의 간첩활동을 완전하게, 혹은 거의 완전히 제지하였다는 이유로 소비에트의 방첩활동을 치하하는 보고서 를 작성했다.[36] 이 보고서는 일본 첩보국 지휘부와 군 무관에 대한 미군 의 심문을 통해 작성되었다. 그 내용은 다음과 같다.

소련 방첩이 매우 엄격하기 때문에 스파이 활동의 효용성은 매우 적었다. 소비에트 극동으로 스파이의 침투가 거의 전적으로 불가능했었고 그들을 빼 내 오는 것 또한 마찬가지로 어려웠다. 게다가 돌아온 스파이의 다수는 믿기 힘들 정도로 완전한 정보를 제공했는데 이것은 그들이 처음부터 소비에트의 스파이거나 국가 비밀경찰에 의해 회유되었다는 확실한 증거였다. 일본 스파 이들은 1936~1938년까지는 군 혹은 민간 기관의 소비에트 관리 일부를 성공 적으로 매수하였지만 그러한 인물들이 숙청기에 사라졌고 그 이후 그들은 그러한 관계를 확립할 수 없었다. 전반적으로 일본은 스파이 혹은 반역자를 제외한 소비에트 국민으로부터 어떤 유용한 정보도 얻지 못했다.[37]

　　미국의 이러한 군 보고서는 국가 안보기구 내에서 소수 민족의 추방에 있어 주요 피의자가 국가기관의 소비에트의 간부, 특히 동슬라브인들로 보이기 때문에(대숙청의 부수적 효과), 거의 20만 명에 달하는 소비에트 한인 노동자, 농부, 프롤레타리아트의 추방의 효과를 강하게 의심할 수 있는 여지를 제공한다. 1934년부터 NKVD의 소수 민족, 특히 독일인, 폴란드인, 라트비아인, 유대인의 고위직 다수가 해임되었다.[38] NKVD의 유일한 한인 고위직 간부인 한창걸은 처형되었다. 한인들의 추방을 집행한 이후 니콜라이 니가이는 10년의 직무 수행에도 불구하고 NKVD에서 쫓겨났다. 그는 회계공부에 필요한 장학금을 받아(대략 6개월에서 9개월 간) 그 이후 은행 회계원이라는 사무직으로 전환했다.[39] 1944년이 지나 지하일은 러시아 총사령부에서 복무를 할 수 없었다. 그 역시 회계와 재정을 공부하여 곧바로 은행장의 비서의 지위를 확보했다.[40] 1960년대 중반부터 후반에 이르러서야 한인, 독일인, 그 밖의 디아스포라 민족들이 소련이 해체되기 이전까지 국가의 정보업무 분야에(특히 중앙아시아에서) 고용되기 시작했다.[41] KGB는 소비에트의 가장 거만하며 무서운 기관 중의 하나였다. 이러한 재충원은 사회의 모든 단계로 진출할 수 있는 소비에트의 강력한 민족으로서 한인들의 재탄생과 재정립을 위한 마지막 단계였을지도 모르겠다. 대숙청, 1937~1938년의 추방 그리고 추방으로 인한 행정상의 제약은 한인들에 대한 최후 결말이 아니라 소련에서 그들의 궁극적 인정과 성공을 잠시 미루어 놓은 것이었다.

주석

제1장 서문

1　Nansen, *Through Siberia*, p.368. 난센은 제15장 '우수리지역, 블라디보스토크, 하바롭스크' 내내 아르세네프를 언급하며 그의 말을 달리 표현하고 있다.

2　본서의 맥락에서 '민족'은 사회역사적 집단 혹은 인종집단을 의미한다. 마찬가지로 '민족의 차이' 혹은 '민족 갈등'은 러시아인, 독일인, 그리스인, 아르메니아인, 한인, 중국인과 같이 러시아/소련에 거주했던 다양한 민족집단과 소수인종 사이의 갈등을 의미한다. 추가 설명이 필요하다면 책 마지막 부분의 용어풀이를 참조하라.

3　Hirsch, *Empire of Nations*, pp.329~333. 러시아 극동(Russian Far East)을 의미하는 축약어 RFE가 자주 사용될 것이다.

4　Jeremy Smith, *The Bolsheviks and the Nationality Question, 1917~23*, New York : St. Martin's Press, 1999, pp.19~64.

5　많은 사람들은 유대인들을 이스라엘의 건국(1948) 이전에도 디아스포라 민족으로 간주했다.

6　'유해한'이라는 단어는 한인 이주민들보다 선호되었던 동슬라브인들과 유럽 혈통의 그 밖의 해외 이주민들에게도 적용된다. 이 말은 또한 전제정과 소비에트 시기 동안 아시아의 농업방식, 의술, 문화에 대한 경멸을 의미하기도 한다. 제5장의 게이츠만과 아르세네프의 보고서들은 소비에트의 관료들과 핵심간부들이 한국인을 소비에트의 민족으로 받아들이는 데 어려웠다는 것을 보여준다.

7　Wada, "Koreans in the Soviet Far East, 1917~1937", p.45; BugaiPak, *140 let v Rossii*, pp.237~238.

8　이러한 예로서 M. T. Kim, *Koreiskie internatsionalisty v borbe za vlast Sovietov na Dalnem Vostoke*, Moscow : Nauka, 1979; Vladimir Kim · Elvira Kim, *Eshelon 58 : ushol na vsegda*, Tashkent : Turon-Iqbol, 2007를 보라.

9　M. T. Kim, *Koreiskie internatsionalisty v borbe za vlast Sovietov na Dalnem Vostoke*, pp.71~72.

10　RGASPI-f. 17, o. 21, d. 5411, l.270.

11　"Bednota zavershaet pobedu", *Kranoe znamia*, no.190(2705), 1929.8.21. 제4 · 5장에서 한인 쿨락에 대한 억압을 더 집중적으로 다룰 것이다. 한인 부농들의 비율에 대해서는 1923년 위원회 보고서 〈표 4〉를 보라.

12　Vladimir · Kim · Elvira Kim, *Eshelon 58 : ushol na vsegda*, p.18; Wada, "Koreans in the Soviet Far East, 1917~1937", p.44.

13　Martin · Terry, *The Affirmative Action Empire : Nations and Nationalism in the Soviet Union,1923~39*, Cornell University Press, 2001, p.16. '근대인의 모범'이라는 표현은 명령경제에서 역할을 했던 소비에트의 소수자 중개인들을 지칭한다. Slezkine, *The Jewish Century*, pp.1~20을 보라.

14　러시아 극동에서 중국인들의 추방을 돕고자 NKVD의 중국인들 또한 동원되었다. Khisamutdinov, Amir A., *The Russian Far East : Historical Essays*, 1993, pp.119~121.

15　서구의 역사가들은 1937년 한인의 추방을 평가할 때 동아시아 내에서의 지정학, 특히 한국에 대한 일본의 점령을 보통 무시하거나 과소평가해 왔다. 그 대신 그들의 '지정학적' 강조점은 소비에트의 서부(폴란드, 독일 그리고 핀란드)와 동부 국경(일본)의 '적들에게 포위되었다'는 소비에트의 노선을 지속적으로 반영해 왔다. 스탈린이 직면했던 지정학의 거시적 관점에 대해서는 제임스 해리스를 보라. 해리스는 한국인들의 추방을 평가하지는 않았기 때문에 위의 지적은 그에게 해당되지

않는다. James Harris, "Encircled by Enemies : Stalin's Perceptions of the Capitalist World, 1918~1941", *The Journal of Strategic Studies 30* no.3, 2007.6, pp.522~523・528~541.

제2장 변경의 용광로 러시아 극동, 1863~1917

1   Pesotskii, *Koreiskii vopros v Priamure*, p.4.
2   1922년의 인구조사에 의하면 우수리지역 한인들의 90%가 함경도에서 왔거나 그곳 출신의 조상들이 있었다. Anosov, *Koreitsy v Ussuriiskom krae*, Khabarovsk : Knizhnoe delo, 1928, p.7 1번 각주를 보라.
3   아시아의 이민에 대해서는 Adam M. McKeown, *Melancholy Order : Asian Migration and the Globalization of Borders*, New York : Columbia University Press, 2008를 보라. 아편전쟁으로 영국, 미국, 프랑스, 러시아는 중국 영토에 대한 추가적 권리, 극단적으로 낮은 관세, 아편 거래의 합법화를 획득하였고 중국은 2,100만 달러라는 엄청난 전쟁 배상금을 지불했다. Jack Beeching, *The Chinese Opium War*, New York : HBJ Books, 1975를 보라.
4   1848년부터 1882년까지 미국에 입국한 중국인은 대략 300,000만이었다. Daniels, *Coming to America : A History of Immigration and Ethnicity in American Life* 2nd ed, NJ : Perennial, 2002, p.239를 보라.
5   Ki-bak Lee, *A New History of Korea*, p.263. 1903년과 1920년 사이에도 하와이로 이주하는 한인들은 8,000명에 불과했다. Takaki, *Strangers from a Different Shore : A History of Asian Americans*, pp.27~28을 보라.
6   Palais, *Confucian Statecraft and Korean Institutions : Yu Hyongwon and the Late Choson Dynasty*, 1996, pp.238~240.
7   Ibid., p.107.
8   Nam, Svetlana G., *Rossiiskie Koreitsy : Istoriia ikultura, 1860~925gg.*, 1998, p.26.
9   Bugai・Pak, *140 let v Rossii*, p.19.
10 Unterberger, *Primoskaia oblast, 1856~1898 gg.*, pp.68~69.
11 Anosov, *Koreitsy v Ussuriiskom krae*, p.6.
12 Syn Hva Kim, *Ocherkipo istorii Sovetskikh Koreitsev.*, Alma-Ata : Nauka, 1965, p.28; Anosov, *Koreitsy v Ussuriiskom krae*, p.6.
13 B. D. Pak, *Koreitsy v rossiiskoi imperii.*, Irkutsk : IGPI, 1994, p.22.
14 Ki-bak Lee, *A New History of Korea*, p.253.
15 B. D. Pak, *Koreitsy v rossiiskoi imperii.*, p.22.
16 V. Vagin, "Koreitsy na Amure" *In Sbornik istoriko-statischeskikh svedenii o Sibrii isopredel'nykh ei stranakh*, 1875, p.4.
17 Ibid., p.8.
18 Anosov, *Koreitsy v Ussuriiskom krae*, p.242에서 다음과 같이 지적한다. "소위 '황인종 문제'가 경제적 경쟁의 문제에만 국한된다고 믿는 것은 잘못이다. [그렇지만] 현재 동쪽에서 '황인종'과 러시아인들 사이에 경제적 투쟁이 일어나고 있다." 그라베는 러시아 극동에서 중국인의 경제력 때문에 그들이 '진정한' 지배자라고 믿었다. Grave V. V., *Kitaitsy, koreitsy i iaponty v Priamure.*, 1912, pp.38~39.
19 Nathans, *Beyond the Pale : The Jewish Encounter with Late Imperial Russia*, Berkeley : University of California Press, 2002 pp.353~354. 중등과 고등 교육기관 및 사법 분야에서

유대인의 수는 1880년대에 늘어났다. 그들은 머지 않아 엄격한 할당 혹은 할당의 위협을 직면했다.

20　Toropov, A. A., *Koreitsy na Rossiiskom Dalnem Vostoke, vt.pol.XIX~nach.XXVV.*, 2001, p.18.

21　Ibid..

22　Ibid., p.36.

23　그렇지만 그들은 한인들을 지칭할 때 '디아스포라'라는 단어를 결코 사용하지 않았다. 한인들은 이주민, 정착자, 식민지 주민, 근면한 한인 그리고 외국인으로 불렸다. 토로포프의 연구서는 러시아 극동 국가문서보관소(RGIA-DV)의 사료들을 활용했다.

24　Anosov, *Koreitsy v Ussuriiskom krae*, p.6.

25　Ibid., p.5.

26　Malozemoff, *Russian Far Eastern Policy : With a Special Emphasis on the Causes of the Russo-Japanese War*, Berkeley : University of California Press, 1958, p.10.

27　John J. Stephan, *The Russian Far East*, Stanford, CA : Stanford University Press, 1994, p.64 · 67; Malozemoff, *Russian Far Eastern Policy : With a Special Emphasis on the Causes of the Russo-Japanese War*, p.10.

28　Polner, Tikhon I., ed, *Priamure : Fakty, tsifry, nabluiudeniia*, Moscow : S tremia kartami, 1909, p.69; Malozemoff, *Russian Far Eastern Policy : With a Special Emphasis on the Causes of the Russo-Japanese War*, p.1; John J. Stephan, *The Russian Far East*, p.75.

29　Kho, *Koreans in Soviet Central Asia*, Helsinki : Studia Orientalia 61, 1987, p.17; Grave V. V., *Kitaitsy, koreitsy i iapontsy v Priamure.*, p.131. 다수의 자료는 둘째 범주의 한인들도 시민이 될 수 있었고 1884년에는 첫째 범주의 한인들과 동등한 권리를 부여받았다고 틀리게 지적하고 있다. 이러한 예로 Anosov, *Koreitsy v Ussuriiskom krae*, pp.9~10을 보라.

30　Anosov, *Koreitsy v Ussuriiskom krae*, p.7; Bugai · Pak, *140 let v Rossii*, p.34.

31　Ginsburgs, "The Citizenship Status of Koreans in Pre-Revolutionary Russia and the Early Years of the Soviet Regime", *Journal of Korean Affairs 5*, no.2, p.4; Anosov, *Koreitsy v Ussuriiskom krae*, p.10.

32　John W. Slocum, "Who, and When, Were the Inorodtsy? The Evolution of the Category of 'Aliens' in Imperial Russia", *Russian Review 57*, no.2.

33　중국인들은 총독 코르프 (A. N. Korf)가 1888년 선포한 칙령에 의한 인두세를 부과받았다. 말로제모프는 이러한 조치가 그들에 대한 경제적 차별의 첫째 사례이자 극동에서 그러한 유사 법령 중의 첫 번째 것이라고 지적한다. Malozemoff, *Russian Far Eastern Policy : With a Special Emphasis on the Causes of the Russo-Japanese War*, pp.25~26과 p.260 66번 각주를 보라.

34　중국인들에 대한 인두세 부과는 위에서 지적한 바이다. 국가의 세금징수관들은 그들의 계절적 노동 때문에 그들은 '반시민'으로 간주되어 그에 따라 세금이 산정될 것이라고 결정했다. Yanni Kotsonis, "'Face-to-Face' : The State, the Individual, and the Citizen in Russian Taxation : 1863~1917," *Slavic Review 63*, no.2, 2004, p.243.

35　Anosov, *Koreitsy v Ussuriiskom krae*, p.16; Ia. Ten, "Koreitsy sovetskogo soiuza", *Revoliutsiia i natsionalnosti 7*, 1935, p.45. 러시아 산림의 목재 사용에 대한 세금은 러시아 신민이 아닌 한인에게만 부과되었을 것이다. 중국인과 한인 모두는 앞에서 언급한 세금의 부과 대상이었다. 1903년, 블라디보스토크를 방문 중이던 비르트 게라레는 (결혼 전 이름 윌리엄 올리버 그리너) 다음과 같이 말했다. "중국인들에 대한 법령은 지역 관리들의 수입 원천으로 활용되고 있다. (…중략…) 예를 들자면 얼마 전에 블라디보스토크의 경찰서장은 3만 명 이상인 지역의 모든 중국인들은 통행증에 경찰서장 자신의 소형 사진을 부착해야 한다는 명령을 발표했다. 이를 위반할 경우의

벌금은 1루블이었다." Gerrare, *Greater Russia*, 1904, p.214를 보라.

36 Treadgold, *The Great Siberian Migration*, 1957, p.70; Malozemoff, *Russian Far Eastern Policy : With a Special Emphasis on the Causes of the Russo-Japanese War*, p.9.

37 이 책에서 '황인 노동'은 극동에서 동아시아 혈통(중국, 일본, 조선)의 노동자와 노동의 의미로 사용될 것이다. '황인 노동'은 러시아의 용어이고 내가 만든 용어는 아니다. 따라서 이 말은 특별히 인용되지 않는다면 인용 표시 없이 사용될 것이다.

38 Unterberger, *Primoskaia oblast, 1856~1898 gg.*, p.115.

39 Ibid., p.120.

40 Slocum, "Who, and When, Were the Inorodtsy? The Evolution of the Category of 'Aliens' in Imperial Russia," *Russian Review 57*, no.2, pp.180~181.

41 Owen, *Capitalism and Politics in Russia : A Social History ofthe Moscow Merchants, 1855~1905*, London : Cambridge University Press, 1981, p.421, '포위' 단락을 보라.

42 니콜라이 2세에 대해서는 Duncan, *Russian Messianism : Third Rome, Revolution, Communism and After*, 2002, p.42를 보라. 검은 백인대는 1903년과 1905년, 여러 차례의 유대인 대학살에 관여했다. 세르게이 비테에 관해서는 Harcave, *Count Sergei Witte and the Twilight of Imperial Russia*, 2004, p.26을 보라. 비테의 핵심계획은 시베리아에 대한 러시아의 지배력 강화를 위한 시베리아 횡단철도였다.

43 Rieber, *Merchants and Entrepreneurs in Imperial Russia*, 1982, pp.61 · 112; Slocum, "Who, and When, Were the Inorodtsy? The Evolution of the Category of 'Aliens' in Imperial Russia," *Russian Review 57*, no.2, p.174.

44 1881년, 교육관련 17개 위원회 중 8개 위원회는 유대인들을 러시아 교육 (자원)의 약탈자로서 간주했기 때문에 명확하게 할당 인원을 규정했다. Nathans, *Beyond the Pale : The Jewish Encounter with Late Imperial Russia*, pp.261~262.

45 Ibid., p.353.

46 Grave V. V., *Kitaitsy, koreitsy i iapontsy v Priamure.*, pp.38~39.

47 P. F. 운테르베르게르는 아르세네프의 조언과 유사한 '확정된 결과'를 제시했다. "중국인에게 마지막 자리를 허용하라. 지역에 중국인을 받아들이되 그곳에 눌러앉게 하지는 마라(즉 일거리를 주지는 마라). 중국인들은 모든 형태의 상거래를 취급한다. 그들은 불법적 방법으로 들어왔다. 그들은 유럽의 영향력에 맞서 싸운다." Unterberger, *Primoskaia oblast, 1856~1898 gg.*, p.220을 보라.

48 Sviatoslav Kaspe, "Modernization in the Second Half of the Nineteenth Century", Jane Burbank · Mark VonHagen · Anatoli Remnev, *In Russian Empire : Space, People, Power, 1700~1930*, Bloomington : Indiana University Press, 2007, p.475.

49 Pesotskii, *Koreiskii vopros v Priamure*, p.97.

50 V. Vagin, "Koreitsy na Amure", *In Sbornik istoriko-statischeskikh svedenii o Sibrii isopredel'nykh ei stranakh*, p.25. 쿠로파트킨 장군은 중국인과 한인이 극동의 농업 수준을 진전시킬 것이지만 "동시에 러시아 민족을 위한 잉여토지가 비러시아 인종에게 넘어가게 될 것이라고 믿었다." Kuropatkin, *The Russian Army and the Japanese War* vol.1, 1910, p. 71.

51 니콜라이 2세의 경우 그와 가족들 모두는 거처에서 러시아어를 사용하지 않았다. 따라서 러시아 귀족증은 정교회와 러시아어에 반드시 의존하지 않았다. 귀족층에게 러시아다움은 세습 (인종)에 기반을 두고 있었다. Kappeler, *The Russian Empire : A Multiethnic History*, 2001, pp.158 · 170 을 보라.

52 Aihwa Ong, *Flexible Citizenship : The Cultural Logics of Transnationality*, Durham, NC : Duke

University Press, 1999; Pal Nyiri, *Chinese in Eastern Europe and Russia : A Middleman Minority in a Transnational Era*, New York : Routledge, 2007.

53　E. J. Harrison, *Peace or War East of Baikal?*, Yokohama : Kelly & Walsh, 1910, p.94. 이러한 가격은 극동 상업을 위한 보호 정책 때문이었다. 보드카의 가격은 다음과 같았다. 아무르지역의 중국 영토(1.50루블), 러시아 영토(12루블); 설탕 가격은 중국 영토에서 푸드당 5.4루블, 러시아 영토에서는 10루블.

54　Bronner, *A Rumor about the Jews*, 2000, pp.99~100.

55　'러시아인으로 인정'받을 수 없었던 상황은 한인과 그 외 '이방인'들이 소비에트 시기와 '소비에트의 신인간'이 되는 것을 훨씬 더 적극적으로 수용하게끔 했다.

56　Grave V. V., *Kitaitsy, koreitsy i iapontsy v Priamure.*, pp.38~39 · 125 · 144~147.

57　Lattimore, *Manchuria : Cradle of Conflict*, 1932, p.11; John J. Stephan, *The Russian Far East*, p.78. 르로이-뵈라유는 더 단호했다. 일본과 비교했을 때 중국은 '베이징의 환자'였다. "일본인 만이 이 목적 ["세계의 그 어떤 나라와도 동등하게] 대접받는 것]을 성취하는 데 필요한 조건을 알고 있는 아시아의 유일한 민족이다." Pierre Leroy-Beaulieu, *The Awakening of the East*, 1900, pp.167 · 174를 보라.

58　일본인의 전체 수는 극동에서 대략 5,000명으로 이들은 숙련 노동에 종사했고 자신들의 사업체 혹은 자신들의 공동체 안에서 주로 일했다. John J. Stephan, *The Russian Far East*, pp.76~77; L. G., "Zhyolty trud na Dalnem Vostoke po dannym 1914 goda", *In Voprosy kolonizatsii* no.19, edited by G. F. Chirkin · N. A. Gavrilov, St. Petersburg : Uchebnoe delo, 1916, pp.140~171; "Zhyolty trud na Dalnem Vostoke po dannym 1914 goda"의 저자는 'L.G.'만으로 표시되어 있다.

59　Alex Marshall, *The Russian General Staff and Asia, 1800~1917*, London : Routledge, 2006, p.87.

60　Ibid., pp.76~77. 다수의 평론가와 군사 전문가들은 현대화의 실패로 인해 중국이 그렇게 쉽게 패배했다고 생각했다. 예를 들자면 "동원된 중국군의 3/5만이 무기라 할 수 있는 것을 소유했고 다수는 단지 창과 칼만을 지니고 있었다". 이러한 사고에 따르면 이 문제는 쉽게 해결될 수 있었다. Ibid., p.77을 보라.

61　Gerrare, *Greater Russia*, p.192.

62　Wolff, *To the Harbin Station : The Liberal Alternative in Russian Manchuria, 1898~1914*, p.34.

63　Arsenev, *Kitaitsy v Ussuriiskom krae*, p.247.

64　David Schimmelpenninnck van der Oye, *Toward the Rising Sun : Russian Ideologies of Empire and the Path to War with Japan*, Dekalb : Northern Illinois University Press, 2001, p.52에 의하면 우흐톰스키는 1900년 무렵까지 니콜라이 2세와 가까운 고문이었다.

65　Ibid., pp.247~248.

66　Ukhtomskii, *K sobytiiam v Kitae*, 1900, pp.79~80.

67　Ibid..

68　'황인 유대인'으로 한인을 간주하는 것에 대해서는 Anosov, *Koreitsy v Ussuriiskom krae*, p.11; John J. Stephan, *The Russian Far East*, p.76을 보라. 중국인이 산헤드린에 의해 보내졌다는 시각에 대해서는 Forsyth, *A History of the Peoples of Siberia : Russia's North Asian Colony, 1581~1990*, Cambridge : Cambridge University Press, 1992, p.221을 보라.

69　Lewis H. Siegelbaum, "Another 'Yellow Peril' : Chinese Migrants in the Russian Far East and the Russian Reaction before 1917", *Modern Asian Studies* 12, no.2, 1978, pp.323 · 325; Frederic Coleman, *Japan Moves North : The Inside Story of the Struggle for Siberia*, 1918, pp.52~53.

70 Anosov, *Koreitsy v Ussuriiskom krae*, pp.10~12; John J. Stephan, *The Russian Far East*, pp.79~80.

71 Ibid, p.12.

72 인종, 종교, 신념, 육체적 특성, 출생지 그리고 언어와 같이 사회적, 문화적 혹은 생물학적으로 구성된 어떤 특징도 핵심을 드러내거나 구체화될 수 있다. 그리하여 그 특징은 '인종을 규정하는 등가물이 된다'. 특정 집단의 사람들에게 남과 다르거나 자연스럽게 귀속되는 인종에 대한 믿음을 '원초주의'라고 부른다. Frederickson, *Racism : A Short History*, Princeton, NJ : Princeton University Press, 2002, pp.141 · 153~154다. Malik, *The Meaning of Race : Race, History and Culture in Western Society*, New York : Palgrave, 1996, p.148을 보라.

73 Arsenev, *Kitaitsy v Ussuriiskom krae*, pp.242~243.

74 Grave V. V., *Kitaitsy, koreitsy i iapontsy v Priamure.*, Kitaitsy, p.423.

75 E. J. Harrison, *Peace or War East of Baikal?*, pp.424~425.

76 Hatada, *A History of Korea*, pp.109~113; Shin, Gi-Wook, *Ethnic Nationalism in Korea : Genealogy, Politics and Legacy*, Stanford, CA : Stanford University Press, 2006, pp.42~44.

77 정체성의 형성과 동화의 과정은(양방향의 도로와 유사) 상호적인 과정이다. 자신을 어떤 사람으로 생각하는가도 중요하지만 다른 사람들이 내가 어떤 사람인지, 혹은 어떤 사람이 될 수 있는가를 얘기하는 것도 중요하다. 사회는 개인에게 어떤 역할 / 정체성은 수용될 수 있고 어떤 것은 그렇지 않은지를 얘기하는 피드백 루프로서 대체로 기능한다. 소비에트 시기에 프리모례지역의 한인은 스스로에게 '러시아인'이라고 얘기할 수도 있었다. 그렇지만 러시아인으로 여러 차례 '인정'을 받지 못하게 되는 경우 그 정체성을 그는 소비에트의 시민으로 인정받은 다른 한인과 함께 있을 때만 활용하려고 마음먹을 수도 있다. 스탈린의 사례는 그의 위치와 권력 때문에 완전히 달랐다. 러시아어를 틀리게 말했을 때(아무도 그의 강한 조지아 식 발음을 감히 모방하려고 하지 않았지만) 그의 부하들은(정치국과 중앙위원회 구성원들) 자신들의 모국어가 러시아어임에도 불구하고 스탈린의 발음, 구문, 문법상의 실수를 재현하면서 대답하곤 했다. 스탈린과 그 외 소수의 비슬라브 '고참 볼셰비키'를 '러시아인'으로 수용하는 것은 평범한 시민이 소련에서 직면하였을 것 같은(민족성과 관련한) 대중의 태도와 편견을 전혀 반영하지 않았다.

78 Alex Marshall, *The Russian General Staff and Asia, 1800~1917*, p.93. 일본의 첩보망에 대한 더 상세한 설명은 Kuromiya · Mamoulia, "Anti-Russian and Anti-Soviet Subversion : The Caucasian-Japanese Nexus, 1904~1945", *Europe-Asia Studies* 61 no.8, 2009, pp.1415~1440을 보라.

79 Wolff, "Intelligence Intermediaries : The Competition for Chinese Spies" *In The Russo-Japanese War in Global Perspective : World War Zero*, 2005, p.309.

80 Pavlov, "Russia and Korea in 1904~1905 : 'Chamberlain' A. I. Pavlov and the 'Shanghai Service.'", *In Rethinking the Russo-Japanese War, 1904~05, Volume II : The Nichinan Papers*, 2007, pp.164~166.

81 Wolff, "Intelligence Intermediaries : The Competition for Chinese Spies" *In The Russo-Japanese War in Global Perspective : World War Zero*, pp.314 · 318~319.

82 Sergeev, *Russian Military Intelligence in the War with Japan, 1904~05 : Secret Operations on Land and at Sea, London : Routledge*, 2007, p.109. M. T. 김은 군에서 복무한 이가 한명세(처음

이름은 안드레이 아브라모비치 한)라고 확인했다. M. T. Kim, *Koreiskie internatsionalisty v borbe za vlast Sovietov na Dalnem Vostoke*, p.69를 보라. 한은 문헌에 따라 다르게 표기되었기 때문에 Khan 혹은 Han으로 표기될 것이다.

83 John J. Stephan, *The Russian Far East*, p.79; Paine, *The Sino-Japanese War of 1894~1895 : Perceptions, Power and Primacy*, Cambridge : Cambridge University Press, 2003, p.281.

84 A. N. Kuropatkin, *Zadachi Russkoi armii* vol.3, pp.125~126.

85 아르세네프의 일기는 1906년으로 연도를 표시하고 있지만 『적기Красная знамя』에 실린 그의 글이 나온 연도는 1927년이었다; 미주 86번을 보라.

86 S. Anosov, "Nado razreshit koreiskii vopros", *Krasnoe znamia*, 1927.2.13, no.36(1949).

87 Ossendowski, *Man and Mystery in Asia*, 1924, p.93.

88 Shirokogoroff, *Social Organization of the Northern Tungus*, Shanghai : Commercial Press, 1929, p.91.

89 Igor R. Saveliev · Yuri S. Pestushko, "Dangerous Rapprochement : Russia and Japan in the First World War, 1914~1916", *Acta Slava Iaponica* no.18, 2001, p. 25.

90 Kuropatkin, *Zadachi Russkoi armii* vol.3, p.253. 아르세네프는 1928~1934년 소비에트의 토착화 기간에 아시아에서 동일한 위험을 감지했다. 그에 의하면 "소비에트의 국경으로 전 세계 인구의 1/3에 달하는 총 6억의 황인종이 다가오고 있다". Arsenev, "Doklad B. K. Arseneva. Dal -nevostochnomu kraevomu komitetu Vsesouznoi Kommunisticheckoi Partii", ed. Boris Diachenko, *Zheltaiaopasnos*, p.101을 보라. 두 사람 모두 동아시아인들을 동일한 '황색인' 적으로 뭉뚱그려 그들의 정치적 충성의 차이를 무시했다. 또한 John J. Stephan, *The Russian Far East*, pp.79~80을 보라.

91 중국, 조선, 일본 간의 대의와 문화의 일치를 의미하는 범아시아주의의 '순치'는 '상상의 공동체'에 다름 아니었다. Benedict Anderson, *Imagined Communities*, London : Verso, 2003을 보라. '백화'의 생성에 대해서는 Frank Dikotter, *The Discourse of Race in Modern China*, London : Hurst & Co., 1992, pp.71~77 · 110~122를 보라.

92 Chung Gun An, "A Treatise on Peace in East Asia", trans. Dr. Henry Chang, National Japanese Diet (Library), http://www.ndl.go.jp/site_nippon/kensei/shiryou/limage/Gazou _40_3.html (검색일 : 2009.11.4).

93 Toropov, A. A., *Koreitsy na Rossiiskom Dalnem Vostoke, vt.pol.XIX~nach.XXVV.*, p.151. 토로포 프에 따르면 이들 한인들은 무비자 한인이었다.

94 Lohr, *Nationalizing the Russian Empire : The Campaign against Enemy Aliens during World War I*, Cambridge, MA : Harvard University Press, 2003, p.51.

95 틸만스의 재판은 그의 회사의 '독일적 특성'과 '범죄 행위'를 절대적으로 확신했지만 그 구체적 내용은 드러낼 수 없었다. 틸만스는 30년 이상 러시아의 신민이었고 그의 공장은 러일 전쟁기에 다방면으로 러시아에 기여했다. Fuller, *The Foe Within : Fantasies of Treason and the End of Imperial Russia*, Ithaca, NY : Cornell University Press, 2006, p.202를 보라. 제1차 세계대전기에 추방당한 독일계 러시아인들의 역경과 관련하여 또 다른 신랄한 예시는 Gatrell, *A Whole Empire Walking*, Bloomington : Indiana University Press, 1999, pp.16~18 · 21~25 그리고 Nolde, *Russia in the Economic War*, 1988, pp.82~91을 보라.

96 에릭 로의 말이다. "적으로 취급받는 이방인과 조국 없이 떠도는 유대인은 러시아인들보다 상업, 전문직 그리고 농업에서 일반적으로 두각을 나타내었다. (…중략…) 이런 이유로 전시의 캠페인에

대한 강력한 사회경제적 이유와 논리가 있었다. 그 캠페인은 제국의 경제와 사회에서 누구나 바라는 '주도적' 위치를 차지하고 있는 이방인 타자에 대항하여 '러시아인들'과 '러시아'를 굳건하게 위치시키고 그들을 지원하려는 정책에 확고히 기반하는 것이었다. Lohr, *Nationalizing the Russian Empire : The Campaign against Enemy Aliens during World War I*, p.164를 보라.

97   Lohr, "Population Policy and Emigration Policy in Imperial Russia", *In Migration, Homeland, and Belonging in Eurasia*, pp.178~179.

98   Fuller, *The Foe Within : Fantasies of Treason and the End of Imperial Russia*, p.259를 보라.

99   Hara, "The Korean Movement in the Russian Maritime Province, 1905~1922", *In Koreans in the Soviet Union*, p.6.

100   Ibid., p.7.

101   Ibid., p.8.

102   한인들은 제1차 세계대전 동안 일본과 (조선을 포함한) 일본제국의 연합국(영국, 프랑스, 러시아 등) 편에서 싸웠기 때문에 극동에서 추방되지 않았다.

103   Weeks, *Nation and State in Late Imperial Russia : Nationalism and Russification zzCon the Western Frontier, 1863~1914*, p.8.

104   Geraci, *Window on the East : National and Imperial Identities in Late Tsarist Russia*, pp.30 · 350.

105   신 인간이라는 용어는 남성과 여성 모두를 포함하는 러시아어를 그대로 번역한 것이다.

106   본서의 제목은 이 신화의 내용을 은유적으로 표현하는 것이다.

제3장 간섭, 1918~1922

1   Stalin, *Marxism and the National and Colonial Question*, p.210.

2   John J. Stephan, *The Russian Far East*, p.121. 볼셰비키는 전쟁포로들을 차후 모국으로 보내 세계 사회주의 혁명을 선도하기 위한 '국제주의자' 연대에 배치했기 때문에 레닌은 그들을 '볼셰비즘의 배양균'이라고 불렀다.

3   Werth, "The Red Terror" *In The Black Book of Communism : Crimes, Terror, Repression*, pp.62 · 79 · 53~80에서 초기 '적색 테러'와 '전시 공산주의' 전술과 관련한 상세한 설명을 볼 수 있다.

4   Stolberg, "Japanese Strategic and Political Involvement in the Russian Far East, 1917~1922", *In Imperial Japan and National Identities in Asia, 1895~1945*, p.51.

5   White, *The Siberian Intervention*, p.189.

6   Morley, *The Japanese Thrust into Siberia, 1918*, pp.329~345(부록 B-G); 기업의 이해와 관련해서는 Lincoln, *The Conquest of a Continent : Siberia and the Russians*, pp.305~306을 보라.

7   White, *The Siberian Intervention*, p.173. 만주와 한반도에서 일본의 영토 점유의 (팽창이 아닌) 구실로서 간섭을 일본 전쟁포로를 통해 설명하려는 시도에 대해서는 Morley, *The Japanese Thrust into Siberia, 1918*, pp.291~313을 보라.

8   John J. Stephan, *The Russian Far East*, p.132. 미국은 처음에 일본에게 약 9,000명 규모의 군대 파병을 요청했다. 일본은 73,000명을 파병했는데 이는 간섭의 의도를 명확하게 드러내는 신호였나.

9   이러한 생각은 시베리아 횡단철도의 중요성에 관한 세르게이 비테의 믿음과 일치한다. Steven G. Marks, *Road to Power : The Trans-Siberian Railroad and the Colonization of Asian Russia, 1850~1917*, London : I. B. Tauris, 1991 참조.

10 묵덴(Mukden)은 현재의 선양으로 하얼빈과 대련 사이의 남만주철도 중간지점이다. 일본은 1905년 포츠머스 조약 이후 남만주철도를 통제해 왔다.

11 Bisher, *White Terror : Cossack Warlords of the Trans-Siberian*, p.150.

12 철도협약에 대해서는 Far Eastern Republic, *Japanese Intervention in the Russian Far East*, p.115 를 보라. 이 책 전체에서 극동공화국은 FER로 표기했다.

13 Burds, "The Soviet War against 'Fifth Columnists' : The Case of Chechnya, 1942~4", *Journal of Contemporary History* 42 no.2, 2007, p.275.

14 John J. Stephan, *The Russian Far East*, p.78; Bisher, *White Terror : Cossack Warlords of the Trans-Siberian*, p.58.

15 Ibid., 만주의 러시아어 학교에 대해서는 White, *The Siberian Intervention*, p.157; Kotani, *Japanese Intelligence in World War II*, Oxford : Osprey, 2009, p.26을 보라.

16 Kotani, *Japanese Intelligence in World War II*, pp.26 · 36; the MacArthur Archives RG6, Box 99, Folder 1, 9., p.9의 기록은 다음과 같다. "게다가 그들[간첩]의 절대 다수가 비정상적으로 완벽한 정보를 수집했는데 이는 그들이 처음부터 소비에트의 간첩이거나 아니면 그들이 내무인민위원부에 의해 회유되었다는 확실한 표식이다."

17 5,000명이 적군과 연결된 적군 한인 유격대로 싸웠다. Syn Hva Kim, *Ocherki po istorii Sovetskikh Koreitsev.*, p.121을 보라. 48명의 한인 부대에 대해서는 John J. Stephan, "The Korean Minority in the Soviet Union", *Mizan* 13 no.3, 1971.12, p.140을 보라.

18 M. T. Kim, *Koreiskie internatsionalisty v borbe za vlast Sovietov na Dalnem Vostoke*, pp.20 · 77~79 · 108.

19 John J. Stephan, *The Russian Far East*, pp.139 · 142.

20 Ibid., pp.142 · 146~148.

21 Iakimov, *Dalnii Vostok : V ogne borby s interventami i belogvardeistami, 1920~1922*, p.12; John J. Stephan, *The Russian Far East*, p.144.

22 Smith, *Vladivostok under Red and White Rule*, p.41.

23 White, *The Siberian Intervention*, p.264.

24 Habecker, "Ruling the East : Russian Urban Administration and the Chinese, Koreans, and Japanese in Vladivostok, 1884~1922", PhD diss., University of Maryland, 2003, p.361.

25 Pierre Leroy-Beaulieu, *The Awakening of the East*, pp.167 · 174; Far Eastern Republic, *Japanese Intervention in the Russian Far East*, pp.20~21.

26 Hara, "The Korean Movement in the Russian Maritime Province, 1905~1922", *In Koreans in the Soviet Union*, p.4; Wolff, "Intelligence Intermediaries : The Competition for Chinese Spies" *In The Russo-Japanese War in Global Perspective : World War Zero*, p.309.

27 토지 소유권이 사라진 토지는 식민주의자, 토지 회사 그리고 일본인 회사에 거의 예외 없이 되팔렸다. 고위직의 조선인 엘리트들에게도 예외적으로 토지가 돌아갔다. Hatada, *A History of Korea*, pp.112~114.

28 Hara, "The Korean Movement in the Russian Maritime Province, 1905~1922", *In Koreans in the Soviet Union*, p.8.

29 Ibid., p.4. 바쉬키르인들에 대해서는 Pipes, *The Formation of the Soviet Union : Communism and Nationalism, 1917~1923*, pp.163~164를 보라.

30 Hara, "The Korean Movement in the Russian Maritime Province, 1905~1922" *In Koreans in the Soviet Union*, p.8.

31 Far Eastern Republic, *Japanese Intervention in the Russian Far East*, pp.18~19. 한인들이 일본의 '첩자'라는 소문이 퍼지기 시작한 것은 열강의 간섭이 종식된(1923년 말) 이후였다. 제4장에 기술되어 있는 상찬국(Chan Kuk San)의 재판을 보라. 그렇지만 1927년에 가서도 아노소프는 이 소문을 전제정의 토지 정책으로 인한 한인 농부와 러시아 농부 사이의 적대감에 불과하다고 평가절하하면서 믿지 않았다. S. Anosov, "Nado razreshit koreiskii vopros", *Krasnoe znamia*, 1927.2.13, no.36(1949).

32 1920년에 10만 명 이상의 한인이 극동에, 459,427명의 한인이 만주에 있었다. 만주 한인에 대해서는 Chae-Jin Lee, *China's Korean Minority*, p.20을 보라.

33 Far Eastern Republic, *Japanese Intervention in the Russian Far East*, p.55.

34 "반면에 러시아의 대상인들이 어업의 독점적 거래를 통해 일본에 긴밀히 협력하고 있다고 대다수의 도시 주민들은 생각하였다." White, *The Siberian Intervention*, p.287에서는 1920년까지 백군에 대한 보호를 통해 이러한 협력이 어떻게 유지되었는가를 상세하게 설명한다. 니콜라예프스크 포위 역사 전반에 대해서는 White, *The Siberian Intervention*, pp.284~290을 보라.

35 Ibid., p.284.

36 Varneck · Fisher, *The Testimony of Kolchak and Other Siberian Materials*, ;pp.360 · 364.

37 Bisher, *White Terror : Cossack Warlords of the Trans-Siberian*, p.78.

38 Chong-Sik Lee, *The Politics of Korean Nationalism*, Berkeley : University of California Press, 1963, p.310 72번 각주에서는 이 선언의 날짜를 1920년 3월로 제시한다.

39 Hara, "The Korean Movement in the Russian Maritime Province, 1905~1922" *In Koreans in the Soviet Union*, pp.11~12.

40 극동 거주 한인들에 대한 보편적 시민권을 요구한 1910년 한인들의 청원은 지역의 이러한 거점도시들 다수의 이름을 지적하고 있다.

41 John J. Stephan, *The Russian Far East*, pp.74~75. 대담자 중 극소수의 몇몇은 가족의 최우선 사항이 자신들 아들의 교육이었다고 말했다. 교육은 딸들에게 덜 중요한 것으로 여겨졌다. 저자가 키르기스스탄 비쉬켁에서 진행한 리순옥과의 대담(2008.5.24).

42 M. T. Kim, *Koreiskie internatsionalisty v borbe za vlast Sovietov na Dalnem Vostoke*, p.63. 이 책에 등장하는 SCCI(Second Congress of the Communist International)는 코민테른 2차대회를 의미한다.

43 두 놀이 모두 야구와 유사한 경기를 변형한 것이다. 저자가 키르기스스탄 비쉬켁에서 진행한 타탸너 니콜라예브나 킴과의 대담(2009.7.28); 저자가 키르기스스탄 비쉬켁에서 진행한 엘리자베타 안토노브나 리와의 대담(2009.7.31). 김 여사와 리 여사 모두 추방 이전까지 블라디보스토크에서 성장했다.

44 저자가 우즈베키스탄 타슈켄트 이크 오타 콜호즈에서 블라디미르 최와 진행한 대담(2009.9.14).

45 저자가 우즈베키스탄 타슈켄트에서 김찬민과 진행한 대담(2009.5.23). 김찬민은 러시아 올긴스키 읍(한국어 : 오폰님)이라는 마을에서 1929년 출생했다.

46 B. L. Putnam Weale, *The Coming Struggle in Eastern Asia*, 1908, p.56. 소수 민족에 대한 소비에트의 오리엔탈리즘적 견해에 대해서는 Martin · Terry, *The Affirmative Action Empire : Nations and Nationalism in the Soviet Union, 1923~39*, pp.125 · 436을 보라.

47 블라디보스토크에서 중국인, 한인, 일본인들의 직업 목록에 대해서는 Habecker, "Ruling the East : Russian Urban Administration and the Chinese, Koreans, and Japanese in Vladivostok, 1884~1922", pp.274~275를 보라. 아편 소굴에 관해서는 A. N. Demyanenko · I. V. Frolov,

"The Experience of Korean Colonization in the Present Jewish Autonomous Oblast", *Post-Soviet Geography* 33 no.3, 1992.3, p.181.

48 러시아 극동에 관한 문헌 대부분은 이러한 장소들이 중국인들의 소유였고 그들이 운영 주체였다고 계속해서 지적한다. 『적기』는 아편과 모르핀의 소굴을 한인들이 소유하였을 당시 소비에트 초기에 일어났던 여러 사건들을 게재했다. 그 예로서 "Koe-chto o kitaiskom bazare", *Krasnoe znamia*, 1992.12.12, no.292(1010), 2를 보라. 기사는 중국과 한인 양측이 운영하는 아편과 모르핀 소굴이 있다고 지적한다.

49 1930년대 밀라온카 (블라디보스토크의 차이나타운)에서 찍은 다양한 사진들은 건물 내부와 거리의 모습, 거주지역, 카페, 아편 소굴을 보여준다. Chernolutskaia, *Prinuditelnye migratsii na Sovetskom Dalnem Vostoke v 1920~1950egg*, Vladivostok : Dalnauka, 2011, pp.243~246을 보라.

50 Grave V. V., *Kitaitsy, koreitsy i iapontsy v Priamure.*, pp.125~126.

51 엘리자베타 리는 러시아의 마피아가 중국 마적보다 폭력적이라고 말했다. "러시아 마피아는 [아편]을 이유로 살해를 주저하지 않을 것이지만 중국의 마적은 단지 때리고 말 것이다." 리는 어린 아이였을 때 블라디보스토크로 이주하여 1937년까지 그곳에서 살았다. 그녀는 아편을 재배하였다는 이유로 러시아 갱단에 거의 죽을 정도로 두들겨 맞았던 언니의 남편에 대해 얘기했다. 저자가 키르기스스탄 비쉬켁에서 진행한 엘리자베타 리와의 대담(2009.7.5).

52 소주와 막걸리는 한국의 전통 알콜 음료이다.

53 레프 추가이가 부른 모든 노래의 한국어 가사 번역은 심태선(형진)이 했다. 저자가 키르기스스탄 비쉬켁에서 진행한 엘리자베타 리와의 대담(2009.5.26). '사랑노래 모음집'은 추가, 이씨에 따르면 1920년대 초 무렵에 등장했다. 권주가 등장 날짜는 알려져 있지 않다.

54 상하이-치타 그룹은 반일본 파르티잔으로 구성되었다. 이르쿠츠크 그룹은 1921년 봄 무렵의 시기까지 군사 무기를 가지고 있지 않았다. 이러한 대립은 러시아화된 한국인 그룹에게 소비에트 정부가 지지를 옮겨가고 있음을 드러냈다. Suh, *The Korean Communist Movement 1918~1948*, pp.49~50을 보라. 파르티잔에 대한 이러한 경시는 일본과의 긴장을 완화시켰다. Suh, *The Korean Communist Movement 1918~1948*, p.31 12번 각주를 또한 참조.

55 상하이-치타 그룹으로 불렸긴 하지만 집단 구성원 모두는 당시 소련에 살고 있었고 그 싸움은 전적으로 소비에트의 영토에서 일어났다. 그 이후 수감자 중의 일부는 즉각 처형되었고 일부는 다시 수감되었으며 나머지는 후에 한국으로 추방되었다. Ibid., pp.28~35; Chong-Sik Lee, *The Politics of Korean Nationalism*, pp.160~161; Kho, *Koreans in Soviet Central Asia*, p.39 51번 각주를 보라.

56 Maria Fuchs, "The Soviet Far East as a Strategic Outpost and the Regional Authorities' Nationality Policy : The Korean Question, 1920~1929", *Sibirica : Journal of Siberian Studies* 4 no.2, 2004.10, pp.204~205.

57 한인들의 대략 40% 혹은 그 이하가 소비에트 시민이었다. Wada, "Koreans in the Soviet Far East, 1917~1937", pp.30・34를 보라.

58 M. T. Kim은 열강의 간섭 기간에 한인 공동체의 볼셰비키 지도자로 부상한 72명의 한인들을 명시하고 있다. M. T. Kim, *Koreiskie internatsionalisty v borbe za vlast Sovietov na Dalnem Vostoke*, pp.143~144를 보라.

59 Chong-Sik Lee, *The Politics of Korean Nationalism*, pp.161~162.

60 John J. Stephan, *The Russian Far East*, xxii.

61 Lincoln, *The Conquest of a Continent : Siberia and the Russians*, p.291은 러시아 전쟁포로 수용소

의 끔찍한 상황을 상세히 묘사한다. White, *The Siberian Intervention*, p.284는 볼셰비키 / 사회주의자로 전향하여 미카사 전함과의 해전에 투입되어 전사한 일본인 부대에 관해 서술한다.

62 M. T. Kim, *Koreiskie internatsionality v borbe za vlast Sovietov na Dalnem Vostoke*, p.55.

63 출생 시 이름은 그리고리 엘리세예비치 한. 그리고리 한 혹은 한창걸은 두 명의 다른 한인 내무인민위원부 간부들과 더불어 이 책의 표지 맨 오른쪽에 위치하고 있다. 내무 인민위원부의 간부들만 군대 혹은 경찰 간부들과 달리 (옷깃에) 붉은 기장의 띠를 차고 있다는 것을 주목하라. 한은 내무인민위원부의 최고위 한인 간부였고 유대인 자치지역 비로비드잔의 3사단을 이끌었다. Svetlana Ku-Degai, *Koreitsy zhertvy politicheskikh repressii v SSSR, 1934~1938gg* kniga 4, Moscow : Vozvrashchenie, 2004, p.69를 보라. 쿠-데가이는 한창걸의 철자를 Kan Chan Ger로 적었다. Gol 혹은 Ger는 한국어의 같은 이름의 철자 표시이다(l과 r은 교체할 수 있다).

64 올긴스크의 결정에 관해서는 Pak, *Koreitsy v Sovetskoi Rossii : 1917-konets 30-kh godov*, Irkutsk : IGPI, 1995, p.46을 보라.

65 저자에게 보낸 제미 비셔의 전자우편(2011.4.27). 비셔는 *White Terror : Cossack Warlords of the Trans-Siberian*의 저자이다.

66 한창걸과 그의 동생 한상걸은 이전에는 러시아, 당시에는 소비에트의 시민이었지만 한국독립을 위한 애국자로 유명했다. 한렘(Khan Rem, 한성걸의 아들)은 저자에게 한국정부가 한창걸과 한상걸에게 사후 수여한 명판과 메달을 보여주었다. 저자가 우즈베키스탄 타슈켄트 집단농장 프라브다에서 한렘과 진행한 대담(2009.6.9).

67 한창걸에 관한 다양한 상이한 사실들은 Hara, "The Korean Movement in the Russian Maritime Province, 1905~1922" *In Koreans in the Soviet Union*, pp.8·14; M. T. Kim, *Koreiskie internatsionalisty v borbe za vlast Sovietov na Dalnem Vostoke*, pp.77~80; Pak, *Koreitsy v Sovetskoi Rossii : 1917-konets 30-kh godov*, pp.44~46을 참조했다. 가이다 반란에 대해서는 위에서 언급한 자료와 더불어 Bisher, *White Terror : Cossack Warlords of the Trans-Siberian*, pp.203~205를 보라. 소비에트의 자료 어느 곳에서도 한창걸의 1937~1938의 탄압과 처형을 찾을 수 없었다.

68 아파나시의 아버지가 블라디미르 K. 아르세네프를 따라 아르세네프라는 이름을 가진 것은 역설적이다. 아르세네프는 소련의 가장 중요한 민족지학자 중의 하나였고 그의 보고서는 한민족의 정치적 활동과 이후의 추방에 큰 영향을 미쳤다.

69 Vladimir·Kim·Elvira Kim, *Eshelon 58 : ushol na vsegda*, pp.14~15. 김 아파나시에 관한 자료 많은 부분이 그의 아들 A. A. 김 그리고 생질 A. D. 강이 보관하다가 1989년 블라디미르 김에게 넘겨진 회고록에서 나왔다.

70 Habecker, "Ruling the East : Russian Urban Administration and the Chinese, Koreans, and Japanese in Vladivostok, 1884~1922", pp.376~377.

71 폰 운게른-스테른베르그를 일본이 지지했는지의 여부는 불확실한 것 같다. 비셔는 지지했다고 말한다. Bisher, *White Terror : Cossack Warlords of the Trans-Siberian*, p.279를 보라.

72 Hara, "The Korean Movement in the Russian Maritime Province, 1905~1922" *In Koreans in the Soviet Union*, pp.18~19. NRA는 (극동의) 러시아 혁명군의 약어이다. 당시의 사건들에 대해서는 John J. Stephan, *The Russian Far East*, pp.152~155를 보라.

73 Far Eastern Republic, *Japanese Intervention in the Russian Far East*, p.19.

74 1914년에 있었던 다음의 사건도 이와 유사한 예이다. "세묘노프는 세 명의 부랴트 병사들과 크레믈린으로 걸어가고 있었다. 도중에 그들은 이들 세 사람이 틀림없이 일본인이라고 생각하는 유럽지역 출신의 러시아인 세 사람을 만났다. 모스크바의 그들 동료 시민들 또한 부랴트에 대해

들어본 적이 없었고 그곳이 차르 통치지역의 일부라는 것을 알지 못했다." Bisher, *White Terror : Cossack Warlords of the Trans-Siberian*, pp.26 · 110을 보라.

75 히르쉬는 "[소비에트식] 민족정체성이 생물학적 혹은 인종적인 것이 아니다"라고 주장했다. Francine Hirsch, "Race without the Practice of Racial Politics", *Slavic Review* 61 no.1, 2002, p.39를 보라.

76 Agnew · McDermott, *The Comintern : A History of International Communism from Lenin to Stalin*, Basingstoke : MacMillan Press, 1996, xix.

77 Gellately, *Lenin, Stalin and Hitler : The Age of Social Catastrophe*, London : Vintage, 2008, pp.88~90; Agnew · McDermott, *The Comintern : A History of International Communism from Lenin to Stalin*, p.143.

78 Eudin · North, *Soviet Russia and the East, 1920~1927 : A Documentary Study*, Stanford, CA : Stanford University Press, 1957, p.39.

79 Elleman, *Diplomacy and Deception : The Secret History of Sino-Soviet Relations, 1917~1927*, Armonk, NY : M. E. Sharpe, 1997, pp.195 · 198~200.

80 박진선은 Park Chin Sun 혹은 Park Din Sun으로 표기되었다. M. N. 로이와 레닌 간의 식민주의와 민족문제에 관한 논쟁에서 박진선은 마링이 천명했던 바와 같이 두 문제의 "차이는 없다"라는 중립적 입장을 취했다. Eudin · North, *Soviet Russia and the East, 1920~1927 : A Documentary Study*, pp.40~42.

81 Ibid., pp.43~44.

82 Bennigsen · Lemercier-Quelquejay, *Islam in the Soviet Union*, London : Pall Mall Press, 1967, pp.155~161.

83 한 예로서 술탄 갈리예프(Galiev)와 그의 이념 추종자들, 그 밖의 타타르 지식인과 핵심 인사들에 대한 탄압이 1923년 5월 갈리예프의 체포이후 시작되었다. 1920년, 바쉬키르 혁명위원회의 지도자 아흐메드 제키 발리도프(Ahmed Zeki Validov)는 볼셰비키의 '자치'는 바쉬키르 공산당이 주도하는 진정한 자치를 제공하지 않는다고 결정했다. 그는 1920년 6월에 (중앙아시아의)투르케스탄으로 날아가서 바스마치운동에(중앙아시아의 투르크족이 러시아제국과 소련에 대해서 반기를 든 운동. 1916년 제1차 세계대전 도중 러시아제국의 무슬림 징병으로 인해 폭발한 반러시아 감정이 운동의 근원이었다 - 역주) 합류했다. 갈리예프와 발리도프 모두 범투르크 연방과 국민국가의 창설을 꿈꿨다. Bennigsen · Lemercier-Quelquejay, *Islam in the Soviet Union*, pp.106 · 157~161; Zenkovsky, *Pan-Turkism and Islam in Russia,* Cambridge, MA : Harvard University Press, 1960, pp.204~207을 보라.

제4장 한인들의 토착화와 그를 통한 사회주의 건설 ──────────

1 공식적으로 이 정책 노선은 대러시아 인종주의를 근절하려는 것이었다. 그렇지만 실제로 그러한 대러시아주의는 여전히 융성했다. "Vytravim gnezdo shovonizma", *Krasnoe znamia*, 1930.4.2, no.752899 : 3에 따르면 인종차별주의적 행동(인종주의 포함)으로 소련에서 1930년에 이르기까지 법적으로 처벌받은 전례가 거의 없었다.

2 '소비에트의 모더니스트'라는 용어를 나는 국가 정책의 일부로서 민족 엘리트들을 형성하고 교육하는 국가의 목적이라는 의미로 사용했다. 한인 대표자 기구(INKORPORE)와 같은 소비에트의 기구와 소비에트의 한인 간부들은 '민족' 대중과 모스크바 사이의 다양한 메시지와 담론을 중재하고 해석하며 유포하는 역할을 또한 했다. 이러한 민족 엘리트들은 그에 상응하는 국가구조와 계층을 형성했다.

3 (블라트blat라고 불린) 공급망에 대한 접근은 소비에트 경제에서 하나의 권력이었다. Ledeneva,

Russia's Economy of Favours : Bl at, Networking and Informal Exchange, Cambridge : Cambridge University Press, 1998, pp.4·28·34·35를 보라. 토착화에서 매체, 예술, 기구, 관료들에 대한 대표로서의 접근은 '이상적인 꿈'이었다.

4   아시아인들이 서양의 시각에 의해 정의되고 축소되며 틀에 맞춰진다는 사이드의 『오리엔탈리즘』에서 '오리엔탈주의자'라는 용어도 등장한다. Edward W. Said, *Orientalism*, New York : Vintage Books, 1979를 보라.

5   OKDVA는 극동 특별적기군(Special Red Banner Far-Eastern Army)의 약자이다. OKDVA 집단농장은 동원 해제된 적군 병사를 모집했지만 적군 복무 경험이 있더라도 한인 혹은 중국인들은 충원하지 않았다.

6   "Partiinaia zhizn : chistka partii", *Krasnoe znamia*, 1923.4.21, no.89(807).

7   "Gubsoveshanie koreiskikh unikh pionerov", *Krasnoe znamia*, 1924.9.13, no.209(1225) : 2.

8   "Koreiskii vopros", *Krasnoe znamia*, 1924.9.27, no.221(1237).

9   "Pervoe zasedanie GorSovet", *Krasnoe znamia*, 1925.12.18, no.289(1604).

10   "Rabota koreiskoi organizatsii", *Krasnoe znamia*, 1925.3.15, no.61(1376).

11   Grave V. V., *Kitaitsy, koreitsy i iapontsy v Priamure.*, p.175.

12   적군에서 동원 해제되어 극동으로 돌아온 정착자들과 새로 유입된 정착자들은 서부와 중앙 러시아 출신의 다른 이주자들보다 더 많은 혜택을 받았다. 두 집단 모두 이주 지원금, 정착 자금, 토지 지원금 및 개발 지원금, 농기계와 설비 지원금을 받았다. 적군 정착자들은 개별 농업세에 대한 10년 면제와 토지개발을 위한 500루블의 지원금을 받았다. 이러한 혜택을 거의 받지 못한 극동의 중국 농민과 한인 농민들이 이에 필요한 돈을 부분적으로 지불했다. Jonathan A. Bone, "Socialism in a Far Country : Stalinist Population Politics and the Making of the Soviet Far East, 1929~1939", PhD diss., University of Chicago, 2003, pp.37·45·48·50·87.

13   한인들의 실제 수의 누락은 1932년까지 지속되었다. 전제정 기간에 누락 비율은 대략 30%였다.

14   이 3년 동안(1926년 1월까지) 한인의 수는 106,000명에서 168,009명으로 늘어났다. Bugai·Pak, *140 let v Rossii*, pp.206~207을 보라.

15   Wada, "Koreans in the Soviet Far East, 1917~1937", p.34.

16   Freeze, *Russia : A History* 2nd ed, Oxford : Oxford University Press, 2002, pp.364~376.

17   1 desiatinas = 2.7에이커 = 1.0925헥타르.

18   Bugai·Pak, *140 let v Rossii*, p.226. 일본이 간섭기에 러시아 극동에서 쌀 생산을 위한 기반을 제공했다. Kho, *Koreans in Soviet Central Asia*, p.20을 보라. 1922년 이후 러시아 극동지역에서 대부분의 경우 면적을 표시할 때 제샤티나 대신에 헥타르가 사용되었다.

19   Syn Hva Kim, *Ocherkipo istorii Sovetskikh Koreitsev.*, pp.182~183.

20   Michael Gelb, "An Early Soviet Ethnic Deportation : The Far-Eastern Koreans", *Russian Review* 54 no.3, 1995.7, p.392.

21   Anosov, *Koreitsy v Ussuriiskom krae*, p.8.

22   Bugai·Pak, *140 let v Rossii*, p.211.

23   1926년의 122개 마을 소비에트에 대해서는 Anosov, *Koreitsy v Ussuriiskom krae*, p.30을 보라. 나머지 사항에 대해서는 Michael Gelb, "An Early Soviet Ethnic Deportation : The Far-Eastern Koreans", *Russian Review* 54 no.3, p.395를 보라.

24   Bugai·Pak, *140 let v Rossii*, p.224.

25   『적기』는 한인 청년들에게 정치와 러시아어를 가르치는 5개의 한인 청년 세포조직들을 지원하기 위해 한인들의 협동조합, 코뮨, 마을에서 전개된 농업세 납부운동의 예를 제시했다. 한인 농부들이

1924년 1월 1일까지 세금의 90%를 부담했다. "Partzhizn v Nikolske v Korsektsii", *Krasnoe znamia*, 1924.1.29, no.23(1039) : 2.

26 Bugai · Pak, *140 let v Rossii*, p.217.

27 Syn Hva Kim, *Ocherkipo istorii Sovetskikh Koreitsev.*, p.187; Bugai · Pak, *140 let v Rossii*, pp.227~228.

28 Bugai · Pak, *140 let v Rossii*, pp.211 · 214.

29 Syn Hva Kim, *Ocherkipo istorii Sovetskikh Koreitsev.*, p.189.

30 Ibid., pp.189~190; Bugai · Pak, *140 let v Rossii*, p.229.

31 소수 민족의 중개인들은 외국인으로 간주되었지만 그들은 종종 국가통제를 벗어나 일했고 적지 않은 돈을 벌었다. 이러한 이유로 그들은 자주 증오의 대상이거나 기생충으로 여겨졌다.

32 한인들이 소규모 콜호즈, 코뮨 그리고 협동조합으로 편입되기 시작한 것은 1926년 무렵이었다. 간소화된 소비에트 시민권이 또한 1926년 무렵에 허용되었고 이러한 정책은 2년 후인 1928년에 효력을 발휘하기 시작했다.

33 1937~1938년 추방에서 살아남은 한인들과 중앙아시아에서 대담을 수행했다.

34 박(마리아)와의 대담에 의하면 소비에트 당국은 1927년 무렵 아편을 금지했다. 또한 A. N. Demyanenko · I. V. Frolov, "The Experience of Korean Colonization in the Present Jewish Autonomous Oblast", *Post-Soviet Geography* 33 no.3, p.181을 보라.

35 저자가 우즈베키스탄 타슈켄트 '스베르들로프' 집단농장에서 알렉산드라 김과 진행한 대담(2009.6.5).

36 김은녹(저자가 우즈베키스탄 타슈켄트 '프라브다' 집단농장에서 2009년 6월 5일에 대담을 진행)에 따르면 "그의 마을의 거의 모든 사람이 주된 작물로 아편을 재배했다". 김과 그 외 다른 사람들도 다음과 같이 말했다. "러시아인들은 한인들에게 수확의 70%를 토지의 지대로 부과했다. 한인들에게는 먹고 사는 문제도 중요했지만 의복, 신발을 구입할 정도의 돈과 가끔 고기를 먹기 위한 돈도 필요했다." 지대는 수확 곡물의 가격에 따라 합의된 것 같았다. 이런 상황에서 아편은 재배되어 통상 그 외의 필요에 대한 충분한 돈이 생겼다. 한인 농부는 중국인 혹은 러시아인 산적들에게 강탈당하는 '지출 비용'도 또한 고려해야만 했다.

37 저자가 우즈베키스탄 타슈켄트에서 게오르기 태와 진행한 대담(2009.6.4).

38 김은녹과의 대담.

39 "Sud : neulovimyi Lan Tszii Nian", *Krasnoe znamia*, 1928.8.9, no.183(2395)

40 저자가 우즈베키스탄 타슈켄트에서 '스베르들로프' 집단농장에서 마리아 박과 2009년 5월 31일과 2009년 6월 3일에 진행한 대담. 집단농장으로 추방된 한인들 대담의 좋은 점 하나는 도시의 한인들보다 그들이 종종 훨씬 더 상세하며 솔직하게 대담을 진행한다는 점이었다.

41 저자가 우즈베키스탄 타슈켄트 주 아방가르드(도시)에서 김검서와 진행한 대담(2009.6.7).

42 Bonnell, *Iconography of Power : Soviet Political Posters under Lenin and Stalin*, Berkeley : University of California Press, 1997, p.201.

43 "궁극적 충성의 대상이라는 중요문제에 대해 러시아 민족 중심의 민족주의는 소비에트의 공식 민족주의에 의해 장려된 소비에트 민족이라는 시민 이데올로기의 개념을 거부하였다. 소비에트의 공식 민족주의는 모든 인종집단에게 소비에트 민족 구성원의 자격을 부여했다." Brudny, *Reinventing Russia : Russian Nationalism and the Soviet State : 1953~1991*, Cambridge, MA : Harvard University Press, 1998, p.7을 보라.

44 "Na granitse c Kitaem", *Krasnoe znamia*, 1926.1.13, no.9(1622) : 4. 투기꾼들은 물건을 사서 이익을 얻고자 그것들을 되파는 사람들이다. 이러한 행위는 소련에서 범죄행위였지만 NEP기

(1921~1929)에 허용되었다. 이러한 상인들과 중개인들은 경멸조로 네프맨으로 불렀다. Koenker, "Class and Consciousness in a Socialist Society : Workers in the Printing Trades during NEP", *In Russia in the Age of NEP : Explorations in Soviet Society and Culture*, p.41을 보라.

45 "Proishestviia : ckopishche morfinistov", *Krasnoe znamia*, 1928.9.13, 213(2425) : 4.

46 "Von shovinizm iz sovetskogo apparata", *Krasnoe znamia*, 1930.4.27, no.96(2920) : 3.

47 저자가 키르기스스탄 비쉬켁에서 루드밀라 반 (반시벤의 딸)과 2008년 8월 24일에 진행한 대담.

48 개별 시민, 기구들 그리고 매체가 자신들의 합법적 권리를 또한 주장하기 시작했는데 이는 소비에트 권위에 대한 있을 수도 있는 문제제기의 수준을 더 높게 만들었다.

49 "Vytravim gnezdo shovinizma," *Krasnoe znamia*, 1930.4.2, 75(2899) : 3.

50 '계획'은 소비에트의 중앙정부의 경제 계획과 사회 계획을 의미한다.

51 Pak, *Koreitsy v Sovetskoi Rossii : 1917-konets 30-kh godov,* p.115.

52 Kuzin, *Dalnevostochnye Koreitsy : Zhizn i tragediia sudby,* 1993, p.34.

53 Wada, "Koreans in the Soviet Far East, 1917~1937", p.34.

54 Ibid.; Fuchs, "The Soviet Far East as a Strategic Outpost and the Regional Authorities' Nationality Policy : The Korean Question, 1920~1929", pp.215~216.

55 Jonathan A. Bone, "Socialism in a Far Country : Stalinist Population Politics and the Making of the Soviet Far East, 1929~1939", p.256.

56 Kuzin, *Dalnevostochnye Koreitsy : Zhizn i tragediia sudby,* p.34.

57 스테판의 견해에 의하면 "그러나 일반적으로 중앙으로부터의 통제는 대체로 중앙 도시로부터의 거리, 특히 모스크바로부터의 거리에 따라 감소하였다". John J. Stephan, *The Russian Far East*, p.173을 보라.

58 BBugai · Pak, *140 let v Rossii*, pp.206~207.

59 Wada, "Koreans in the Soviet Far East, 1917~1937", p.34; Michael Gelb, "An Early Soviet Ethnic Deportation : The Far-Eastern Koreans", *Russian Review* 54 no.3, p.392.

60 프르제발스키는 칼미크 스텝지역의 '올바른 식민화'와 관련하여 이 용어를 1860년대의 유럽 식민주의자들과 결부시켜 사용했다. Sunderland, *the Wild Field : Colonization and Empire on the Russian Steppe*, Ithaca : Cornell University Press, 2004, p.156을 보라.

61 "Raselenie koreitsev", *Krasnoe znamia*, 1925.11.1, no.250(1565). 이 조항은 1925년의 토지 분배와 식민화에 관련하여 러시아인을 '우선 고려대상자'로 지정했다. 이 기간에 중앙아시아에서 소비에트 자원과 관련한 불평등한 분배가 또한 발생했다. Lynn-Edgar, *Tribal Nation : The Making of Soviet Turkmenistan*, p.82를 보라.

62 1914년, 전제정의 통상적 토지 분배에 의하면 키르기즈 농민은 1에이커의 토지를 받았다면 유럽의 식민주의자들은 3에이커를 받았다. Brower, *Turkestan and the Fate of the Russian Empire*, London : RoutledgeCurzon, 2003, p.149를 보라.

63 이것은 적어도 토지와 자원의 분배에 있어서 동등하지만 우선 고려대상자로서 러시아인의 지위는 1930년대 중반보다 훨씬 더 일찍 나타났음을 보여주는 좋은 예시이다.

64 Bugai · Pak, *140 let v Rossii*, p.209.

65 Bennigsen · Lemercier-Quelquejay, *Islam in the Soviet Union*, pp.154~155.

66 Lynn-Edgar, *Tribal Nation : The Making of Soviet Turkmenistan,* pp.92~98.

67 Fuchs, "The Soviet Far East as a Strategic Outpost and the Regional Authorities' Nationality Policy : The Korean Question, 1920~1929", p.213.

68 Ibid., p.212.

69 일본의 팽창에 한인들의 이러한 연결은 또한 '황화론'에 대한 소비에트식 재현의 초기 형태로 간주될 수 있다.

70 인종에 대한 대중의 고정관념에 부응하는 듯 보이는 이 장의 그림과 캐리커처는『적기(*Krasnoe znamia*)』에 실린 것들이다.

71 S. Anosov, "Nado razreshit koreiskii vopros", *Krasnoe znamia*, 1927.2.13, no.36(1949). 아노소프는 1923년 이후 어느 시점부터 극동국립대학 동양학과의 교수였다. 그의 교수직 취임 일자는 알려져 있지 않다. Khisamutdinov, *Tri stoletiia izucheniia Dalnego Vostoka*, p.50을 보라.

72 기록에 의하면 카자흐스탄에 1,700명의 한인을 보낸다는 계획은 완수되지 못했다. 그 대신 다른 기록에 따르면 단지 220명의 한인들만이 1929년 말까지 카자흐스탄으로 보내졌다. G. N. Kim, Ross King eds., "Koryo Saram : Koreans in the Former USSR", *Korean and Korean-American Studies Bulletin* 12 no.2, 2001, p.12 · 27을 보라.

73 Polian, *Against Their Will : The History and Geography of Forced Migrations in the USSR,* p.62.

74 "47,000 Koreitsev pereselautsia v Khabarovskii okrug : 1000 chelovek budit pereseleny v etom godu", *Krasnoe znamia,* 1928.7.28, no.173(2386) : 3.

75 Peter Holquist, "Conduct Merciless Mass Terror : Decossackization of the Don, 1919", *Cahiers du Monde russe* 38, pp.131 · 138. 131쪽에는 다음과 같은 문장이 있다. "인종적 혹은 계급 범주에 귀속된 정치적 정체성을 되돌릴 수 없다는 가정은 전체 인구 중 유기적으로 독특한 집단성을 묘사하기 위한 '부류element'라는 용어 사용이 늘어났다는 사실에 반영되어 있다."

76 Abramsky, "The Birobidzhan Project, 1927~1959", *In The Jews in Soviet Russia since 1917*, p.67.

77 예브게니아 츠하이와의 두 번째 대담.

78 빅토르 리와의 두 번째 대담.

79 Grossman, *Forever Flowing*, pp.141 · 143.

80 10개의 '적군 특별 단체'가 1929년에 설립되었다. 대다수는 극동에서 참전했던 적군 제대군인이었으며 농사를 지을 마음이 있었다. Jonathan A. Bone, "Socialism in a Far Country : Stalinist Population Politics and the Making of the Soviet Far East, 1929~1939", p.46을 보라.

81 Ibid., pp.61 · 63 · 72~73.

82 토지와 관련하여 1926년 2월의 토지 분배 관련 소비에트 보고서는 특정 토지구역이 1,300 러시아 가구 혹은 3,050명의 한인들에게 분배될 수 있다고 지적했다. Bugai · Pak, *140 let v Rossii*, p.209를 보라. 세금면제와 그 밖의 혜택과 관련하여 동원 해제된 전 적군 러시아와 우크라이나'(서쪽 국경에서 극동으로의) 이주자들'은 재정착 비용, 농업 착수 자금, 도시 프롤레타리아트와 동등한 빵 배급을 받았다. Jonathan A. Bone, "Socialism in a Far Country : Stalinist Population Politics and the Making of the Soviet Far East, 1929~1939", pp.37 · 45 · 48 · 50 · 87을 보라.

83 1923년, 적군 혹은 적군 파르티잔에서 한때 복무했다가 동원해제된 한인 정착자들은 협동조합 붉은 별을 위한 토지 분배를 위해 타이가지역에서 물러나라는 얘기를 들었다. 77명의 한인들 중 29명이 적군에 복무했었다. Bugai · Pak, *140 let v Rossii*, p.217을 보라.

84 "그리하여 모든 측면에서 (언어, 교육 등) 민족의 평등은 민족문제 해결의 핵심 요소이다." Stalin, *Marxism and the National and Colonial Question*, p.58을 보라.

85 Martin · Terry, *The Affirmative Action Empire : Nations and Nationalism in the Soviet Union,1923~39*, p.16.

86 '지역의 자율성'에 대한 중앙으로부터의 통제의 가장 좋은 예시 중의 하나는 한인 자치지역에 대한 극동지구 코민테른의 승인이었다. 그렇지만 모스크바가 최종 결정권을 가지고 있었고 관련

서류가 그곳에 도착하자 이 문제는 최종결정이 미루어진 채 보류되었다가 결국은 폐기되었다(제5장을 보라). 중앙-변경 관계와 의사결정에 있어서 스탈린의 통제에 관한 추가적 설명에 대해서는 다음을 보라. John J. Stephan, *The Russian Far East*, pp.203~224; John Keep · Alter Litvin, *Stalinism : Russian and Western Views at the Turn of the Millennium*, New York : Routledge, 2005, pp.51 · 59; O. V. Khlevnuk, *Politburo : Mekhanizmy politicheskoi vlasti v 1930-e gg*, Moscow : Rosspen, 1996 pp.8 · 260~261.

87 케이트 브라운의 『아무것도 아닌 곳의 전기(*A Biography of No Place*)』는 이러한 생각을 지지한다. 책의 구절은 다음과 같다. "농민의 후진성이라는 수사 (…중략…) 국가의 형태에 있어서 점차 늘어나는 후진성은 정치적 선동의 핵심적 대의로서 간주되었다." Brown, *A Biography of No Place : From Ethnic Borderland to Soviet Heartland*, p.86을 보라.

88 국가는 민족의 적에 대해 억압, 노동수용소, 추방을 기꺼이 활용하려고 하기 때문에 '전장의 적'과 매우 유사하다.

89 Simon, *Nationalism and Policy toward the Nationalities in the Soviet Union : From Totalitarian Dictatorship to Post-Stalinist Society*, xv; Brudny, *Reinventing Russia : Russian Nationalism and the Soviet State : 1953~1991*, p.7.

90 저자가 우즈베키스탄 타슈켄트 '폴리토트젤' 집단농장에서 2009년 6월 1일 세라피마 파블로브나 킴과 진행한 대담. 리순옥 또한 소비에트 시민과 한인의 정체성과 관련하여 "가장 훌륭한 민족은 한국인이다"라고 비슷하게 대답했다. 리순옥과의 대담을 보라.

91 Syn Hva Kim, *Ocherkipo istorii Sovetskikh Koreitsev.*, p.211. 세라피마 킴은 *Ocherkipo istorii Sovetskikh Koreitsev.*의 저자가 지적했듯이 교육학 연구소가 블라디보스토크가 아니라 니콜스크-우수리스크에 있었다고 말했다.

92 Bugai · Pak, *140 let v Rossii*, p.197.

93 저자가 우즈베키스탄 타슈켄트 '폴리토트젤' 집단농장에서 2009년 5월 25일 세라피마 킴과 진행한 첫 번째 대담.

94 Simon, *Nationalism and Policy toward the Nationalities in the Soviet Union : From Totalitarian Dictatorship to Post-Stalinist Society*, p.54. 한인들에게는 대략 160~171개의 촌락 소비에트가 있었다.

95 Kenez, *The Birth of the Propaganda State : Soviet Methods of Mass Mobilization, 1917~1929*, p.145.

96 Syn Hva Kim, *Ocherkipo istorii Sovetskikh Koreitsev.*, p.214.

97 Pak, *Koreitsy v Sovetskoi Rossii : 1917-konets 30-kh godov*, pp.141~142.

98 Syn Hva Kim, *Ocherkipo istorii Sovetskikh Koreitsev.*, p.215.

99 Pak, *Koreitsy v Sovetskoi Rossii : 1917-konets 30-kh godov*, pp.142~143. 1928년의 문자 해독률이 단지 48%였기 때문에 1930년의 문자 해독률 90%의 진실성은 심히 의심스럽다.

100 러시아인의 45% 문자 해독률에 대해서는 Martin · Terry, *The Affirmative Action Empire : Nations and Nationalism in the Soviet Union,1923~39*, p.127을 보라.

101 한인들은 '후진적 민족'으로 분류되어 소비에트의 교육 지원금을 받을 수 있었다. Martin · Terry, *The Affirmative Action Empire : Nations and Nationalism in the Soviet Union,1923~39*, p.167을 보라. 블라디미르 아르세네프는 1928년 극동의 주민들에 대한 자신의 민족지학적인 책에서 중국인과 한인들을 나음와 같이 묘사했다. "중국인과 대조적으로 한인들은 우리 지역에 가족들과 함께 왔고 농사일에 헌신적이다. 한인 집단은 진정한 [농업의] 식민주의자이다. (…중략…) [러시아-중국 국경에서 hunghuzi로 불리는 중국인 마적을 아르세네프는 의화단 사건의 권비(拳匪)와

그릇되게 동일시하고 있다] 이 모든 것은 그들의 열정, 생동감 있는 성격 그리고 그들의 매우 진취적 기상을 증거한다. 우리는 한인들의 [이러한 특성에] 필적할 만한 어떤 것도 알지 못한다." Arsenev · Tivov, *Byt ikharakter narodnostei Dalnevostochnogo kraia*, p.24를 보라.

102 마리아 박과의 대담. 모래로 쓰는 '공책'은 예외적이었다. 또 다른 경우를 보면 최소한으로 한 교실에 책 두 권이 있었지만 학생 모두는 공책을 가지고 있었다고 나는 들었다. 마리아 박은 1913년에 출생하여 나와 대담을 진행한 사람들 중에 가장 나이가 많다는 것을 주목하라.

103 김검서와의 대담.

104 "Nuzhno zaostrit vrimane na vostochnom tsikle tabochego fakulteta", *Krasnoe znamia*, 1923.2.14, no.34(752).

105 Alex Marshall, *The Russian General Staff and Asia, 1800~1917*, p.169.

106 우즈베키스탄 타슈켄트 '프라브다' 집단농장에서 저자와 라리사 킴과의 대담(2009.6.5).

107 "Shkola i prosveshchenie : koreiskaia shkola krestianskoi molodezhi", *Krasnoe znamia*, 1926.1.12, no.9(1622).

108 라브팍은 중등 교육과정에 상당하는 교육을 마친 노동자들이 연구소 혹은 대학의 수업을 위한 준비과정을 들을 수 있는 성인교육 장소였다. "Rabfak severno-vostochniki narodnostei (Pismo iz Leningrada)", *Krasnoe znamia*, 1926.12.1, no.275(1888).

109 우즈베키스탄 타슈켄트에서 저자와 게라심 박과의 대담(2009.6.4).

110 "Sovpartshkola : Piat let", *Krasnoe znamia*, 1928.4.29, no.101(2313) : 2.

111 "Pravila priyoma v Vechernii Kommunicticheskii Universitet Vladivostokskoi Organizatsii VKP (b)", *Krasnoe znamia*, 1929.9.5, no.203(2718).

112 "Nash rabfak dal 280 studentov", *Krasnoe znamia*, 1929.4.7, no.79(2594) : 2. 1923년부터 대학 또는 연구소에 입학할 수 있었던 280명의 라브팍 졸업생들이 학생 전체를 대표했다.

113 Martin · Terry, *The Affirmative Action Empire : Nations and Nationalism in the Soviet Union, 1923~39*, p.16; Stalin, *Stalin Works* 5 pp.247~250.

114 "Nationalnyi vopros na printsipalnu vysotu", *Krasnoe znamia*, 1931.1.9, no.7(3174) : 2.

115 GAkhK f. P-2, op. 1, d. 112, ll.1~9.

116 Ibid., l.9.

117 Arsenev, *Kitaitsy v Ussuriiskom krae*, p.241. 한인 적군과 특별적기군 군인들이 간섭전쟁이 종료된 1923년 동원해제되었을 때 그들에게 주어진 토지는 어느 정도 개간된 임야와 타이가지역의 토지에 불과했다. 그럼에도 불구하고 그들은 땅을 개간하여 '붉은 별' 콜호즈를 설립했다. Bugai · Pak, *140 let v Rossii*, p.217을 보라.

118 GAKhK f. P-2, op. 1, d. 112, l.8.

119 Ibid., ll.9~10.

120 GARF f. 3316, o. 64, d. 1078, l.76.

121 Ibid., ll.76~77.

122 Ibid., ll.40~41.

123 Ibid., ll.30~31.

124 Ibid., l.76.

125 우즈베키스탄 타슈켄트 '폴리토트젤' 집단농장에서 저자와 일해와의 대담(2010.4.23). 중국인들의 사회적 곤경과 관련하여 스테판은 "블라디보스토크에서 중국인들은 조롱당하고 오물 세례를 받거나 사기를 당했다. 그러한 폭력행위에 대한 대중적 비난은 있었지만 공적으로는 묵인되었다"고 적었다. John J. Stephan, *The Russian Far East*, p.74를 보라.

126 소비에트의 문화는 러시아아적인 기초로부터 결코 분리되지 않았다는 지적이 있다.

127 다양한 언어의 라틴문자화 목적달성을 위해 다른 민족을 억압하는 특별한 캠페인, 위원회 등에 대한 소비에트 한인들의 협력에 대해서는 제6장을 보라.

제5장 한인들이 소비에트 인민이 되어가다, 1923~1930

1 국가 비밀경찰(GPU)은 1923년에 합동 비밀경찰 총국(OGPU)으로 병합되었다. 두 기구 모두 비밀경찰을 의미한다. 스탈린의 정적에 대한 OGPU의 기소에 대해서는 Bazhanov, *Bazhanov and the Damnation of Stalin*, pp.22~23을 보라. 다양한 지역의 통제위원회 내의 OGPU의 대리인들에 대해서는 Ulam, *Stalin : The Man and His Era*, pp.214 · 259 · 266을 보라. 1920년대 멘진스키를 통한 OGPU의 스탈린의 통제에 대해서는 Rayfield, *Stalin and His Hangmen : The Tyrant and Those Who Killed for Him*, pp.108~150을 보라. 레이필드는 다음과 같이 (111쪽) 지적한다. "멘진스키의 주도면밀함이 없었더라면 스탈린은 1920년대에 자신의 국내외 적들을 제거할 수는 없었을 것이다. 멘진스키의 가혹함이 없었더라면 스탈린은 1929년에 집단화를 밀어붙일 수는 없었을 것이다. (…중략…) 스탈린과 멘진스키는 정말로 비슷했다."

2 트로츠키의 성은 브론스타인, 지노비에프의 성은 라도미슬스키, 카메네프의 성은 로젠펠드였다. 스탈린의 원래 이름은 요시프 쥬가쉬빌리였다.

3 Ulam, *Stalin : The Man and His Era*, p.19. 스탈린은 (재혼으로 얻은) 아이들에게 '기본적인 조지아어'조차도 가르치지 않았다. Jonathan Lewis, *Stalin : A Time for Judgement*, p.9에 수록된 다음의 글 참조. "스베틀라나는 할머니를 1934년, 8살 때 딱 한번 만났다. '우리는 조지아어를 몰랐고 할머니는 러시아어를 몰랐다. (…중략…) 할머니는 사탕이 있는 그릇을 [집으려고] 손을 뻗었다. 그것이 우리들 사이에서 가능했던 유일한 의사교환이었다.'"

4 Khazanov, *After the USSR : Ethnicity, Nationalism, and Politics in the Common-wealth of Independent States*, p.17.

5 Voslensky, *Nomenklatura : Anatomy of the Soviet Ruling Class*, pp.230~238; Gregory, *Terror by Quota : State Security from Lenin to Stalin, an Archival Study*, pp.72~73을 보라. 보슬렌스키는 노멘클라투라의 엄청난 부와 스탈린에게 들어갔던 음식과 주거 등의 과도한 국가적 비용과 관련하여 스탈린의 딸 스베틀라나 알릴예바를 인용한다.

6 Mogilner, *Homo Imperii : A History of Physical Anthropology in Russia*, Lincoln : University of Nebraska Press, 2013, pp.493~494.

7 Hoffman, *Stalinist Values : The Cultural Norms of Soviet Modernity, 1917~1941*, pp.1~4; Martin · Terry, *The Affirmative Action Empire : Nations and Nationalism in the Soviet \Union,1923~39*, pp.270~272. 교정

8 Hoffman, *Stalinist Values*, pp.1~99.

9 Ibid., pp.65 · 161~163; Timasheff, *The Great Retreat : The Growth and Decline of Communism in Russia*, pp.151~191.

10 Timasheff, *The Great Retreat*, pp.227~228. '추상적 인간'은 사회주의와 같은 다양한 정치적 이데올로기를 이해하는 사상가, 혁명가, 철학자였다.

11 "대퇴각은 역할의 전환을 초래했다. 비러시아인들은 러시아인들에게 자신들의 '형제의 도움'에 대한 감사는 물론 위대한 러시아 문화에 대한 사랑과 찬양을 반복해서 의례적으로 표현해야 했다." Martin · Terry, *The Affirmative Action Empire : Nations and Nationalism in the Soviet Uni-on,1923~39*, p.455를 보라.

12 알렉산더 모틸은 다음과 같이 기술했다. "소비에트 역사 대부분에 있어서 [이 인용문 앞의 문장에서

의미하는 바와 같은 '쇼비니스트적 행동과 제국주의적 이상']과 같은 감정과 행동은 국가에 의해 고무되었다. 국가는 종종 그러한 행동들을 긍정적으로 인가했고 일반적으로 금지하지는 않았다." Motyl, *Sovietology, Rationality, Nationality : Coming to Grips with Nationalism in the USSR*, p.169를 보라. 또한 이 책 제4장 참조.

13 Fuchs, "The Soviet Far East as a Strategic Outpost and the Regional Authorities' Nationality Policy : The Korean Question, 1920~1929", p.203; Romanova, *Vlast i evrei na Dalnem Vostoke Rossii*, pp.246~247을 보라. 처우와 법적 지위의 측면에서 노예와 이주민의 범주 어느 한쪽에도 확실히 넣기 곤란한 19세기 북아메리카의 중국 이주노동자의 사례가 이 책의 '식민화의 대상'으로서의 한인들과 매우 유사하다. Moon Ho Jung, *Coolies and Cane : Race, Labor, and Sugar in the Age of Emancipation,* Baltimore : John Hopkins University Press, 2006, pp.222~223을 보라.

14 러시아-한국 국경에 위치한 포시예트(Poset)는 1927년, 한인들의 자치지구가 되었다. Nam, "Koreiskii natsionalnyi raion : Puti poiska isseldovatelia", pp.6 · 15~16. 포시예트지구의 한인들은 1935년에 95%였고 1920년대에도 동일한 비율이었을 것 같았다. Bugai · Pak, *140 let v Rossii*, p.237을 보라.

15 Wada, "Koreans in the Soviet Far East, 1917~1937", p.45.

16 Hausen, *The Establishment of the National Republics in Central Asia,* pp.1~8 · 159~172를 보라.

17 한인들의 민족 자치지역에 대한 요구는 한인들이 다수이거나 주민의 상당 비율을 차지하고 있는 지역과 관련있었다.

18 한명세는 많은 한인들이 포시예트, 수이펀, 올긴지구에 거주하고 있다고 지적하였고 한인 거주자들이 많은 지역을 포괄하는 지역을 요구했다. 이 지역은 세 지구 이상을 포괄하는 지역이 되어야 했다. Li, U Khe · En Un Kim, *Belaia kniga : 0 deportatsii koreiskogo nacelenia Rossiiv 30-40 godakh, knigapervaia*, pp.46~47을 보라. 코민테른 극동 사무국은 1924년 5월, 한인 자치주의 요구서를 (다시)제출했다. 그 요구서에는 '주(oblast)'를 분명 명시하고 있지만 1922년 요구서는 그렇지 않다. Martin · Terry, *The Affirmative Action Empire : Nations and Nationalism in the Soviet Union,1923~39*, p.317을 보라.

19 Vanin, *Koreitsy v SSSR : Materialy sovetskoi pechati, 1918~1937 gg*, pp.125~126.

20 Fuchs, "The Soviet Far East as a Strategic Outpost and the Regional Authorities' Nationality Policy : The Korean Question, 1920~1929", pp.204~205.

21 Nam, Svetlana G., *Rossiiskie Koreitsy : Istoriia ikultura, 1860~925gg*, p.104; Nam, "Koreiskii natsionalnyi raion : Puti poiska isseldovatelia", p.13.

22 NKID는 외무 인민위원부의 약어이다.

23 Nam, Svetlana G., *Rossiiskie Koreitsy : Istoriia ikultura, 1860~925gg*, p.104.

24 Hara, "The Korean Movement in the Russian Maritime Province, 1905~1922" *In Koreans in the Soviet Union*, p.19에서는 "'일본과의 우호적 관계에 해가 되는 그러한 문제는 가능한 한 회피되어야 했다'고 지적한다. 실제로 이 말은 러시아 당국이 한인 부대에 대한 무장해제를 명령했다는 의미였다".

25 한인 파르티잔은 한국에 대한 일본의 통치와 일본 식민당국에 의한 처벌 혹은 사형의 가능성에도 불구하고 한국으로 송환되었다. B. D. Pak, *Khan Myon Se : Khan Andrei Abramovich*, p.22. 한 안드레이에 대한 나의 한국 이름 철자는 이 책 전체에서 한명세(Khan Myon She)이다. B. D. Pak은 Se와 'She'를 같이 사용했다는 것을 주목하라.

26 한명세는 날짜를 1923년 8월 18일로 틀리게 제시했다. Nam의 *Rossiiskie Koreitsy : Istoriia ikultura,*

*1860~925gg.*에 의하면 날짜는 1923년 1월 18일이 되어야 한다.

27 Li, U Khe・En Un Kim, *Belaia kniga*, p.63.

28 B. D. Pak, *Khan Myon Se*, pp.22~23; Nam, Svetlana G., *Rossiiskie Koreitsy : Istoriia ikultura, 1860~925gg.*, pp.104~106. 두 자료 어디에서도 추방이 실행되지 않은 이유에 대한 설명은 없다.

29 아시아인들이 이상적 수준에 못 미치는 생활을 하고 있다는 생각은 Grave V. V., *Kitaitsy, koreitsy i iapontsy v Priamure.*, pp.75・147에서 발견된다.

30 RGIA-DV, f. 85, op. 1, d. 16, ll.23~24.

31 조지 란센의 책 *Japanese Recognition of the USSR*은 1930년까지의 일본과 러시아 두 나라의 양보를 책 전체에서 주로 다루고 있다. Lensen, *Japanese Recognition of the U.S.S.R. : Soviet-Japanese Relations, 1921~1930*, Tallahassee : The Diplomatic Press, 1970, pp.177~373・232에는 1925년 협약의 조인 날짜가 나와 있다.

32 Moore, *Soviet Far Eastern Policy, 1931~1945*, pp.50・177.

33 Davies, *Soviet Economic Development from Lenin to Khrushchev*, p.25.

34 Moore, *Soviet Far Eastern Policy, 1931~1945*, p.176.

35 Hara, "The Korean Movement in the Russian Maritime Province, 1905~1922" *In Koreans in the Soviet Union*, pp.9~10.

36 Martin・Terry, *The Affirmative Action Empire : Nations and Nationalism in the Soviet Union,1923~39*, pp.317~318.

37 Fuchs, "The Soviet Far East as a Strategic Outpost and the Regional Authorities' Nationality Policy : The Korean Question, 1920~1929", p.208.

38 Martin・Terry, *The Affirmative Action Empire : Nations and Nationalism in the Soviet Union,1923~39*, p.317; Fuchs, "The Soviet Far East as a Strategic Outpost and the Regional Authorities' Nationality Policy : The Korean Question, 1920~1929", pp.204~205.

39 한인지구의 제안과 관련해서 〈지도 2〉를 보라. 이러한 제안은 프리모리에 임시위원회 서기 콘스탄틴 프쉐니친에게 제시되었다. Fuchs, "The Soviet Far East as a Strategic Outpost and the Regional Authorities' Nationality Policy : The Korean Question, 1920~1929", p.209를 보라.

40 B. D. Pak, *Khan Myon Se*, p.23에 따르면 한명세는 한인 자치 관구가 아니라 자치주가 허용될 것이라고 생각했다(주(oblast)를 구성하기 위해서는 3개 이상의 관구(raion)가 필요하다).

41 Martin・Terry, *The Affirmative Action Empire : Nations and Nationalism in the Soviet Union,1923~39*, p.318.

42 세르게이 김과의 대담.

43 그로제코프, 한카이, 포크로프, 쉬코토보지역 중 일부 지역에서는 한인들이 러시아인과 우크라이나 인들을 배제한다면 최대 민족이었다. 〈지도 2〉 참조.

44 가장 큰 단위에서 가장 적은 단위의 소련의 행정단위는 다음과 같다. 소련→ 연맹 공화국→ 자치공화국→ 자치주→ 자치 관구→ 민족지구→ 민족 촌락 소비에트→ 민족 콜호즈-소비에트 시민 (개인). Martin・Terry, *The Affirmative Action Empire : Nations and Nationalism in the Soviet Union,1923~39*, pp.317~318을 보라.

45 이 점은 이 장 전체에 걸쳐 드러날 것이다. 일반적으로 한인 공동체는 높은 수준의 참여와 높은 점수로 소비에트화의 다양한 활동에서 '성과를 거두었다'.

46 GARF, f. 374, op. 27, d. 1706, ll.2~3. 이 문장에 대한 부분적 인용과 논의는 Martin・Terry, *The Affirmative Action Empire : Nations and Nationalism in the Soviet Union,1923~39*,

pp.47~48에도 있다.

47 Young, *The International Relations of Manchuria : A Digest and Analysis of Treaties, Agreements and Negotiations concerning the Three Eastern Provinces of China*, pp.91~92.

48 Chae-Jin Lee, *China's Korean Minority*, p.20. 박현옥은 다음과 같이 지적한다. "베이징의 인민공화국과 장쭤린의 통제 아래 있는 지방 정부 모두 간도가 남만주의 일부분이 아니며 간도가 중국의 영토이자 한인들을 중국의 사업권 아래 둔 1909년 간도협약이 여전히 유효하다는 것을 부정했다." Hyun Ok Park, "Korean Manchuria : The Racial Politics of Territorial Osmosis," *South Atlantic Quarterly* 99, p.208. 1924년 일본 시민권법에 대해서는 League of Nations, *Appeal by the Chinese Government : Report of the Commission of Enquiry*, Geneva : League of Nations Press, 1932, p.57을 보라. 국제연맹의 개입을 요구하면서 중국정부는 만주 한인들을 묘사하면서 일본 팽창의 전위대로서 그들에 대한 묘사를 또한 첨가했다. 그렇지만 일본 혈통을 가진 외국시민을 일본이 시민으로 간주하지 않는다면 일본은 분명 한인들에게도 이러한 특권을 허용하지는 않았을 것이다. 1932년에 독립 한국 혹은 한국시민권은 없었다는 것을 명심하라; 모든 한국 사람들은 일본의 시민 / 신민이었다.

49 Mogilner, *Homo Imperii*, p.494. 모길너의 핵심 주장에 대해서는 pp.492~494을 보라. 원래 러시아어 문헌에서 마지막 두 문장은 한 문장이었다. 러시아어는 그대로 영어로 옮겼을 때 의미를 살릴 수 없는 몇몇 문장 형태가 있기 때문에 나는 그것을 두 문장으로 나누었다.

50 Kotani, *Japanese Intelligence in World War II*, p.28. 맥아더 문서고 RG-6, Box 99, f. 1, p.9의 기록에 의하면 "전반적으로 일본은 탈영병을 제외하고 스파이 혹은 소비에트 국민으로부터 그 어떤 쓸 만한 정보도 얻지 못했다". 맥아더 문서고의 일본정보부에 대한 기록은 일본 첩보부 수장(마사오 요쉬주미), 제국사령부 정부 참모장(세이조 아리수), 해군 정보부장, 모스크바 일본총영사관 정보담당관(미치타케 야야오카)와 베를린의 정보담당관(히로시 오시마) 등에 대한 미군의 심문으로부터 획득되었다.

51 James Harris, "Encircled by Enemies : Stalin's Perceptions of the Capitalist World, 1918~1941", pp.522~523.

52 폴란드인들과 관련해서 허위의 폴란드 군사조직과 연관된 비난이 가해졌다.

53 Nam, "Koreiskii natsionalnyi raion : Puti poiska isseldovatelia", pp.6 · 15~16. 남은 아쉽게도 아파나시이 킴이 지역의 의장으로 지명된 정확한 날짜를 제공하지는 않는다.

54 Martin · Terry, *The Affirmative Action Empire : Nations and Nationalism in the Soviet Union,1923~39*, p.329. 일반 시민이 '금지된 국경지대'(1934)에 들어가려면 내무 인민위원부의 허락이 있어야 했다.

55 포시예트가 한국과 국경을 접하고 있는 소비에트의 유일한 지역이라는 이유로 그곳은 가장 커다란 지정학적 위험을 가지고 있었기 때문에 포시예트 이외의 다른 지구도 '한인들의 자치기구'로 지정될 수 있었다.

56 안드레이 A. 한과 한명세의 두 이름이 이 책에서 사용될 것이다. 한인 러시아 역사가 B. D. 박은 한의 이름을 한명세(Khan Myon Se)로 표기했다. 제3장에는 소비에트의 한인 국제주의자 세 사람에 대한 간략한 전기가 서술되어 있다.

57 소비에트 한인 지도부의 대다수가 매우 러시아화되었고 소련에서 출생해 적군 혹은 소비에트의 기구에서 직책을 가지고 있었지만 많은 경우에 한국에 있는 한인노동자들의 사회주의적 이해를 대변하였기 때문에 그들의 국제주의는 '기만적'이었다.

58 1921년 자유시참변에서 상하이파의 패배 이후에 이동휘가 한인 사무국에 선출된 이유는 충분히 의문을 제기할 만하다. 그렇지만 이동휘는 1910년 한일병합 이후 극동으로 이주하기 이전에 한국에서 발탁된 군대지도자로서의 공적 경험을 가지고 있었다. 한명세의 일생에 관한 보충설명은 B. D.

Pak, *Khan Myon Se : Khan Andrei Abramovich*, pp.14~24; M. T. Kim, *Koreiskie internatsionalisty v borbe za vlast Sovietov na Dalnem Vostoke*, pp.69~71을 보라.

59 RGASPI - f.495, op. 154, d. 188, l.88~89.

60 Fuchs, "The Soviet Far East as a Strategic Outpost and the Regional Authorities' Nationality Policy : The Korean Question, 1920~1929", p.205. 시민에 관한 통계자료(1926)와 한인들의 지위에 대해서는 제4장을 보라.

61 RGASPI - f. 495, op. 154, d. 188, l.74.

62 Martin · Terry, *The Affirmative Action Empire : Nations and Nationalism in the Soviet Union, 1923~39*, p.317.

63 B. D. Pak, *Khan Myon Se : Khan Andrei Abramovich*, pp.24~25.

64 RGIA-DV - f. 182, op. 1, d. 3a, l.18. 문서고에는 1928년에 배부되었던 『적기』가 있다.

65 Bailes, *Technology and Society under Lenin and Stalin : Origins of the Soviet Technical Intelligentsia, 1917~1941*, pp.188~197.

66 "Sud : prigavor Koreitsu-shpionu", *Krasnoe znamia*, 1923.10.11, no.231(949).

67 "Partzhizn v Nikolske : v Korsektsii", *Krasnoe znamia*, 1924.1.29, no.23(1039) : 2.

68 "Koreiskie rabochie uchatsia u russkikh", *Krasnoe znamia*, 1924.3.5, no.54(107) : 2.

69 "Rabota sredi natsmenshinstv", *Krasnoe znamia*, 1924.8.26, no.194(1210) : 2.

70 "Gobsoveshanie koreiskikh unikh pionerov", *Krasnoe znamia*, 1924.9.13, no.209(1225) : 2.

71 "Koreiskii vopros", *Krasnoe znamia*, 1924.9.27, no.221(1237).

72 세르게이 킴은 광부였던 자신의 아버지 김언운(En Un Kim)이 동료 광부로부터 적지 않은 빚의 배상을 위해 그의 10살짜리 여동생을 데려왔다고 말했다. 그 광부는 빚을 끝내 갚지 않았다. 세르게이 킴의 아버지는 14살까지 그 여성을 자신의 종으로 부리다가 그녀와 결혼했다(당시 그의 나이는 25살이었다); 세르게이 킴('폴리토트젤' 콜호즈)의 대담을 보라. '폴리토트젤'의 킴은 '스타리 레닌스키 푸트'의 킴과는 다른 사람이다).

73 "Zhenshina Koreianka v seme I v bytu", *Krasnoe znamia*, 1924.11.30, no.275(1291).

74 Erik Van Ree, "Socialism in One Country : A Reassessment", *Studies in East European Thought* 30 no.2, 1998.6, p.104의 문장은 다음과 같다. "부하린이 몇 달 후 말했듯이 오직 전 세계의 사회주의 혁명만이 제국주의적 간섭 전쟁의 부활을 저지할 것이다."

75 1923년, 중국인들은 투기꾼, 혹은 살쩐 부르주아 상인들로 비난받았다.

76 Eudin · North, *Soviet Russia and the East, 1920~1927 : A Documentary Study*, p.44.

77 Pipes, *The Formation of the Soviet Union : Communism and Nationalism, 1917~1923*, p.244.

78 Robert A. Scalapino, "Communism in Asia", *The Communist Revolution in Asia : Tactics, Goals and Achievements*, pp.12~13.

79 S. A. Smith, *Revolution and the People in Russia and China : A Comparative History*, p.34. 스미스는 총노동조합을 "공산당의 통제아래 있다"고 서술했다.

80 Suh, *The Korean Communist Movement 1918~1948*, pp.64~65.

81 Morley, *Japans Foreign Policy, 1868~1941 : A Research Guide*, p.396.

82 "Sud i byt : delo shpiona Li", *Krasnoe znamia*, 1927.1.6, no.4(1917) : 5. 대숙청기의 탄압과 비교할 때 '상대적으로 가벼운' 형이었다.

83 러시아어가 공통어였던 우크라이나의 공장에서도 최종적 상황이 유사했다. Martin · Terry, *The Affirmative Action Empire : Nations and Nationalism in the Soviet Union, 1923~39*, p.103을 보라.

84 "Perevod deloproizvodstva na koreiskii iazyk", *Krasnoe znamia,* 1927.6.2, no.126(2039) : 2.

85 "Sredi natsmenshinstv : 500 Koreitsev chlenov DoDD", *Krasnoe znamia,* 1927.10.22, no.242(2155).

86 제2장을 보라.

87 GAKhK, f. p-2, o. 1, d. 111, ll.1~3. 게이츠만의 보고서 1~2쪽은 Fuchs, "The Soviet Far East as a Strategic Outpost and the Regional Authorities' Nationality Policy : The Korean Question, 1920~1929", p.214에 (다른 결론의 형태로) 상세하게 수록되어 있다. 문서고에 있는 보고서 총 분량은 3쪽이다.

88 Wada, "Koreans in the Soviet Far East, 1917~1937", p.34.

89 예를 들자면 블라디보스토크시는 1932년 12월에 대대적 규모의 여권 발급작업을 시작했다. RGIA-DV, f. 85, o. 1, d. 43a, l.7을 보라. 이러한 특별한 대규모의 사업은 1932년 12월부터 1933년 7월까지 지속되었다.

90 게이츠만은 OGPU를 비판하지 않기 위해 조심했지만 OGPU의 소상인 추방운동이 외무 인민위원부에 대한 사전 통보 없이 시작되었기 때문에 화를 낸 듯한 순간도 있었다.

91 GAKhK, f. p-2, o. 1, d. 111, l.5~6.

92 GAKhK, f. p-2, o. 1, d. 111, l.8.

93 소비에트 권력에 충성하고 소련에 남으려고 했던 중국인 거주자의 일부 집단이 있었다고 나는 생각한다. 소비에트의 일부 중국인과의 대담을 근거로 추정해 보면 당시 극동의 전체 중국인 거주자 중 대략 30%가 그런 사람들이었다. 중국인들은 거주 비자 획득에 어려움을 가지기 시작했고 (중국과의 전쟁이 임박했던)1929년 여름부터 집단적으로 추방되기 시작했다. 그리하여 거주민 수는 1937~1938년까지 지속적으로 감소했고 극동에 남아있던 사람들은 신장과 중앙아시아로 추방되었다.

94 Larin, *Kitaitsy v Rossii vchera i segodnia : Istoricheskii ocherk,* pp.120~121 · 132. 특히 p.132의 1929년 여름 중국인에게 배부된 취업허가서를 보라. 여기에는 1929년 블라디보스토크 관구 (도시와 농촌)전역의 천 명 정도의 중국인의 직업 목록이 기록되어 있다. 중국인 노동자들은 1929년 7월에 발발한 중소전쟁 때문에 떠나기 시작했다. 그들은 긴장의 고조기에 극동을 떠났다가 그것이 가라앉을 때 돌아오기 위해 자신들의 취업 장소, 업무, 비자 등에 관인이 찍힌 문서, 즉 spravka를 확보하려고 했다. 이러한 사항은 Larin의 책에 언급되어 있지 않다.

95 Francine Hirsch, "Race without the Practice of Racial Politics", *Slavic Review* 61 no.1, p.35; Stalin, *Marxism and the National and Colonial Question,* p.8. 마틴은 "민족에 대한 볼셰비키 자체의 사회학적 이해는 역사적이고 구성적이다"라고 말했다. Terry Martin, "Modernization or Neo-traditionalism : Ascribed Nationality and Soviet Primordialism", Stalinism : New Directions, pp.348~367.

96 베르가비노프는 1931년부터 1933년까지 극동 공산당의 서기였다. John J. Stephan, *The Russian Far East,* p.343. 또한 Khisamutdinov, Vladimir Klavdievich Arsenev, 1872~1930, p.173을 보라.

97 아미르 A. 히사무트디노프(Khisamutdinov)는 극동위원회가 아르세네프에게 '보고서'를 의뢰한 이유, 극동위원회 위원 가운데 참석자 명단, 추방문제와 관련한 그들의 투표 방법 그리고 보고서와 연관된 정치 관련 그 외 모든 특별한 사항들은 접근이 불가한 NKVD / KGB / FSB 문서고에 보관되어 있기 때문에 알 수 없다고 얘기했다. 히사무트디노프는 소련의 몰락 이후 전 KGB / FSB 관리였던 볼트츠를 알고 있었기 때문에 (아마도 관련 서류들이 재분류되고 있었기 때문에) 그것들을 잠시 볼 수 있었다. 저자에게 보낸 2012년 5월 19일 자 이메일을 보라.

98 Khistamutdinov, *Russian Far East,* p.120.

99 "Doklad B. K. Arseneva. Dalnevostochnomu kraevomu komitetu Vsesouznoi Kommu -sticheckoi Partii(전연방 공산당 지역위원회에 대한 아르세네프의 보고)"에 대한 인용 연도는 GAKhK, AOIAK, f. VKA, op. 1, d. 50, V. K.; Arsenev, "Doklad B. K. Arseneva. Dalnevostochnomu kraevomu komitetu Vsesouznoi Kommunisticheckoi Partii" ed. Boris Diachenko, *Zheltaiao -pasnos*, pp.93~117을 참조. 쟈첸코의『황화론』에서 베르가비노프 (Bergavinov)는 'Bergravinov'로 잘못 표기되어 있음에 주의하라.

100 Arsenev, "Doklad B. K. Arseneva. Dalnevostochnomu kraevomu komitetu Vsesouznoi Kommunisticheckoi Partii" ed. Boris Diachenko, *Zheltaiaopasnos*, p.96. 말과 그림으로 쟈첸코 의『황화론』은 상업을 통해 중국인들이 극동을 되찾고 접수하려고 한다고 암시했다. 쟈첸코는 1990년대 동안 중국과 러시아의 자유 무역 정책에 반대하는 강경노선 채택을 강력하게 주장했다.

101 Ibid., pp.96~97.

102 Ibid., p.113. 그는 일본화한다는 (obiaponit) 동사와 한국화한다는 (obkoreit) 동사를 사용했다.

103 Ibid., pp.114~115. 아르세네프의 보고서는 그의 「백서」로도 언급될 것이다.

104 "반면에 원초적 민족의 인종성과 계급적 가치에 기반한 반영구적인 소비에트 사회주의적 민족성 [소비에트의 정체성]이 동시에 장려되고 있었다"; Martin · Terry, *The Affirmative Action Empire : Nations and Nationalism in the Soviet Union,1923~39*, p.448을 보라. "소련에서 민족들에 대한 온전한 이데올로기적 구성은 민족이 역사적 조건의 산물이며 개인의 선택에 종속되어 있다는 이해와 민족을 원초적이며 인종의 구현에 다름 아니라는 이해 사이에서 갈팡질팡했다"라고 바이츠는 썼다. Weitz, *A Century of Genocide : Utopias of Race and Nation*, p.83을 보라.

105 Arsenev, "Doklad B. K. Arseneva. Dalnevostochnomu kraevomu komitetu Vsesouznoi Kommunisticheckoi Partii" ed. Boris Diachenko, *Zheltaiaopasnos*, pp.115~116.

106 제시된 숫자는 1년에 고용된 어부의 총 숫자이다. 다수의 계약이 일년 미만이었다.

107 The History of the City of Hakodate, "The Kamchatka Stock Company / Society", http://www.lib-hkd.jp/hensan/hakodateshishi/tsuusetsu_03/shishi_05_02/shishi_05_0 2 _05_06_04.htm(접속 2015.1.29). 히로야키 쿠로미야 박사의 번역에 감사를 드린다.

108 Arsenev, "Doklad B. K. Arseneva. Dalnevostochnomu kraevomu komitetu Vsesouznoi Kommunisticheckoi Partii" ed. Boris Diachenko, *Zheltaiaopasnos*, p.101.

109 RGASPI-f. 17, o. 21, d. 5411, l.270.

110 RGASPI-f. 17, o. 21, d. 5411, l.274.

111 GAKhK-f. P-2, o. 1, d. 111, l.2. 마마예프 동지의 보고 또한 인코르포레를 언급했다.

112 Kan, *Lev Shternberg : Anthropologist, Russian Socialist, Jewish Activist,* pp.314~315.

113 세르게이 강과 저자와의 이메일(2011.6.23).

114 민족에 관한 '구성주의자'의 견해 또한 존재한다. 중앙아시아 KIPS 현지의 민족지학자 옐레나 페쉐레바 (Yelena Peschereva)는 "민족-영토적 범위에 관한 위원회의 목적에 부합하고자 '수 천의 신생아들'을 간단히 타지크인으로 등록했다"고 말했다. 더 많은 수의 타지크인들이 우즈벡인으 로 등록되기까지 했다." Tishkov, *Ethnicity, Nationalism and Conflict in and after the Soviet Union : The Mind Aflame*, p.20.

115 러시아의 일부 역사가들은 여기에 동의하지 않는다. 그 대신 그들은 소비에트의 민족지학에서는(상 속 불가능한 특징으로서) '인종 혹은 근본주의로 해석될 수 있는 어떠한 가르침도 없었다고 믿는다. Hirsch, *Empire of Nations*, p.108을 보라.

116 브루스 그랜트는 쉬테른베르그의 마지막 생존 제자 중의 하나인 자하리 체르냐코프(Zakharii Cherniakov)를 1997년에 인터뷰했다. 그는 "쉬테른베르그가 [프란츠] 보아스에 관해 얘기한 적이 있나요."라고 체르냐코프에게 물었다. 체르냐코프는 "쉬테른베르그는 그런 적이 있고 보고라즈 는 특히 그랬습니다. 그들 모두는 자기들을 보아스의 제자로 생각했습니다"고 답했다. 보아즈는 원초주의적 입장을 가진 인류학자들 가운데 가장 뛰어난 학자 중의 하나였다. Shternberg, *The Social Organization of the Gilyak*, p.248을 보라. 소비에트의 우생학에 대해서는 David L. Hoffman ·Annette F. Timm, "Utopian Biopolitics : Reproductive Policies, Gender Roles, and Sexuality in Nazi Germany and the Soviet Union", *Beyond Totalitarianism : Stalinism and Nazism Compared*, pp.102~103.

117 Mogilner, op. cit., 2013, p.495.

118 〈지도 2〉에서는 저자를 표시하지 않았다. 아르세네프는 정확한 보고와 제목을 만들라는 의뢰를 받았다. 보고서의 실제 의뢰과정에 대해서는 Khisamutdinov, *Vladimir Klavdievich Arsenev, 1872-1930*, pp.172~174.

119 이 기사는 아시아인들이라고 얘기하지만 그것은 단지 중국인과 한인들만을 의미한다.

120 "Rabota sredi natsionalnikh menshinstv okrug : Doklad tov. Tishkin", *Krasnoe znamia*, 1929.2.1, no.25(2540).

121 Svetlana V. Omegina, "The Resettlement of Soviet Citizens from Manchuria in 1935~36 : A Research Note," *Europe-Asia Studies* 47, p.1043. 만주의 러시아인들 가운데 전 백군의 비율은 제시되어 있지 않다.

122 "소련이 군사행동에 한인들을 동원했다는 함의가 무엇인지를 판단하기란 또한 어려운 과제이다." 단기전에 대해서는 Patrikeef, *Russian Politics in Exile*, p.106을 보라; 페트리키프의 책 제6장은 1929년의 중소 단기전을 자세하게 다루고 있다.

123 B. D. Pak, *Kim Pen Khva i Kolkhoz『Poliarnaia Zvezda』*, pp.18~19. 러시아 역사가 드미트리 신은 76연대에는 김평화 이외에 또 다른 한국인이 있었다고 말했다. 저자에게 보낸 드미트리 신의 이메일(2014.3.22) 참조.

124 Macintosh, *Juggernaut : A History of the Soviet Armed Forces*, pp.64~65. 군대 역사책인 이 책은 중국 군벌의 '소탕' 작전을 상세히 묘사하고 있으며 전쟁지역에 대한 정보는 *Kim Pen Khva*에 제시되어 있지 않다.

125 Sabine Breuillard, "General V. A. Kislitsin : From Russian Monarchism to the Spirit of Bushido", p.123.

126 "Bednota zavershaet pobedu", *Krasnoe znamia*, 1929.8.27, no.195(2710).

127 "Upor-na borbu s opportunizmom", *Krasnoe znamia*, 1929.8.27, no.195(2710).

128 「결의문 9」에 대해서는 Kuzin, *Dalnevostochnye Koreitsy : Zhizn i tragediia sudby*, pp.112~113 을 보라.

129 킴의 기사 "Upor-na borbu s opportunizmom"(1929.8.27)와 "Bednota"(1929.8.21) 기사 모두는 7일 간격으로『적기』에 실렸다. 따라서 킴이 "Bednota"에 제시된 15%의 비율을 알았을 가능성은 매우 크다.

130 스탈린주의적 동원의 두 번째 국면, 즉 근대적 신분제와 전제정적 유산의 결합에 대한 논의는 제6장에서 다룬다.

제6장 토착화보다 우선하는 안보적 고려, 1931~1937 ─────

1 Peter Holquist, "To Count, to Extract, and to Exterminate : Population Statistics and

Population Politics in Late Imperial and Soviet Russia", *A State of Nations : Empire and Nation-making in the Age of Lenin and STalin*, pp.111~144; Hagenloh, *Stalin's Police : Public Order Mass Repression in the USSR, 1926~1941*, pp.89~226; Golfo Alexopoulos, *Stalin's Outcasts : Aliens, Citizens and the Soviet State, 1926~1936*, Ithaca, NY : Cornell University Press, 2003. '정치적 범죄'라는 용어의 확대와 관련하여 1932년 8월 7일 자 법령은 국가 재산의 절도 또한 정치적 범죄로 분류될 수 있도록 했다. 이것에 뒤이어 1935년 4월 7일 자 스탈린 개인의 칙령을 통한 확대조처가 뒤따랐다.

2   포시예트지구에서 토착화운동(즉 문화건설)의 예산은 1931년부터 1934년까지 412,200루블에서 1,073,200루블로 늘어났다. Vanin, *Koreitsy v SSSR : Materialy sovetskoi pechati, 1918~1937 gg*, p.303을 보라.

3   토착화의 목표는 교육을 받은 충성스러운 소비에트 시민의 창출이었다. 그가 속한 국가의 방어는 이것의 일부였지만 그것은 또한 소련이 자본주의-제국주의적 국가들에 의해 사방이 포위되었다고 주장하는 공포정치의 논리와 언어를 반영했다.

4   Kuzin, *Dalnevostochnye Koreitsy : Zhizn i tragediia sudby*, p.98.

5   한인 인구수에 대해서는 Bugai · Pak, *140 let v Rossii*, p.234, 1937년 전체 인구수에 대해서는 John J. Stephan, *The Russian Far East*, p.310을 참조.

6   Michael Gelb, "An Early Soviet Ethnic Deportation : The Far-Eastern Koreans", *Russian Review* 54 no.3, p.392; Bugai · Pak, *140 let v Rossii*, p.227에서는 (1926년은)106,000명, (1929년에)170,000명이라고 다른 연도를 제시하고 있다.

7   Bugai · Pak, *140 let v Rossii*, p.234.

8   제4장에서 한인들의 다양한 교육기구들을 좀 더 자세히 살펴본 바 있다(1928년을 보라). 또한 Ibid., p.235; Kuzin, *Dalnevostochnye Koreitsy : Zhizn i tragediia sudby*, pp.93~94를 보라.

9   Kuzin, *Dalnevostochnye Koreitsy : Zhizn i tragediia sudby*, p.94.

10 Pak, *Koreitsy v Sovetskoi Rossii : 1917-konets 30-kh godov*, pp.216~217; Kuzin, *Dalnevostochnye Koreitsy : Zhizn i tragediia sudby*, pp.96~98.

11 Roy, *The New Central Asia : The Creation of Nations*, p.77.

12 Crisp, "Soviet Language Planning, 1917~1953", *Language Planning in the Soviet Union*, pp.23~24; Comrie, *The Languages of the Soviet Union*, pp.31~35.

13 Comrie, *The Languages of the Soviet Union*, 여러 쪽; Ross King, "A Failed Revolution in Korean Writing : The Attempt to Latinize Korean in the Soviet Far East, 1929~1935", p.53.

14 리 크바르는 (한국어 발음) 이괄(Li Kwal)의 러시아 발음이다. w는 러시아어에서 v가 되고 철자 l과 r은 (동일하게 소리나기 때문에) 한국어에서 교체 사용이 가능하다.

15 Ross King, "A Failed Revolution in Korean Writing : The Attempt to Latinize Korean in the Soviet Far East, 1929~1935", p.6.

16 Ibid..

17 킹의 논문에서 한은 Han으로 표시되었다.

18 로스 킹은 토착화 기간에 소비에트에서 사용되는 한국어는 2천에서 3천 자의 한자를 사용했다고 추정했다. 로스킹이 저자에게 보낸 이메일(2012.1.12).

19 Grant, *In the Soviet House of Culture : A Century of Perestroikas*, p.86.

20 1937년 이후 이괄은 한국어만을 사용하는 한글 신문 『레닌기치』의 편집자로서 계속 일했다. 저자와 글렙 리(조카)와 우즈베키스탄 타슈켄트에서의 대담(2009.5.8). 이괄이 1936년 김 아파나시의 체포 이후 포시예트지구 공산당의 임시의장으로서 한인들을 자랑스럽게 대표했고 한국어만을

사용하여 일했기 때문에 언어는 민족성을 대표하는 것이었다. 한자를 사용하는 한글이 끔찍하고 후진적 문자표기라고 그가 생각했다는 것은 의심스럽다.

21 Ross King, "A Failed Revolution in Korean Writing : The Attempt to Latinize Korean in the Soviet Far East, 1929~1935", p.30.
22 "Pervyi vypushnik Vosfaka GDU", *Krasnoe znamia*, 1928.3.16, no.64(2776) : 5.
23 Ross King, "A Failed Revolution in Korean Writing : The Attempt to Latinize Korean in the Soviet Far East, 1929~1935", p.30.
24 Ibid., pp.27~28.
25 Ibid., p.23.
26 ibid., p.34.
27 RGIA-DV, f. 85, op. 1, d. 30, l.46.
28 N. Ia. 마르는 '기저의 유사성을 감추고 있는' 언어는 '경제적 유사성에 기반하고 있다'고 생각했다. 따라서 촉매는 사회주의였지 키릴문자 혹은 라틴문자의 선택이 아니었다. Pollock, *Stalin and the Soviet Science War,* p.105.
29 Crisp, "Soviet Language Planning, 1917~1953", pp.31 · 37~40.
30 Martin · Terry, *The Affirmative Action Empire* : *Nations and Nationalism in the Soviet Union, 1923~39,* p.441.
31 1934년, 한국어 교사들은 극동의 모든 한인 학교에서 2년 차부터 러시아어 수업을 필수로 만들기 위한 조처를 단행했다.
32 "Kitaiskie ieroglify-vopiushiia anokhronizm", *Krasnoe znamia,* 1931.8.23, no.188(3344).1
33 따라서 한자는 표의문자지 상형문자는 아니다. Jerry Norman, *Chinese*를 보라. 'Chinese'는 중국어를 의미한다.
34 가장 두드러진 예시는 중앙아시아 공화국들 내에서 1서기와 2서기의 위치였다. 1서기는 언제나 명목상 중앙아시아 출신이었지만 2서기는 통상 러시아인, 우크라이나인, 혹은 아르메니아인이었다. 많은 경우에 2서기는 더 많은 권한을 가지고 있었으며 모스크바의 연방 지도부와도 더 긴밀한 관계였다. Rywkin, *Soviet Society Today,* p.58; Carrére-d'Encausse, *The End of the Soviet Empire* : *The Triumph of the Nations,* pp.24~25를 보라.
35 Vanin, *Koreitsy v SSSR* : *Materialy sovetskoi pechati, 1918~1937 gg,* pp.313~314에 인용된 문서 141.
36 Poliakov · Zhiromskaia, *Vsesouznaiaperepis naseleniia 1937 goda* : *Obshieitogi, sbornik dokumentovy materialov,* pp.64 · 67.
37 저자가 우즈베키스탄 토이 테에서 콘스탄틴 정과 진행한 대담(2009.9.24).
38 알렉산드라 킴과 저자와의 대담.
39 저자가 우즈베키스탄 타슈켄트 집단농장 스타르이 레닌스키이 푸치에서 세르게이 킴과 진행한 대담(2009.9.14). 세르게이 킴의 모습은 〈삽화 10〉을 참조.
40 저자가 우즈베키스탄 타슈켄트 집단농장 폴리토트젤에서 일해와 진행한 대담(2010.4.23).
41 Katherine B. Eaton, *Daily Life in the Soviet Union,* p.136. 136쪽에서는 소비에트 집단농장의 생산 할당량과 할당량을 채우지 못한 성원들을 쫓아낸 몇몇 집단농장의 사례를 기술한 솔제니친을 인용하고 있다.
42 저자가 우즈베키스탄 타슈켄트에서 일라리온 엄과 2008년 6월 17일과 2009년 6월 14일에 진행한 두 차례 대담. 그의 어머니에게는 몇몇 종류의 건강문제가 있었던 것 같으며 이러한 이유로 그의 가족에게 할당된 생산량 (노르마, norma) 전체를 충족할 수 없었다. 집단농장은 한인 추방자인

일라리온에게도 너무나 과도한 추가노동을 부과했기 때문에 그는 정상적인 어린 시절을 보낼 수 없었다.

43 김운녹과의 대담.

44 김건서와의 대담.

45 라이자 니가이와의 대담.

46 저자가 우즈베키스탄 토이 테 파에서 엘레나 강과 진행한 대담(2009.9.6).

47 웬디 골드만은 1920년대의 공장노동자들 사이에서 남성들은 평균 하루 3시간의 여가시간이 있었던 반면 여성들의 그것은 2시간 20분이었다는 소비에트의 조사결과를 인용하였다. 이 보고서에 의하면 (음식준비를 포함한) 여성들의 평균 가사노동의 시간은 5시간이지만 남성들의 그것은 단지 2시간이었다. 중요한 사실 하나는 여성들이 남성들보다 가사일에 2시간 30분을 더 썼다는 것이다. 이 보고서에 의하면 남성들의 수면 시간은 여성들보다 길었다. 보고서 작성자에 의하면 집단농장의 여성들은 농촌지역의 완제품과 서비스의 부족으로 (예를 들자면 식당과 세탁소, 손질된 채소) 도시지역의 여성들보다 주당 더 많은 시간을 일했다. Goldman, *Women, the State ac Revolution*, p.130을 보라.

48 저자가 우즈베키스탄 세베르니이 마야크에서 나데즈다 리와 2009년 6월 1일 진행한 대담; 저자가 우즈베키스탄 프라브다 콜호즈에서 박인옥과 진행한 대담(2009.6.10).

49 한인들의 추방 이후 상황은 독특했다. 그들은 타슈켄트 외곽에 '행정적으로 정착'되었지만 1938년 9월 28일부터 우즈베키스탄 NKVD 메예르 대위가 서명한 명령에 따라 그곳에 거주하거나 이동하는 것은 금지되었다(문서 전체는 우즈벡 소비에트 문서고로부터 재발간되었다). V. D. Kim, *Pravda polveka spustia*, p.132를 보라. 이 명령은 한인들이 1953년부터 재개된 적군으로의 한인충원 이전까지 철회되지 않았다. 이러한 금지로 예를 들자면 타슈켄트의 도시 거주자들보다 한인이 바지나 치마와 같은 공산품 획득을 더 어렵게 했기 때문에 한인 여성들의 작업부담을 증가시켰다. 폐타이어로부터 신발 제작과 관련해서는 저자가 우즈베키스탄 타슈켄트 폴리토트젤에서 블라디미르 세르게예비치 킴과 진행한 대담(2009.9.14); 그리고 저자가 우즈베키스탄 타슈켄트 스타르이 레닌스키 푸트에서 니콜라이 등과 진행한 대담(2009.9.14).

50 이러한 술집들은 불법이었지만 있었고 당국은 (경찰과 NKVD) 그들의 사업을 제재하지는 않았다. 이러한 술집들은 프리모리예의 모든 민족들을 상대했다. RGIA-DV-f. 1167, op. 1, s. 41, l.1. 술리와 한신은 차례대로 한국의 중국의 술 이름이었다.

51 저자가 우즈베키스탄 타슈켄트 카라수에서 레프 하리토노비치 추가이와 진행한 대담(2009.5.26).

52 저자가 우즈베키스탄 타슈켄트 폴리토트젤에서 감마야와 진행한 대담(2009.9.14); 저자가 우즈베키스탄 타슈켄트 폴리토트젤에서 세르게이 킴과 진행한 대담(2009.9.8).

53 Portelli, *The Death of Luigi Trastulli and Other Stories : Form and Meaning in Oral History*, p.29~80; Portelli, *The Rattle of Valle Giulia : Oral History and the Art of Dialogue*, pp.3~23 · 72~90. 구술사의 다면성의 보기로서 80세에서 90세 사이의 추방당한 사람들 중 일부는 그들이 어린 나이에 공포정치로 부모 중의 한 쪽(혹은 양친 모두)를 잃었을 때 겪었던 고통을 분명히 보여주는 진술을 했다. 그들의 한탄은 세상에 혼자 남아있다거나 갈 길을 잃어버렸다고 생각하는 아이의 한탄과 유사하게 공포스럽게 들렸다. 이때 그들은 '어린 아이'로서 말하는 중이었다. 그이후 그들은 "그 일은 아주 아주 오래전이었고 이제 나도 나이가 들었고 그것을 묻어 둘 때가 되었죠"라고 말하면서 자신들의 한탄을 이어나가곤 했다. 따라서 다면적 정체성과 목소리 모두가 현재 안에 존재한다.

54 1930년부터 1932년까지 220만의 농민이 시베리아와 중앙아시아와 같은 소련의 다양한 지역으로 '쿨락'이라는 이유로 추방되었다. 독일인과 폴란드인은 소련의 다른 민족 평균보다 훨씬 더 높은 비율로 쿨락이라는 이유로 탄압받았다. Werth, "The Mechanism of a Mass Crime : The Great

Terror in the Soviet Union, 1937~38", *The Spectre of Genocide : Mass Murder in Historical Perspective*, p.219. 서부 국경에서 쿨라으로 추방된 사람들 중 57.3%가 폴란드인과 독일인이었다. Martin, "Origins of Soviet Ethnic Cleansing", *The Journal of Modern History* 70 no. 4, p.848.

55 Martin · Terry, *The Affirmative Action Empire : Nations and Nationalism in the Soviet Union, 1923~39*, p.321.

56 GARF, f. 3316, op. 64, d. 760, l.76,78. p.76에는 다음과 같은 기록이 있다. "그렇지만 부연하자면 활동 중인 모든 조직이 독일인과 폴란드 거주지역에서 무토지 농업노동자와 빈농에 대한 지원강화 및 독일인, 폴란드인, 그리스인 집단농장의 기존 조직과 새로운 조직을 경제적으로 강화하려는 당 중앙위원회와 지도부의 당면 지시를 아직 실천하고 있지는 않다."

57 폴란드인의 경우 이데올로기의 적으로 그들이 분류된 이유는 주로 자본주의의 제국주의 이데올로기 와 소련에 반대하는 국가로서 대표되는 폴란드와 폴란드인 때문이었다. 즉 '외형적으로 민족문제'인 폴란드인과 독일인에 대한 인종청소는 '소비에트의 외국인 혐오'라는 마틴의 이론에 따르면 소비에트 사회주의에 대한 국가 간의 이념적 전투에 대한 단순한 위장이었다. 그는 다음과 같이 지적한다. "여기서 더 결정적인 것은 슘스키사건, 폴란드에서 필수드스키의 권력 부상, 1927년의 전쟁 공포 같은 것들의 복합적인 결과였다. (…중략…) 국경을 초월하는 인종적 유대가 외국의 자본주의적 영향력의 침투를 위한 중요한 도관으로 점차 간주되었기 때문에 소비에트의 외국인 혐오는 인종에 대한 혐오가 되었다." Martin · Terry, *The Affirmative Action Empire : Nations and Nationalism in the Soviet Union, 1923~39*, p.325를 보라. 이것의 함의는 (폴란드의) 필수드스키가 우크라이나 를 폴란드의 영향권 아래에서 적극적 간첩행위를 하는 제5열로 전환시켜 소비에트 러시아와의 유대를 약화시킨다는 것이었다. 소비에트의 외국인 혐오에 대한 마틴의 정의에 대해서는 Martin, "Origins of Soviet Ethnic Cleansing", *The Journal of Modern History* 70 no. 4, p.829를 보라.

58 이 시기는 1922년부터 집단화(1930년)까지이다.

59 Brown, *A Biography of No Place : From Ethnic Borderland to Soviet Heartland*, p.4. 독일의 기사들은 13세기에 발트해지역 인근의 여러 지역을 최초로 정복했다. 14세기 무렵 발트지역의 초기 도시의 주민 다수는 독일인들이었다.; Lieven, *The Baltic Revolution : Estonia, Latvia, Lithuania, and the Path to Independence*, pp.43~57 · 133~138을 보라. 폴란드 귀족에 대해서는 Subitelny, *Ukraine : A History* 4th ed, pp.69~104를 보라. 유아세례를 인정하지 않는 메노파와 같은 일부 '독일' 공동체분파는 집단화의 명령을 매우 극단적으로 성실히 따랐다. 예를 들어 (주위원회 의) 보고서에 따르면 메노파의 지도자 중 한 사람은 다음과 같이 말했다. "국가가 집단농장에 가입하라고 우리에게 명령한다면 우리는 그것을 실행할 것이다. 왜냐하면 성경이 "권력자의 명령에 복종하라"고 말하고 있기 때문이다." GARF, f. 3316, op. 64, d. 780, l.77.

60 발트지역의 독일인들에 관해서는 Thaden et al., *Russification in the Baltic Provinces and Finland, 1855~1914*, pp.3 · 15 and 여러 쪽. 발트지역은 1710년에 러시아제국에 최초로 편입되었지만 집단화 기간에 소련의 일부는 아니었다는 사실을 주목하라. 그렇지만 우크라이나에서 (귀족이 아니지만) 대토지를 소유한 독일의 식민주의자들은 토지경작을 소작농에게 맡겼다. 독일인들이 러시아 귀족의 일부가 아니었기 때문에 그들에게는 농노가 없었다. Otto Pohl, "Volk auf dem Weg : Transnational Migration of the Russian-Germans from 1763 to the Present Day", *Studies in Ethnicity and Nationality* 9 no. 2, 2009, pp.267~286을 보라.

61 소비에트 시기의 원초주의에 관해서는 Arsenev의 「백서」를 참조, 한인들과 러시아인들 간의 자원을 둘러싼 '갈등'에 대해서는 Martin · Terry, *The Affirmative Action Empire : Nations and Nationalism in the Soviet Union, 1923~39*, p.323; Martin, "Origins of Soviet Ethnic Cleansing", p.837을 보라.

62 Li, U Khe · En Un Kim, *Belaia kniga*, pp.114~115.

63 박 표트르과 리 빅토르와의 대담. 두 사람 모두 한인들은 통상 만주로 갔다고 얘기했다. 한국으로의 귀환은 소비에트 한인들에게 소비에트 스파이라는 탄압 혹은 일본통치의 열악한 상황 그리고 토지가 없는 사람들에게 훨씬 더 열악했던 상황 때문에 확실한 죽음을 또한 의미했을 수도 있었다.

64 추방 이후 약 70년 이상이 지난 다음에도 이 문제를 논의한다는 것은 자치지역의 문제가 소비에트 한인들에게 미해결의 문제로 남아 있음을 보여준다. 저자가 키르키스스탄 비슈케크에서 아나톨리 킴과 진행한 대담(2006.7.19); 그리고 세라피마 킴과의 대담.

65 소련의 해체 이후 고려인들은 카자흐스탄 크질 오르다, 혹은 극동에서 자치주 창설을 논의했다. G. N. Kim, Ross King eds., "Koryo Saram : Koreans in the Former USSR", p.104과 p.112 29번 각주를 보라.

66 V. D. Kim, *Pravda polveka spustia*, p.129.

67 허일과의 대담. 허일 선생은 이 행사 동안 사보타지가 있을 수도 있었다고 회상했다. 행사의 와중에 화재가 발생하여 선생의 아버지는 화상을 입었지만 목숨을 부지할 수 있었다고 한다.

68 "Voprosy mestnogo natsionalizma", *Krasnoe znamia*, 1931.1.19, no.15(3182).

69 "Pridaviia iskluchitalnoe znachenie prakticheskomy provedeniu Leninskoi natsionalnoi politiki", *Krasnoe znamia*, 1931.1.31, no.25(3192) : 2.

70 Kawakami, *Manchukuo : Child of Conflict*, pp.191~193.

71 일본은 (일본, 한국, 만주로부터) 제국군으로 한인들의 충원을 1938년에 시작했다. Aiko, Koreans in the Imperial Army", *Perilous Memories : The Asia-Pacific War(s)*, p.203.

72 RGIA-DV, f. 85, op. 1, d. 28~1, l.147~149.

73 Stalin, *Stalin Works*, p.146.

74 중국, 일본 그리고 한국 간의 문화적 연계는 수천 년 전에 멀어지기 시작했다. 노르만족의 프랑스어도 한때는 잉글랜드에서 사용되었다. 소비에트 정부는 프랑스 함락 이후 동맹국 영국에 대한 신뢰를 재고해야만 했을까? 제2차 세계대전 이전 중국인과 한인들이 일본의 팽창에 맞서 싸웠던 기록을 고려했을 때 일본에 대해 중국인과 한인이 정치적으로 충성했다고 갖다 붙이는 것은 억지스럽다.

75 NARA, T1249, rg 59, roll 71, frame 51, date 1935.

76 Fuchs, "The Soviet Far East as a Strategic Outpost and the Regional Authorities' Nationality Policy : The Korean Question, 1920~1929", p.212.

77 Haruki Wada, *VKP, Komintern ilaponiia, 1917~1941*, Moscow : ROSSPEN, 2001, pp.46~49.

78 Jonathan A. Bone, "Socialism in a Far Country : Stalinist Population Politics and the Making of the Soviet Far East, 1929~1939", p.47.

79 이 학교는 1937년에 문을 닫았다. Hiroaki Kuromiya가 저자에게 보낸 2012년 3월 26일 자 이메일. 쿠로미야 교수는 이 정보를 료코 나카추가(1984) 간행한 『공허』라는 책에서 얻었는데 그녀의 가족이 1937년 블라디보스토크를 떠날 때 그녀의 나이는 12세였다.

80 RGIA-DV, f.144, op. 5, d. 6, l.156~157, 187.

81 문서고의 보고서는 약 30쪽 분량이다.

82 맥아더 문서고 RG-6, Box 99, Folder 1, Annex I, 7~8, Box 99, Folder 1는 제2차 세계대전 이후 일본의 간첩과 군사첩보 지도자들에 대한 신문을 기반으로 작성된 보고서이다.

83 Kuromiya · Mamoulia, "Anti-Russian and Anti-Soviet Subversion : The Caucasian-Japanese Nexus, 1904~1945", p.1416.

84 Snyder, *Sketches from a Secret War : A Polish Artist's Mission to Liberate Soviet Ukraine*, p.122에는 폴란드인, 폴란드어 사용자, 우크라이나인, 폴란드에서 이주한 갈리시안들에 대한 폴란드의 선호에 관련된 면밀한 정보가 수록되어 있다. 이들은 1930년대의 다양한 억압으로 인해 불만을

가지게 되었다.

85   Martin, "Origins of Soviet Ethnic Cleansing", pp.854~855.

86   나이르(A. M. Nair)는 1937년 추방 이전까지 만주 신강의 일본 스파이 학교의 교관이었다. 서울에서 온 한인 이개청이 30여 명의 한인 가운데 교육을 받고 소련에 파견될 일인으로 선발되었다. 일본인들은 이 학교 한인 스파이들과 그 이후 연락이 끊어졌다. 대다수는 제2차 세계대전 이후 북한으로 넘어가 공산주의자가 되었다. Nair, *An Indian Freedom Fighter in Japan : Memoirs of A. M. Nair* 2nd ed, pp.142~146을 보라. 게다가 슌 아키쿠사는 만주 일본 첩보부의 대장이었고 나이르를 알고 있었음이 거의 확실하다. 아키쿠사는 총 32명의 스파이 두 집단이(대다수가 망명 러시아인) 1933년과 1936년 사이에 소비에트 영토로 파견되었다고 적었다. (3명이 소비에트 영토로 침투했다고 보고되었지만) 어떤 첩보도 일본으로 전해지지 않았고 아키쿠사는 소련으로부터 아무도 돌아올 수 없었다고 믿었다. Hiroaki Kuromiya・Andrej Peplonski, "The Great Terror : Polish-Japanese Connections", *Cahiers du monde russe* 50 no. 4, 2009, p.659를 보라.

87   소비에트의 민족은 5개의 구성요소를 가지고 있지만 소비에트 통행증의 맥락 안에서 (5번째 줄) '민족'은 인종이었다.

88   RGIA-DV, f. 85, op. 1, d. 43a-2, l.7. 『적기』가 극동지구 관계당국의 중요한 매체 중의 하나인 것처럼 보인다.

89   Martin・Terry, *The Affirmative Action Empire : Nations and Nationalism in the Soviet Union, 1923~39*, pp.450~451.

90   Vanin, *Koreitsy v SSSR : Materialy sovetskoi pechati, 1918~1937 gg*, p.288에서 인용된 문서 120.

91   고 선생은 한인들이 극동에 대규모의 쌀 농사를 1905년 무렵에 도입했다고 말했다. Kho, *Koreans in Soviet Central Asia*, p.71.

92   베르가비노프는 1931년부터 1933년까지 지역의 서기였다. 1934년 '보고서'의 부활에 있어서 베르가비노프 혹은 라브렌티예프의 활동 혹은 관여에 대해 알려진 바는 없다.

93   Arsenev, "Doklad B. K. Arseneva. Dalnevostochnomu kraevomu komitetu Vsesouznoi Kommunisticheckoi Partii" ed. Boris Diachenko, *Zheltaiaopasnos*, p.115.

94   Ibid., p.101. 쟈첸코의 황화론은 사료 모음집이라는 점을 주목하라. 이것은 아르세네프의 '보고서' 전문을 재수록하고 있다. 아르세네프의 '황인종'은 일본인, 한인, 중국인만을 의미했다. Khisamutdinov, *Vladimir Klavdievich Arsenev, 1872~1930*, p.173.

95   Ibid., p.114.

96   Khisamutdinov, *The Russian Far East : Historical Essays*, p.119.

97   Arsenev, "Doklad B. K. Arseneva. Dalnevostochnomu kraevomu komitetu Vsesouznoi Kommunisticheckoi Partii" ed. Boris Diachenko, *Zheltaiaopasnos*, p.115.

98   Coox, *Nomonhan : Japan against Russia, 1939* Vol. 1, p.75.

99   Ibid., p.84.

100   이것에 대해서는 앞의 장에서 설명한 바 있다.

101   Chae-Jin Lee, *China's Korean Minority*, p.20.

102   Martin・Terry, *The Affirmative Action Empire : Nations and Nationalism in the Soviet Union, 1923~39*, pp.320~321.

103   Werth, "The Mechanism of a Mass Crime : The Great Terror in the Soviet Union, 1937~38", p.219.

104   스나이더는 NKVD의 이러한 주장의 신빙성을 명확하게 부정한다. Snyder, *Sketches from a Secret*

War : A Polish Artist's Mission to Liberate Soviet Ukraine, p.121을 보라.

105 Ibid., p.116.

106 Ibid., pp.117~119.

107 극동의 음모에 대해서는 John J. Stephan, *The Russian Far East*, pp.203~205, OGPU의 권한 확대에 대해서는 Khlevniuk, *Master of the House*, pp.127~128을 보라.

108 Martin, *Affirmative Action Epire*, 323; Vanin, *Koreitsy v SSSR : Materialy sovetskoi pechati, 1918~1937 gg*, pp.267~278.

109 Khisamutdinov, *The Russian Far East : Historical Essays*, p.120.

110 아미르 A. 히사무트디노프는 『러시아 극동 역사학보(*Russian Far East Historical Review*)』에서 획득한 사실이 자신이 알고 있는 모든 것이라고 말했다. 아르세노프 보고서의 생성과 결과에 대한 자료는 현재 NKVD / FSB 러시아 국립문서고에 있으며 그 어떤 연구자들에게도 개방되고 있지 않다. 저자에게 보낸 이메일(2012.5.19)

111 특별적기군에 1,200명이라는 한인들이 있었다는 나의 추정은 4천에서 5천에 달했던 한인 적군 파르티잔의 다수가 열강 간섭 이후 적군 / 특별적기군에 합류했다는 사실에 근거한다. 또한 1930년대 의 여러 차례의 숙청 이후인 1937년 8월에 특별적기군의 병사와 장교로 747명의 한인들이 있었다.

112 Zhanna Son, *Rossiikie Koreitsy : Vsesilie vlasti i bespravie ethnicheskoi obshnosti, 1920~1930*, p.375. 숙청과 관련된 숫자에 대해서는 Gregory, *Terror by Quota*, pp.218 · 224~225를 보라.

113 집시는 1920 · 1926 · 1939년 소비에트 민족 조사에서 민족으로 분류되었다. Hirsch, *Empire of Nations*, pp.327 · 330 · 334를 보라. 특별적기군 민족구성의 다양성에 대해서는 Zhanna Son, *Rossiikie Koreitsy : Vsesilie vlasti i bespravie ethnicheskoi obshnosti, 1920~1930*, p.371을 보라.

114 RGVA -f. 25871, op. 2, d. 131a, l.30. 볼로츠키의 (매독)과 같은 병력이 그에게 불리하게 이용된 것처럼 보인다. 학교 교장으로서의 그의 업무 수행 능력이 그렇게 형편없었더라면 1930년대 중반에 소비에트 국경을 지키는 특별적기군의 부대 지휘관 업무를 위해 야쿠티아에서 어떻게 자리를 옮길 수 있었겠는가?

115 결론적으로 RGVA 문서는 "그의 민족 성분에 의하면 (…중략…)"이라고 기록하고 있다.

116 Zhanna Son, *Rossiikie Koreitsy : Vsesilie vlasti i bespravie ethnicheskoi obshnosti, 1920~1930*, pp.373~375.

117 문서고 자료의 왜곡에 대해서는 Howell · Prevenier, *From Reliable Sources : An Introduction to Historical Methods*, pp.57~60 · 65 · 68을 보라.

118 Zhanna Son, *Rossiikie Koreitsy : Vsesilie vlasti i bespravie ethnicheskoi obshnosti, 1920~1930*, pp.379~381.

119 에브게니아 츠하이(Evgenia Tskhai)에 의하면 블라고슬로벤노에는 1927년부터 자체 방어부대를 확대시켜 왔다. 이들 무장 군인들은 야간에 블라고슬로벤노에 경계 주변을 감시했다. 한인들의 추방 이전까지 이러한 의무는 지속되었다. 예브게니아 츠하이와의 두 번째 대담.

120 Pashkov, *krai rodnoi-Dalnevostochnyi*, pp.90 · 92~94. 파쉬코프는 소련 군사사 분야의 역사가였다.

121 예를 들자면 1933년 4월, 하바롭스크에서는 집단농장의 모든 구성원과 동원해제된 적군의 집단농장 구성원들에게 지역의 자체 방어부대에 가입하라는 호소가 있었다. Ibid., p.90을 보라.

122 Z. Ianguzov, *OKDVA na strazhe mira i bezopasnosti SSSR, 1929~1938 gg*, Blagoveshchensk : Khabarovskoe knizhnoe delo, 1970, p.173. 얀구조프는 소비에트 군사사 분야의 역사가였고 소비에트 군대 문서고를 사용하여 연구서 대부분을 집필했다(p.4를 보라).

123 한인 적군 수비대에 대해서는 Powell, *My Twenty-Five Years in China*, p.211을 보라. 파웰의 자서전에 의하면 소비에트 정부는 그가 1935년 11월부터 1936년 1월까지 소련에서 보낸 3개월

동안 '특별하게 대우'했다. 파웰은 『시카고 트리뷴』의 언론인이자 편집자로서 특별 임무를 부여받았다(p.61). 그는 인투리스트의 가이드 / 통역원이었고 (pp.208~209) 1935년 11월부터 12월까지 블라디보스토크에 체류했다.

124 NARA, RG 59, T1249, roll 40, 458~459.

125 NARA, RG 59, T1249, roll 40, 458.

126 중국인 체키스트들은 루반카와 우크라이나에서 복무했다. Leggett, *The Cheka : Lenin's Political Police*, pp.198 · 262 · 264를 보라. 툴라주 문서고 자료에 의하면 수백 명의 중국인 체키스트가 있었다. Brovkin, *Dear Comrades : Menshevik Reports on the Bolshevik Revolution and the Civil War*, p.158을 보라. Karpenko의 *Kitaiskii legion*은 제1차 세계대전기에 러시아제국에는 대략 300,000의 동아시아 노동자가 있었다. 러시아 내전기에 이들 노동자들은 대략 61개의 별도의 '중국인' 적군과 파르티잔부대를 형성했다. 1921년 군인 신분을 벗어나면서 다수가 Cheka / OGPU 에 합류했다. Karpenko, *Kitaiskii legion*, pp.12~13 · 322~325를 보라. '중국인' 부대로 불렸을 때도 부대의 모든 구성원이 중국인이라는 의미는 아니었다. 거기에는 얼마간의 한인 혹은 중국에서 온 한인들이 있었을 것 같았다. 글렙 이의 할아버지 이상은 체카 시절 동안 소비에트의 비밀경찰을 위해 일하기 시작했다고 알려지게 되었다. 그리하여 그의 가족은 자신들의 할아버지를 계속 체키스트로 불렀다.

127 Wada, "Koreans in the Soviet Far East, 1917~1937", p.45; Bugai · Pak, *140 let v Rossii*, pp.237~238.

128 Steven E. Merritt, "The Great Purges in the Soviet Far East, 1937~1938", p.177에 의하면 1930년과 1936년 사이 6만 여명이 억류 혹은 체포, 사살당했다. 1936년 6월에는 15명의 중국인과 한인들만이 포함되는 6건의 국경 사건이 있었다. 쿡스에 의하면 극동에서의 소비에트 국경 관할당국은 1932년부터 1945년까지의 1,850건의 국경 사건과 불법 월경을 일본인 탓으로 돌렸다. Coox, *Nomonhan : Japan against Russia, 1939* Vol. 1, p.99를 보라.

129 Francine Hirsch, "Race without the Practice of Racial Politics", *Slavic Review* 61 no.1, p.38. 마다나 트롤스타노바는 히르쉬의 주장을 예리하게 부정한다. 소비에트 민족과 인종문제에 관한 트롤스타노바의 저서는 내가 읽은 소비에트 / 러시아에 관한 연구 중 아마도 가장 훌륭하고 가장 균형감 있는 연구서 중의 하나일 것이다. Tlostanova, *Gender Epistemologies and Eurasian Borderlands*, pp.114~129를 보라.

130 Wada, "Koreans in the Soviet Far East, 1917~1937", pp.44~45. 게티는 대숙청기의 '당원 서류 조사'라는 완곡표현은 NKVD 삼인방에 의한 억압을 보통 의미한다고 설명한다. J. Arch Getty, *Origins of the Great Purges : The Soviet Communist Party Reconsidered, 1933~1938*, Cambridge : Cambredge University Press, 1991, p.124를 보라.

131 Kuzin, *Dalnevostochnye Koreitsy : Zhizn i tragediia sudby*, pp.112~113. 쿠진은 1929년 7월 10일에 나온 극동지구 위원회의 다음과 같은 결의문을 인용했다. "최근 한인 공동체간의 집단적 투쟁이 숙청을 낳게 했다. 이런 상황은 당 협의회 결의문 9항, 즉 [한인] 민족집단의 지도자 한명세를 블라디보스토크 관구 경계 밖으로 전근시키는 블라디보스토크 관구 위원회의 다른 조치와 더불어 그를 몰아내는 결의문을 가능케 했다."

132 RGASPI, f. 17, op. 21, d. 5411, l.273.

133 Vanin, *Koreitsy v SSSR : Materialy sovetskoi pechati, 1918~1937 gg*, pp.289~290 · 292에 인용된 문서 123과 125를 보라.

134 Wada, "Koreans in the Soviet Far East, 1917~1937", p.52.

135 김자연은 1956년 11월 3일, 소비에트 고등 군사법정에서 복권되었다. Vanin, *Koreitsy v SSSR : Materialy sovetskoi pechati, 1918~1937 gg*, p.290을 보라.

136 Wada, "Koreans in the Soviet Far East, 1917~1937", p.46.

137 Priestland, *Stalinism and the Politics of Mobilization : Ideas, Power and Terror in InterWar Russia*, pp.334~338.

138 Wada, "Koreans in the Soviet Far East, 1917~1937", p.46.

139 아쉽게도 쿠진은 숙청당한 한인들의 숫자를 제시하지는 않았다. Kuzin, *Dalnevostochnye Koreitsy : Zhizn i tragediia sudby*, pp.112~113.

140 "Rabota sredi natsmenshinstv," *Krasnoe znamia*, August 26, 1924, no. 194 (1210); "Rabota koreiskoi organizatsii," *Krasnoe znamia*, March 15, 1925, no. 61 (1376); *Krasnoe znamia*의 그 외 다른 호를 보라.

141 Kuzin, *Dalnevostochnye Koreitsy : Zhizn i tragediia sudby*, p.113.

142 OGPU / NKVD는 죄수들이 구금 중이거나 석방된 이후 그들 중의 상당수를 충원했다.

143 마지막 사항과 관련하여 내가 의미하는 바는 폰토스의 그리스어와 함경도의 한국어이다. 정보원의 연결망에 대해서는 Shearer, *Policing Stalin's Socialism : Repression and Social Order in the Soviet Union, 1924~1953*, pp.130~138 (정보원 연결망에 대해서는 특히 p.135)와 Read, *From Tsar to Soviets : The Russian People and Their Revolution*, p.205를 보라. 리드는 이러한 관행이 차르의 비밀경찰 (오흐라나)에 의해 처음 도입되었다고 강조한다.

144 각 단위는 호송차당 4가족을 태운 60에서 70개의 호송차로 편성되었고 가족의 수는 평균 5인이었다. 이것을 기준으로 추방된 총인원은 대략 1,200~1,400명 사이였다. Li, U Khe · En Un Kim, *Belaia kniga*, pp.89~92를 보라.

145 Polian, *Against Their Will : The History and Geography of Forced Migrations in the USSR*, pp.94~95.

146 Martin, "Origins of Soviet Ethnic Cleansing", p.849. 추방된 핀란드인들은 잉그리아지역의 핀란드인들로 이들은 소련과 핀란드 국경 근처에 살고 있던 민족이었다

147 아르세네프와 게이츠만과 관련하여 두 사람의 보고서 모두 한인들을 인종적 혹은 문화적으로 '이방인'으로 간주했다.

148 한인들이 1927년부터 1931년에 걸쳐 간헐적으로 중앙아시아로 추방되었다는 것을 또한 기억해야 한다.

149 Stephan Kim, "Istoved Soryon Saram : Sovetskogo cheloveka", *Druzhba narodov* no. 4, 1989, p.189.

150 John J. Stephan, *The Russian Far East*, p.204. 1934년 김 아파나시가 (집단농장의 비밀경찰인) 폴리토트델 분과에서의 업무로 치하를 받았다는 사실을 고려할 때 '경계부족' 때문에 그를 축출한 것은 합당하지 않았다.

151 Wada, "Koreans in the Soviet Far East, 1917~1937", p.47.

152 Suturin, *kraevogo masshtaba : O zhertvakh Stalinkogo bezzakonia na Dalnem Vostoke*, p.188; Ku-Degai, *Koreitsy-zhertvy politicheskikh repressii v SSSR, 1934~1938gg.*, pp.62~63.

153 Conquest, *The Great Terror : A Reassessment.*, pp.83~108.

154 프리모리예 7개 지구에서 '그 외' 주민으로는 러시아인과 우크라이나인이 거의 45 : 45의 비율을 차지했고 '그 외' 유럽인이 10~15%를 차지했다.

155 Dalnevostochnoe Kraevoe Zemelnoe Upravlenie, *Itogi perepisi koreiskogo naseleniia Vladivostokskogo okruga v 1929 godu (prilizhenie k tablitse A)*, Khabarovsk : Vladivostok, 1932. 포시에트지구의 95% 한인비율에 관해서는 Ia. Ten, "Koreitsy sovetskogo soiuza" *Revoliutsiia i natsionalnosti* 7, p.47을 보라.

156 Martin · Terry, *The Affirmative Action Empire : Nations and Nationalism in the Soviet Union, 1923~39*, p.318에 의하면 1929년에 성립된 한인 소비에트촌의 수는 171개였다. 한인 소비에트 촌 (5~9개의 마을로 구성된)의 성장은 다음과 같다. 57(1924), 87(1925), 105(1927), 171(1929), 182(1935). Kuzin, *Dalnevostochnye Koreitsy : Zhizn i tragediia sudby*, pp.103~105.

157 여기서 '게리멘더링'이 뜻하는 바는 한인들에게 가장 최소의 영토를 부여하여 가능한 한 정치적으로 가장 위협이 되지 않는 권한을 부여한다는 것이다.

158 Zenkovsky, *Pan-Turkism and Islam in Russia*, pp.205~207.

159 막수도프는 소비에트의 다양한 민족들은 동등하게 구성되지 않았다고 지적했다. 자치 소비에트 사회주의 공화국 혹은 연방 공화국에 편입되지 않은 민족들은 2·3급 민족으로 취급되었다. Maksudov, "Prospects for the Development of the USSR's Nationalities", *The Soviet Union and the Challenge of the Future Volume 3 : Ideology, Culture and Nationality*, p.331. 앞에서 언급한 자치 소비에트공화국과 소비에트 사회주의 공화국 모두는 1920년대부터 1930년대까지 창설되었음을 주목하라.

160 RGIA-DV, f.85, op. 1, d.135, l.133.

161 "Innostrannyi shpionazh na Sovetskom Dalnem Vostoke", *Pravda*, 1937.4.23.

162 여기서 '불교신자'라는 말은 중국인, 한인, 일본인들을 상징하는 말이었다. 이것은 문제를 내포하고 있는 '황화론적' 수사였는데 다수의 일본인들은 신도 신자였기 때문이다. "Podryvnaia rabota iaponskoi razvedki", *Pravda*, 1937.7.9을 보라. 1984년에 간행된 료코 나쿠츠의 보코쿠코 Bokokuko는 극동의 일본거주자 대다수는 1937년 1월에 추방되었다고 지적한다. Hiroali Kuromiya가 저자에게 보낸 이메일(2012.3.26).

163 Michael Gelb, "An Early Soviet Ethnic Deportation : The Far-Eastern Koreans" *Russian Review* 54 no.3, p.398; Wada, "Koreans in the Soviet Far East, 1917~1937", p.50을 보라. 와다는 프라브다의 기사 게재일을 1937년 7월 29일로 잘못 기재했다.

164 Jeffrey Brooks, *Thank You Comrade Stalin : Soviet Public Culture from Revolution to Cold War*, Princeton, NJ : Princeton University Press, 2000, p.5에서는 다음과 같이 지적한다. "스탈린은 이때부터 중앙언론을 감독하기 시작했다. (…중략…) 1920년대 후반부터 프라브다 혹은 이즈베스티야의 모든 새로운 기획은 중앙위원회의 승인이 필요했다."

165 Barry McLoughlin, "Mass Operations of the NKVD, 1937~8 : A Survey", *Stalins Teror : High Politics and Mass Repression in the Soviet Union*, p.121.

제7장 한인들의 추방과 중앙아시아에서의 삶, 1937~1940년대 초 ─────

1 Li, U Khe · En Un Kim, *Belaia kniga*, p.111.

2 Freeze, *Russia : A History* 2nd ed, pp.474~475.

3 Coox, *Nomonhan : Japan against Russia, 1939* Vol. 1, p.84.

4 Wada, "Koreans in the Soviet Far East, 1917~1937", p.45.

5 '사회적으로 해로운 분자'들의 예는 종교 지도자 (성직자, 승려), 쿨라과 범죄자들이었다.

6 모든 폴란드인들에 대한 추방 명령은 1937년 10월까지 하달되지 않았다. Martin, "Origins of Soviet Ethnic Cleansing", p.854를 보라. (극동에서 모든 한인들을 추방하라는) 명령 1428~326ss와 1647~377ss는 1937년 9월 28일에 하달되었다.; Li, U Khe · En Un Kim, *Belaia kniga*, pp.64~65 · 80을 보라.

7 관동군에 대해서는 Suturin, *kraevogo masshtaba : O zhertvakh Stalinkogo bezzakonia na Dalnem*

Vostoke, p.188을 보라. 폴란드 무장 조직에 대해서는 Snyder, *Sketches from a Secret War : A Polish Artist's Mission to Liberate Soviet Ukraine*, p.121을 보라. 소비에트의 독일인, 핀란드인, 라트비아인들의 추방에 대한 이유 또한 핀란드와 라트비아 첩보원, 게쉬타포, 독일의 총사령부 그리고 라트비아 반혁명 집단이 소비에트 영토 내에서 더 이상의 작전 수행을 금지하기 위함이었다. 이러한 반소비에트 집단들은 특별하게 지명되었다. Barry McLoughlin, "Mass Operations of the NKVD, 1937~8 : A Survey", p.122를 보라.

8   Khlevniuk, "Objectives of the Great Terror, 1937~38" *Soviet History, 1917~53 : Essays in Honour of R. W. Davies*, pp.172~173. 맥러플린은 "대숙청의 희생자들은, (…중략…) 범죄 여부와 상관없이 '객관적 사태전개'(전쟁)의 기대 안에서 범죄를 저지를 수 있다고 규정된 '객관적 적들'이었다"는 몰로토프의 지적에 동의하지 않는다. Barry McLoughlin, "Mass Operations of the NKVD, 1937~8 : A Survey", p.144를 보라.

9   Martin, "Origins of Soviet Ethnic Cleansing", p.855.

10   그렇지만 몽골인에 대한 대숙청의 목표는 달랐다. 3가지 중요 목표는 초이발산의 정적과 경쟁자 제거(초이발산은 몽골 공산당의 총비서였다), 부랴트인의 제거 그리고 불교 지도자와 라마교의 제거였다. Baabar, *Twentieth Century Mongolia*, p.361을 보라. 또한 몽골 숙청에 대한 전체 역사에 대해서는 pp.325~364를 보라.

11   "결국 정치국과 사무국의 두 기구는 스스로가 최고의 권위를 가지고 있는 스탈린 아래에서 자문기구로서 기능했다. 군사전략과 외교 정책과 같은 중요문제의 결정은 스탈린만이 할 수 있었다." Khlevniuk, *Master of the House*, p.243을 보라.

12   스탈린은 이 무렵 중앙언론을 사적으로 통제하기 시작했다. 이즈베스티야의 편집진이자 1931년부터 1934년까지 신문의 편집자였던 이반 그론스키는 1927년 그를 거의 매일 만났다고 기억하고 있었다. Jeffrey Brooks, *Thank You Comrade Stalin*, p.5를 보라. 또한 고르리즈키와 몸센은 "(…중략…) 숙청은 스탈린 치하의 중앙의 소수 지도부에 의해 시작되었다"고 지적했다. Yoram Gorlizki · Hans Mommsen, "The Political (Dis)Orders of Stalinism and National Socialism", *Beyond Totalitarianism : Stalinism and Nazism Compared*, p.69를 보라.

13   Burds, "The Soviet War against 'Fifth Columnists' : The Case of Chechnya, 1942~4", p.272에 의하면 "1938년 중반에 이르러 외국인과 그들의 동료에 대한 병리학적 불신과 잠재적 스파이에 대한 비정상적 조사는 소련의 일상적 분위기에 해를 가했다". 극동에서 이러한 분위기는(포시예트 지부 공산당의 한인의장인) 김 아파나시의 체포로 시작되었다고 나는 생각한다. 이 책에서 언급한 한인과 일본인 스파이에 대한 프라브다 기사는 1937년에 등장했다. (제5열로서)디아스포라 민족을 바라보는 시각에 대해서는 Oleg V. Khlevniuk, *Stalin : New Biography of a Dictator*, p.156을 보라.

14   오토 폴은 (다른 민족의 추방과 비교할 때) 한인들의 추방에 관련한 5조의 특이성을 또한 지적했다. J. Otto Pohl, *Ethnic Cleansing in the USSR, 1937~1949*, pp.11~12를 보라.

15   Wada, "Koreans in the Soviet Far East, 1917~1937", p.50. 부유한 한인들 중 다수가 1929~1931년 쿨락에 대한 탄압 시기에 만주로 또한 넘어갔다. Martin · Terry, *The Affirmative Action Empire : Nations and Nationalism in the Soviet Union, 1923~39*, p.323을 보라.

16   저자가 키르기즈스탄 비쉬켁에서 인노켄티 진해 김과 진행한 대담(2009.7.3).

17   Wada, "Koreans in the Soviet Far East, 1917~1937", p.52는 극동의 한인들 사이에 숨어서 일본을 위해 정보수집을 했던 만주 줄신의 한인들에 대한 일본 문서고의 자료를 인용한다. 일본의 스파이가 한인들 사이에 숨어 있었더라도 이들 극동의 한인들이 그 사람이 스파이라거나 그에게 협조했다는 것을 알았다는 증거는 없다. 더 중요한 문제는 자신들의 안전확보였다.

18 Vanin, *Koreitsy v SSSR : Materialy sovetskoi pechati, 1918~1937 gg,* p.218에 인용된 문서 99.

19 Martin · Terry, *The Affirmative Action Empire : Nations and Nationalism in the Soviet Union,1923~39,* p.323.

20 예를 들자면 한인들에게는 하나의 민족 지구와 182개의 촌락 소비에트가 있었다. 각각의 촌락 소비에트는 9개의 독립 촌락으로 구성되었다. 5조의 이점을 활용하여 각각의 촌락 소비에트에서 20명에서 25명이 소비에트의 국경을 넘었다면 전체 수는 약 4,000명에 달한다. 그다음 한인 민족지구 인 포시예트로부터 국경을 넘은 사람들의 수를 포함시켜야 한다. 나의 추측에 의하면 이 수가 천 명에서 오천 명에 이를 수도 있지만 14,000명에 이를 가능성도 전혀 배제하지 못한다. 따라서 추방 대신에 소비에트 국경을 넘었을 수도 있는 한인들의 상한선은 14,000명이다.

21 독일인들에 대해서는 Bugai, *Ikh nado deportirovat : Dokumenty, fakty, kommentarii,* pp.36~83; Auman · Chebotareva, *Istoriia Rossiiskikh nemtsev v dokumentakh, 1763~1992 gg,* pp.158~168을 보라. 폴란드인들에 대해서는 Petrov · Roginskii, "The 'Polish Operation' of the NKVD, 1937~8", *Stalins Terror : High Politics and Mass Repression in the Soviet Union,* pp.153~172.

22 Shearer, *Policing Stalin's Socialism : Repression and Social Order in the Soviet Union, 19 24~1953,* pp.215~216.

23 Kuzin, *Dalnevostochnye Koreitsy : Zhizn i tragediia sudby,* p.164. 아버지는 한인이고 어머니가 러시아인이었던 엘레나 전은 우즈베키스탄으로 추방되었다. V. D. Kim, *Pravda polveka spustia,* p.134를 보라.

24 Bugai, *Ikh nado deportirovat : Dokumenty, fakty, kommentarii,* p.45.

25 Li, U Khe · En Un Kim, *Belaia kniga,* p.80.

26 저자가 우즈베키스탄 타슈켄트에서 김찬님과 진행한 대담(2009.5.23).

27 빅토르 리와의 대담. 리는 일본의 지배로 열악한 생활환경이 만들어졌다고 얘기했다.

28 저자가 우즈베키스탄 타슈켄트 '폴리토트젤' 집단농장에서 마야와 블라디미르 킴과 (남편과 아내) 진행한 대담(2009.9.14).

29 이은호와 세르게이 킴('스타르이 레닌스키 푸치' 집단농장)과의 대담. 세르게이 킴은 보상금이 150루블이라고 얘기했다.

30 예브게냐 최와의 대담. 자신과 가족이 추방되었을 때 11살이었던 표트르 박은 키르기스스탄 비슈케크 에브게냐 최의 이웃이었다.

31 키르기스스탄 비슈케크에서 빅토르 리와 저자의 대담(2009.8.7).

32 V. D. Kim, *Pravdapolveka spustia,* p.129.

33 Natsuka Oka, "The Korean Diaspora in Nationalizing Kazakhstan : Strategies for Survival as an Ethnic Minority," in "Korean Soryam : Koreans in the Former USSR," ed. German N. Kim and Ross King, special issue, *Korean and Korean-American Studies Bulletin* 12, no.2/3, 2001, p.112 29번 각주.

34 Li, U Khe · En Un Kim, *Belaia kniga,* p.115에서 인용된 문서 53.

35 V. D. Kim, *Pravdapolveka spustia,* p.76.

36 Li, U Khe · En Un Kim, *Belaia kniga,* pp.88 · 90 · 111 · 132.

37 극동 한인의 85.5%가 1923년에 농촌지역에 거주했다. 〈표 4〉를 보라.

38 V. D. Kim, *Pravdapolveka spustia,* pp.76~77에 인용된 NKVD 간부 메에르가 예조프에게 보낸 문서. 메에르는 NKVD의 한인 추방을 주도했던 루쉬코프의 부하였다. *Pravdapolveka spustia*는 러시아와 우즈벡 소비에트 문서고를 통합한 사료 모음집이다.

39 Ediev, *Demograficheskie poteri deportirovannikh narodov SSSR*, p.302. 에디예프는 추가적인 10%의 인구 감소가 어떻게 산출되었으며 어느 해에 10%의 감소가 일어났는지는 얘기하지 않았다.

40 Michael Gelb, "An Early Soviet Ethnic Deportation : The Far-Eastern Koreans", *Russian Review* 54 no.3, p.390 5번 각주.

41 스테판 킴이 앞서 주장했듯이 1935년에 중앙아시아로 한인들의 1,200명 가량의 '시험적인 추방'이 있었다. 따라서 나의 가설에 의하면 북사할린의 소비에트 한인들의 수는 1935년 어느 시점까지 늘어났다.

42 NARA rg 59, t1249, roll 75, pp.37~39. 소비에트는 첩보활동을 막기 위해 사할린 외부로부터 노동자들을 고용했다. 노동자들이 해고되었을 때 협약은 부분적으로 이행되고 있었다. 일본은 자원이 필요했고 소련은 경화가 필요했다. 1939년에도 북사할린 양보에 대한 논의는 지속되었다. 문서고에 남아 있기도 하지만 동시에 온라인으로 볼 수 있는 NARA 파일을(폴드 3) 보라. 사할린은 Saghalien으로 표시되기도 한다. 또한 이러한 논쟁에 관한 다양한 신문기사도 있다.

43 Kuzin, *Dalnevostochnye Koreitsy : Zhizn i tragediia sudby,*, pp.156·164·164에 의하면 1937년 10월에 북사할린에서 추방된 한인들의 전체 수는 1,155명이었다. p.156의 1932년 북사할린의 마지막 인구조사에 의한 소비에트 한인들의 수는 3,200명이었다.

44 북사할린협약에 의한 노동자 비율에 관해서는 NARA, T1249, rg 59, roll 75, frames 60~61을 보라.

45 니가이 여사는 장학금의 액수를 말하지는 않았지만 나와 대담했던 그 외 한인들에 따르면 토착화 기간 학생들의 평균 장학금은 매달 30~50루블이었다.

46 RGIA-DV-f. p-61, op. 1, d. 342, ll.16~17에 의하면 1923년 포시예트지구 집행위원회에 이반 니가이라는 인물이 있었다. 이 사람이 라이자의 할아버지라고 완전히 확신할 수는 없지만 이러한 내용은 그에 대한 일반적 서술에 부합한다.

47 대담내용을 녹음하는 과정에서 니가이는 자신들의 이웃이 우랄이라는 이름의 쉬코토보의 지역 NKVD 수장이라고 말했다. 보통 사람이 NKVD의 수장 옆집에 우연히 살 수는 없다고 가정할 때 그들이 소비에트의 간부층이었다고 가정하더라도 지나쳐 보이지 않는다.

48 Khisamutdinov, *The Russian Far East : Historical Essays*, p.120. 앞서 한창걸이 한인 NKVD 간부 중 최고 지위의 간부라고 말한 바 있다. 익명의 자료를 통해 나는 반인지(Van In Zi)라는 인물이 1937~1938년 중국인 추방을 수행한 NKVD 중국인 분과의 수장이라는 것을 알게 되었다. 반은 중국 성 왕(Wang)의 러시아식 표기이다.

49 Suturin, *kraevogo masshtaba : O zhertvakh Stalinkogo bezzakonia na Dalnem Vostoke*, pp.188~89. 세르게이 김은 이들 한인 엘리트의 다수가 실제로 코미 자치 소비에트 사회주의 공화국으로 보내져 그곳에서 처형되었다고 말했다. 김은 코미 자치 소비에트 사회주의 공화국 우크타(Ukta)의 소비에트 노동군에서 목수이자 벌채 책임자로서 3년간(1943~1845) 일했다.

50 다양한 자료에서 이것을 확인했다. M. T. Kim, *Koreiskie internatsionalisty v borbe za vlast Sovietov na Dalnem Vostoke*, pp.77~79; Svetlana Ku-Degai, *Koreitsy zhertvy politicheskikh repressii v SSSR, 1934~1938gg.*, kinga 4, p.69; 한렘(Khan Rem, 한상걸의 아들이자 한창걸의 조카)과의 대담.

51 B. D. Pak, *Khan Myon Se : Khan Andre, i Abramovich*, pp.25~26.

52 Svetlana Ku-Degai, *Koreitsy zhertvy politicheskikh repressii v SSSR, 1934~1938gg* kinga 4, p.56.

53 Ibid., p.121.

54 Suturin, *kraevogo masshtaba : O zhertvakh Stalinkogo bezzakonia na Dalnem Vostoke*, p.188;

Martin, "Origins of Soviet Ethnic Cleansing", p.855에 의하면 1937~1938년의 '민족작전'에서 체포된 사람들 가운데 73.7%가 처형되었다.

55 Khlevniuk, "Objectives of the Great Terror, 1937~38", pp.172~73; Khlevniuk, *Masters of the House*, pp.175~179.

56 Ibid., p.176.

57 '후진성'은 브라운이 문서고에서 반복적으로 발견한 선동을 위한 수사였다. Brown, *A Biography of No Place : From Ethnic Borderland to Soviet Heartland*, p.87.

58 Varneck · Fisher, *The Testimony of Kolchak and Other Siberian Materials*, p.360. 한인들이 일본 식민주의에 반대했기 때문에 '해로운 분자'였다.

59 소비에트 민족들은 우연적이고 순응적 자질 및 특성에 기초한 '사회-역사적 집단'으로 구성되어야 했었다.

60 RGIA-DV, f. 144, op. 5, d. 6, ll.156~157 · 184~187에는 OGPU가 작성한 일본의 모든 스파이들의 활동내역이 있다. 정보수집에 대한 전반적 지식을 위해서는 Allen W. Dulles, *The Craft of Intelligence : America's Legendary Spymaster on the Fundamentals of Intelligence Gathering for a Free World*, Guilford, CT : Lyons Press, 2006의 여러 쪽을 참조.

61 Kuromiya · Mamoulia, "Anti-Russian and Anti-Soviet Subversion : The Caucasian-Japanese Nexus, 1904~1945", pp.1415~1438.

62 Li Narangoa · Robert Cribb, eds., *Imperial Japan and National Identities in Asia, 1895~1945*; Peter Duus, Ramon H. Myers · Mark R. Peattie, eds., *The Japanese Wartime Empire, 1931~1945,* Princeton, NJ : Princeton University Press, 1996.

63 Morley, *Japans Foreign Policy, 1868~1941 : A Research Guide*, pp.245~249. p.248에 의하면 "1937년 7월 7일, 루거우차오사건 이후 군은 외무부의 권력을 점차 강탈했다".

64 Khlevniuk, "Objectives of the Great Terror, 1937~38", p.173의 "전시와 전시 이후에는 어떠한 동요도 없어야 한다"라는 몰로토프의 인용문.

65 Ibid..

66 "Vyselit so vsei territorii Dalne-Vostochnogo kraia", Li, U Khe · En Un Kim, *Belaia kniga*, p.80.

67 Kuzin, *Dalnevostochnye Koreitsy : Zhizn i tragediia sudby*, p.164. 이 내용은 이 장의 후반부에서 상세하게 다루었다. 프리모리예 국립 농업학술원의 역사교수 알렉산더 킴은 적은 수의 소비에트의 한인들이 1937년 이후 NKVD의 보호 아래 북사할린에 남았다고 말했다. 한인들이 보호 아래 놓인 이유에 대해서는 구체적으로 말하지 않았다. 알렉산더 킴이 저자에게 보낸 이메일(2013.10.30).

68 켄 코타니(Ken Kotani)가 저자에게 보낸 이메일(2012.5.18). 코타니의 근거는 Masafumi Miki, *Kokkyo no Shokuminchi Karafuto*[변경 식민지로서 사할린] (Tokyo : Hanawa shobo, 2006).

69 노만 M. 나이마크는 "그들이 [한인들] 전쟁기에 러시아인, 우즈벡 혹은 벨라루스인들보다 충성의 강도가 덜했다고 생각할 어떤 이유도 없다"고 썼다. Naimark, *Stalins Genocides*, p.82.

70 정치국, 중앙위원회 그리고 결정에 대한 반응만을 시험해 보는 위원회 등을 통한 소비에트의 절대적 통치자로서 스탈린을 바라보는 견해에 대해서는 Khlevniuk, *Master of the House*, p.243을 보라.

71 Arsenev, "Doklad B. K. Arseneva. Dalnevostochnomu kraevomu komitetu Vsesouznoi Kommunisticheckoi Partii" ed. Boris Diachenko, *Zheltaiaopasnos*, p.115.

72 Robert Service, *Stalin : A Biography*, Oxford : Macmillan, 2004, p.290.

73 러시아 독일인들, 특히 볼가지역의 러시아 독일인들은 추방되어야 하는 반소비에트 반혁명의

중심과 연결되었다. 핀란드인, 폴란드인, 한인도 마찬가지였다(관동군 반혁명의 중심과 연결된 김 아파나시의 사례를 보라). 독일인, 핀란드인, 폴란드인에 대해서는 Barry McLoughlin, "Mass Operations of the NKVD, 1937~8 : A Survey", pp.122~123을 보라. 한인에 대한 추방 명령은 (1428-3266ss) 제7장에서 상세히 다루었다.

74 OGPU / NKVD와 그 지도부에 대한 스탈린의 통제에 대해서는 Rayfield, *Stalin and His Hangmen : The Tyrant and Those Who Killed for Him*, pp.108~111·142~150(특히 p.111); Ulam, *Stalin : The Man and His Era*, pp.26·214·259를 보라.

75 R. W. Stephan, *Stalins Secret War : Soviet Counterintelligence against the Nazis, 1941~1945*, p.46.

76 이러한 가정은 숙청에 대한 몰로토프의 다음과 같은 기본적 생각에 의해 지지를 받았고 확고해졌다. "한 두 명의 목이 더 잘려 나간다면 전시와 전쟁 이후에 어떠한 동요도 없을 것이다." Khlevniuk, "Objectives of the Great Terror, 1937~38", p.173을 보라.

77 R. W. Stephan, *Stalins Secret War : Soviet Counterintelligence against the Nazis, 1941~1945*, p.46.

78 400백 만 명에는 이념적으로 확고하지 못한 시민과 병사들에 대한 은밀한 보고 의무가 있던 적군과 적군의 '정치위원'들이 포함되어 있다. 1,300만 명이라는 수는 나에게 다소 과도하게 보인다.

79 Gregory, *Terror by Quota*, pp.195~197.

80 저자가 키르기스스탄 비슈케크에서 엘라자베타 리와 나눈 대담(2014.8.20).

81 그의 딸 에브게냐는 그를 '소비에트의 첩보원'으로 부르는 것을 좋아했다. 저자가 키르기스스탄 비슈케크에서 에브게냐 최와 나눈 대담(2009.8.5).

82 Bachmann, *Memories of Kazakhstan : A Report on the Life Experiences of a German Woman in Russia*, p.5.

83 한인들과의 관계와 그들의 처리에 대해 스탈린 체제는 우려하고 있었다.

84 Snyder, *Sketches from a Secret War : A Polish Artist's Mission to Liberate Soviet Ukraine*, pp.94~95; Kuromiya·Mamoulia, "Anti-Russian and Anti-Soviet Subversion : The Caucasian-Japanese Nexus, 1904~1945", pp.1415~1440을 보라.

85 이러한 설명은 역사가 히로아키 쿠로미야가 저자에게 보낸 이메일을 통해 제시되었다(2012.5.28). 그는 인종적 편견을 뿌리 깊이 내재된 것이라기보다 목적을 위한 수단으로 간주했다.

86 1960년부터 1985년까지 소비에트의 인류학자 아나톨리 하자노프는 다음과 같이 말했다. "그렇지만 1930년대 이후 소비에트 정부의 민족개념은 서구의 여러 국가들에서 수용되던 개념과 완전히 달랐다. 혈통의 개념에 근거하고 있는 한 그것은 근본적으로 원초주의적 개념이었다." Khazanov, *After the USSR*, p.16을 보라.

87 German N. Kim의 "The Deportation of 1937 as a Logical Continuation of Tsarist and Soviet Nationality Policy in the Russian Far East"는 "1937년의 추방은 러시아 정부, 첫 번째는 전제정과 그 이후 러시아 극동의 소비에트 정부의 정책에서 논리적인 마지막 단계였다"라고 지적했다. G. N. Kim, The Deportation of 1937 as a Logical Continuation of Tsarist and Soviet Nationality Policy in the Russian Far East", pp.19~44를 보라.

88 우즈베키스탄과 카자흐스탄의 지도는 이 장의 끝부분에 수록되어 있다. 〈지도 3〉을 보라.

89 Li, U Khe·En Un Kim, *Belaia kniga*, p.89에 인용된 문서 26.

90 V. D. Kim, *Pravdapolveka spustia*, pp.70~71.

91 리순옥과의 대담.

92 일랴론 엄과의 대담.

93 저자가 우즈베키스탄 타슈켄트에서 콘스탄틴 킴과 나눈 대담(2009.6.8).

94 저자가 우즈베키스탄 타슈켄트(외곽) 폴리토트젤 집단농장에서 마야와 블라디미르 킴과 나눈 대담(2009.9.14).

95 유대인 자치지구.

96 극동에서 라이자 니가이가 찍은 사진을 살펴봤을 때 날짜를 알 수 있는 마지막 사진은 1937년 11월 초였다. 그러나 그녀는 오빠 그리고 (그녀가 극동에서 알고 있던 중국인)주이 첸과 더불어 추방되었다고 말했다.

97 라이자 니가이와의 대담.

98 니콜라이 석(Nikolai Shek)은 다양한 야생 동물의 풍미가 좋았다고 말했다. 저자가 니콜라이 석과 우즈베키스탄 타슈켄트 스베르들로프 집단농장에서 진행한 대담(2008.8.9).

99 니콜라이 석과의 대담.

100 Li, U Khe · En Un Kim, *Belaia kniga*, p.160.

101 V. D. Kim, *Pravdapolveka spustia*, pp.126 · 132. p.126에는 우즈베키스탄으로 관계자 모두가 돌아온 다음 카자흐스탄의 친척들과 재회를 요청한 세 사례가 실려있다.

102 세르게이 킴과의 대담. 킴은 추방된 이후 카자흐스탄 크질 오르다에서 성장했다. 크질 오르다의 한인 사범학교가 1939년 이전에 폐쇄되었을지도 모른다는 기록 또한 있다. V. D. Kim, *Pravdapolveka spustia*, p.129.

103 표트르 박과의 대담.

104 니콜라이 석과의 대담.

105 그렇지만 한인들은 특별정착자와는 달리 매주 혹은 매달 NKVD 간부들을 만날 필요는 없었다.

106 Bugai, *Ikh nado deportirovat : Dokumenty, fakty, kommentarii,* p.23.

107 V. D. Kim, *Pravdapolveka spustia,* p.123.

108 Bugai · Pak, *140 let v Rossii,* p.291.

109 Bugai, *Ikh nado deportirovat : Dokumenty, fakty, kommentarii,* p.6; Michael Gelb, "An Early Soviet Ethnic Deportation : The Far-Eastern Koreans", *Russian Review* 54 no.3, p.401. 일본의 1945년 9월 2일 항복으로 제2차 세계대전은 끝났다.

110 NARA, T1249, rg 59, roll 64, frame 620.

111 Haruki Wada, *VKP, Komintern ilaponiia, 1917~1941,* pp.46~47.

112 히로아키 쿠로미야가 저자에게 보낸 이메일(2012.3.26).

113 NARA, T1249, rg 59, roll 75, frames 60~62. John J. Stephan, *Sakhalin : A History,* Oxford : clarendon Press, 1971, p.134에 따르면 북사할린의 석유채굴은 1938년에 끝났다. 그러나 NARA, frame 60에 따르면 60,000메트릭톤의 석유가 1938년에 산출되었다.

114 Michael Gelb, "An Early Soviet Ethnic Deportation : The Far-Eastern Koreans", *Russian Review* 54 no.3, p.390 5번 각주. 2,000명의 소비에트 한인들이 북사할린에 남아 있었다고 추정되지만 사업장의 정확한 노동자 수는 알 수 없다.

115 V. I. Remizovski, "Stranitsy istorii Cakhalinskoi nefti", In "Aube rouge : Les annees trenteen Extreme-Oriente sovietique", *Revue des etudes slaves, special issue* 71 no.1, p.121. 소비에트 수치는 자신들의 회사, 즉 소비에트 오일 트러스트에 의해 채굴된 석유만 포함했기 때문에 다르다는 것을 주의하라. 1930년대부터 1940년대 초까지 두 회사, 즉 북사할린 정유회사와 소비에트 국영회사가 북사할린에서 석유를 채굴했다. 소비에트 노동자는 북사할린으로 4~6개월마다 보내졌다. 소비에트 정부는 그들이 일본 관리자 아래에서 일하기 때문에 영향받을 수도 있다고 우려했다. 따라서 사할린으로 떠나는 노동자들에 대해 조사과정이 있었던 것 같다.

116 NARA, UD 1164 / container 775, RG 331, frame 4045.

117 Martin, "Origins of Soviet Ethnic Cleansing", p.829.

118 스타이예프는 다음과 같이 지적한다. "이들 인종이 다른 인종보다 덜 충성스럽다는 정부의 주장은 경우에 따라 사실이기도 하지만 전혀 근거가 없는 것으로 드러나기도 했다. 이러한 상황은 추방의 실제 이유가 공식적으로 발표되는 것만을 통해 설명될 수 없음을 암시한다." Alexander Statiev, "The Nature of Anti-Soviet Armed Resistance, 1942~44 : The North Caucasus, the Kalmyk Autonomous Republic, and Crimea", *Kritika* 6 no. 2, p.288.

119 1941년, 지하일은 (러시아 적군 지도부인) 러시아 총사령부에서 일하기 위해 치타로 전근되었다. 소비에트의 다양한 국방군과 정치경찰은 중국과 한인 통역자의 부족으로 어려움을 겪었다. 블라디보스토크 문서고에는 적군의 정보부대가 중국인 통역을 어떻게 충원했는지를 보여주는 좋은 자료가 있다. (알렉산드르 파블로비치 칼라쉬니코프라는 러시아 이름으로 또한 알려진) 반벤파Van Ven Fa는 중국인 아버지와 러시아인 어머니 사이에서 소련에서 출생했다. 15세 때 그는 삼촌과 살기 위해 만주로 갔다. 그 시기에 그는 중국어를 배운 것 같다. (24살이었던) 940년 무렵에 그는 소련으로 돌아갔다. 적군의 정보관은 그를 면담하여 '의심할 바 없이 정직'하다고 생각했고 그의 과거 이력에서 '그 어떤 의심스러운 사항'도 발견할 수 없었다. 핵심적 요인은 적군과 연계되었을 가능성이 큰 반일본 파르티잔부대인 제7 NRA에 1935년 이후 그가 속해 있었고 소비에트의 자금지원에도 관여했다는 사실 때문일 것이다(fond 163에는 'NKVD 관리'에 관한 자료가 포함되어 있다). 반씨는 또한 그를 면접했던 코발레프 대위에게 자신의 군복무의 증거로서 몸에 있는 상처를 보여주었다. 반/칼라쉬니코프는 채용되었다. RGIA-DV f. 163, op. 2, d. 5, Il.2~3. 볼셰비키를 위한 전쟁을 통해 자신의 충성을 증명한 또 다른 파르티잔이 있었는가?

120 저자가 안나 바실레브나 지와 키르기즈스탄 비슈케크에서 진행한 대담(2014.8.20).

121 Kuromiya, *The Voices of the Dead : Stalin's Great Terror in the 1930s*, pp.128~140.

122 Martin, "Origins of Soviet Ethnic Cleansing", *The Journal of Modern History* 70 no. 4, p.852.

123 마틴의 '소비에트의 외국인 혐오'는 가장 강력한 이론 중의 하나로서 부분적으로 혹은 전체로 그 이론을 받아들이든지 간에 서구 역사가들 사이에서 그것은 스탈린 체제, 토착화, 대숙청 그리고 민족들의 추방을 설명하는데 활용되곤 했다. 마틴의 이론은 그의 저서 *The Affirmative Action Empire : Nations and Nationalism in the Soviet Union, 1923~39*와 쉴라 피츠패트릭의 편집한 *Stalinism : New Directions*에 기술되어 있다. 후자에 대해서는 Terry Martin, "Modernization or Neo-traditionalism : Ascribed Nationality and Soviet Primordialism", *Stalinism : New Directions*, pp.348~367.

124 Martin, "Origins of Soviet Ethnic Cleansing", p.861에 의하면 "이것이 러시아가 아닌 소비에트의 외국인 혐오가 소비에트의 인종청소의 실행을 추동시켰다는 납득할 만한 증거처럼 보인다".

125 Terry Martin, "Modernization or Neo-traditionalism : Ascribed Nationality and Soviet Primordialism", p.358. p.358에 의하면 "[1930년대에 그 기원을 가지는] 새로운 원초주의를 고려했을 때".

126 Martin, "Origins of Soviet Ethnic Cleansing", pp.837 · 852. '적대적 민족'으로서의 한인들에 관해서는 David R. Shearer · Vladimir Khaustov, *Stalin and the Lubianka : A Political History of the Political Police and Security Organs in the Soviet Union, 1922~1953*, New Haven : Yale University Press, 2015, pp.215~216을 보라.

127 마틴에 따르면 국가의 계획과 정책을 통해 표현된 소비에트의 외국인 혐오로 인해 1930년대 후반의 원초주의적 정체성과 민족주의가 생성되었다. 마틴의 Martin, "Origins of Soviet Ethnic Cleansing", p.860은 다음과 같이 지적한다. '1930년대 후반에 인종청소와 인종적 원초주의와 나란히 '국가가 후원하는 좀 더 유해한 민족주의적 수사의 부활이 있었다. (…중략…) 이러한

러시아의 민족주의는 소비에트 외국인 혐오의 원인이라기보다 그 결과로서 더 잘 이해될 수 있다."

128 Martin의 위의 논문 p.829에서는 다음과 같이 단언한다. "어느 경우에서도 소비에트 정부 스스로는 이러한 추방을 인종적인 것으로 인식하지 않았다."

129 Martin의 위의 논문 p.829에서는 다음과 같이 주장한다. "소비에트의 외국인 혐오는 인종적이 아니라 이데올로기적이었다. 그것은 비러시아인들에 대한 민족적 적대감 때문이 아니라 외국 자본주의 정부에 대한 이데올로기적 혐오와 의심에 의해 촉발되었다".

130 Ibid., pp.829·860.

131 아르세네프의 '보고서'는 또한 극동에서 착수된 바 있는 '소비에트 국제주의'에 대해서도 반대했다. Arsenev, "Doklad B. K. Arseneva. Dalnevostochnomu kraevomu komitetu Vsesouznoi Kommunisticheckoi Partii" ed. Boris Diachenko, *Zheltaiaopasnos*, p.114를 보라.

132 제1차 세계대전기 중국인의 추방에 대해서는 Lohr, "Population Policy and Emigration Policy in Imperial Russia", *In Migration, Homeland, and Belonging in Eurasia*, pp.176~177, 181nn41-42를 보라.

133 마틴의 주장은 이와는 달리 "소비에트의 1930년대 새로운 원초주의로 인해 이전에는 없었던 새로운 범주, 즉 적대 민족의 범주가 등장했다"고 지적한다. Martin, "Modernization or Neo-traditionalism : Ascribed Nationality and Soviet Primordialism" p.357을 보라.

134 A. Shadt, "Pravoi status rossiiskikh Nemtsev v SSSR (1940~1950~e), pp.287~296; USSR (state corporate author), *Constitution (fundamental Law) of the Union of soviet Socialist Republics 1936*, Moscow : Cooperative Publishing Society of foreign Workers, 1936.

135 후자의(소비에트의 제국주의) 대해서는 Martin·Terry, *The Affirmative Action Empire : Nations and Nationalism in the Soviet Union,1923~39*, p.20을 보라.

136 결국 모든 사람들은 인종적 호칭 혹은 신 특권계급을 가지게 된다. '러시아인'은 유럽인 혹은 슬라브인들과 구분되는 인종적 용어였다. 이런 이유로 '인종청소'라는 용어 사용은 이러한 특별한 사례에 적합하지 않을 수도 있다.

137 나의 연구성과와 이론을 테리 마틴의 그것들과 대치하려는 나의 시도에도 불구하고 나는 그의 "Origins of Soviet Ethnic Cleansing" 논문과 *The Affirmative Action Empire : Nations and Nationalism in the Soviet Union,1923~39*에 지적으로 적지 않게 빚지고 있다. 그의 저서의 연구범위는 엄청나다. 전반적으로 그것은 소비에트의 모든 주요 민족과 토착화 시기 그들에 대한 정책을 다루고 있다.

138 네프 이후의 시기의 상황이 특히 이와 같았다. 소비에트 공장 및 집단농장의 생존은 생산품의 질이 아니라 정치적 관계 및 그들 후원자들의 보호에 달려 있었다. Verdery, *What Was Socialism and What Comes Next*, pp.19~35를 보라.

139 Shlapentokh, *A Normal Totalitarian Society*, p.107.

140 민족 정책에 있어서 원초주의적 전환이 1930년대 일어났다는 견해에 대해서는 Martin·Terry, *The Affirmative Action Empire : Nations and Nationalism in the Soviet Union,1923~39*, p.443; Weitz, *A Century of Genocide : Utopias of Race and Nation,* pp.78~79를 보라.

141 파이크스와 레몬은 "피와 같은 볼 수 없는 표식과 외부적 표식 모두에 의존하면서 소비에트 국가는 생물학적으로 계승된 본질을 규정했다. 게다가 민족성과 같은 용어는 인종적 범주를 위해 차용되었다 (발리바 1989 또한 보라)"고 단언했다. Kesha Fikes·Alaina Lemon, "African Presence in Former Soviet Spaces", *Annual Review of Anthropology* 31, 2002, p. 515를 보라.

142 Stalin, *Marxism and the National and Colonial Question*, p.8.

143 Frederickson, *Racism : A Short History*, pp.135·141.

144 Carrére d'Encausse, *The Great Challenge : Nationalities and the Bolshevik State, 1917~1930*, p.38.

145 Frederickson, *Racism : A Short History*, pp.153~154; Malik, *The Meaning of Race : Race, History and Culture in Western Society*, p.148.

146 Gellately, *Lenin, Stalin and Hitler : The Age of Social Catastrophe*, pp.548~550.

147 Ibid., p.546.

148 이 헌법을 또한 소련의 많은 사람들은 '스탈린 헌법'이라고 불렀다. 헌법의 핵심적 검토자로서 스탈린의 역할에 대해서는 Solomon, *Soviet Criminal Justice under Stalin*, p.173을 보라.

149 USSR (state corporate author), *Constitution (fundamental Law) of the Union of soviet Socialist Republics 1936*, p.48.

150 Jochen Hellbeck, *Revolution on My Mind : Writing a Diary under Stalin*, Cambridge, MA : Harvard University Press, 2006. 이는 개개 협력자들을 핵심 주제로 다루고 있다.

151 한인들은 제2차 세계대전기에 적군 복무를 할 수 없었다. 그렇지만 많은 한인들이 자신들이 혼합 인종/민족이라고 지역의 관리들을 설득시키거나 그 외 다른 방법들을 통해 적군에 복무할 수 있었다.

152 레닌은 아시아의 농민들이 그들 사회에서 혁명적 인자이고 도시의 프롤레타리아트는 소수이기 때문에 그들을 아시아의 프롤레타리아트라고 주장했다. Carrére d'Encausse · Schram, *Marxism and Asia : An Introduction with Readings*, p.154를 보라.

제8장 현장의 목소리

1 2008년에서 2010년 그리고 2010년에서 2014년까지 나는 (함경도 방언의 고려마을의) 한국인과 러시아인까지 포함하는 지역 통역사의 도움을 받아가며 대담의 거의 대부분을 러시아어로 진행했다. 2006년에는 비슈케크지역의 학생 몇몇의 도움을 받았다.

2 나는 소비에트 GPU/OGPU/NKVD 간부들의 일대기를 수록하고 있는 (러시아어) 여러 책을 검토했다. (2015년까지) 나온 이들 책 어디에서도 나는 한인 혹은 중국인 간부들을 발견하지 못했다. 이 책들은 간부들을 국가의 영웅으로 그린다. 따라서 1930년대부터 스탈린의 사망시까지 '적대 민족' 혹은 '정치적으로 의심스럽다'는 소수 민족에 대한 인종적 평가로 인해 그들은 내용에서 누락되었다.

3 저자와 히사무트니노프와 의견 교환에 대해서는 제5장의 미주를 참조. 히사무트디노프는 극동 국립기술대학 역사학 교수이다.

4 그렇지만 스탈린 시기 소비에트 간부와 공산당원들의 내적인 삶을 파헤친 예외적인 연구도 있다. '내적인 전쟁' 및 스스로를 재구성하기 위해 소비에트 시민들의 [사적] 투쟁에 관한 심리적 역사에 대한 서술은 그것의 상세함, 깊이, 독창성 면에서 획기적이다. Jochen Hellbeck의 *Revolution on My Mind : Writing a Diary under Stalin*(Cambridge, MA : Harvard University Press, 2006) 과 Igal Halfin의 *Terror in My Soul*(Cambridge, MA : Harvard Unviersity Press, 2003)을 보라.

5 로날드 G. 수니는 역사를 국가 혹은 공동체의 정치사회적 엘리트인 행동가들에 의해 주로 구성되는 것으로 바라본다. 나는 (건설) 행동가들과 구조적 한계/물질적 기초 사이의 균형으로 역사를 바라본다. 수니의 견해에 대해서는 Suny, *Revenge of the Past : Nationalism, Revolution and the Collapse of the Soviet Union*, pp.3~4; Suny, *The Structure of Soviet History : Essays and Documents*, p.50을 보라.

6 문서고의 '정비' 사례에 대해서는 Khlevniuk, *The History of the Gulag : From Collectivization to the Great Terror*, pp.3~5를 보라.

7   이러한 사정은 면담의 대상자들이 그 분야의 전문가와 대중적 인물이라기보다는 평범한 시민임을
    전제한다.

8   2009년 J. 오토 폴 박사는 러시아 말을 할 수 있는 세 명의 학생(중앙아시아 아메리카 대학교AUCA의
    투르크멘 학생)을 키르기즈스탄 비슈케크 외곽에 거주하는 카라차이의 추방자들과의 대담을 위해
    데려왔다. 추방자들은 이 학생들이 지역 SNB(국내 치안기관)의 기관원일지도 모른다고 즉각 의심했
    다. 이러한 일화는 나의 경험과도 또한 일치한다. 숙청의 시기에 친척 (그리고 특별히 부모를
    빼앗긴) 노년기의 일부 추방자들은 언젠가 똑같은 정치경찰이 자신들에게 올지도 모른다는 뿌리
    깊은 두려움을 가지고 있었다.

9   이 말을 나는 류보프 킴, 안나 바실레브나 지 그리고 예브게냐 최와의 대담 과정에서 들었다.

10 나는 면담 대상자 / 화자에 제한을 두지 않았다. 친척 모두는 면담의 내용을 아무런 제약 없이
    들을 수 있었다.

11 구술사의 상호작용과 관련하여 알레산드로 포르텔리는 통찰력 넘치는 다음과 같은 지적을 했다.
    "의사소통은 언제나 양방향으로 작용한다. 면담 대상자는 아마도 노골적으로는 아니지만 자신들을
    '연구하는' 면담 진행자를 언제나 예의주시한다. 역사가들은 이러한 사실 또한 인식하고 그것의
    장점을 최대한도로 활용하는 것이 좋을 것이다." Portelli, "What Makes Oral History Different?"
    p.39.

12 "4번째 대담에 이르자 면담 대상자는 '지금까지 나는 그것에 관해 당신에게 좋게 말해 왔습니다'라고
    지적하고 나서 직업적 관계에서 가장 불쾌했던 것들을 말하기 시작했다." Ritchie, *Doing Oral
    History : A Practical Guide* 2nd ed, p.87을 보라.

13 Pierre Bourdieu and Loic J. D. Wacquant, *An Invitation to Reflexive Sociology*, Chicago :
    University of Chicago Press, 1992, p.27 · 121 · 129~130.

14 구술사에 있어서 상호보완의 과정에 대해서 포르텔리는 다음과 같이 말했다. "대담의 최종 결과는
    연구자와 서술자 모두의 산물이다." 그리고 "구술사에는 단일한 주체가 존재하지 않는다." Portelli,
    The Death of Luigi Trastulli and Other Stories : Form and Meaning in Oral History, pp.54 · 57
    을 보라.

15 저자가 엘리자베타 리와 키르기스스탄 비슈케크에서 진행한 대담(2014.9.23).

16 저자가 니콜라이 바실레예비치 박과 우즈베키스탄 타슈켄트 우즈베키스탄 집단농장에서 진행한
    대담(2009.9.16).

17 소련에서 트랙터 기사의 업무는 두 방식으로 나뉘었다. 박에 의하면 트랙터를 모는 기사와 트랙터
    유지 업무의 두 방식이었다.

18 Aleksandr Solzhenitsyn, *The Gulag Archipelago : An Experiment in Literary Investigation* vol.
    2, p.400을 보라.

19 니콜라이 바실레예비치 박과의 대담.

제9장 결론 ─────────────────────────────────────

1   Lohr, *Nationalizing the Russian Empire : The Campaign against Enemy Aliens during World
    War I*, pp.18~19.

2   한인 추방과 연관된 그러한 유사점을 드러내는 것으로 "독일 인종은 잠재적 스파이이다"라는
    말이 있었다. Ibid., p.19를 보라.

3   오데사 유대인 중 많은 사람들이 전통적 복장과 모자를 착용했고 (율법의 제한으로) 특정 상행위를
    담당했으며 '유대인지구'에 살았고 이디쉬어를 말했다. 따라서 그들은 외모 혹은 말로 쉽게 확인되었

다. Weinberg, *The Revolution of 1905 in Odessa : Blood on the Steps,* 여러 쪽. 그리고 p.23 다음에 나오는 유대인의 정육점과 구두수선점의 사진을 보라.

4   블라디미르 K. 아르세네프는 소련 / 러시아의 다양한 민족에 대한 매우 원초주의적 선언에도 불구하고 러시아인이 아니었다. 그의 할아버지의 성은 고프마이어(Goppmeier)였고 그는 단순히 러시아의 성 아르세네프를 선택했다. Khisamutdinov, *The Russian Far East : Historical Essays*, p.82를 보라. 아르세네프는 자신이 네덜란드의 후손이라고 주장하지만 사실이 아닌 것처럼 보인다. 그의 할아버지는 완전히 러시아화된 대영지 소유자였다. 이러한 사실로 인해 그는 러시아제국 혹은 동족간의 혼인이 더욱 강한 네덜란드 메노파교도 공동체에서의 네덜란드 도시 상인의 모습보다는 발트지역의 독일인의 모습에 부합한다. 부쉬코비치는 독일과의 연관과 독일에 대한 봉사를 피하기 위해 네덜란드인으로 자주 주장하면서 높은 지위에 올라가고 싶어했던 발트지역 독일인들을 따라했다(예를 들자면 세르게이 비테도 이러한 행동을 반복했다). 이러한 행동은 전제정시기 일반적이었다. Paul Bushkovitch, *A Concise History of Russia*, Cambridge : Cambridge University Press, 2011, p.62 · 275를 보라. 한인들은 고프마이어 가문과 같은 동등한 혜택을 누리지 못했다. 그들은 통행증뿐만 아니라 생물학적 표현방식에 의해서도 소비에트의 소수 민족이었다.

5   시카고 대학의 사회학자인 로버트 박Robert Park에 따르면 동아시아인들은 '인종적 동일체'였다. 이것은 미국에서 그들의 동화를 유럽 이민자의 동화와 구별하는 것이었다(여러 차이 중의 하나). Takaki, *Strangers from a Different Shore : A History of Asian Americans*, p.13을 보라.

6   Brower, *Turkestan,* xii; Michael Gelb, "An Early Soviet Ethnic Deportation : The Far-Eastern Koreans", *Russian Review* 54 no.3, p.394.

7   제2장을 보라.

8   한인들에 대한 토지 임대와 관련하여 임대료가 수확에 따라 지불되었기 때문에 이것은 소작제와 유사했다. 한인들에 대한 임대료는 보통 수확의 1/3에서 70%까지였으며 이러한 관행은 1928년까지 변화 없이 지속되었다. 30% 수치에 대해서는 Bugai · Pak, *140 let v Rossii*, p.211을 보라. 70%에 대해서는 저자가 우즈베키스탄, 타슈켄트 프라브다 콜호즈에서 김은녹과 진행한 대담(2009.6.5)을 보라.

9   이러한 생각에 중앙아시아와 러시아에 내가 있는 동안 접했던 학자, 이웃 그리고 보통 사람들은 동의했었다. 특히 내가 중앙아시아에서 5년을 있었을 때 나는 그곳의 다양한 모든 민족들을 접했다 : 러시아인, 한인, 우크라이나인, 아르메니아인, 키르기즈인, 카자흐인, 우즈벡인.

10   이것에 대한 예외는 '아메리칸 인디언'이지만 미국에 이주하지 않는 유일한 원주민으로서 그들의 중요성을 상징하는 아메리카 원주민으로 또한 불린다.

11   RGIA-DV, f. 85, op. 1, d. 16, Il.23~24. 이것은 1923년 8월 10일 블라디보스토크에서 칼리닌이 했던 연설의 일부분이다.

12   이 경우에 '러시아인'은 문화적 표준지표로서 동슬라브인들(러시아인, 우크라이나인, 벨라루스인)을 의미한다.

13   Martin · Terry, *The Affirmative Action Empire : Nations and Nationalism in the Soviet Union, 1923~39*, p.353; Suny, *Revenge of the Past : Nationalism, Revolution and the Collapse of the Soviet Union*, pp.124 · 130; Hirsch, *Empire of Nations*, pp.312 · 313; Wanner, *Burden of Dreams : History and Identity in Post-Soviet Ukraine*, p.11. 전연방 차원 혹은 개별 공화국 아래 차원이든지 간에 소비에트화된 개별 민족 혹은 동슬라브 / '러시아인'이라는 민족성은 혜택, 특혜, 일자리, 승진 그리고 공동체를 (소련, 소비에드 사회주의 자치공화국, 지치지구, 촌라 소비에트) 활용한 국가와 국가 기구에 의해 장려되었다. 이것의 결과 충성심과 정체성이 형성되었다.

14   소비에트 소수 민족들은 문화를 영토적, 경제적, 물질적, 심리적 특혜와 연결함으로써 그들의

'민족성'을 유지하고 드러낼 수 있다고 장려되었다. 따라서 '부르주아적'이었다.

15 Sakwa, *The Rise and Fall of the Soviet Union, 1917~1991*, pp.287~288.
16 Smele, *Civil War in Siberia : The Anti-Bolshevik Government of Admiral Kolchak, 1918~1920*, p.200.
17 John J. Stephan, *The Russian Far East*, pp.130~131 · 149~155을 보라; Smele의 *CSmele, Civil War in Siberia : The Anti-Bolshevik Government of Admiral Kolchak, 1918~1920* 여러 쪽과 Swain, *Russia's Civil War*, pp.61 · 117 · 116~121 · 149~150; Lincoln, *Red Victory : A History of the Russian Civil War* 여러 쪽 참조; Serge P. Petroff, *Remembering a Forgotten War : Civil War in East European Russia and Siberia, 1918~1920*, Boulder, CO : East European Monographs, 2000, 여러 쪽(편을 바꾼 우랄과 시베리아지역의 러시아 읍에 관해서는 책 전체를 참조). 러시아 내전 전공자인 페트로프는 백군이 통제하던 핵심지역에는 2천만 명의 주민이 있었다고 추정했다. Petroff, *Remembering a Forgotten War*, p.157.
18 John J. Stephan, *The Russian Far East*, p.131.
19 세묘노프와 플레쇼프에 대해서는 Bisher, *White Terror : Cossack Warlords of the Trans-Siberian*, pp.60~61을 보라. 코자크의 독립국가에 대해서는 Subitelny, *Ukraine : A History* 4th ed, pp.356~357을 보라.
20 Liudmila G. Novikova, "Northerners into Whites : Popular Participation in Counter-Revolution in Arkhangelsk Province, Summer 1918", *Europe-Asia Studies* 60 no. 2, pp. 280 · 285.
21 천만에 근접하거나 그 이상일 수도 있다.
22 저자는 러시아인, 우크라이나인 그리고 벨라루스인의 매우 많은 수가 집단화시기에 쿨라크으로 억압받았다는 것을 알고 있다. 그렇지만 이 책의 주장은 민족, '민족에 대한 작전' 그리고 외국의 군대 / 외국에 협력했던 소비에트의 시민을 강조하는 것이다.
23 러시아인과 우크라이나인들이 많았기 때문에 숙청기에 이들 집단에 대한 민족작전이 논리적으로 가능하지 않았을 것이라는 추측은 이해할 만하다. 그러나 내전기에 많은 사람이 볼셰비키에 반대하는 협조자였다는 사실을 고려할 때 러시아인들이 제2차 세계대전기에 충성심이 결코 의심받은 적이 없는 '핵심 민족'으로 그렇게 쉽게 규정되는 이유는 무엇인가?
24 러시아민족주의적 정당들이 넘쳐나고 실제로 그들이 21세기 러시아의 지배적인 정당의 핵심인 러시아에서 이러한 현상은 계속되고 있다. 수백만의 중앙아시아인들과 코카서스 민족의 이주로 인해 비록 이들 민족의 다수가 여전히 시민들이 아니지만 러시아에서 과거의 소련이 재현되고 있다. 이들 민족의 출생율은 동슬라브 민족의 그것보다 상당히 높다. 러시아는 점점 더 무슬림화, 또한 아시아화되어 간다. 그렇지만 러시아의 지배 정당들은 정치적 충성은 인종과 민족에 의해 가장 잘 증명될 수 있다는 이념을 여전히 옹호하고 있다. 이러한 정치적, 민족주의적 감정은 단지 러시아를 분열시키고 허약하게 만들 것이다.
25 '디아스포라 민족'의 선조들이 국경 거주자이며 이민자이고 국경 너머와 관계를 유지하고 있으며 인종적 고향 혹은 단순히 인종 명칭을 포함하는 나라에 충성한다는 것이 그들을 설명하는 방식이었다.
26 내가 의미하는 시기는 1985~1991년이다. 레온 아론은 이 시기에 대해 다음과 같은 방식으로 말했다. "러시아의 1000년 역사에서 1987년과 1991년 사이의 시기와 같이 솔직했던 적은 거의 없었다. 국가의 조사는 지적으로 매우 훌륭했고 믿기 힘들 정도로 과감했었다." Aron, *Roads to the Temple : Truth, Memory, Ideas and Ideals in the Making of the Russian Revolution, 1987~199*, p.2를 보라
27 바실리 미트로힌과 세르게이 트레탸코프가 1990년대에 망명하여 구소련에서 불법적으로 방출한 문서자료에 기반하여 회고록과 연구서를 발간한 KGB 전 구성원의 예시이다. 트레탸코프에 대해서는

Peter Earley, *Comrade J : The Untold Secrets of Russia's Master Spy in America after the Cold War*; Christopher Andrew · Vasilii Mitrokhin, *The Sword and the Shield : The Mitrokhin Archive and the Secret History of the KGB*. 1990년대 소비에트 공장과 장비들의 매각에 대해서는 Chrystia Freeland, *Sale of the Century : The Inside Story of the Second Russian Revolution*. 소비에트 공장 장비들의 일부는 시간이 지나 도매가로 중국 공장에 되팔렸다.

28 Sikorskii, *Full Circle : A Homecoming to Free Poland*, p.214.

29 소련 혹은 소비에트의 시민으로서 자신의 충성을 선언할 때와 같이 민족성의 어떤 요소들이 소련의 정체성 내에 존재한다. 자신의 연설의 한 부분으로 민족 공동체가 통상 언급되며 그리고 나서 "우리 [민족]"으로의 전환이 있게 될 것이다.

30 아파나시 A. 킴은 바로 이러한 혐의로 체포되었다. 제6장을 보라.

31 Chong Sil Lee · Ki Wan Oh, "The Russian Faction in North Korea", *Asian Survey* 8 no. 4, 1968, pp.275~279.

32 저자가 우즈베키스탄 북방 집단농장에서 김검남과 나눈 대담(2009.5.28).

33 그 예로서 이 책의 집필 과정에서 대담을 나눈바 있는 일라론 엄은 소비에트-아프가니스탄 관계사업과 그 외 토목 사업을 위해 수석 기술자로 1967년부터 1970년까지 아프가니스탄 자랄라바드로 파견되었다.

34 '공식 활동원'은 체제 이탈자, 망명인, 혹은 전쟁 포로들이었을 것이다.

35 그렇지만 이러한 견해를 지지하는 한 가지 중요한 사건을 미소 관계에서 찾을 수 있다. 1957년, 루돌프 아벨 대령 아래의 소련 간첩단의 본거지를 뉴욕의 FBI가 습격했다. 아벨의 실제 이름은 빌리암 겐리호비치 피셔(Viliam Genrikhovich Fisher)로 발트지역의 독일인을 조상으로 하는 소비에트 OGPU / KGB의 간부였다. 이 간첩단에서 그를 도운 인물은 소비에트의 핀란드인 라이노 헤이후넨(Reino Hayhunen)이었다. Pavel Sudoplatov · Anatoli Sudoplatov, *Special Tasks : The Memoirs of an Unwanted Witness : a Soviet Spymaster*, pp.106~107 · 242~243; CIA [corporate author], "A Stone for Willy fisher", *CIA* [declassified online] *Library*, https://wwwcia.gov/library/ center-for-the-study-of-intelligence/csi-publications/csi-studies/studies/fall00/ch8_ Willy_Fisher.pdf(검색 2015.1). 러시아학의 인종 문제에 관해서는 Weitz, Eric D., "Racial Politics without Concept of Race : Reevaluating Soviet Ethnic and National Poliics" *Slavic Review* 61, no. 1, 2002, pp.1~29; Francine Hirsch, "Racial Politics without Concept of Race : Reevaluating Soviet Ethnic and National Poliics", *Slavic Review* 61 no.1, pp.30~43을 보라. 러시아어로 쓴 모질너의 제국의 인간(Homo Imperii)은 인종주의에 대한 매우 강력한 비난을 포함하고 있었다. 그렇지만 영어판 *Homo Imperii*에서 그것은 명확하게 삭제되었다. Mogliner, *Homo Imperii : A History of Physical Anthropology in Russia*을 보라.

36 일본의 항복 이후 미국군 정보국은 군사 최고책임자 마소 요시주미, 일본 정보국 책임자 세이조 아리수, 모스크바 주재 일본 공사관 무관 미치타케 야마오카, 베를린 주재 일본 공사관 무관 히로쉬 오쉬마를 면담했다. 이름은 모르지만 일본의 해군 정보국 책임자 또한 면담 대상자였다. 보고서 작성을 위한 면담에 응했던 일본 정보국 당사자의 이름을 알려준 맥아더 문서고의 제임스 조엘에게 특별히 감사한다.

37 The MacArthur Archives RG6, Box 99, Folder 1, 9.

38 "놀랍게도 1934년과 1941년 사이 NKVD의 100여 명 간부들 사이에서 상당한 비율이 비러시아계 민족이었는데 유대인들이 1935년과 1938년 사이 고위직의 약 1/3을 차지했고 폴란드인과 라트비아인들을 합쳤을 때 고위직의 12%에서 14%를 차지하고 있었다. 대숙청이 끝날 무렵 유대인의

비율은 5%로 줄어든 반면 폴란드인, 라트비아인, 독일인들은 지도부에서 완전히 사라졌다." Gregory, *Terror by Quota*, p.25를 보라.

39 라이자 니가이와의 대담을 보라. 저자는 생존 중인 니콜라이 니가이의 딸, 아들과의 대담을 시도했지만 실패했다.

40 안나 바실레브나지와의 대담을 보라.

41 1977년 타지키스탄에는 31명의 한인, 132명의 독일인 KGB 간부들이 있었다. Mitrokhin, *"Chekisms," Tales of the Cheka : A KGB Anthology*, p.181을 보라. 중앙아시아의 그 외 공화국에서 한인 KGB 간부들의 수에 대한 정보는 접근 불가능한 NKVD / KGB / FSB 문서고에 저장되어 있기 때문에 알 수 없다. 바실리 미트로힌은 변절자이자 KGB의 전 문서고 담당자였다. 타지키스탄 KGB의 한인과 독일인 간부들을 살펴보면 다른 민족들과 함께 집단농장에서 성장한 일부 사람들은 타지크어를 능통했다. 1970년대 이후 집단농장의 다수의 독일인과 한인들은 매일 한 시간씩 일주일에 2회 내지 3회 타지크어를 가르쳤다. 물물교환으로 생산물과 집단농장의 삶은 풍요로웠다. 한인과 독일인 농장은 타지크 집단농장과의 관계강화를 위해 타지크어를 일정 정도 배울 필요가 있었다. 또한 타지키스탄의 독일인과 한인들의 수는 1991년 이전에 상대적으로 적었다. 중앙아시아에 있는 동안 나는 농장에서 성장하여 투르크어 아니면 이란어에 유창한 많은 한인들을 만났다. 이미 언급한 바 있는 이 장의 '스타스 아저씨'는 카라칼크어에 능통했다. 이러한 이유로 그는 카자흐어와 키르기즈어도 말할 수 있었다. 그는 또한 우즈베크어로도 소통이 가능했다.

부록

한창걸OGPU과 (극동의 적군) OKDVA의 한인들에 관한 미국 정보국의 보고. 파웰의 소비에트 여행이 종료되었던 1936년 1월 이후에 작성된 보고.

[전문을 옮겨 실음]
『시카고 트리뷴』의 특파원 J. B. 파웰이 부영사 앨리슨에게 보낸 소견에 대한 비망록

파웰 씨는 러시아에서 3개월 머물다가 막 돌아왔는데 그 기간의 약 절반을 시베리아에서 보냈다. 그는 모스크바뿐만 아니라 노보시비르스크, 치타, 하바롭스크, 블라디보스토크에서 잠시 머물렀다. 다음은 그가 말한 것의 요약이다.

일본과의 전쟁과 관련하여 시베리아는 물론 모스크바의 감정은 훨씬 편안하다. 일본은 너무 오래 뜸을 들이고 있고 감히 공격할 생각도 없으며 설사 일본이 공격하더라도 러시아는 겁먹지 않을 것이라고 러시아인들은 확신한다. 만주—시베리아 국경을 따라 이전과 같은 격심한 긴장은 보이지 않는다. 이러한 상황이 오래 지속될 것이라는 확신은 없다. 이러한 편안한 감정의 직접적 원인은 동청철도의 매각을 위한 협상이 성공할 것 같다는 것이었다.

러시아인들은 아시아를 향한 자신들의 정기적 이동을 다시 시작하고 있다. 우랄산맥 동쪽에 그들이 처음 등장한 이후 이러한 이동을 러시아인들은 계속해 왔고 러시아의 영향력이 시베리아까지 확장되었기 때문에 일본은 만주와 중국을 통해 이러한 영향력을 방지하려고 지속적으로 노력했다. 수만의 러시

아인들의 현재 동시베리아를 향해 가고 있는데 일부는 자발적이지만 대부분은 어쩔 수 없이 그러고 있다. 그리고 그들 모두는 무장했다. 최종 결과가 어떨지는 예측 불가능하다. 일본이 계속 방관만 하고 이러한 이동을 보고만 있을까?

러시아는 완전하게 군사화된 국가, 즉 세계에서 가장 군사화된 국가이다. 50만의 상비군에 더해 모두가 무장한 공산주의자 청년동맹의 약 2백만 명이 있다. 노동조합원 모두는 무장했고 군사훈련을 받았다. 파웰 씨는 어떤 경축일에 공장노동자의 행진을 보았는데 모두가 민간인 복장으로 총을 든 2천 명 이상의 조합원이 행진하는 광경이었다. 모든 공장의 노동자들은 사실 무장 민병대이다. 러시아에서 가장 뛰어난 사람들은 군대에 있다. 목수, 벽돌공, 혹은 기술자들이 모두 군대의 과업과 결부되어 있기 때문에 블라디보스토크에서 산업건물의 건설에 이들을 활용할 수 없다. 모든 공장의 우선적 요구는 군대의 장비를 위한 것이다. 노보시비르스크에서는 전쟁 물자의 제공이라는 주된 목적으로 거대한 강철, 선철 공장들이 건설 중이다.

파웰 씨는 러시아 극동군의 적어도 10%는 동양인, 즉 중국인, 한인, 몽골인으로 구성되어 있다고 추정한다. 동시베리아 GPU의 최고 책임자는 중국인이고 시베리아의 러시아 공군 지휘부 중의 한 명도 또한 중국인이다.

블라디보스토크에서 하바롭스크 사이에 10만 명 이상의 한인들이 있는데 그들 중의 다수가 군대에 있다. 어떤 작은 읍에서 파웰 씨는 마을 사람들에게 방공훈련을 가르치는 200명의 적군부대를 보았는데 그 200명 모두가 한인들이었다. 러시아인들은 이 지역에서 한인 혁명군의 핵심을 만들고 있다는 사실을 숨기지 않았다. 이곳은 한국어의 고어가 살아있는 세계의 몇 안 되는 장소 중의 하나이다. 블라디보스토크에는 초등학교에서 대학까지 700명의 학생이 다닌다는 한인 교육의 전 체계가 완비되어 있다. 블라디보스토크에서 유통되고 있을 뿐만 아니라 한국으로 밀수되어 광범위하게 배포되는 수천 권의 한국어 서적, 한국어 신문, 잡지가 출판되고 있다. 파웰 씨와 중국인 교수는 국경 너머의 한국의 청진으로 갔는데 이 도시 전역에서 그들은 한국어 표지를 하나도 보지 못했고 한국어로 된 책 혹은 잡지를 살 수도 없었다. 일본인들은 한국어를 말살하고 있었지만 러시아인들은 그것을 계속 보존했다.

만약 영국, 네덜란드, 미국이 석유 판매를 거절한다면 러시아가 석유를 일본에게 팔 수 있을지 혹은 팔려고 할지를 파웰 씨에게 물었다. 러시아 자체의 필요가 공급보다 더 빠르게 증가하고 있기 때문에 그는 그러지 않을 것이라고 대답했다. 거대한 정유공장이 하바롭스크에 건설 중이며 원유는 사할린으로부터 그곳으로 운반되고 있다. 파웰 씨는 러시아가 자체의 필요를 위해 충분한 석유를 생산하지 못하고 있다고 들었고 그가 블라디보스토크에 있었을 때 그는 항구에서 4개의 영국 유조선을 보았다. 그렇지만 러시아는 돈을 벌기 위해 어떤 일이라도 할 것이고 일본이 충분한 액수를 제안한다면 석유를 판매할 수도 있다고 그는 덧붙였다.

나는 파웰 씨에게 독일-일본의 협력 가능성에 대해 물었는데 그러한 얘기는 모스크바는 물론 러시아 전역에서 매우 빈번하다고 그는 말했다. 독일과 일본의 유대가 점점 가까워지고 있으며 확실한 동맹은 이미 확립되었거나 머지않은 장래에 있을 것이라고 러시아인들은 믿었다.

파웰 씨가 수집할 수 있었던 모든 정보에 따르면 러시아와 일본은 이전의 동맹 관계를 회복할 것이다.

존 M. 앨리슨의 서명

참고문헌

1. 1차 자료

Archival sources

– Japan

National Library Japanese Diet

– Russia

KHABAROVSK

GAKhK (Gosudarstvennyi arkhiv Khabarovskogo kraia) Fond P-2

MOSCOW

GARF(Gosudarstvennyi arkhiv Rossiiskoi Federatsii) Fond : 3316

RGASPI(Rossiiskii gosudarstvennyi arkhiv sotsialno-politicheskoi istorii) Fonds : 17, 495

RGVA(Rossiiskii gosudarstvennyi voennyi arkhiv) Fonds : 25, 871

VLADIVOSTOK

RGIA-DV(Rossiiskii gosudarstvennyi istoricheskii arkhiv-Dalnego Vostoka) Fonds : 61, 85, 144, 163, 182, 1167, 2576

– United States of America

MacArthur(Douglas) Archives

National Archives(NARA)

Published Primary Sources : Document Collections and Memoirs

Alliluyeva, Svetlana., *Twenty Letters to a Friend*, Translated by Priscilla Johnson, London : Hutchinson Sc Co., 1967.

Auman, Vladimir A. and Valentina G. Chebotareva., *Istoriia Rossiiskikh nemtsev v doku-mentakh, 1763~1992 gg.*, Moscow : RAU kooperatsiia, 1993.

Eudin, Xenia Joukoff and Robert C. North., *Soviet Russia and the East, 1920~1927 : A Documentary Study*.

Stanford, CA : Stanford University Press, 1957.

Far Eastern Republic, *Japanese Intervention in the Russian Far East*, Washington DC : Special Delegation of the FER, 1922.

Kim, V. D., ed. *Pravdapolveka spustia*. Tashkent : Ozbekiston, 1999.

Li, U Khe, and En Un Kim Eds. *Belaia kniga : O deportatsii koreiskogo nacelenia Rossiiv 30~40 godakh, kniga pervaia*, Moscow : Interpraks, 1992.

Stalin, Joseph. K *Stalin Works*. Vol. 12. Moscow : Foreign Languages Publishing House, 1954.

Toropov, A. A. *Koreitsy na Rossiiskom Dalnem Vostoke, vt.pol.XIX~nach.XXVV.*, Vladivostok : Dalnevostochnyi gos. universitet, 2001.

Vanin, U. V, ed. *Koreitsy v SSSR : Materialy sovetskoi pechati, 1918~1937 gg.*, Moscow : IVRAN, 2004.

Varneck, Elena and H. H. Fisher eds. *The Testimony of Kolchak and Other Siberian Materials.*, Translated by Elena Varneck, Stanford, CA : Stanford University Press, 1935.

Contemporary Primary Sources(Printed Materials in English and Russian to 1941)

Anosov, S. D., *Koreitsy v Ussuriiskom krae*, Khabarovsk : Knizhnoe delo, 1928.

Arsenev, Vladimir K., "Doklad B. K. Arseneva. Dalnevostochnomu kraevomu komitetu Vsesouznoi Kommunisticheckoi Partii." In *Zheltaiaopasnost*, edited by Boris Diachenko, 93~117. Vladivostok : Voron, 1996(orig. written 1928).

_____, *Kitaitsy v Ussuriiskom krae*, 1914(Reprint, Moscow : Kraft, 2004).

Arsenev, V. K. and E. I. Titov., *Byt ikharakter narodnostei Dalnevostochnogo kraia*, Khabarovsk Vladivostok : Knizhnoe delo, 1928.

Coleman, Frederic., *Japan Moves North : The Inside Story of the Struggle for Siberia*. New York : Cassell 8c Co. Ltd., 1918.

Gerrare, Wirt., *Greater Russia*, London : Heinemann, 1904.

G. L., "Zhyolty trud na Dalnem Vostoke po dannym 1914 goda." In *Voprosy kolonizatsii*, no.19, edited by G. F. Chirkin and N. A. Gavrilov, 140~171. St. Petersburg : Uchebnoedelo, 1916.

Grave V. V., *Kitaitsy, koreitsy i iapontsy v Priamure*, St. Petersburg : V. F. Kirshbaum, 1912.

Harrison, E. J., *Peace or War East of Baikal?*, Yokohama : Kelly & Walsh, Ltd., 1910.

Kuropatkin, A. N., *The Russian Army and the Japanese War*, Vols.1 and 2, Translated by Capt. A. B. Lindsay, London : John Murray, 1909.

Kuropatkin, A. N., *Zadachi Russkoi armii*, vol.3, 1910. Reprint, Tokyo : WAKO Print Center Co., 1969.

Leroy-Beaulieu, Pierre., *The Awakening of the East*. Translated by Richard Davey, London : Heineman, 1900.

Merkulov, Spiridon D., "Russkoe delo na Dalnem Vostoke." In *Zhyoltaia opasnost*, edited by B.Diachenko, 11~92. Vladivostok : Izd. Voron, 1996(Orig. written March 10,1912).

Ossendowski, Ferdinand., *Man and Mystery in Asia*, London : Edward Arnold 8c Co., 1924.

Pesotskii, V. D., *Koreiskii vopros v Priamure*. Khabarovsk : Tip. Kantseliarii Priamurskago General -Gubernatora, 1913.

Polner, Tikhon I., ed. *Priamure : Fakty, tsifry, nabluiudeniia*. Moscow : S tremia kartami, 1909.

Putnam-Weale, B. L., *The Coming Struggle in Eastern Asia*, London : MacMillan & Co., Ltd., 1908.

Shirokogoroff, Sergei., *Social Organization of the Northern Tungus*, Shanghai : Commercial Press, 1929.

Sikorskii, Radek., *Full Circle : A Homecoming to Free Poland*, New York : Simon & Schuster, 1997.

Stalin, Joseph., *Marxism and the National and Colonial Question*, 1935. Reprint, Honolulu : University of Hawai'i Press, 2003.

Ukhtomskii, Esper., *K sobytiiam v Kitae*. St. Peterburg : Vostok, 1900.

Unterberger, P. F., *Priamurskii krai, 1906~1910 gg : Ocherk*, St. Petersburg : V. F. Kirshbaum, 1912.

_____, *Primoskaia oblast, 1856~1898 gg*. St. Petersburg : V. F. Kirshbaum, 1900.

Vagin, V., "Koreitsy na Amure." In *Sbornik istoriko-statischeskikh svedenii o Sibrii isopredel'nykh ei stranakh*(editor unknown) 1~29, 1875.

Zhigadlo, E., *Klassovoe rassloenie 'Dalnevostochnie derevni*, Khabarovsk : Knizhnoe delo, 1929.

Journals and Newspapers

Krasnoe znamia

Pravda

Census Materials and Maps

Dalnevostochnoe Kraevoe Zemelnoe Upravlenie, *Itogi perepisi koreiskogo naseleniia Vladivostokskogo okruga vl929 godu (prilozhenie k tablitse A)*, Khabarovsk-Vladivostok, 1932.

Atlas Mira, Moskva : Glavnoe upravlenie geodezii i kartografii, 1987.

List of Interviews / Oral History

DOB signifies "Date of Birth", DOI signifies "Date of Interview". All interviews in Kyrgyzstan were conducted in Biskek(formerly Frunze, the nation's capital). All interviews in Uzbekistan were conducted either inside Tashkent or within a 75 kilometer radius in the former Korean collective farms surrounding Tashkent. The Koreans with Russian or Soviet(Revmir meaning "revolutionary peace") names typically had patronymics(middle name) as well. This author did not ask for the patronymic name in many interviews.

Peng Nok An, DOB 1927, DOI 2009, Uzbekistan

Ivan Sergeevich Chai, DOB 1924, DOI 2009, Uzbekistan

Lev Kharitonovich Chugai, DOB 1931, DOI 2009, Uzbekistan

Bon Nem Em, DOB 1927, DOI 2009, Uzbekistan

Iliaron Em, DOB 1929, DOI 2008/2009, Uzbekistan

Elena Markovna Kan, DOB 1922, DOI 2009, Uzbekistan

Alexei Matveevich Khan DOB 1924, DOI 2009, Uzbekistan

Irina Khan, DOB 1927, DOI 2009, Uzbekistan

Revmir (Rem) Khan, DOB 1952, DOI 2009, Uzbekistan, nephew of Khan Chan Gol.

Il Khe, DOB 1931, DOI 2010, Uzbekistan

Alexandra Kum Dai Kim, DOB 1921, DOI 2008, Uzbekistan

Anatolii Kim(DOB 1935) and Olimpiada Kim (DOB 1935—Married couple), DOI 2006, Kyrgyzstan

Chan Nim Kim, DOB 1929, DOI 2009, Uzbekistan

En Nok Kim, DOB 1923, DOI 2009, Uzbekistan

Gum Nam Kim, DOB 1923, DOI 2009, Uzbekistan

Gum Soi Kim, DOB 1921, DOI 2009, Uzbekistan

Innokenti Zhinkhe Kim, DOB 1926, DOI 2009, Kyrgyzstan

Konstantin Vladimorovich Kim, DOB 1931, DOI 2009, Uzbekistan

Larisa Valentinovna Kim, DOB 1955, DOI 2009, Uzbekistan

Lubov Kim, DOB 1926, DOI 2009, Uzbekistan

Maia Kim(1937) and Vladimir Kim(1936—married couple), DOI 2009, Uzbekistan

Serafima Pavelovna Kim, DOB 1917, DOI 2009, Uzbekistan

Sergei Sonbon Kim, DOB 1925, DOI 2009, Uzbekistan

Sergei Kim(Politotdel), DOB 1947, DOI 2009~2010, Uzbekistan

Stepan Arkadevich Kim, DOB 1922, DOI 2009, Uzbekistan.

Tatiana Nikolaevna Kim, DOB 1926, DOI 2009, Kyrgyzstan

Men Bor Lem, DOB 1919, DOI 2008, Uzbekistan

Elizaveta Antonovna Li, DOB 1929, DOI 2009, Kyrgyzstan

Emilia Li, DOB 1952, DOI 2009, Uzbekistan

En Ho Li, DOB 1922, DOI 2009, Uzbekistan

Gleb Semyonovich Li, DOB 1937, DOI 2009, Uzbekistan

Nadezhda Li, DOB 1916, DOI 2009, Uzbekistan

Soon Ok Li, DOB 1928, DOI 2008, Kyrgyzstan

Tamara Li, DOB 1928, DOI 2009, Uzbekistan

Viktor Titovich Li, DOB 1923, DOI 2009, Kyrgyzstan

Vladimir Andreevich Li, DOB 1929, DOI 2009, Uzbekistan

Slava Boriseevich Nam, DOB 1951, DOI 2009, Uzbekistan

Raisa Vasilevna Nigai, DOB 1918, DOI 2009, Uzbekistan, sister of Nikolai Nigai.

Konstantin Ogai, DOB 1929, DOI 2009, Kyrgyzstan

Afanasii Pak, DOB 1924, DOI 2008, Uzbekistan

Gerasim Sergeevich Pak, DOB 1934, DOI 2009, Uzbekistan

Maria Pak, DOB 1913, DOI 2009, Uzbekistan

Nikolai Vasilevich Pak, DOB 1923, DOI 2009, Uzbekistan

Ok In Pak, DOB 1923, DOI 2009, Uzbekistan

Pyotr Pak, DOB 1926, DOI 2009, Kyrgyzstan

Song Jook Pak, DOB 1924, DOI 2009, Uzbekistan

Tatiana Pak, DOB 1928, DOI 2009, Uzbekistan

Nikolai Shek, DOB 1933, DOI 2008, Uzbekistan

Ekaterina Shin, DOB 1927, DOI 2009, Uzbekistan

Vera Shin, DOB 1927, DOI 2009, Uzbekistan

Georg-i Sho Jung Tai, DOB 1923, DOI 2009, Uzbekistan

Konstantin Ten, DOB 1929, DOI 2009, Uzbekistan

Anna Vasilevna Ti, DOB 1931, DOI Summer 2014 (Several Interviews)

Evgenia Egorovna Tskhai, DOB 1921, DOI 2009, Kyrgyzstan, daughter of Egor I. Tskhai.

Nikolai Tkhai, DOB 1935, DOI 2009, Uzbekistan

Nikolai Taivonovich Ton, DOB 1930, DOI 2009, Uzbekistan

Soon Ok Ton, DOB 1933, DOI 2009, Uzbekistan

Gregorii Tsoi, DOB 1918, DOI 2009, Uzbekistan

Vladimir Tsoi, DOB 1925, DOI 2009, Uzbekistan

Chan Seb Un, DOB 1922, DOI 2009, Uzbekistan

Raisa Ivanovna Zhi, DOB 1928, DOI 2009, Uzbekistan

2. 2차 자료

Unpublished Dissertations

Bone, Jonathan A., "Socialism in a Far Country : Stalinist Population Politics and the Making of the Soviet Far East, 1929~1939", PhD diss., University of Chicago, 2003.

Habecker, David E., "Ruling the East : Russian Urban Administration and the Chinese, Koreans and Japanese in Vladivostok, 1884~1922", PhD diss., University of Maryland, 2003.

Merritt, Steven E., "The Great Purges in the Soviet Far East, 1937~1938", PhD diss., University of California, Riverside, 2000.

Published Secondary Sources in Russian

Bugai, N. F., *Ikh nado deportirovat : Dokumenty, fakty, kommentarii.* Moscow : Druzhba narodov, 1992.

Bugai, N. F. and B. D. Pak., *140 let v Rossii : Ocherk istorii Rossiiskikh-Koreitsev.* Moscow : IV-RAN, 2001.

Chernolutskaia, E. N., *Prinuditelnye migratsii na Sovetskom Dalnem Vostoke v 1920~1950egg.*, Vladivostok : Dalnauka, 2011.

Ediev, D. M., *Demograficheskie poteri deportirovannikh narodov SSSR,* Stavropol : Izd.AGRUS, 2003.

Iakimov, A. T., *Dalnii Vostok : V ogne borby s interventami i belogvardeistami, 1920~1922,* Moscow : Nauka, 1979.

Karpenko, Nikolai., *"Kitaiskii legion* : Uchastie kitaitsev v revolutsionnykh sobytiiakh na territorii Ukrainy, 1917~1921 gg.*, Lugansk : Alama Mater, 2007.

Khisamutdinov, Amir A., *Vladimir Klavdievich Arsenev,* Moscow : Nauka, 2005.

_____. *Tri stoletiia izucheniia Dalnego Vostoka,* Vladivostok : Dalnauka, 2007.

Khlevnuk, O. V., *Politburo : Mekhanizmy politicheskoi vlasti v 1930-e gg.*, Moscow : Rosspen, 1996.

Kim, M. T., *Koreiskie internatsionalisty v borbe za vlast Sovetov na Dalnem Vostoke.* Moscow : Nauka, 1979.

Kim, Stepan., "Istoved Soryon Saram : Sovetskogo cheloveka", *Druzhba narodov,* no. 4, 1989.

Kim, Syn Hva., *Ocherki po istorii Sovetskikh Koreitsev.* Alma-Ata : Nauka, 1965.

Kim, V. D., *Tumangan, pogranichnaia reka,* Tashkent : Uzbekiston, 1994.

Kim, Vladimir D. and Elvira Kim., *Eshelon 58 : ushol navsegda,* Tashkent : Turon-Iqbol, 2007.

Ku-Degai, Svetlana., *Koreitsy-zhertvy politicheskikh represii v SSSR, 1934~1938 gg.*, kniga 1. Moscow : Izd. ZAO Kimkor, 2000.

_____, *Koreitsy-zhertvy politicheskikh repressii v SSSR, 1934~1938gg.*, kniga 3, Moscow :

Vozvrashchenie, 2004.

Ku-Degai, Svetlana., *Koreitsy-zhertvy politicheskikh repressii v SSSR,1934~1938gg.*, kniga 4, Moscow : Vozvrashchenie, 2004.

Kuzin, Anatolii., *Dalnevostochnye Koreitsy : Zhizn i tragediia sudby*, Uzhno Sakhalink : Dalnevostochoe knizhnoe izdatelstvo, 1993.

Mogilner, Marina., *Homo imperii : Istoriiafizicheskoi antropologii v Rossii, konets XIX~nachalo XXvv.*, Moscow : Novoe literaturnoe obozrenie, 2008.

Nam, Svetlana G., "Koreiskii natsionalnyi raion : Puti poiska isseldovatelia", Self-published article. Moscow : Nauka, 1991.

_____, *Rossiiskie Koreitsy : Istoriia ikultura, 1860~1925gg.*, Moscow : IV RAN, 1998.

Pak, B. D., *Khan Myon Se : Khan Andrei Abramovich*, Moscow : IV RAN, 2005.

_____, *Kim Pen Khva i Kolkhoz 『Poliarnaia Zvezda』*, Moscow : IV RAN, 2006.

_____, *Koreitsy v rossiiskoi imperii.* Irkutsk : IGPI, 1994.

_____, *Koreitsy v Sovetskoi Rossii : 1917-konets 30-kh godov.* Irkutsk : IGPI, 1995.

Pashkov, A. M., *krai rodnoi─Dalnevostochnyi*, Uzhno-Sakhalinsk : Dalnevostochnoe knizhnoe izd., 1985.

Petrov, A. I., *Koreiskaia diaspora v Rossii, 1897~1917gg.*, Vladivostok : DVO-RAN, 2001.

Poliakov, U. A. and V. B. Zhiromskaia, eds. *Vsesouznaiaperepis naseleniia 1937goda : Obshieitogi, sbornik dokumentovy materialov.* Moscow : Rosspen, 2007.

Remizovski, V. I., "Stranitsy istorii Cakhalinskoi nefti" In "Aube rouge : Les annees trenteen Extreme-Oriente sovietique", *Revue des etudes slaves*, special issue, 71, no.1, Paris : CNRS, 1999.

Romanova, Viktoriia., *Vlast i evrei na Dalnem Vostoke Rossii : Istoriia vzaimootnoshenii, vtoraia polovina XIX v-20 c gody XX v.*, 7th ed. Krasnoiarsk : Klaretianum, 2001.

Shadt, A., "Pravoi status rossiiskikh nemtsev v SSSR (1940-1950-e)" In Nemtsy v SSSR vgody Velikoi Otechestvennoi Voiny . Poslevoennoe desiatletie, 1941~1955 gg., edited by A. German, Moscow : Gotika, 2001.

Son, Zhanna., *Rossiikie Koreitsy : Vsesilie vlasti i bespravie ethnicheskoi obshnosti, 1920~1930*, Moscow : Grif i K, 2013.

Suturin, A., *Delo kraevogo masshtaba : O zhertvakh Stalinkogo bezzakonia na Dalnem Vostoke*, Khabarovsk : Khabarovskoe knizhnoe Izd., 1991.

Ten, Ia., "Koreitsy sovetskogo soiuza", *Revoliutsiia i natsionalnosti* 7, 1935.

Toropov, A. A., *Koreitsy na Rossiiskom Dalnem Vostoke, vt.pol.XIX~nach.XXVV.*, Vladivostok : Dalnevostochnyi

Gos. Universitet, 2001.

Published Secondary Sources in English

Abramsky, Chimen., "The Birobidzhan Project, 1927~1959" In *The Jews in Soviet Russia since 1917*, edited by Lionel Kochan, Oxford : Oxford University Press, 1978.

Agnew, Jeremy. and Kevin McDermott., *The Comintern : A History of International Communism from Lenin to Stalin*, Basingstoke : MacMillan Press, 1996.

Aiko, Utsumi., "Koreans in the Imperial Army" In *Perilous Memories : The Asia-Pacific War(s)*, edited by T. Fujitani, Geoffrey M. White and Lisa Yoneyama, Durham, NC : Duke University Press, 2003.

Alexopoulos, Golfo., *Stalins Outcasts : Aliens, Citizens and the Soviet State, 1926~1936*, Ithaca, NY : Cornell University Press, 2003.

Andrew, Christopher and Vasilii Mitrokhin. *The Sword and the Shield : The Mitrokhin Archive and the Secret History of the KGB*, New York : Basic Books, 1999.

Anderson, Benedict., *Imagined Communities*. Rev. ed. London : Verso, 2003.

Aron, Leon., *Roads to the Temple : Truth, Memory, Ideas and Ideals in the Making of the Russian Revolution, 1987~1991*, New Haven, CT : Yale University Press, 2012.

Baabar. *Twentieth Century Mongolia*, Translated by D. Suhjargalmaa, S. Burenbayar, H. Hulan and N. Tuya. Cambridge : The White Horse Press, 1999.

Baburina, Nina, ed. *The Soviet Political Poster*, New York : Viking Penguin, 1985.

Bachmann, Berta., *Memories of Kazakhstan : A Report on the Life Experiences of a German Woman in Russia*. Translated by Edgar C. Duin. Lincoln, NE : AHSGR, 1981.

Bailes, Kendall E., *Technology and Society under Lenin and Stalin : Origins of the Soviet Technical Intelligentsia, 1917~1941*, Princeton, NJ : Princeton University Press, 1978.

Bakich, Olga., "Emigre Identity : The Case of Harbin " In "Harbin and Manchuria : Place, Space and Identity," edited by Thomas Lahusen, special issue, *South Atlantic Quarterly* 99, no.1, Winter 2000.

Bazhanov, Boris. *Bazhanov and the Damnation of Stalin.*, Translated by David W. Doyle, Athens : Ohio University Press, 1990.

Beeching, Jack., *The Chinese Opium Wars*. New York : HBJ Books, 1975.

Bennigsen, Alexandre and Chantal Lemercier-Quelquejay., *Islam in the Soviet Union.* London : Pall Mall Press, 1967.

Bisher, Jamie., *White Terror : Cossack Warlords of the Trans-Siberian.* New York : Routledge, 2005.

Bonnell, Victoria E., *Iconography of Power : Soviet Political Posters under Lenin and Stalin,* Berkeley : University of California Press, 1997.

Bourdieu, Pierre and Loic J. D. Wacquant, *An Invitation to Reflexive Sociology,* Chicago : University of Chicago Press, 1992.

Bradley, John F. N., *The Czechoslovak Legion in Russia, 1914~1920,* New York : Columbia University Press, 1991.

Breuillard, Sabine., "General V. A. Kislitsin : From Russian Monarchism to the Spirit of Bushido" In "Harbin and Manchuria : Place, Space and Identity," edited by Thomas Lahusen, special issue, *South Atlantic Quarterly* 99, no.1, Winter 2000.

Bronner, Stephen Eric., *A Rumour about the Jews.* New York : St. Martin's Press, 2000.

Brooks, Jeffrey., *Thank You Comrade Stalin : Soviet Public Culture from Revolution to Cold War,* Princeton, NJ : Princeton University Press, 2000.

Brovkin, Vladimir N., *Dear Comrades : Menshevik Reports on the Bolshevik Revolution and the Civil War.* Stanford, CA : Hoover Institution Press, 1991.

Brower, Daniel., *Turkestan and the Fate of the Russian Empire.* London : RoutledgeCurzon, 2003.

Brown, Kate., *A Biography of No Place : From Ethnic Borderland to Soviet Heartland.* Cambridge, MA : Harvard University Press, 2003.

Brudny, Yitzhak M., *Reinventing Russia : Russian Nationalism and the Soviet State : 1953~1991,* Cambridge, MA : Harvard University Press, 1998.

Burds, Jeffrey., "The Soviet War against 'Fifth Columnists' : The Case of Chechnya, 1942-4", *Journal of Contemporary History* 42 no.2, 2007.

Bushkovitch, Paul, *A Concise History of Russia,* Cambridge : Cambridge University Press, 2011.

Carrere-d'Encausse, Helene., *The End of the Soviet Empire : The Triumph of the Nations,* Translated by Franklin Phillip. New York : Basic Books, 1993.

_____, *The Great Challenge : Nationalities and the Bolshevik State, 1917~1930.* Translated by Nancy Festinger. New York : Holmes & Meier, 1992.

Carrere-d'Encausse, Helene, and Stuart Schram, *Marxism and Asia : An Introduction with Readings.* Baltimore : Penguin Press, 1969.

Chong Sil Lee · Ki Wan Oh, "The Russian Faction in North Korea", *Asian Survey* 8 no. 4, 1968.

CIA[Corporate Author], "A Stone for Willy Fisher," *CIA* [Declassified Online] *Library* (https://www.cia.gov/library/center-for-the-study-of-intelligence/csi-publications/csi-studies/studies/fall00/ch8_Willy_Fisher.pdf(accessed January 2015)).

Comrie, Bernard., *The Languages of the Soviet Union.* New York : Cambridge University Press, 1981.

Conquest, Robert., *The Great Terror : A Reassessment.* London : Pimlico, 2008.

Coox, Alvin D., *Nomonhan : Japan against Russia, 1939.* Vol.1. Stanford, CA : Stanford University Press, 1985.

Crisp, Simon., "Soviet Language Planning, 1917~1953" In *Language Planning in the Soviet Union,* edited by Michael Kirkwood, New York : St. Martin's Press, 1990.

Daniels, Roger., *Coming to America : A History of Immigration and Ethnicity in American Life.* 2nd ed. Princeton, NJ : Perennial, 2002.

Davies, R. W., *Soviet Economic Development from Lenin to Khrushchev,* Cambridge : Cambridge University Press, 1998.

Demyanenko, A. N. and I. V. Frolov., "The Experience of Korean Colonization in the Present Jewish Autonomous Oblast", *Post-Soviet Geography* 33, no.3, March 1992.

Dikotter, Frank, Lars Laamann and Zhou Xun., eds. *The Discourse of Race in Modern China,* London : Hurst & Co., 1992.

_____, *Narcotic Culture : A History of Drugs in China,* London : Hurst 8c Co., 2004.

Dulles, Allen W., *The Craft of Intelligence : America's Legendary Spymaster on the Fundamentals of Intelligence Gathering for a Free World,* Guilford, CT : Lyons Press, 2006.

Duncan, Peter J. S. *Russian Messianism : Third Rome, Revolution, Communism and After,* London : Routledge, 2000.

Duus, Peter, Ramon H. Myers, and Mark R. Peattie, eds. *The Japanese Wartime Empire, 1931~1945,* Princeton, NJ : Princeton University Press, 1996.

Earley, Peter., *Comrade J : The Untold Secrets of Russia's Master Spy in America after the Cold War,* New York : G. P. Putnam's Sons, 2007.

Elleman, Bruce., *Diplomacy and Deception : The Secret History of Sino-Soviet Relations, 1917~1927.* Armonk, NY : M. E. Sharpe, 1997.

Evans, John., *Russian Expansion on the Amur, 1848~1860 : The Push to the Pacific,* Lewiston, NY : Edward Mellon Press, 1999.

Figes, Orlando., *The Whisperers : Private Life in Stalin's Russia,* London : Penguin Books, 2008.

Fikes, Kesha. and Alaina Lemon., "African Presence in Former Soviet Spaces", *Annual Review of Anthropology* 31, 2002.

Forsyth, James., *A History of the Peoples of Siberia : Russia's North Asian Colony, 1581~1990*, Cambridge : Cambridge University Press, 1992.

Frederickson, George., *Racism : A Short History.* Princeton, NJ : Princeton University Press, 2002.

Freeland, Chrystia., *Sale of the Century : The Inside Story of the Second Russian Revolution*, London : Little, Brown, 2000.

Freeze, Gregory., *Russia : A History.* 2nd ed. Oxford : Oxford University Press, 2002.

Fuchs, Marina., "The Soviet Far East as a Strategic Outpost and the Regional Authorities" Nationality Policy : The Korean Question, 1920~1929", *Sibirica : Journal of Siberian Studies* 4, no. 2, October 2004.

Fuller, William C. Jr., *The Foe Within : Fantasies of Treason and the End of Imperial Russia*, Ithaca, NY : Cornell University Press, 2006.

Gatrell, Peter., *A Whole Empire Walking.* Bloomington : Indiana University Press, 1999.

Gelb, Michael., "An Early Soviet Ethnic Deportation : The Far-Eastern Koreans", *Russian Review* 54, no.3, July 1995.

Gellately, Robert., *Lenin, Stalin and Hitler : The Age of Social Catastrophe.* London : Vintage, 2008.

Geraci, Robert P., *Window on the East : National and Imperial Identities in Late Tsarist Russia*, Ithaca, NY : Cornell University Press, 2001.

Getty, J. Arch, *Origins of the Great Purges : The Soviet Communist Party Reconsidered, 1933~1938*, Cambridge : Cambredge University Press, 1991.

Ginsburgs, George., "The Citizenship Status of Koreans in Pre-Revolutionary Russia and the Early Years of the Soviet Regime", *Journal of Korean Affairs* 5, no.2, July 1975.

Goldman, Wendy., *Women, the State and Revolution : Soviet Family Policy and Social Life, 1917~1936*, Cambridge : Cambridge University Press, 1993.

Gorlizki, Yoram and Hans Mommsen, "The Political (Dis)Orders of Stalinism and National Socialism" In *Beyond Totalitarianism : Stalinism and Nazism Compared*, edited by Shcila Fitzpatrick and Michael Geyer, Cambridge : Cambridge University Press, 2009.

Grant, Bruce., *In the Soviet House of Culture : A Century of Perestroikas.* Princeton, NJ : Princeton University Press, 1995.

Gregory, Paul R., *Terror by Quota : State Security from Lenin to Stalin, an Archival Study.* New Haven, CT : Yale University Press, 2009.

Grossman, Vasily., *Forever Flowing.* Translated by Thomas P. Whitney. Evanston, IL : Northwestern University Press, 1997.

Hagenloh, Paul., *Stalin's Police : Public Order Mass Repression in the USSR, 1926~1941*, Baltimore : Johns Hopkins
University Press, 2009.

Halfin, Igal., *Terror in My Soul.* Cambridge, MA : Harvard University Press, 2003.

Hara, Teruyuki., "The Korean Movement in the Russian Maritime Province, 1905~1922" In *Koreans
in the Soviet Union*, edited by Dae-Sook Suh, Honolulu : University of Hawaii Press, 1987.

Harcave, Sidney., *Count Sergei Witte and the Twilight of Imperial Russia.* Armonk, NY : M. E. Sharpe, 2004.

Harris, James., "Encircled by Enemies : Stalin's Perceptions of the Capitalist World, 1918~1941",
The Journal of Strategic Studies 30, no.3, June 2007.

Hatada, Takashi., *A History of Korea.* Translated by Warren W. Smith Jr. and Benjamin H. Hazard, Santa
Barbara, CA : ABC-CLIO, 1969.

Hausen, Arne., *The Establishment of the National Republics in Central Asia,* New York : Palgrave MacMillan, 2003.

Hellbeck, Jochen., *Revolution on My Mind : Writing a Diary under Stalin*, Cambridge, MA : Harvard University
Press, 2006.

Hirsch, Francine., *Empire of Nations : Ethnographic Knowledge and the Making of the Soviet Union*, Ithaca, NY :
Cornell University Press, 2005.

_____, "Racial Politics without Concept of Race : Reevaluating Soviet Ethnic and National
Poliics", *Slavic Review* 61 no.1.

The History of the City of Hakodate (in Japanese, Hakodate shi shi). "The Kamchatka Stock Company
/ Society"(in Japanese, "Kamuchattsuka kabushiki geisha")(http://www.lib-hkd.jp/hen
san/hakodateshishi/tsuusetsu_03/shishi_05-02/shishi_05-02-\05-06-04.htm(acces
sed January 29, 2015)).

Holquist, Peter., "Conduct Merciless Mass Terror : Decossackization of the Don, 1919", *Cahiers du
Monde Russe* 38, no.1/2, January~June 1997.

_____, "To Count, to Extract, and to Exterminate : Population Statistics and Population
Politics in Late Imperial and Soviet Russia" In *State of Nations : Empire and Nation-making in the
Age of Lenin and Stalin,* edited by Ronald Grigor Suny and Terry Martin, Oxford : Oxford
University Press, 2001.

Hoffman, David L. *Stalinist Values : The Cultural Norms of Soviet Modernity, 1917~1941*, Ithaca, NY : Cornell
University Press, 2003.

Hoffman, David L. and Annette F. Timm., "Utopian Biopolitics : Reproductive Policies, Gender Roles,
and Sexuality in Nazi Germany and the Soviet Union" In *Beyond Totalitarianism : Stalinism and
Nazism Compared* Edited by Sheila Fitzpatrick and Michael Geyer, Cambridge : Cambridge

University Press, 2009.

Howell, Martha. and Walter Prevenier., *From Reliable Sources : An Introduction to Historical Methods*, Ithaca, NY : Cornell University Press, 2001.

Jung, Moon Ho., *Coolies and Cane : Race, Labor, and Sugar in the Age of Emancipation*, Baltimore : Johns Hopkins University Press, 2006.

Kan, Sergei., *Lev Shternberg : Anthropologist, Russian Socialist, Jewish Activist*, Lincoln : University of Nebraska Press, 2009.

Kappeler, Andreas., *The Russian Empire : A Multiethnic History*, Translated by Alfred Clayton. New York : Pearson Education, 2001.

Kaspe, Sviatoslav., "Modernization in the Second Half of the Nineteenth Century" In *Russian Empire : Space, People, Power, 1700~1930*, edited by Jane Burbank, Mark Von Hagen and Anatoli Remnev, Bloomington : Indiana University Press, 2007.

Kawakami, K. K., *Manchukuo : Child of Conflict.* New York : MacMillan Co., 1933.

Keep, John and Alter Litvin., *Stalinism : Russian and Western Views at the Turn of the Millennium.* New York : Routledge, 2005.

Kenez, Peter., *The Birth of the Propaganda State : Soviet Methods of Mass Mobilization, 1917~1929.* Cambridge : Cambridge University Press, 1985.

Khazanov, Anatoly M., *After the USSR : Ethnicity, Nationalism, and Politics in the Common-wealth of Independent States*, Madison : University of Wisconsin Press, 1995.

Khisamutdinov, Amir A., *The Russian Far East : Historical Essays.* Honolulu : CeRA/University of Hawaii Press, 1993.

_____, *Vladimir Klavdievich Arsenev, 1872~1930*, Moscow : Nauka, 2005.

Khlevniuk, Oleg., *The History of the Gulag : From Collectivization to the Great Terror*, Translated by Vadim A. Staklo. New Haven, CT : Yale University Press, 2004.

_____, *Master of the House.*, New Haven, CT : Yale University Press, 2009.

_____, "Objectives of the Great Terror, 1937~38" In *Soviet History, 1917~53 : Essays in Honour of R. W. Davies*, edited by Julian Cooper, Maureen Perrie, and E. A. Rees, Basingstoke : Macmillan, 1995.

_____, *Stalin : New Biography of a Dictator*, New Haven : Yale University Press, 2015.

Kho, SongMoo., *Koreans in Soviet Central Asia*, Helsinki : Studia Orientalia 61, 1987.

Kim, German N., "The Deportation of 1937 as a Logical Continuation of Tsarist and Soviet Nationality Policy in the Russian Far East" In "Koryo Saram : Koreans in the Former USSR," edited by Ross King and German N. Kim, *Korean and Korean-American Studies Bulletin* 12, no.2, special issue, 2001.

King, Ross., "A Failed Revolution in Korean Writing : The Attempt to Latinize Korean in the Soviet Far East, 1929~1935", Unpublished paper funded by IREX, 1992.

Koenker, Diane P., "Class and Consciousness in a Socialist Society : Workers in the Printing Trades during NEP" In *Russia in the Age of NEP : Explorations in Soviet Society and Culture*, edited by Sheila Fitzpatrick, Alexander Rabinowitch, and Richard Stites, Bloomington : Indiana University Press, 1991.

Korey, William., "The Legal Position of Soviet Jewry : A Historical Enquiry" In *The Jews in Soviet Russia since 1917*, 3rd ed., edited by Lionel Kochan, Oxford : Oxford University Press, 1978.

Kotani, Ken., *Japanese Intelligence in World War II*, Oxford : Osprey, 2009.

Kotsonis, Yanni., "'Face-to-Face' : : The State, the Individual, and the Citizen in Russian Taxation : 1863~1917", *Slavic Review* 63, no.2, Summer 2004.

Kuromiya, Hiroaki., *The Voices of the Dead : Stalin's Great Terror in the 1930s*. New Haven, CT : Yale University Press, 2007.

Kuromiya, Hiroaki. and Georges Mamoulia., "Anti-Russian and Anti-Soviet Subversion : The Caucasian-Japanese Nexus, 1904~1945", *Europe-Asia Studies* 61, no.8, October 2009.

Kuromiya, Hiroaki. and Andrej Peplonski., "The Great Terror : Polish-Japanese Connections", *Cahiers du monde russe* 50, no.4, 2009.

Kuropatkin, A. N., *The Russian Army and the Japanese War*, vol.1. Translated by Capt. A. B. Lindsay. New York : E. P. Dutton & Co., 1910.

Larin, A. G., *Kitaitsy v Rossii vchera i segodnia : Istoricheskii ocherk*, Moscow : Muravei, 2003.

Lattimore, Owen., *Manchuria : Cradle of Conflict.* New York : MacMillan Co., 1932.

League of Nations[corporate author]., *Appeal by the Chinese Government : Report of the Commission of Enquiry*, Geneva : League of Nations Press, 1932.

Ledeneva, Alena V., *Russia's Economy of Favours : Blat, Networking and Informal Exchange*, Cambridge : Cambridge University Press, 1998.

Lee, Chae-Jin., *China's Korean Minority*. Boulder, CO : Westview Press, 1986.

Lee, Chong-Sik., *The Politics of Korean Nationalism*, Berkeley : University of California Press, 1963.

Lee, Ki-baik., *A New History of Korea*, Translated by Edward W. Wagner and Edward J. Shultz, Cambridge, MA : Harvard University Press, 1984.

Leggett, George., *The Cheka : Lenin's Political Police*, Oxford : Oxford University Press, 1981.

Lensen, George A., *Japanese Recognition of the U.S.S.R. : Soviet-Japanese Relations, 1921~1930*, Tallahassee, FL : The Diplomatic Press, 1970.

Lieven, Anatol., *The Baltic Revolution : Estonia, Latvia, Lithuania and the Path to Independence*, New Haven, CT : Yale University Press, 1993.

Lincoln, W. Bruce., *The Conquest of a Continent : Siberia and the Russians*, New York : Random House, 1994.
_____, *Red Victory : A History of the Russian Civil War*, New York : Simon 8c Schuster, 1989.

Lohr, Eric., *Nationalizing the Russian Empire : The Campaign against Enemy Aliens during World War I*, Cambridge, MA : Harvard University Press, 2003.

_____, "Population Policy and Emigration Policy in Imperial Russia" In *Migration, Homeland, and Belonging in Eurasia*, edited by Cynthia J. Buckley, Blair A. Ruble and Erin Trouth Hofmann, Baltimore : Johns Hopkins University Press, 2008.

Lynn-Edgar, Adrienne., *Tribal Nation : The Making of Soviet Turkmenistan*. Princeton, NJ : Princeton University Press, 2004.

Macintosh, Malcolm., *Juggernaut : A History of the Soviet Armed Forces*. New York : Macmillan & Co., 1967.

Maksudov, Sergei., "Prospects for the Development of the USSR's Nationalities" In *The Soviet Union and the Challenge of the Future, Volume 3 : Ideology, Culture and Nationality* edited by Morton Kaplan and Alexander Shtromas, 331. New York : Paragon House, 1989.

Malik, Kenan., *The Meaning of Race : Race, History and Culture in Western Society*. New York : Palgrave, 1996.

Malozemoff, Andrew., *Russian Far Eastern Policy : With a Special Emphasis on the Causes of the Russo-Japanese War*. Berkeley : University of California Press, 1958.

Marks, Steven G. *Road to Power : The Trans-Siberian Railroad and the Colonization of Asian Russia, 1850~1917*, London : I. B. Tauris, 1991.

Marshall, Alex., *The Russian General Staff and Asia, 1800~1917*. London : Routledge, 2006.

Martin, Terry., *The Affirmative Action Empire : Nations and Nationalism in the Soviet Union, 1923-39*. Ithaca, NY : Cornell University Press, 2001.

_____, "Modernization or Neo-traditionalism : Ascribed Nationality and Soviet Primordialism" In *Stalinism : New Directions*, edited by Sheila Fitzpatrick, New York : Routledge, 2000.

_____, "Origins of Soviet Ethnic Cleansing", *The Journal of Modern History* 70, no.4, December 1998.

McKeown, Adam M., *Melancholy Order : Asian Migration and the Globalization of Borders*, New York : Columbia University Press, 2008.

McLoughlin, Barry., "Mass Operations of the NKVD, 1937-8 : A Survey" In *Stalins Terror : High Politics and Mass Repression in the Soviet Union*, edited by Barry McLoughlin and Kevin McDermott, Basingstoke : Palgrave Macmillan, 2004.

Mitrokhin, Vasiliy., "Chekisms", *Tales of the Cheka : A KGB Anthology*, Translated by Harry Spinnaker. London : The Yurasov Press, 2008.

Mogilner, Marina., *Homo Imperii : A History of Physical Anthropology in Russia.*, Lincoln : University of Nebraska Press, 2013.

Moore, Harriet L., *Soviet Far Eastern Policy, 1931~1945*. Princeton, NJ : Princeton University Press, 1945.

Morley, James W., ed. *The Japanese Thrust into Siberia, 1918*. New York : Columbia University Press, 1957.

_____, *Japans Foreign Policy, 1868~1941 : A Research Guide*. New York : Columbia University Press, 1974.

Motyl, Alexander J., *Sovietology, Rationality, Nationality : Coming to Grips with Nationalism in the USSR*. New York : Columbia University Press, 1990.

Naimark, Norman M., *Fires of Hatred : Ethnic Cleansing in Twentieth-Century Europe*. Cambridge, MA : Harvard University Press, 2001.

_____, *Stalins Genocides*. Princeton, NJ : Princeton University Press, 2010.

Nair, A. M., *An Indian Freedom Fighter in Japan : Memoirs of A. M. Nair*. 2nd ed. New Delhi : Vikas Publishing House, 1985.

Nansen, Fridtjof., *Through Siberia : The Land of the Future*. Translated by Arthur G. Chater. London : Ballantine Press, 1914,

Narangoa, Li, and Robert Cribb, ed. *Imperial Japan and National Identities in Asia, 1895~1945*. London : RoutledgeCurzon, 2003.

Nathans, Benjamin., *Beyond the Pale : The Jewish Encounter with Late Imperial Russia*. Berkeley : University of California Press, 2002.

Nolde, Boris E., *Russia in the Economic War*. New Haven, CT : Yale University Press, 1928.

Norman, Jerry., *Chinese*. Cambridge : Cambridge University Press, 1988.

Novikova, Liudmila G., "Northerners into Whites : Popular Participation in Counter-Revolution in Arkhangelsk Province, Summer 1918" In *Europe-Asia Studies* 60, no.2, 2008.

Nyiri, Pal., *Chinese in Eastern Europe and Russia : A Middleman Minority in a Transnational Era*. New York : Routledge, 2007.

Oka, Natsuka., "The Korean Diaspora in Nationalizing Kazakhstan : Strategies for Survival as an Ethnic Minority" In " Koryo Saram : Koreans in the former USSR," edited by German N. Kim and Ross King. *Korean and Korean-American Studies Bulletin* 12, no.2/3, special issue, 2001.

Onegina, Svetlana V., "The Resettlement of Soviet Citizens from Manchuria in 1935~36 : A Research Note", *Europe-Asia Studies* 47, no.6, September 1995.

Ong, Aihwa., *Flexible Citizenship : The Cultural Logics of Transnationality*. Durham, NC : Duke University Press, 1999.

Owen, Thomas C., *Capitalism and Politics in Russia : A Social History of the Moscow Merchants, 1855~1905*. London : Cambridge University Press, 1981.

Paine, S. C. M., *The Sino-Japanese War of 1894~1895 : Perceptions, Power and Primacy*. Cambridge : Cambridge University Press, 2003.

Palais, James. B., *Confucian Statecraft and Korean Institutions : Yu Hyongwon and the Late Choson Dynasty*. Seattle : University of Washington Press, 1996.

Park, Hyun Ok., "Korean Manchuria : The Racial Politics of Territorial Osmosis" In "Har-bin and Manchuria : Place, Space and Identity," edited by Thomas Lahusen. *South Atlantic Quarterly* 99, no.1, Winter 2000.

Patrikeef, Felix., *Russian Politics in Exile*. New York : Palgrave MacMillan, 2002.

Pavlov, Dimitrii V. "Russia and Korea in 1904~1905 : 'Chamberlain' A. I. Pavlov and the 'Shanghai Service.'" In *Rethinking the Russo-Japanese War, 1904-05, Volume II : The Nichinan Papers*, edited by John W. M. Chapman and Inaba Chiharu, Folkestone, Kent : Global Oriental, 2007.

Petroff, *Remembering a Forgotten War*.

Petroff, Serge P., *Remembering a Forgotten War: Civil War in East European Russia and Siberia, 1918-1920*, Boulder, CO : East European Monographs, 2000.

Petrov, Nikita and Arsenii Roginskii., "The 'Polish Operation' of the NKVD, 1937-8" In *Stalins Terror : High Politics and Mass Repression in the Soviet Union*, edited by Barry McLoughlin and Kevin McDermott, New York : Palgrave Macmillan, 2003. Pipes, Richard. *The Formation of the Soviet Union : Communism and Nationalism, 1917~1923*. Rev. ed. Cambridge, MA : Harvard University Press, 1964.

Pohl, J. Otto., *Ethnic Cleansing in the USSR, 1937—1949*. Westport : Greenwood Press, 1999.

_____, "Volk auf dem Weg : Transnational Migration of the Russian-Germans from 1763 to the Present Day", *Studies in Ethnicity and Nationality* 9, no. 2, 2009.

Polian, Pavel., *Against Their Will : The History and Geography of Forced Migrations in the USSR*, Translated by Anna Yastrzhembska. Budapest : CEU Press, 2004.

Pollock, Ethan., *Stalin and the Soviet Science Wars*. Princeton, NJ : Princeton University Press, 2006.

Portelli, Alessandro., *The Rattle of Valle Giulia : Oral History and the Art of Dialogue*. Madison : University of

Wisconsin Press, 1997.

Portelli, Alessandro., *The Death of Luigi Trastulli and Other Stories : Form and Meaning in Oral History*, Albany : State University of New York Press, 1991.

_____, "What Makes Oral History Different?" In *The Oral History Reader*, 2nd ed., edited by Robert Perks and Alistair Thomson, Oxon : Routledge, 1998.

Powell, John B., A/y *Twenty-Five Years in China*. New York : MacMillan Co., 1945.

Priestland, David., *Stalinism and the Politics of Mobilization : Ideas, Power and Terror in Inter-War Russia*. Oxford : Oxford University Press, 2007.

Rayfield, Donald., *Stalin and His Hangmen : The Tyrant and Those Who Killed for Him*. New York : Random House, 2004.

Read, Christopher., *From Tsar to Soviets : The Russian People and Their Revolution*. New York : Oxford University Press, 1996.

Rieber, Alfred J., *Merchants and Entrepreneurs in Imperial Russia*. Chapel Hill : University of North Carolina Press, 1982.

Ritchie, Donald A., *Doing Oral History : A Practical Guide*. 2nd ed. New York : Oxford University Press, 2003.

Roy, Oliver., *The New Central Asia : The Creation of Nations*. London : I. B. Tauris, 2000.

Rywkin, Michael., *Soviet Society Today*. Armonk, NY : M. E. Sharpe, 1989.

Said, Edward W., *Orientalism*. New York : Vintage Books, 1979.

Sakwa, Richard., *The Rise and Fall of the Soviet Union, 1917~1991*. London : Routledge, 1999.

Saveliev, Igor R., and Yuri S. Pestushko. "Dangerous Rapprochement : Russia and Japan in the First World War, 1914~1916", *Acta Slava Iaponica*, no. 18, 2001.

Scalapino, Robert A., "Communism in Asia" In *The Communist Revolution in Asia : Tactics, Goals and Achievements*, edited by Robert A. Scalapino, Englewood Cliffs, NJ : Prentice-Hall, 1965.

Schimmelpenninnck van der Oye, David., *Toward the Rising Sun : Russian Ideologies of Empire and the Path to War with Japan*. Dekalb : Northern Illinois University Press, 2001.

Sergeev, Evgeny., *Russian Military Intelligence in the War with Japan, 1904~05 : Secret Operations on Land and at Sea*. London : Routledge, 2007.

Service, Robert., *Stalin : A Biography*. Oxford : Macmillan, 2004.

Shearer, David., *Policing Stalin's Socialism : Repression and Social Order in the Soviet Union, 1924~1953*. New Haven, CT : Yale University Press, 2009.

Shearer, David R., and Vladimir Khaustov. *Stalin and the Lubianka : A Political History of the Political Police and*

Security Organs in the Soviet Union, 1922~1953. New Haven : Yale University Press, 2015.

Shin, Gi-Wook., *Ethnic Nationalism in Korea : Politics and Legacy.* Stanford, CA : Stanford University Press, 2006.

Shlapentokh, Vladimir., *A Normal Totalitarian Society : How the Soviet Union Functioned and How It Collapsed.* Armonk, NY : M. E. Sharpe, 2001.

Shternberg, Lev I., *The Social Organization of the Gilyak.* Edited by Bruce Grant. Seattle : University of Washington Press/American Museum of Natural History Press, 1999.

Siegelbaum, Lewis H., "Another 'Yellow Peril' : Chinese Migrants in the Russian Far East and the Russian Reaction before 1917", *Modern Asian Studies* 12, no.2, 1978.

Simon, Gerhard., *Nationalism and Policy toward the Nationalities in the Soviet Union : From Totalitarian Dictatorship to Post-Stalinist Society.* Translated by Karen Forster and Oswald Forster. Boulder, CO : Westview Press, 1991.

Slezkine, Yuri., *The Jewish Century.* Princeton, NJ : Princeton University Press, 2004.

Slocum, John W., "Who, and When, Were the Inorodtsy? The Evolution of the Category of 'Aliens' in Imperial Russia", *Russian Review* 57, no. 2, April 1998.

Smele, Jonathan D., *Civil War in Siberia : The Anti-Bolshevik Government of Admiral Kolchak, 1918~1920.* Cambridge : Cambridge University Press, 1996.

Smith, Canfield F., *Vladivostok under Red and White Rule.* Seattle : University of Washington Press, 1975.

Smith, S., A. *Revolution and the People in Russia and China : A Comparative History.* Cambridge : Cambridge University Press, 2008.

Snyder, Timothy., *Sketches from a Secret War : A Polish Artist's Mission to Liberate Soviet Ukraine.* New Haven, CT : Yale University Press, 2005.

Solomon Jr., Peter H., *Soviet Criminal Justice under Stalin.* Cambridge : Cambridge University Press, 1996.

Solzhenitsyn, Aleksandr., *The Gulag Archipelago : An Experiment in Literary Investigation*, vol.2. Translated by Thomas P. Whitney. New York : Harper-Perennial, 2007.

Statiev, Alexander., "The Nature of Anti-Soviet Armed Resistance, 1942~44 : The North Caucasus, the Kalmyk Autonomous Republic, and Crimea", *Kritika* 6, no. 2, Spring 2005.

Stephan, John J., "The Korean Minority in the Soviet Union", *Mizan* 13, no. 3, December 1971.

_____, *The Russian Far East*, Stanford, CA : Stanford University Press, 1994.

_____, *Sakhalin : A History*, Oxford : Clarendon Press, 1971.

Stephan, Robert W., *Stalins Secret War : Soviet Counterintelligence against the Nazis, 1941~1945.* Lawrence : University of Kansas, 2004.

Stolberg, Eva-Maria., "Japanese Strategic and Political Involvement in the Russian Far East, 1917~1922" In *Imperial Japan and National Identities in Asia, 1895~1945*, edited by Li Narangoa and Michael Cribb, New York : Routledge Curzon, 2003.

Subitelny, Orest., *Ukraine : A History*. 4th ed. Toronto : University of Toronto Press, 2009.

Sudoplatov, Pavel, and Anatoli Sudoplatov., *Special Tasks : The Memoirs of an Unwanted Witness–a Soviet Spymaster*, Translated by Jerrold L. and Leona P. Schecter. New York : Little, Brown & Co., 1994.

Suh, Dae Sook., *The Korean Communist Movement 1918~1948*. Princeton, NJ : Princeton University Press, 1967.

Sunderland, Willard., *the Wild Field : Colonization and Empire on the Russian Steppe*. Ithaca : Cornell University Press, 2004

Suny, Ronald G., *Revenge of the Past : Nationalism, Revolution and the Collapse of the Soviet Union*. Stanford, CA : Stanford University Press, 1993.

_____, ed. *The Structure of Soviet History : Essays and Documents*. Oxford : Oxford University Press, 2003.

Swain, Geoffrey., *Russia's Civil War*. Stroud, UK : History Press, 2008.

Takaki, Ronald., *Strangers from a Different Shore : A History of Asian Americans*. Rev. ed. New York : Little, Brown & Co., 1998.

Timasheff, Nicolas S., *The Great Retreat : The Growth and Decline of Communism in Russia*, New York : E. P. Dutton & Co., 1946.

Tishkov, Valery., *Ethnicity, Nationalism and Conflict in and after the Soviet Union : The Mind Aflame*. Oslo : PRIO, 1997.

Thaden, Edward C., et al., *Russification in the Baltic Provinces and Finland, 1855~1914*, Princeton, NJ : Princeton University Press, 1981.

Tlostanova, Madina., *Gender Epistemologies and Eurasian Borderlands*. New York : Palgrave Macmillan, 2010.

Treadgold, Donald., *The Great Siberian Migration*. Princeton, NJ : Princeton University Press, 1957.

Ulam, Adam B., *Stalin : The Man and His Era*. Boston : Beacon Press, 1989.

USSR[state corporate author], *Constitution (Fundamental Law) of the Union of the Soviet Socialist Republics*. Moscow : Cooperative Publishing of the USSR, 1936.

Van Ree, Erik., "Socialism in One Country : A Reassessment", *Studies in East European Thought* 30, no.2, June 1998.

Verdery, Katherine., *What Was Socialism and What Comes Next?*, Princeton, NJ : Princeton University Press, 1996.

Voslensky, Michael., *Nomenklatura : Anatomy of the Soviet Ruling Class.* Translated by Erich Mosbacher. London : The Bodley Head, 1984.

Wada, Haruki., "Koreans in the Soviet Far East, 1917~1937" In *Koreans in the Soviet Union,* edited by Dae-Sook Suh, Honolulu : University of Hawaii Press, 1986.

_____, ed. *VKP, Komintern ilaponiia, 1917~1941.* Moskva : Rosspen, 2001.

Wanner, Catherine., *Burden of Dreams : History and Identity in Post-Soviet Ukraine.* University Park : Pennsylvania State University Press, 1998.

Weeks, Theodore R., *Nation and State in Late Imperial Russia : Nationalism and Russification on the Western Frontier, 1863~1914.* DeKalb : Northern Illinois University Press, 1996.

Weinberg, Robert., *The Revolution of 1905 in Odessa : Blood on the Steps.* Bloomington : Indiana University Press, 1993.

Weitz, Eric D., *A Century of Genocide : Utopias of Race and Nation.* Princeton, NJ : Princeton University Press, 2003.

_____, "Racial Politics without Concept of Race : Reevaluating Soviet Ethnic and National Poliics", *Slavic Review* 61, no. 1, 2002.

Werth, Nicolas., "The Mechanism of a Mass Crime : The Great Terror in the Soviet Union, 1937~38" In *The Spectre of Genocide : Mass Murder in Historical Perspective,* edited by Robert Gellately and Ben Kiernan, Cambridge : Cambridge University Press, 2003.

_____, "The Red Terror" In *The Black Book of Communism : Crimes, Terror, Repression,* edited by Stephane Courtois and Mark Kramer, Cambridge, MA : Harvard University Press, 1999.

White, John Albert., *The Siberian Intervention.* Princeton, NJ : Princeton University Press, 1950.

Whittell, Giles., *Bridge of Spies.* New York : Broadway Books, 2010.

Wolff, David., To *the Harbin Station : The Liberal Alternative in Russian Manchuria, 1898~ 1914.* Stanford, CA : Stanford University Press, 1999.

_____, "Intelligence Intermediaries : The Competition for Chinese Spies" In *The Russo-Japanese War in Global Perspective : World War Zero,* edited by John W. Steinberg et al., Leiden : Brill, 2005.

Yamamuro, Shinichi., *Manchuria under Japanese Domination.* Translated by Joshua Fogel, Philadelphia : University of Pennsylvania Press, 2006.

Young, C. Walter., *The International Relations of Manchuria : A Digest and Analysis of Treaties, Agreements and Negotiations concerning the Three Eastern Provinces of China.* Chicago : University of Chicago Press, 1929.

Zenkovsky, Serge A., *Pan-Turkism and Islam in Russia.* Cambridge, MA : Harvard University Press, 1960.

찾아보기

ㄱ

강 세르게이(Sergei Kan)　187
강화도조약　31
게이츠만(Geitsman)　24, 26, 144, 145, 151, 155, 168, 176~180, 186, 193, 247, 253, 281, 295, 305
겐리흐 루쉬코프(Genrikh Lushkov)　266, 267, 272
곤다티, N. I.　51, 314
구술사　26, 27, 103, 208, 212, 217, 218, 305~309
그라베, 블라디미르 V.　35, 43, 84, 105, 176
극동사무국　123, 145, 151, 152, 155, 164~166, 177, 180, 181, 184, 185, 193, 198, 233, 247, 255, 321
극동공화국(Far Eastern Republic)　25, 69, 71, 72, 74, 78, 79, 96, 100, 162
김, 검남(Gum Nam Kim)　26, 264, 283, 323
김, 마야(Maia Kim)　217
김, 아파나시(Afanasii Arsenevich Kim)　19~22, 89, 90, 93, 94, 155, 162, 168, 185, 191~193, 240, 243, 247, 248, 258, 259, 273
김, 평화(Kim Pen Khva)　74, 189~191, 281, 282
김은녹　112, 213

ㄴ

내전기　92, 272
니가이, 니콜라이(Nikolai Nigai)　24, 103, 135, 170, 269, 270, 284, 327
니가이, 라이자(Raisa Nikolai)　24, 199, 213, 251, 268~270, 284, 287, 310
니콜라예프스크 포위　79, 80, 100, 321

니콜라이 2세　42, 49, 65

ㄷ

독일인　17~19, 28, 30, 57, 62~64, 70, 193, 219~221, 228, 230, 231, 234, 246, 250, 254, 259, 260, 263, 264, 272, 277, 279, 280, 288, 294, 296, 300, 316, 325, 327
동청철도　90, 190, 223, 225, 230, 244, 248, 319, 379
두호프스코이(S. M. Dukhovskoi)　39, 51
디아스포라　18, 20, 23, 31, 37, 41, 67, 73, 88, 89, 100, 131, 132, 149, 156, 160, 167, 173, 191, 196, 206, 219, 223, 227, 228, 231, 235, 242, 246, 247, 249, 261, 274, 275, 280, 294, 295, 313, 325, 327

ㄹ

라브크린 보고서　158, 160, 162, 193
라조, 세르게이(Sergei Lazo)　164
라틴문자화　197, 201~205
러시아혁명　78, 146
레닌, 블라디미르 일리치.　18, 20, 21, 69, 77, 89, 97~100, 107, 130, 132, 136, 141, 145, 156, 179, 220, 222, 271, 277, 283, 299, 300, 302, 310

ㅁ

마마예프(Mamaev)　107, 138, 140, 141, 144
마틴, 테리.　293
만주국　24, 196, 223, 225, 241, 244, 258, 275
만주사변　223
몰로토프, 뱌체슬라프(Vyachelav Molotov)

260, 261, 264, 276
민족 추방   259, 314, 320

ㅂ ─────────────

바긴(V. Vagin)   32, 44
박, 니콜라이(박용빈)   199~203, 205, 271,
    309~311
박, 표트르(Pyotr Pak)   134, 265, 286
박애(Pak Ae(Ai))   89, 185
박진선(박 일리아)   66, 82, 89, 98, 99
발트 독일인   42, 46, 57, 63, 220
백군 수비대   80, 251, 253
범슬라브주의(혹은 범슬라브주의자)   41,
    42, 44, 46, 64, 65, 67
보이친스키, G. N.   185
부하린, N. I.   172, 257, 277
북사할린   26, 254, 264, 268, 276, 282, 288,
    289
북사할린 정유회사   289
불라트니코프(Bulatnikov)   202, 205
블라디보스토크   21, 26, 46, 47, 53, 56, 60,
    66, 72~75, 77, 78, 81~83, 85, 86, 92,
    93, 96, 103, 104, 111, 112, 114, 116,
    123, 130, 134, 136, 142, 145, 153,
    157, 159, 170, 174, 175, 177, 181,
    186, 189, 192, 198, 199, 203, 207,
    208, 210, 221, 223~226, 239, 244,
    245, 257, 266~270, 284, 308, 317,
    379, 380, 381
비로비드잔   126, 240, 245, 279
비르트 게라레(Wirt Gerrare)   47, 295
비테, 세르게이.   42

ㅅ ─────────────

『선봉(Avangard)』   105, 151, 172, 198,
    200~205
소련공산당 17차 당 대회   20, 240, 243, 247,
    248

소비에트 사회주의   18, 20, 24~26, 28, 100,
    107, 120, 122, 137, 157, 166, 168,
    197, 198, 219, 231, 255, 276, 294,
    295, 297, 298, 317, 326
'소비에트의 외국인 혐오'   254, 289, 293~
    297
숙청   103, 127, 162, 191~193, 195, 233,
    238, 243, 245, 253, 258, 260, 272,
    278~290, 293, 294, 301, 304, 322
스탈린   18, 20, 23, 28, 65, 100, 129, 130,
    140, 145~147, 152, 163, 164, 171,
    183, 195, 196, 204, 210, 218, 224,
    227, 231~233, 235, 237, 238, 240,
    251, 253, 254, 255, 257~261, 263,
    267, 272, 274~278, 280~282, 294,
    296, 297, 299~301, 304, 309, 318,
    320, 322, 364
스톨리핀   176
슬라브주의(혹은 슬라브주의자)   41, 42, 64
시민권   25, 30, 37, 39, 63, 76, 102, 103,
    106, 107, 110, 119~121, 125~127,
    129, 160, 165, 168, 177, 178, 180,
    275, 295, 314
신경제 정책   107, 179
신한촌   75, 79, 81~83

ㅇ ─────────────

아날학파   28
아노소프, 세미온 D.   58, 107, 108, 124~
    126, 144
아르세네프『백서』(보고서)   181, 182, 229
    ~232, 240, 247, 255, 277, 295
아르세네프, 블라디미르   24, 26, 35, 42, 48
    ~50, 52, 59, 107, 144, 155, 168, 176,
    180~184, 187, 189, 193, 224, 229,
    255, 271, 277, 295, 314
아편전쟁   30, 31
안중근   60, 61

알렉산드르 2세 33
엄, 일라론(Iliaron Em) 283
영토 자치 150
예조프, 니콜라이 232, 238, 257~259, 262, 267, 282
우흐톰스키, 예스페르 E. 49, 50, 314
운테르베르게르(Unterberger), P. F. 39, 40, 43, 50~52, 314
원초주의(원초주의자) 25, 70, 179, 182, 184, 187, 193, 223, 250, 254, 280, 282, 294~296, 298, 300, 315, 316, 321, 369
위어일, 푸트남(Putnam Weale) 83
유대인 18, 19, 23, 25, 28, 30, 40~42, 46, 50, 62~64, 98, 126, 141, 147, 149, 187, 188, 201, 234, 264, 296, 313, 314, 327
이, 엘리자베타(Elizaveta Li) 26, 279, 307, 308
이괄(Kvar Li) 105, 172, 199~205, 247, 273
이동휘 81, 164
이르쿠츠크파 163, 164
이순옥 283, 288
인종주의 60, 148, 161, 164~167, 179, 180, 188, 189, 192, 204, 206, 222, 326
인코르포레(INKORPORE) 140, 186, 245
일본 스파이 169, 183, 226, 244, 252~255, 267, 271, 274, 287, 290, 291, 293, 326
일소협약 183

ㅈ ————
자치공화국 132, 156, 157, 249, 250, 287, 319
자치주 150, 151, 154, 157~159, 168, 221, 227, 314
장개석 223
장쉐량(Chang Hsueh-Liang) 190, 191

정교회 40, 44, 52, 55, 57, 148
제1차 세계대전 19, 30, 42, 56, 58, 60, 62~66, 69, 77, 85, 156, 313
제5열(5열) 24, 25, 62, 95, 99, 162, 206, 221, 223, 231, 260, 261, 267, 272, 273, 275, 276, 280, 289, 320, 325
중국인 17~19, 23~31, 33, 35, 36, 38, 40~43, 45~52, 55, 56, 58~60, 64, 70, 75, 76, 79, 80, 83, 84, 91, 92, 95, 96, 101, 104, 105, 108, 111~118, 120, 123, 128, 129, 132, 133, 135~137, 139, 142~145, 149, 157, 170, 172, 175~180, 183, 184, 190, 196, 209~213, 222~224, 226, 229, 231~233, 240, 242, 248, 251~255, 259, 270~272, 291, 295, 296, 304, 310~313, 317, 325, 380, 381
중국인의 추방 83, 177
중소전쟁 190
지하일(Ti Khai Ir, Vasilii) 23, 26, 288, 290~293, 305, 327
집단농장 20, 22, 85, 103, 105, 108, 109, 121, 127, 128, 141, 149, 169, 170, 178, 189, 191, 196, 207, 212, 214, 215, 219, 228, 232, 233, 239, 240, 242, 243, 245, 258, 270, 279, 282, 284, 321, 325, 370

ㅊ ————
체카(cheka) 70, 172, 240
체코 군단 71, 74
촌락 소비에트 249, 250
최 예고르 야코블레비치(Egor Iakovlevich Tskai) 279
최, 예브게니아(Evgenia Tskhai) 127

ㅋ ————
카레레 당카우세, 엘레네(Hélène Carrère d'Encausse) 299

칼리닌, M. I. 153~155, 317
칼미코프(Kalmykov) 91, 95, 319
코레니자치야(korenizatsia) 18
코민테른 69, 82, 88~90, 97, 99, 151, 155~
    157, 164, 166, 167, 172, 173, 176,
    192, 271
코사크(코사크인) 33, 38, 44, 80, 95, 123,
    126, 319
콤소몰 70, 94, 103~105, 175, 198, 206,
    207, 245, 253
콩퀘스트, 로버트(Robert Conquest) 248
쿠로파트킨(Kuropatkin), A. N. 57, 60, 229
쿨락 21, 106, 127, 151, 191~193, 219~
    221, 230, 255, 267, 273, 294

ㅌ ─────────────

토착화 18, 19, 22, 25, 26, 28, 67, 82, 83,
    94, 101~103, 105, 107, 109, 114, 115,
    118, 121, 124, 125, 129, 130, 134,
    140, 144~150, 155, 158, 163, 165,
    168, 169, 172, 175, 176, 186, 187, 193
    ~197, 204~207, 209, 216, 218, 222,
    228, 241, 243, 247, 248, 251, 254,
    273, 286, 287, 294, 295, 317, 322
트랙터 공장(MTS, Machine Tractor Station)
    20, 22, 243
트로츠키, 레온 18, 89, 145, 146, 172, 237,
    248, 257
특별적기군(OKDVA) 70, 103, 139, 149,
    190, 232~239, 241, 267

ㅍ ─────────────

파르티잔 71, 75, 79~81, 87, 88, 92, 93,
    95, 96, 100, 109, 120, 128, 151, 152,
    164, 169, 174, 190, 209, 272, 290, 321
폴란드인 18, 19, 23, 24, 28, 30, 42, 56,
    62·64, 70, 193, 219~221, 228, 230,
    231, 234, 246, 250, 254, 259~261,

263, 272, 277, 280, 288, 294, 296,
    313, 316, 325, 327
폴리토트젤 200, 208, 217, 283
풀러 65
『프라브다』 26, 27, 155, 221, 229, 244,
    251~255, 260, 281
피셔, 빌리암(Viliam Genrikhovich Fisher)
    80
피오네르 103, 104, 136, 170, 253

ㅎ ─────────────

한, 안드레이(Andrei Abramovich Khan(Ha
    n), 한명세) 56, 57, 79, 81, 82, 89,
    90, 141, 150~155, 162~168, 185, 192,
    271
한인 사범대학 132, 198, 199, 203, 207,
    216
한인 추방 19, 24~26, 208, 232, 254, 258,
    264, 268, 279, 280, 302, 310
한창걸(Khan Chan Gol) 74, 90~93, 163,
    239, 240, 245, 270, 327, 379
황화론 26, 35, 155, 174, 175, 181, 184,
    229, 253~255, 321

기타 ─────────────

NKVD 23, 24, 26, 70, 102, 146, 196, 206,
    208, 209, 211, 221, 227, 230~232,
    237, 238, 240, 241, 243, 244, 246,
    248, 249, 253, 258~263, 266, 267,
    269~271, 273, 277~281, 284, 285,
    288, 290~295, 300~302, 304, 305,
    311, 320, 323, 327, 377
OGPU 22, 146, 172, 174, 175, 178, 179,
    195, 196, 206, 224~226, 232, 240,
    243, 246, 274, 278, 303, 304, 379